KB130280

제4차 표준보육과정을 반영한

보육과정

정옥분 · 권민균 · 김경은 · 김미진 · 노성향 · 박연정
엄세진 · 윤정진 · 임정하 · 정순화 · 황현주 공저

학지사

머리말

　보육은 시대와 문화에 따라 사회구성원의 요구를 반영하면서 변화하고 발전해 왔으며, 이에 따라 효과적인 보육과정을 구성하거나 판단하는 기준도 변화해 왔다. 보육과정은 영유아에게 적합한 양육과 교육을 제공하기 위해 세운 종합적인 계획으로, 우리나라의 경우 2007년 국가 수준의 보육과정인 표준보육과정이 처음 도입되었다. 이후 질 높은 수준의 보육과 교육에 대한 요구도가 높아짐에 따라 이원화되어 있던 어린이집 보육과정과 유치원 교육과정이 누리과정으로 통합되어, 2013년부터 3~5세 유아에게는 연령별 누리과정을, 0~2세 영아에게는 표준보육과정을 적용하였다.

　최근 국내외 교육과정이 미래 역량을 강조하는 방향으로 나아감에 따라, 2020년 3월부터 적용된 '2019 개정 누리과정'은 새로운 시대적 요구를 반영하여 교육내용을 간략화하고, 유아가 주도하는 다양한 놀이 경험을 통해 배움이 구현될 수 있도록 유아·놀이 중심 교육과정으로 나아가고자 하는 데 초점을 두고 있다. 즉, 국가가 제시하는 유아·놀이 중심 교육과정을 기초로 하되 자율적으로 교사와 유아가 함께 교육과정을 만들어 나가도록 지원하고 있다. 보육과정의 일관성을 유지하기 위해 0~2세 표준보육과정도 '2019 개정 누리과정'과 동일한 방향으로 개편하여, 2020년 9월부터는 '제4차 표준보육과정'이 보육 현장에 적용되고 있다. 이러한 국가 수준의 보육과정 변화에 따라『제4차 표준보육과정을 반영한 보육과정』을 출간하게 되었다.

    이 책은 '2019 개정 누리과정'과 '제4차 표준보육과정'을 반영하여 구성하였다. 제1장 '보육과정의 이해'에서는 개정된 표준보육과정과 누리과정이 반영되었고, 제2부 '보육과정의 내용과 실제'(제4장 '기본생활영역'에서 제9장 '예술경험영역'까지)에서는 개정된 표준보육과정 및 누리과정의 각 영역별 내용을 소개하였으며 이에 따라 실제 활동 부분을 놀이 활동으로 제시하였다. 제11장 '보육과정평가' 또한 평가인증제가 평가제로 변경됨에 따라 그 내용을 상당 부분 반영하였다.

    보육프로그램에 대한 요구는 사회변화에 따라 달라지기 때문에 보육과정은 지속적인 개정이 이루어져야 하고, 보육교사는 개정된 보육과정에 대하여 전문적인 지식을 가지고 있어야 한다. 추후 이 책이 보육교사와 예비보육교사에게 보육과정을 계획하고 실행하기 위한 지침서로 활용되기를 기대한다. 마지막으로 이 책이 나오기까지 많은 도움을 주신 학지사 김진환 사장님과 편집부 여러분의 노고에 감사를 드린다.

2020년 9월
저자 일동

차례

제2부 보육과정의 내용과 실제

제4장 기본생활영역   121

제9장 예술경험영역　　　　　　　　249

제3부　보육과정의 운영

제12장 보육과정의 협력체계   359

제1부
보육과정의 기본

영유아와 가족, 나아가 사회에 우수한 보육서비스를 제공하기 위해서는 체계적인 계획이 필요하다. 보육서비스를 진행할 때 이러한 청사진 역할을 하는 것이 바로 보육과정이다. 보육과정은 사회적 요구에 따라 달라지는 보육서비스와 함께 지속적으로 발전하고 있다. 체계적으로 만들어지고 효율적으로 운영되는 보육과정은 양질의 보육서비스를 유지하여 영유아의 발달과 복지에 기여하게 된다. 또한 보육교사 및 어린이집 원장에게는 바람직한 보육서비스가 나아갈 방향과 구체적인 실행방법을 제시해 준다.

보육과정을 제대로 수립하기 위해서는 기본적으로 영유아를 대상으로 하는 보육과정의 특성을 이해하고 보육과정의 질을 판단하는 객관적인 기준을 적용해 보육과정이 적절한지 평가한 후, 그 결과를 보육과정을 수정하는 데 다시 적용할 수 있어야 한다. 나아가 최근의 사회적·문화적 요구를 고려하여 장기적인 관점에서 보육과정을 발전시키기 위해 필요한 과제들을 수행해나가야 한다. 또한 수립된 보육과정을 효율적으로 운영하기 위해서는 보육교사가 영유아의 발달특성에 대해 전문적인 지식을 가지고 있어야 한다. 이를 바탕으로 영유아의 요구에 민감하게 반응하고 적절히 상호작용하면서 영유아가 가진 잠재능력을 발휘할 수 있도록 도와주어야 한다. 보육과정을 운영하는 핵심적이고 궁극적인 목적은 영유아의 전인적 발달을 도모하는 것이지만, 보육과정의 목표와 내용, 구체적 실천방법 등은 각 어린이집에서 채택하고 있는 보육프로그램의 종류에 따라 어느 정도 차이가 있다. 그러므로 어린이집 원장 및 교사는 다양한 보육프로그램의 특성을 이해하고 각 어린이집에 적절한 프로그램을 선택해야 할 것이다.

제1부에서는 먼저, 보육과정을 이해하는 데 필요한 기본적인 정보를 소개하고, 보육대상인 영유아의 발달특성과 보육교사의 역할에 대해 구체적으로 살펴보며, 우리나라에서 실시되고 있는 다양한 영유아 보육프로그램에 대해 알아볼 것이다.

제1장 ● ● 보육과정의 이해

목표가 있는 제도를 실행하거나 과제를 완수하기 위해서는 먼저 어떻게 수행할 것인가를 구상해야 한다. 마찬가지로 보육시설에서 보육을 수행하기 위해서도 어떻게 할 것인지에 대해 전반적인 계획을 세워야 한다. 영유아에게 적합한 양육과 교육을 제공하기 위해 세운 종합적인 계획이 바로 보육과정이다. 여기에는 영유아 보호와 양육 및 교육에 관한 목적과 목표를 설정하는 것, 목표를 달성하기 위해 보육내용을 선정하는 것, 선정된 보육내용을 현장에서 직접 실행하는 것, 그 실행의 결과를 평가하는 것이 포함된다. 따라서 양질의 보육 서비스를 제공하기 위해서는 보육과정을 구성하는 이들 각 작업들이 계획된 목적하에 체계적으로 진행되어야 한다.

보육은 시대와 문화에 따라 사회구성원의 요구를 반영하면서 변화하고 발전해 왔으며, 이에 따라 효과적인 보육과정을 구성하거나 판단하는 기준도 달라져 왔다. 따라서 보육전문가 및 보육교사는 늘 현재 시점에서 보육서비스를 최적화할 수 있는 양질의 보육과정을 구성하도록 노력해야 한다. 이를 위해 기본적으로 보육과정의 현 특성을 잘 이해해야 한다. 또한 영유아의 전인적 발달에 효과적인 보육과정은 어떻게 구성되어야 하는지 최신의 판단기준을 알고, 자신이 계획한 보육과정이 그 기준에 부합하는지 확인해야 한다. 나아가 보육과정을 실행한 후, 그 진행과정과 결과에 대해 평가하고, 평가결과를 다음 보육과정을 계획할 때 반영해야 한다.

이 장에서는 먼저, 보육과정에 대한 기초 정보를 살펴보고, 보육과정이라는 종합적인 틀을 구성하는 각각의 요소에 대해 설명할 것이다. 다음으로, 우리나라에서 수행되고 있는 보육과정을 중심으로 최근 경향과 앞으로의 과제를 정리해 볼 것이다. 끝으로, 국가 수준에서 제시한 표준보육과정과 누리과정의 개발배경과 목적, 기본 원리 및 전반적인 구성에 대해 간략하게 소개할 것이다.

1. 보육과정의 기초

보육과정을 이해하기 위해서는 기본적으로 보육과정의 개념과 특성을 알아야 한다. 이를 바탕으로 양질의 보육과정을 구성하고자 할 때 필요한 조건에 대해 살펴볼 수 있다. 여기서는 먼저, 보육과정의 어원과 개념을 살펴볼 것이다. 보육과정에 대한 광의와 협의의 정의를 규명해 보고, 여성가족부에서 제시한 영유아 보육과정의 정의를 소개할 것이다. 이어서 점차적인 사회적 변화의 영향을 받고 있는 현 시점에서 우리나라 보육과정의 특성을 알아볼 것이다. 끝으로 효과적인 보육과정을 구성하고자 할 때 반드시 갖추어야 할 조건은 무엇인지 살펴볼 것이다.

1) 보육과정의 개념

보육은 심신의 보호와 건전한 교육을 통해 영유아를 건강한 사회성원으로 육성하고, 보호자의 경제적, 사회적 활동을 원활하게 함으로써 가정의 복지를 증진시키기 위한 제도이다(정옥분 외, 2019). 보육을 실제 수행하기 위해서는 전반적인 계획과 틀이 필요한데, 이를 보육과정이라고 한다. 2004년 개정된 영유아보육법에서는 보육을 '영유아를 건강하고 안전하게 보호, 양육하고 영유아의 발달특성에 적합한 교육을 제공하는 사회복지서비스'로 규정한 바 있다. 따라서 이러한 정의를 바탕으로 하면 넓은 의미에서 보육과정이란 영유아를 보호하고 양육하며 영유아에게 적합한 교육을 제공하기 위한 종합적인 계획과 틀이라고 할 수 있다.

보육분야에서 사용되는 용어인 '보육과정'은 유아교육분야에서 사용되는 용어인 '교육과정'에 보호와 양육의 의미를 강화한 것이라고 볼 수 있다. 교육과정(curriculum)은 라틴어 '쿠레레(currer)'에서 유래한 용어이다. 이는 출발지점과 목적지, 가야할 길이 분명한 말의 경주코스를 나타낸다. 이러한 어원적 의미에서 본다면 교육과정은 유아가 현 시점에서 교육목적을 달성하기 위해 나아가야 할 방향과 교육내용 및 목적에 도달하는 과정을 나타낸다. 따라서 교육과정은 영유아들이 어떻게 발달하고 학습하는지에 대한 가정과 철학을 바탕으로 영유아들에게 무엇을 어떻게 가르칠 것인지에 대한 종합적인 기본 계획을 제공하게 된다(Catron & Allen, 2008). 어원적 의미를 고려할 때, 보육과정은 영유아가 보육시설에서 적절한 보살핌을 받으며 이와 동시에 분명한 목적 하에 성취해야 할 교육내용과 이를 학습해가는 전 과정을 의미한다. 즉, 좁은 의미에서 보육과정은 0세에서 6세까지의 영유아를 대상으로 한 보육시설에서 이루어지는 양육 및 교육의 목표와 내용 및 과정으로 볼 수 있다.

보육의 개념은 시대에 따라 변해 왔고, 그에 따라 보육과정의 목적과 내용도 변하였다. 초기에는 보육이 영유아를 단순히 보호한다는 '탁아'에 국한되었으므로 보육과정도 주로 탁아를 위한 계획과 활동으로 구성되었다. 하지만 1991년 제정된 영유아보육법에서 교육적 기능을 강조하는 용어인 '보육'이란 용어를 처음 사용하면서 영유아의 양육과 교육 두 가지 모두를 강조하게 되었다. 2007년 여성가족부에서도 영유아 보육과정을 '출생에서부터 만 6세 미만 영유아의 전인적인 성장과 발달을 돕고 인격형성 및 기본 생활형성을 돕는, 보육시설에서 영유아가 경험하는 모든 내용의 총체'라고 정의하였다. 나아가 국가 수준에서 6세 미만 영유아를 대상으로 하는 보육시설에서 운영해야 할 보편적인 보육과정인 표준보육과정을 제시하였다. 연령별 보육내용은 만 2세 미만, 만 2세, 만 3~5세로 구분되었으며, 2011년 유아교육과 보육에 대한 국가의 책임을 강화하기 위해 만 5세의 내용을 '5세 누리과정'으로 고시하였다. 2012년에는 누리과정 적용 대상을 만 3~4세 유아까지 확대하여 '3~5세 연령별 누리과정'이 제시되었다. 3~5세 연령별 누리과정은 유치원 교육과정과 만 3~5세 보육과정을 통합한 공통과정으로 유치원과 어린이집 유아들이 공통의 교육내용을 경험할 수 있도록 계획되었다. 그러나 3~5세 연령별 누리과정에서 연령별 교육내용이 과도하게 많다는 문제가 제기되어 왔다. 따라서 2019년 교육내용을 간략화하고 연령구분을 완화한 '유아 · 놀이 중심의 2019 개정 누리과정'을 고시하게 되었다.

2) 보육과정의 특성

보육 실시대상과 목적을 바탕으로 볼 때 보육과정의 특성은 다음과 같다. 첫째, 보육과정은 다양한 인구학적 특성을 가진 영유아를 대상으로 실시된다. 보육과정은 여러 연령과 월령의 영유아들, 발달양상이 다양한 영유아들, 다양한 형태의 가정에 속한 영유아들을 대상으로 실시된다. 보육과정의 대상은 기본적으로 출생부터 5세까지의 영아와 유아이다. 이 시기에는 급격한 신체적 · 인지적 · 사회적 발달이 일어나므로 동일 연령대의 영유아도 각 월령에 따라 발달 수준에서 차이를 보인다(〈그림 1-1〉 참조).

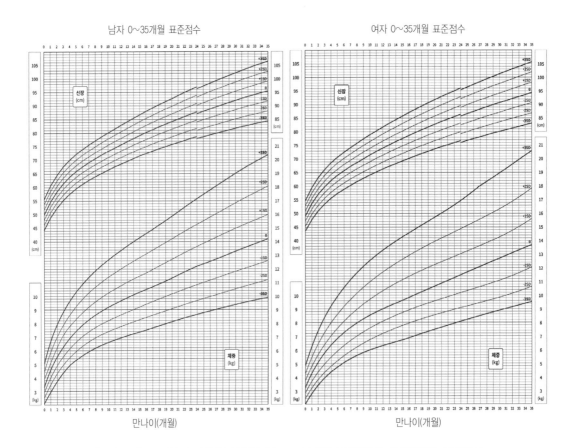

〈그림 1-1〉 2017년 소아청소년성장도표: 0~35개월 남아(좌)와 여아(우)의 성장곡선

출처: 질병관리본부(2020). http://www.cdc.go.kr

나아가 경우에 따라 방과 후 보육과정을 포함하면, 보육과정의 대상은 12세까지로 확장되기도 한다. 또한 보육과정의 대상에는 규범적인 발달양상을 보이는 일반 영유아 외에 신체적 기능이나 정신적 기능이 제한된 장애 영유아도 포함된다. 그 밖에 보육과정의 대상인 영유아들이 속한 환경은 전업주부가 있는 가정, 맞벌이 가정, 한부모 가정, 다문화 가정, 저소득층 가정, 위험 가정 등 상당히 다양하다. 따라서 보육과정은 이들 각 특성을 가진

사진 설명 다문화 가정 영유아 보육활동(코시안의 집)
출처: http://kosian.or.kr (2009. 1. 1.)

대상 집단을 고려하여 구성되어야 한다. 예를 들어, 빠른 속도로 발달이 일어나는 영아를 대상으로는 월령별 보육활동을 계획할 필요가 있다. 일반 영유아와 장애 영유아 각각의 성격에 맞는 보육과정을 구성할 뿐 아니라 이들을 통합한 보육을 실시할 경우 통합 보육과정도 구성해야 한다. 또한 영유아가 속한 가정 환경을 고려한 개별화된 보육과정도 필요하다.

둘째, 보육과정은 하루 종일 지속되는 과정이다. 보통 유아교육기관에서는 오전에 4시간정도 반일제로 교육과정을 진행하는 반면, 보육시설에서는 종일제로 보육과정을 실시한다. 영유아에 따라 짧게는 8시간에서 길게는 24시간까지 보육시설에서 보내게 된다. 특히, 맞벌이 가정이나 부모의 직업이 야간교대 근무(예: 간호사, 소방관)를 해야 하는 가정의 영유아들은 상당히 긴 시간을 보육 시설에서 보내는 경우가 많다. 따라서 종일제 보육과정에는 아침 시간, 낮 시간, 저녁 시간에 적합한 보호와 활동이 각각 포함되어야 한다. 결국, 보육과정은 영유아가 깨어있는 대부분의 시간을 어떻게 보낼 것인가를 발달수준에 맞게 체계적으로 계획하는 중요한 작업이라고 할 수 있다.

셋째, 보육과정에서 다루는 내용은 상당히 포괄적이다. 보육과정에는 보호 및 양육 활동과 교육 활동이 모두 포함된다. 보호 및 양육 활동은 영유아의 건강한 신체적 심리적 성장을 위한 환경을 제공하는 것을 의미한다. 여기에는 수유나 식사, 간식, 배변, 휴식과 취침 등과 같은 영유아의 생리적 욕구를 충족시키는 것에서부터 보육교사와의 안정된 관계, 또래와의 원활한 상호작용 등 사회적 욕구를 해결하는 것이 포함된다. 교육 활동이란 영유아들이 자신의 발달수준에

사진 설명 영유아의 생리적 욕구 충족

사진 설명 실외놀이 활동

적합한 지식과 기술을 학습하는 과정을 말한다. 이 과정은 개별 활동이나 집단 활동을 통해 개인의 신체적 운동능력, 인지적 탐구능력, 사회적 능력을 발달시키기 위한 것이다. 이들 보호 및 양육 활동과 교육 활동의 구체적 내용은 영유아의 월령이나 개인적 발달수준, 발달양상에 따라 달라지므로 보육과정에서 다루는 내용은 상당히 광범위하다.

넷째, 보육과정에는 부모와의 연계활동이 포함된다. 보육은 부모와 가정의 자녀 양육기능을 지원하거나 대행하는 활동이다. 따라서 부모와 보육교사는 영유아에 대한 정보를 공유하고 가정과 보육시설에서 일관된 양육과 교육을 실시해야 한다. 이를 위해서는 보육과정에 부모와의 원활한 의사소통을 위한 활동을 포함하는 것이 필수적이다. 예를 들어, 가정통신문, 부모참여활동, 부모면담, 부모교육 등을 보육과정에 활용할 수 있다. 보육교사와 부모 간의 적극적 상호

사진 설명 또래와의 상호작용

사진 설명 부모참여 보육활동

작용과 연계활동은 특히, 영유아가 하루 중 대부분의 시간을 보육시설에서 보내고 가정에서 보내는 시간이 짧은 경우 부모와 영유아 간 상호작용의 질을 유지하도록 돕는 데 중요한 역할을 하게 된다.

3) 보육과정의 기준

발달 초기 영유아에게 양질의 보육과정을 제공하는 것은 매우 중요하다. 이는 생애발달적 관점에서 양질의 보육경험이 영유아기뿐 아니라 이후의 삶에 누적적인 영향을 미친다고 보기 때문이다(McLaughlin, Campbell, Pungello, & Skinner, 2007; Vandell, 2004). 따라서 보육전문가는 개인의 발달과 문화에 적합한 보육과정을 신중히 계획하고 실행하여 영유아의 긍정적 발달을 도모해야 한다. 보육전문가는 보다 최근 연구에 근거한 개념과 기술을 통합한, 목표지향적인 보육과정으로 영유아의 발달과 학습을 위해 노력해야 한다. 다음의 아홉 가지 항목은 효과적인 보육과정을 판단하는 기준을 제시한 것이다.[1]

① 보육과정에서 영유아가 능동적이고 활동적인가? 영유아는 출생 후 성장과정에서 인지적·신체적·사회적·예술적으로 활동적이어야 한다. 따라서 보육과정을 통해 영유아 각자의 고유한 방식으로 안전감과 정서적 유능감을 획득하고 학습에 대한 관심과 긍정적인 태도를 발달시킬 수 있어야 한다.

② 보육과정이 발달에 적합하게 구성되어 있는가? 최근에는 아동을 돌보고 교육시킴에 있어 '발달에 적합한 실제(Developmentally Appropriate Practice: DAP)'[2]를 중시하고 있다.

사진 설명 걸음마기 영아의 주변 탐색

---

1) 이 기준은 영유아의 보육과정 및 교육과정에 대한 미국 유아교육협회(NAEYC, 1997; NAEYC & NAECS/SDE, 2003)의 지침을 바탕으로 작성되었다.

2) 발달에 적합한 실제(Developmentally Appropriate Practice: DAP)란 최소한 세 가지 이상의 중요한 정보나 지식, 즉 ① 아동의 발달과 학습에 대한 정보, ② 집단 내 개별 아동의 강점, 관심사, 요구에 대한 정보, ③ 아동이 살고 있는 사회적 문화적 맥락에 대한 지식을 바탕으로 아동의 복지와 교육에 관

이는 영유아 보육과정을 구성할 때도 반드시 고려되어야 한다. 즉, 동일 연령이나 월령의 영유아집단에 대한 평균적인 발달 정보뿐 아니라 집단 내 개별 영유아에 대한 발달 정보도 고려하여 이에 적합한 보육과정을 구성해야 한다.

③ 보육과정이 '전인적 영유아'를 육성하는 데 중점을 두고 있으며 보육과정에 발달의 각 영역이 계획적으로 통합되어 있는가? 발달의 각 영역은 서로 유기적으로 연결되어 있다. 예를 들어, 걸음을 내딛을 수 있는 신체발달의 결과는 주변을 보다 자유롭게 탐색할 수 있게 함으로써 인지발달을 촉진시키게 된다. 뿐만 아니라 주변 사람들에게도 보다 적극적으로 접근할 수 있게 함으로써 사회적 관계에서도 새로운 장을 열게 된다. 따라서 보육과정에서도 발달의 여러 영역을 체계적으로 통합하여 다룰 때 보육과정의 효과가 상승하게 된다.

④ 보육과정에 영유아가 발달하고 학습하는 사회문화적 맥락의 기능이 반영되어 있는가? 보육과정에서는 실제 생활에 관련된 개인수준의 맥락뿐 아니라 보다 큰 환경체계인 문화적 요소들도 다루어야 한다. 보육과정을 진행하는 보육교사는 학습에 미치는 사회문화적 맥락의 영향을 이해해야 한다. 또한 보육교사는 영유아의 유능성이 맥락에 따라 달라질 수 있으며 영유아가 발달적으로 성취한 결과를 표현하는 방식도 맥락에 따라 다르다는 점을 인지해야 한다(Bredekamp & Copple, 1997).

⑤ 보육과정이 그 효과가 증명된 경험적 연구결과를 바탕으로 구성되어 있는가? 보육과정은 그 대상인 영유아들과 발달적 · 문화적 · 언어적으로 관련이 되는 이론 및 연구결과를 바탕으로 구성되어야 한다. 다시 말해 보육과정은 영유아발달과 학습의 기본 법칙에 준하고 이를 검증한 연구결과에 근거해 구성되어야 한다.

⑥ 보육과정에서 탐구와 놀이, 의도적 교수법 등 다양한 방법을 통해 영유아가 가치 있는 내용을 배울 수 있는가? 영유아는 모든 종류의 현상에 대해 탐구하고 생각하고 의문을 가짐으로써 학습한다. 이러한 과정은 영유아가 각 연령시기에 중요한 사고를 하도록 돕고 이후 발달단계의 학습과 관련되

한 결정을 내리는 전문적 과정의 결과를 의미한다(Bredekamp & Copple, 1997).

는 보다 폭넓은 사고를 하게 만든다. 특
히, 여러 가지 방법 중 놀이는 영유아가
자신의 환경을 이해하고 학습하는 주된
방법이다. 놀이는 유아의 자발적 동기를
자극해서 영유아가 적극적으로 참여하
게 만들고 지속적으로 학습할 수 있도록
만든다(Bodrova & Leong, 2003).

사진 설명 보육시설 내 유아 놀이활동

⑦ 보육과정이 영유아가 이전에 경험하고
학습한 것을 바탕으로 구성되어 있는가?
보육과정은 영유아가 이미 알고 있는 지식을 바탕으로 학습을 강화하고 새
로운 개념이나 기술을 획득하도록 구성되어야 한다. 즉, 영유아가 개인적
문화적으로 이전에 경험한 바를 바탕으로 해야 한다. 특히 장애 영유아나
다민족 가정의 영유아와 같이 가정과 지역사회에서 획득한 경험이 일반 영
유아와 다른 경우에는 보육과정 구성 시 보다 세심한 주의가 필요하다.

⑧ 보육과정에 이를 계획하고 진행하는 사람들(예: 부모, 교사, 시설장 등)이 공
유하는 분명한 목표가 포함되어 있는가? 보육과정에는 현실적으로 달성가
능한 목표가 분명히 규정되어 있어야 한다. 또한 관련 종사자들은 이러한
목표를 공유하고 잘 이해해야 한다.

⑨ 보육과정의 내용이 포괄적인 동시에 각 세부 내용이 전문적 기준에 부합
하는가? 보육과정은 영유아 개인적으로 의미 있는 내용, 사회적으로 관련
되는 내용, 영유아가 인지적 활동을 하게 만드는 내용 등 각 영역의 내용
을 고루 포함해야 한다. 보육과정에서는 영유아의 신체적 복지와 운동 발
달, 사회성 및 정서발달, 언어발달, 인지 및 일반적 지식, 학습에 대한 접근
법 등을 포함해 발달에 중요한 분야를 모두 다루어야 한다. 그와 동시에 각
세부 영역의 내용은 보육전문협회나 전문가가 제시하는 수준에 부합해야
한다.

따라서 영유아에게 보육과정을 경험한 결과가 긍정적이기 위해서는 영유아
와 놀이를 최우선으로 존중하며 교사는 보육과정의 각 영역이 놀이를 중심으
로 실천될 수 있도록 적절히 도와야 한다. 이를 위해서는 교사가 주도하는 사전

계획을 최소화하고, 영유아의 관심과 주제를 우선적으로 존중하여 지원해야 한다. 또한 보육과정 평가 시에도 교사는 놀이하며 배우는 영유아의 실제 경험을 평가와 연계하여 이해하는 것이 필요하다. 무엇보다 보육과정을 운영하는 일상 속에서 영유아가 실제 놀이하는 내용과 교사의 지원 내용을 기록한 계획안 등을 영유아 평가와 연계하여 활용해야 한다.

2. 보육과정의 구성요소

영유아 보육과정은 크게 목적 및 목표, 보육내용, 실행 방법, 평가의 4단계로 구성된다. 보육과정이 추구하는 방향을 설정한 것이 보육과정의 '목적 및 목표'이고, 이에 따라 영유아에게 어떤 경험을 제공할 것인지 정한 것이 '내용'에 해당한다. 설정한 목표에 따라 보육내용을 어떻게 전달할 것인지를 설정한 것이 '방법'이 되며, 실행된 보육과정이 목표를 수행하였는지, 영유아에게 적합하였는지를 살펴보는 것이 '평가'가 된다. 이들 4단계는 〈그림 1-2〉에 제시된 바와 같이 순환적인 관계에 있다. 즉, 한 번의 순환적 과정을 마친 후, 그 결과가 그 다음 순환적 과정을 진행하는 데 반영되어야 한다. 보육과정은 반복된 순환 과정과 개선 작업을 거치면서 보다 바람직한 방향으로 수행된다.

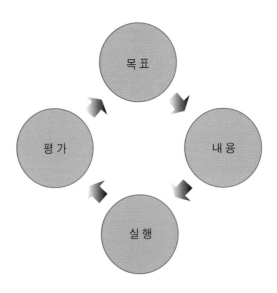

〈그림 1-2〉 보육과정 구성요소의 순환적 관계

1) 목적 및 목표

보육과정에서 목적이나 목표란 계획된 과정을 마친 영유아가 획득할 핵심적인 결과를 말한다. 일반적으로 보육과정의 목적은 보육시설에서 보다 장기적으로 추구하는 보육의 성과를 나타내는 것이고, 보육과정의 목표는 보다 구체적이고 단기적으로 추구하는 결과를 말한다. 따라서 보육과정의 목표는 목적보다 더 구체적으로 설정된다. 보육과정의 목적과 목표는 영유아의 성장과 발달에 사회의 철학을 전제로 한다. 영유아가 어떤 상태로 태어나며 어떤 성장과정을 거치며 어떤 상태로 성장해야 하는가에 대한 명확한 인식을 바탕으로 목적과 목표가 설정되어야 한다.

먼저, 보육과정의 목적은 보육의 정의에 나타나 있듯이 영유아의 심신을 보호하고 건전한 교육을 통해 영유아를 건강한 사회성원으로 육성하고 보호자의 경제적, 사회적 활동을 원활히 하는 것이다. 보육과정의 목적을 보다 구체적으로 정리하면 다음과 같다(정옥분 외, 2019). 첫째, 보육과정은 영유아의 전인적 성장과 발달을 지원하기 위한 것이다. 둘째, 보육과정은 민주시민과 건강하고 조화로운 사회구성원으로의 성장을 위한 것이다. 셋째, 보육과정은 부모와 가족을 지원하기 위한 것이다.

보다 구체적인 성격을 띠는 보육과정 목표를 설정하는 것은 보육과정을 구성할 때 가장 먼저 실시하는 첫 단계의 작업이다. 목표를 설정할 때는 다음과 같은 점을 고려해야 한다. 첫째, 보육과정의 목표는 보육에 대한 사회문화적 요구를 반영해야 한다. 사회의 이념과 사회구성원의 공통적 가치관, 사회구성원의 보육에 대한 기대를 고려해야 한다. 사회나 가정, 문화가 변하므로 영유아 보육에 대한 기대도 변한다. 따라서 이러한 변화를 보육과정 구성 시 잘 반영해야 한다. 우리나라의 경우, 최초의 보육활동이 시작된 1920년대에는 저소득층 자녀를 보호한다는 탁아에 대한 사회적 요구가 주를 이루었다. 하지만 100여 년이 지난 현대 사회에서 보육은 영유아의

사진 설명 저소득층 자녀 위주의 탁아사업(1921년 태화기독교사회관).
출처: 보건복지가족부.

이익을 최우선으로 고려한 양질의 보호와 교육, 나아가 영유아 복지에 대해 관심을 갖는다. 또한 영유아들이 가정에서와 마찬가지로 보육시설에서도 좋은 보살핌을 받기를 바란다. 따라서 보육과정의 목표를 설정할 때 이러한 시대적, 사회문화적 요구를 충분히 고려해야 한다.

둘째, 보육과정의 목표는 대상 영유아들의 특성과 수준을 고려해 설정되어야 한다. 보육대상 영유아는 0세에서 5세까지 그 연령이나 월령이 다양하다. 여기에는 일반 영유아뿐 아니라 장애 영유아도 포함된다. 영유아가 성취할 수 있는 수준이나 반드시 알아야 하는 지식 등은 이들 영유아의 특성에 따라 달라진다. 또한 보육시설의 반 구성이 단일연령인지, 혼합연령인지, 일반 영유아와 장애 영유아 통합반인지 등에 따라서도 구체적인 목표가 조정되어야 한다.

셋째, 보육과정의 목표는 전인적인 발달이 이루어지도록 발달의 각 영역을 고르게 다루어야 한다. 또한 궁극적으로 발달의 각 영역이 하나의 목표하에 서로 통합될 수 있어야 한다. 언어, 인지, 사회, 정서, 신체 등 각 발달 영역의 특성과 기능에 적합하도록 구체적 목표를 설정해야 한다. 현실적인 측면에서는 보육시설이 가지고 있는 현재의 제반 여건에서 달성이 가능한 목표인지에 대해서도 심사숙고해야 한다. 아무리 좋은 목표도 현실적으로 달성하기 어렵다면 무용지물이 되기 때문이다. 따라서 보육목표를 설정할 때는 현장에서 실제로 보육과정을 진행하는 보육교사들 간 긴밀한 협력이 필요하다. 현장 경험을 바탕으로 한 교사들의 의견을 충분히 수렴해 보육목표 설정 시 반영해야 한다.

2) 내용

보육목표가 설정되고 나면 보육교사는 해당 목표를 달성하기 위해 보육내용을 선정한다. 보육내용은 영유아들에게 필요한 지식, 기술, 태도, 가치나 일상생활에서 겪는 다양한 경험들을 구조화하고 교육적인 의미를 지니게 하는 경험이다(김지은 외, 2006). 따라서 보육내용을 선정한다는 것은 양육과 교육을 통해 영유아에게 어떤 경험을 제공할 것인지를 구체적으로 결정하는 것을 말한다. 보육내용은 보육목표에 일관되도록 정해져야 한다. 앞서 설정된 보육목표를 달성하는 데 보육내용이 효과적으로 도움이 되어야 한다. 이를 위해 보육교사는 영유아를 대상으로 한 발달이론이나 최신 연구결과를 잘 알고 있어야 한다. 예를 들어, 과거에는 대부분 초등학생 이상의 아동을 대상으로 학습 효과를 연구하였으나, 2000년대 들어 영유아의 학습 효과에 대해 유익한 정보를 주는 연구들도 상당수 진행되었다(김정주, 2008; 황해익, 2008; Goffin, 1989; Raver & Knitzer, 2002; Shonkoff & Phillips, 2000 외). 따라서 보육교사는 영유아의 인지, 사회성, 정서, 신체, 창의성, 교사의 특성과 행동, 교수방법과 전략, 운영과 교수전략, 영유아의 동기, 가족과 또래가 영유아에 미치는 영향 등에 관한 연구에 관심을 가져야 한다. 이러한 영역의 연구들은 교사가 효과적이고 적절한 보육내용을 선정하는 데 실질적인 정보를 제공해 줄 수 있기 때문이다.

C. Cybele Raver

보육내용에는 신체적 · 사회적 · 정서적 · 인지적 측면 등 영유아 발달의 여러 영역이 포함된다. 신체발달과 관련해 영유아의 운동 능력 발달 및 이를 위한 영양, 보호, 안전과 관련된 내용을 다루게 된다. 사회 · 정서능력 발달을 위해 영유아가 자신에 대해 긍정적으로 인식하고 자신의 감정과 욕구를 조절하며 타인의 감정과 생각을 이해하도록 돕는 내용이 포함된다. 또한 긍정적인 가족관계와 또래관계를 형성하고 공동체에 소속감과 책임감을 갖도록 하는 내용을 다루게 된다. 인지발달을 위해 영유아가 주변 환경과 사물

Jane Knitzer

에 대해 관심을 갖고 이를 탐구할 수 있도록 다양한 정보를 다룬다. 여기에 영유아 스스로 생각하는 힘을 길러주기 위해 다양한 인지적 자극을 포함한다.

보육내용은 기본적으로 영유아의 흥미와 욕구, 관심을 고려해서 선정하는 것이 좋다. 영유아가 재미있어 하는 내용을 진행할 때 영유아들은 보다 적극적으로 참여한다. 영유아의 실생활과 밀접히 관련된 것으로 보육내용을 구성하는 것은 한 예가 된다. 일상생활에서 경험하는 사물이나 현상, 주변 자연환경을 직접 체험하고 즐기는 기회를 제공하여 영유아가 자발적으로 참여하도록 만든다. 즉, 영유아의 관심은 자발적인 참여, 탐구, 연습으로 이어져 관련된

사진 설명 실제 생활과 밀접히 관련된 주제 활동-슈퍼마켓 가기

정보나 기술을 충분히 습득하게 만든다. 이는 자신감으로 이어지고, 자신감은 자신의 경험에 대한 즐거움과 만족감을 느끼게 만들어 다시 새롭게 탐구하고 싶은 마음이 생기게 한다(Estes, 2004).

보육내용은 영유아 개개인에게 다양한 기회를 제공할 수 있어야 한다. 성역할 고정관념이나 인종 등으로 인해 영유아 개인의 경험이 제한되지 않도록 주의해야 한다. 나아가 보육내용은 영유아가 성취감과 도전 정신을 모두 느낄 수 있도록 구성되어야 한다. 영유아 자신이 성공한 경험이나 성취한 결과를 통해 즐거움과 만족감을 느끼도록 도와주는 동시에, 잠재되어 있는 능력을 개발할 수 있도록 적절한 인지적 자극을 제공해야 한다. 또한 영유아는 주변 또래 및 교사와 정서적 유대감을 형성하고 있는 환경에서 가장 잘 학습할 수 있으므로 (National Child Care Association, 2007) 영유아들이 주변 사람들과 긍정적이고 평화로운 관계를 경험할 수 있는 보육내용을 선정한다. 즉, 사회적 · 정서적으로 안전한 경험을 제공해야 한다.

선정한 보육내용을 조직화할 때는 계속성, 계열성, 통합성의 원리를 바탕으로 한다(Tyler, 1949). 먼저, 계속성의 원리는 보육목표를 실현하기 위해 보육내용이 여러 발달단계를 거치며 지속적으로 실시되어야 함을 의미한다. 특정 목표를 달성하기 위해 이루어진 한 발달 단계의 보육내용은 그 다음 발달 단계의 보육내용과 자연스럽게 연결될 수 있어야 한다. 이를 통해 선행 단계에서 경험한 내용을 반복하여 활용하면서 보다 확장된 경험을 할 수 있는 환경을 제공한다. 다음으로, 계열성의 원리는 보육내용을 조직할 때 무엇을 먼저 경험하고 무엇을 나중에 경험하도록 해야 하는지에 대한 것이다. 영유아들에게 제공되는 내용은 선행 경험을 토대로 점차 확장되어야 한다. 보육내용을 현재 영유아가 알고 있는 것에서 모르는 것으로, 단순한 것에서 복잡한 것으로, 구체적인 것에서 보다 추상적인 것으로 조직해 나간다. 끝으로, 통합성의 원리는 각 영역별로 보육내용을 선정하기 보다는 여러 영역의 내용을 활동 시간에 모아서 운영해야 한다는 것이다. 이때 다양한 각각의 경험을 상호 관련시켜서 전체적으로 의미 있는 경험이 되도록 보육내용을 통합적으로 조직화한다.

3) 실행 방법

실행 방법은 선정한 보육내용을 현장에 적용하여 수행할 때 사용되는 구체적인 교수·학습과정을 말한다. 다시 말해, 선정한 내용을 영유아들에게 어떻게 전달할 것인가에 대한 것이다. 실행 방법은 무엇보다도 앞서 설명한 보육과정의 목표를 달성하고 보육내용을 전달하기에 적절해야 한다. 또한 내용 선정에서 영유아의 관심과 흥미를 고려하듯이, 실행 방법에서도 영유아의 관심과 능력을 잘 고려할 때 보육과정은 영유아들에게 보다 의미 있는 경험이 된다.

(1) 활동시간의 종류와 특성

기본적으로 보육내용을 실행할 때 사용되는 여러 종류의 활동이 갖는 특성을 이해하고 적절히 활용해야 한다. 먼저, 자유선택 활동시간(activity time)은 발달적으로 적합한 활동들 중에서 영유아들이 하고 싶은 것을 하는 시간이다. 활동시간을 자기선택 학습활동(self-selected learning activity), 자유놀이(free play), 놀이시간(play time) 등으로 부르기도 한다. 종일제 보육에는 보통 오전과 오후에 한 번씩 자유선택 활동시간이 포함되어 있다. 이 시간에

사진 설명 자유선택 활동 놀이

유아들은 하고 싶은 활동을 선택하고 그 활동에 몰입한다. 활동시간의 길이는 유아의 연령을 고려하여 정한다. 대부분의 영유아들은 이 시간에 한 가지 이상의 활동을 한다. 보육교사는 이 시간에 유아 개개인과 상호작용을 하게 된다. 유아에게 질문하고 유아의 답변을 주의 깊게 듣고, 비공식적 대화를 나누면서 각 유아에 대해 보다 잘 파악하게 된다. 또한 유아와 친밀한 관계를 형성하고 유아의 발달 상태를 잘 평가할 수 있게 된다. 교사는 이 시간에 유아들의 자기주도적 활동을 격려하는 동시에 안전을 고려하여 유아들의 활동을 가까이서 모니터해야 한다.

대집단 활동시간(large group time)은 모든 유아와 교사가 공통된 활동을 하는 시간을 말한다. 대집단 활동시간을 집단 시간(group time), 이야기 시간(story

사진 설명 대집단활동

time), 서클타임(circle time)이라고 부르기도 한다. 보육과정을 실행할 때 보통은 한두 번의 대집단 활동이 포함된다. 보육교사에 따라 매일 같은 목적으로 대집단활동을 활용하기도 하고, 다른 목적으로 활용하기도 한다. 대집단 활동은 다양한 목적으로 활용될 수 있다. 예를 들어, 새로운 주제를 도입하거나 새로운 정보나 개념에 대한 이해를 도와주기 위해 활용될 수 있다(Essa & Rogers, 1992). 또한 대집단활동을 이용해 책읽기, 노래, 시, 게임, 사회화 연습, 긴장 완화 연습과 관련된 내용을 효과적으로 전달할 수 있다(McAfee, 1985). 대집단 활동시간이 교사 주도의 활동으로 끝나지 않도록 주의해야 한다. 교사와 유아가 보다 평등한 관계를 유지하면서 대집단활동을 한다면 주제에 대한 아이디어를 교환하고 탐구하는 기회가 될 수 있다(Fraser & Gestwicki, 1999). 보육교사는 대집단활동을 지도할 때 영유아들이 어떻게 배우고 발달적으로 적합한 집단 활동이 무엇인지를 염두에 두어야 한다. 보육교사들은 유아들이 적극적이고 능동적인 학습자이고 영유아 자신의 아이디어가 포함되고 적극적으로 관여한 활동으로부터 보다 많은 것을 배울 수 있다는 점을 고려해야 한다.

소집단활동(small group activities)은 보통 5~6명의 유아들과 교사 한 명이 조를 이루어 10~15분 정도의 짧은 시간에 활동하는 것을 말한다. 이러한 활동은 보통 소집단 내 유아들의 능력과 관심을 바탕으로 구체적 개념을 가르치는 데

이용된다(Hohmann et al., 1995). 이때 영유아들의 발달 단계별로 소집단을 구성한다. 소집단 활동은 보육교사들에게 각 영유아를 가까이서 관찰하고 평가하는 기회가 된다. 그 밖에 실외 활동, 정리시간, 식사시간, 낮잠 또는 휴식 시간도 영유아들의 발달과 학습에 중요한 역할을 하므로, 보육내용을 실행할 때 필수적으로 포함되어야 한다.

사진 설명 소집단활동

(2) 실행방법의 종류와 특성

다양한 형태의 활동 시간에 보육내용을 실행하는 몇 가지 방법을 소개하면 다음과 같다. 첫째, 영유아들에게 적절한 보육을 실시하는 데 발달적으로 가장 적합한 실행 방법은 놀이 중심 방법이다. 놀이는 자기주도적인 활동으로 교사나 부모가 시켜서 하는 것이 아닌, 영유아가 하고 싶어서 하는 활동이기 때문이다. 놀이를 하는 동안 영유아의 관심은 진행 중인 활동에 집중된다. 뿐만 아니라 영유아들은 정신적 · 정서적 · 사회적 · 신체적으로 놀

사진 설명 영유아 놀이 중심 활동

이에 몰두하여 스스로에게 의미 있는 것을 배우고자 한다. 따라서 놀이는 영유아의 전인적 발달을 지원하는 전체론(holism)에 기반을 둔 실행 방법이라고 할 수 있다(Estes, 2004). 놀이 중심의 실행 방법에서 보육교사들은 영유아들이 놀이를 통해 신체운동, 인지, 정서 등의 영역에서 필요한 기술을 획득하고 지속적으로 발달할 수 있도록 도와주는 역할을 수행해야 한다.

둘째, 주제 중심 방법은 주제나 제목을 정해 놓고 이에 대한 영유아들의 아이디어를 확장시키는 방법이다. 이때 보육내용은 선정된 주제로 통합되므로, 영유아가 경험하는 대부분의 활동, 프로젝트, 환경 등에서 같은 주제를 다루게 된다(Jones & Nimmo, 1994). 영유아가 주제를 탐구함으로써 기존의 기술을 연습하고 새로운 기술을 배우며 해당 주제에 대해 보다 풍부한 정보를 획득할 수 있다. 이를 위해 보육교사는 선정된 주제와 관련된 자료를 수집하고 보육공간을 배열하며 활동을 조직화한다. 주제 중심 방법의 전형적인 예는 계절의 변화나 일상생활에서 경험하게 되는 사건(예: 어버이날, 조부모 방문, 애완견 키우기)을 주제로 하는 것이다. 하지만 영유아의 언어, 사회성, 정서 발달 영역의 주제를 정할 수도 있고 영유아 자신, 가족, 이웃, 동네 등과 같이 친근하고 익숙한 주제를 정할 수

사진 설명 주제 중심 활동-아이스크림 가게

도 있다(Essa & Rogers, 1992). 나아가 이 방법은 다양한 생활양식, 인종, 문화 등과 같이 보다 세심한 주의를 요하는 주제에 대해서 탐구할 때도 활용될 수 있다(Derman-Sparks & The A.B.C. Task Force, 1989).

주제 중심 방법에서는 보통 '연계망(web)'을 구성하여 선정된 주제의 여러 측면들이 연결되어 있음을 시각적으로 나타낸다(Jones & Nimmo, 1994). 주제 중심 연계망의 중심부분에는 주제를 적는다. 보육교사는 주제를 중심으로 주제와 관련된 아이디어나 활동을 적어나간다. 〈그림 1-3〉에는 주제 중심 방법에서 사용되는 연계망의 예가 제시되어 있다.

셋째, 탐구를 통한 발견 중심 방법이 있다. 발견 학습(discovery learning)은 1960년대 말 인지심리학자인 Jerome Bruner가 개발한 것이다. 이 방법에서는 영유아들이 의미를 찾으려고 시도하고 스스로 발견해 가는 과정을 중시한다. 정보를 수집하고 조직화하는 과정에 적극적으로 참여하는 학습자는 스스로 자신의 지식구조를 만들어 나가게 된다(Bruner, 1986). 학습자들이 정보를 모으는

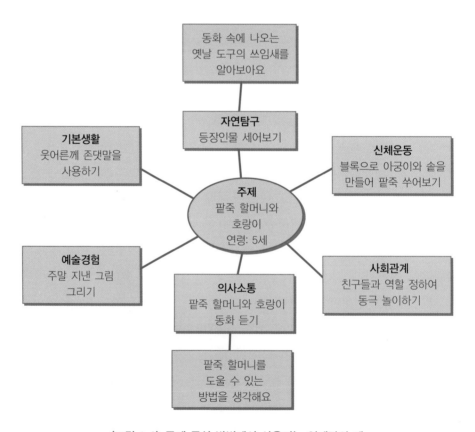

〈그림 1-3〉 주제 중심 방법에서 사용되는 연계망의 예

방식은 발달 단계마다 다르지만, 각 단계의 학습자들은 자신의 필요를 위해 적극적으로 지식을 얻고자 하고 획득한 지식을 조직화한다. 보육교사는 영유아들의 호기심이 사물에 대한 탐구로 이어지도록 도와주고 어린 아동들 스스로 발견자가 되도록 격려해야 한다. 또한 가능하다면 영유아들이 실물을 접하면서 구체적으로 정보를 획득할 수 있도록 도와주어야 한다. 발견 학습은 보통 질문으로 시작된

사진 설명 탐구를 통한 발견 학습-빗물

다. 교사가 질문에 대한 답을 직접 말해주기보다는, 교사 자신이 가지고 있는 지식과 경험을 질문이나 제안의 형태로 영유아들과 공유하거나 영유아들의 탐구에 필요한 도구를 제공해 준다.

탐구를 통한 발견 중심 방법에서는 보육환경이 특히 중요하다. 발견 학습을 위해서는 보육환경에 영유아 스스로의 탐구를 도와줄 재료나 장비, 물품들이 갖추어져 있어야 한다. 예를 들어, 유아들이 물의 특성에 대해 알아보고자 한다면, 물, 물을 담을 투명한 통, 투명한 튜브, 스펀지, 뜨거나 가라앉는 다양한 물체 등 여러 가지 재료가 있어야 한다.

(3) 실행 시 주의할 점

보육과정은 여러 활동들을 단순히 나열해 놓은 것이 아니다. 보육과정은 목표와 기준에 부합하는 여러 관련 활동들 및 구체적 교수방법을 제안하는 것이어야 한다. 양질의 활동들은 여러 가지 목표 달성에 도움이 된다. 양질의 활동들을 지속적으로 실행한다면 모든 영유아들이 여러 영역에 걸친 보육과정의 내용을 충분히 경험할 수 있다. 이때 영유아의 전인적 발달을 위해 신체, 언어, 인지, 정서, 사회성 발달 등 여러 활동 영역들이 주제를 중심으로 서로 연결되어 통합적으로 실행되는 것이 바람직하다. 나아가 보육과정에서는 사전에 계획된 경험과 실행과정에서 생기는 계획되지 않은 경험이 적절히 조화를 이룰 수 있어야 한다. 사전에 설정된 목표를 달성하기 위한 활동이 주를 이루지만, 실행 과정에서 영유아의 관심이 증가해서 혹은 예기치 못한 상황으로 생기는 활동을 자연스럽게 다룰 수 있어야 한다. 즉, 계획되지 않은 경험들도 보육과정의 기준과 목

표에 부합하는 방식으로 보육활동에 융통성 있게 수용되어야 한다. 끝으로 실행 과정에서는 항상 영유아의 안전과 위생을 고려해야 한다. 이는 실내 활동이나 실외 활동 모두에 해당된다. 보육과정을 실행하기 전 사용할 물품이나 공간의 안전을 미리 확인해야 해야 하며, 실행 중에는 영유아의 행동을 잘 감독해야 한다.

4) 평가

평가란 실행된 보육과정이 목표를 달성하였는지, 영유아에게 적합하였고 긍정적인 발달결과를 가져왔는지를 살펴보는 것이다. 이는 일반적으로 보육과정에 대한 평가와 영유아에 대한 평가로 나눌 수 있다. 전자는 보육과정 구성과 수행에 관한 내용을 중심으로 평가하는 것이고, 후자는 보육과정의 수혜자인 영유아의 전반적 발달특성과 발달 정도에 대해 평가하는 것이다. 평가는 보육과정에서 매우 중요하다. 평가를 통해서 보육교사들은 영유아들이 무엇을 좋아하는지 알 수 있고 이를 바탕으로 영유아의 요구와 필요에 잘 부합하도록 보육과정을 수정할 수 있다. 평가는 보육 전문가들이 특정 영유아나 영유아 집단의 학습에 대해 이해하는 데도 도움이 된다. 나아가 영유아 발달에 대한 전반적 지식을 증가시키고, 영유아 보육 프로그램의 질을 향상시킨다. 따라서 보육전문가 및 교사가 체계적인 평가 계획을 개발하고 그 결과를 다음 보육과정에 반영해야 한다.

(1) 보육과정 평가

보육과정 평가란 보육의 질적 향상을 위해 각 보육시설에서 주기적으로 보육과정 구성과 운영에 관한 모든 내용을 평가하는 것을 말한다(정옥분 외, 2019). 평가 시에는 보육목표를 달성하기 위해 선정한 내용 및 활동, 실제 실시한 방법, 영유아들의 반응 등이 처음 설정한 목표와 기준에 잘 부합하는지를 살펴보게 된다. 보육과정은 정기적으로 평가되어야 하는데, 이는 평가가 보육과정 구성의 마지막 단계인 동시에 새로운 보육과정을 계획하기 위한 기초단계가 되기 때문이다. 평가 결과를 토대로 부족한 부분은 수정하고 평가 결과를 다시 새로운 목표를 세우는 데 반영함으로써 보육과정의 질을 향상시킬 때 평가의 진가가 발휘

된다.

보육과정을 효율적으로 평가하기 위해서 다음 사항을 고려해야 한다(NAEYC & NAECS/SDE, 2003). 첫째, 평가는 보육과정을 지속적으로 개선시키기 위해 사용되어야 한다. 이에 평가에서는 보육과정 실행의 결과뿐 아니라 실행과정에도 중점을 둔다. 둘째, 목표는 평가를 위한 지침이 된다. 보육과정의 목표를 기준으로 하여 보육과정을 평가한다. 보육과정을 계획하고 실행하는 전 과정이 보육목표 달성에 얼마나 잘 기여하는가를 살펴본다. 셋째, 포괄적인 목표를 사용해야 한다. 보육과정 평가 시 영유아의 발달 및 학습 관련 결과뿐 아니라 가족, 보육교사, 지역사회와 관련된 목적도 포함하여 포괄적인 목적 달성 여부를 평가한다. 넷째, 여러 가지 측면의 자료를 활용한다. 효율적인 평가를 위해 보육과정 자료, 영유아 개인의 인구학적 자료, 학습의 질, 실행 자료 등 다양한 측면에 대한 자료를 활용한다.

우리나라에서는 보육시설 운영 전반에 대한 평가인 '보육시설 평가인증제'를 2년여에 걸쳐 개발하여 2005년에 시범적으로 실시하였고, 2006년부터 본격적으로 도입하여 실시하였다. 2019년에는 '어린이집 평가제'로 명칭이 변경되었으며, 이전에는 평가인증을 신청한 어린이집에 한하여 추진되었던 어린이집 질 관리가 전국 모든 어린이집으로 확대되었다. 어린이집 평가제의 평가영역은 총 4개로, 여기에는 보육과정 및 상호작용, 보육환경 및 운영관리, 건강과 안전, 교직원 영역이 포함된다(한국보육진흥원, 2020). 보육과정 및 상호작용 영역의 평가지표로는 영유아 권리 존중(1-1), 보육계획 수립 및 실행(1-2), 놀이 및 활동 지원(1-3), 영유아 간 상호작용 지원(1-4), 보육과정 평가(1-5)가 해당된다. 이들 다섯 가지 지표 중 보육과정 평가와 직접적으로 관련된 1-2, 1-3, 1-5 평가지표의 항목에 대해 소개하면 다음과 같다.

보육계획 수립 및 실행 지표(1-2)의 항목들로 표준보육과정을 바탕으로 어린이집의 철학을 반영한 보육계획을 수립하는지, 영유아가 편안한 분위기에서 일상경험을 할 수 있도록 운영하는지, 하루 일과에서 영유아의 놀이가 충분히 이루어지도록 하는지, 바깥놀이 시간을 매일 충분히 배정하여 운영하는지, 특별활동은 운영 지침에 따라 운영하는지, 장애영유아를 위한 관련 서비스를 일과 중에 통합적으로 제공하는지를 점검한다. 놀이 및 활동 지원 지표(1-2)의 항목들로 교사가 놀이와 활동이 영유아의 자발적 선택에 의해 주도적으로 이루어지도록 격려하는지, 교사가 영유아의 놀이 상황을 관찰하면서 놀이와 관련된 상호작용을 하는지, 영유아의 다양한 놀이와 활동에 필요한 자료를 제공하는지를 점검한다. 보육과정 평가 지표(1-5)의 항목들로는 반별 보육일지에 하루 일과 및 놀이실행에 대한 기록이 있고, 필요한 경우 그 내용을 다음 놀이 지원 및 활동 계획에 반영하는지, 영유아의 일상생활, 실내외 놀이 및 활동에 대한 관찰 내용을 기록하고, 영유아의 발달특성과 변화를 평가하는지, 원장이 각 반별 보육과정 운영에 대한 평가를 통해 어린이집 전체 보육과정 운영을 파악하고 있는지를 점검한다.

(2) 영유아 평가

영유아 평가는 영유아의 성장을 종합적으로 평가할 뿐 아니라 각 보육과정의 세부 목표와 관련하여 영유아가 구체적으로 변화하는 과정을 살펴보는 것이다. 영유아 평가의 목적은 영유아의 학습과 성장을 지원하고 추가적인 도움이 필요한 영유아를 식별해 내는 것이다(Kagan, Scott-Little, & Clifford, 2003). 평가를 영유아 개인 별로 혹은 집단별로 실시할 수 있다. 영유아에 대해 평가할 때는 목적에 따라 일화기록법, 행동목록법, 평정척도법, 표준화검사 등의 방법을 이용하거나 영유아의 작품 분석, 부모와의 면담 등을 이용할 수 있다. 어느 방법을 이용하든지 영유아 평가는 영유아의 일상 활동과 관련되고 발달적으로 적합하며 문화적, 언어적 측면에서도 영유아가 반응하기에 적절한 방식으로 수행되어야 한다. 평가결과는 보육교사들이 영유아의 발달과 학습을 도모하는 데 도움이 되는 정보, 즉 영유아의 강점, 발달 상태 등에 대한 정보를 제공해 주어야 한

Sharon Lynn Kagan   Catherine Scott-Little   Richard M. Clifford

다(Meisels & Atkins-Burnett, 2000). 평가를 통해 영유아에 대한 이해와 인식이 증진되어야 하며 이는 다시 보육과정 실행 및 교수방법을 증진시키는 데 활용되어야 한다.

Samuel J. Meisels

영유아 평가 시 다음과 같은 점을 주의한다(NAEYC & NAECS/SDE, 2003). 첫째, 평가를 실행할 때 윤리적 원칙에 따른다. 단 1회의 평가를 근거로 영유아가 받을 서비스나 기회가 제한되거나 영유아에 대해 어떤 결정을 내리지 않는다. 충분한 시간을 거치고 여러 가지 방법을 활용해 영유아를 평가한다. 즉, 평가 체계에 반복된 체계적인 관찰, 문서화된 기록, 수행력 지향 또는 준거 지향의 평가방법이 포함되어야 한다. 둘째, 평가 시 양질의 전문적 기준에 부합하는 신뢰할 수 있고 타당한 평가도구를 사용해야 한다. 또한 평가도구를 원래 개발된, 의도된 목적으로 사용한다. 셋째, 영유아의 연령과 특성에 적합한 평가를 한다. 즉, 평가가 대상 영유아의 연령, 문화, 모국어, 사회경제적 수준, 능력 등에 맞도록 설계되어야 한다. 또한 단순한 기술을 평가하기보다는 포괄적이고 발달적으로 중요한 측면을 평가한다. 넷째, 평가는 영유아의 실제 수행력을 반영하도록 영유아가 실제로 생활하는 맥락 또는 상황에서 이루어져야 한다.

3. 보육과정의 경향과 과제

우리나라에 보육제도가 도입된 이후 보육과정은 점차적으로 개선되어 왔다. 초기에는 외국에서 도입된 여러 가지 교수방법이나 프로그램에 주로 의존하였으나, 이제는 우리나라 실정과 문화에 맞는 보육과정이 개발되고 실시되고 있다. 여기서는 우리나라 보육과정의 전반적인 경향을 정리해 보고 앞으로 보다 나은 보육과정을 실시하기 위해 지속적으로 노력해야 할 과제에 대해 살펴볼 것이다.

1) 보육과정의 경향

보육과정은 사회문화적 특성의 변화뿐 아니라 학계의 연구결과를 반영하며

Elena Bodrova

Deborah J. Leong

발전해 왔다. 우리나라 보육과정의 경향은 다음과 같이 정리해 볼 수 있다. 첫째, 영유아의 능동적 참여를 중심으로 하는 영유아 중심의 보육활동을 강조한다(유희정, 2007). 교사가 정한 활동 속에서 영유아가 지식과 내용을 수동적으로 받아들이는 것이 아니라 영유아 스스로 활동을 선택하고 지식을 조직화하는 것을 중시한다. 영유아의 관심과 흥미를 고려하여 영유아가 주도적으로 탐색할 수 있는 환경을 구성하고 이러한 환경을 구체적으로 경험할 수 있는 기회를 제공한다. 특히 영유아 스스로 선택하고 자발적인 학습이 일어날 수 있도록 돕는 놀이 중심의 방법이 중요시 된다(Bodrova & Leong, 2003). 영유아에게 자연스러운 사회적, 인지적 자극을 제공해 주는 환경에서 영유아는 놀이 중심 활동을 통해 긍정적 발달을 촉진시키는 경험을 하게 된다. 따라서 영유아를 둘러싼 보육환경의 기능이 더욱 중요해진다. 보육환경의 물리적 측면뿐 아니라 교사와 영유아 간 상호작용적 측면 등이 영유아의 탐구 활동을 이끌어낼 수 있도록 영유아의 연령과 발달수준에 적합해야 한다.

둘째, 특정 이론이나 철학적 입장을 바탕으로 보육대상, 보육시설 및 지역사회의 특성과 요구를 반영한 구조화된 영유아 보육프로그램의 종류가 다양해지고 있다. 몬테소리 프로그램이나 프로젝트 접근법, 레지오 에밀리아 프로그램, 뱅크 스트리트 프로그램 등과 같은 외국에서 개발되어 도입된 프로그램뿐만 아니라 국내에서 자체적으로 개발된, 우리 문화와 실정을 반영한 프로그램들이 다수 개발되고 있다. 예를 들어, 고려대학교의 주제통합 프로그램은 영유아가 관심과 흥미를 보이는 주제를 가지고 일상생활 속에서 다양한 경험을 통해 자연스럽게 교육이 이루어질 수 있도록 구성된다(정옥분 외, 2019). 이 프로그램에서는 하나의 주제에 대해 표준보육과정의 각 영역별로 주제통합 활동을 진행한다. 다른 예로, 부산대학교의 생태 프로그램은 우리 고유의 전통에 바탕을 둔 공동체 중심 과정이다. 이 프로그램은 생태중심 교육을 지향하고 자연친화적 활동을 중시한다(임재택, 2002). 자연에 대한 직접적 탐구와 놀이를 이용해 영유아가 '아이답게' 행복하게 살 수 있도록 돕는다. 그 밖에 특수 아동의 보육을 위해 개발된 장애아동 통합보육프로그램(이소현, 2005)에서는 일반 보육프로그램을 기반으로 장애아동의 요구를 수용한 개별화된 특수교육 지원이 가능하다. 이들 각각의 보육 프로그램들은 강점과 약점을 가지고 있다. 따라서 보육대상 영유아의 특성 및 시설, 지역사회적 특성을 바탕으로 보육과정의 목적에 합당한 양질의 보육프로그램을 선택하여 실시해야 할 것이다.

사진 설명 고려대학교 주제통합 프로그램-강정 만들기

셋째, 보육과정의 질을 높이기 위한 제도적 노력이 전개되고 있다. 우리나라에서는 보육시설을 신고제에서 인가제로 전환한 이후, 보육교사 자격증 제도를 도입하였을 뿐만 아니라 최근에는 어린이집 평가인증제에서 평가제로 변경하여 모든 보육시설에 대한 평가를 실시하고 있다. 어린이집 평가제는 한국보육진흥원에서 시행하며, 보육에 대한 사회적 책임 강화 및 안심 보육환경 조성을 위해 국가 차원에서 모든 어린이집을 주기적으로 평가하여 상시적인 보육서비스의 질을 확보하고자 하는 제도이다. 보육시설에서는 이러한 평가를 바탕으로 보육프로그램이나 보육시설의 부족한 부분을 개선하고, 양질의 보육서비스가 지속적으로 제공될 수 있도록 한다. 정부에서는 양질의 보육과정을 제공하고자 관련 제도를 운영하고 필요에 따라 제도를 개선함으로써 보육서비스를 지원하고 있다. 따라서 부모 및 보육관련 종사자는 이러한 보육관련 제도 및 정책이 보육과정 수혜자인 영유아들에게 득이 되는 방향으로 지속되도록 관심과 노력을 기울여야 할 것이다.

넷째, 영유아 및 아동의 발달단계적 연계성을 고려하여 보육과정을 구성하고 있다. 우리나라의 보육과정은 0~1세 표준보육과정, 2세 표준보육과정, 3~5세 누리과정으로 구분되며 3~5세 누리과정은 2020년 3월부터 '2019 개정 누리과정'으로 운영되고 있다. 특히 개정 누리과정에서는 추구하는 인간상과 목적과 목표, 구성의 중점 등 총론 전반의 구성을 초등학교 교육과정의 체계와 통일하였으며, 유아와 놀이를 최우선으로 존중하는 교육과정임을 강조한다. 이는 교사가 미리 계획한 활동을 중심으로 진행되는 교사중심 교육과정에서 유아 주도적인 놀이가 중심이 되는 유아 · 놀이 중심 교육과정으로 변화한 것을 의미한다.

2) 보육과정의 과제

우리나라에서 보육서비스가 실시된 이후 각각의 보육시설들은 목적에 따라, 상황에 따라 질적 수준이 다양한 보육과정을 실시해 왔다. 영유아 보육의 전반적인 질을 향상시키고 이를 통해 영유아의 긍정적 발달을 도모하기 위해 지난 2007년 국가 수준의 지침인 표준보육과정이 발표되었다. 이는 1991년 영유아보육법이 제정되어 영유아에 대한 보호와 교육이 본격적으로 추진된 지 약 16년만에 우리나라의 보육과정이 상당히 진일보한 것이라고 할 수 있다. 나아가 2012년에는 유아들이 보다 높은 수준의 보육과 교육을 제공받을 수 있도록 국가 수준에서 3~5세 연령별 누리과정을 발표하였고, 2015년에는 누리과정 운영시간을 3~5시간에서 4~5시간으로 조정하여 개정·고시하였다. 2019년에는 '2019 개정 누리과정'을 고시하였고, 2020년에는 아동 중심, 놀이 중심을 기본 방향으로 하는 표준보육과정을 개정하여 발표하였다. 하지만 영유아들에게 양질의 보육과정을 제공하기 위해 여전히 해결되어야 할 문제들이 있다. 또한 앞으로의 사회는 과거에 비해 보다 급격히 변화하므로, 보육과정도 이에 맞추어 발전해 나가야 할 것이다. 양질의 보육과정을 제공하고 영유아의 긍정적 발달을 도모하기 위해 해결해야 할 과제들을 살펴보면 다음과 같다.

우리 사회는 국제결혼 가정, 이주 노동자, 새터민 등의 진입으로 다민족, 다인종, 다문화적 배경을 가진 구성원이 점차 증가하고 있다(교육인적자원부, 2007). 이는 앞으로 보육과정의 수혜자인 영유아들의 인구학적 배경이 더욱 다양해진다는 것을 의미한다.

사진 설명 코시안의 집
출처: http://kosian.or.kr (2009. 1. 1.)

영유아 및 부모의 인구학적 특성 변화는 보육과정의 내용과 실제 수행, 보육과정의 효과에 대한 평가에 영향을 미친다. 예를 들어, 보육시설에서 사용하는 언어와 가정에서 사용하는 언어가 다른 유아의 능력을 일반 유아와 같은 기준으로 평가한다면 유아의 잠재능력을 실제보다 낮게 평가하기 쉬울 것이다. 따라서 수혜대상 영유아의 다양한 배경 특성을 고려한 보육과정을 준비해야 한다.

보육과정 및 영유아의 발달과 학습에 대한 연구들은 국내외에서 지속적으로 실시되고 있다. 이들을 통해 영유아들의 학습 능력은 과거에 생각했던 것보다 더 뛰어나다는 점이 밝혀지고 있다(National Research Council, 2001). 또한 신체, 사회관계, 의사소통, 예술 등 각 영역에서 보다 유능한 영유아로 보육하기 위한 여러 가지 프로그램과 교수 방법들이 시도되고 있다. 따라서 최신의 정보를 바탕으로 영유아 보육과정을 계획하고 실행하되, 경

사진 설명 보육교사 연수
출처: http://www.anseongnews.com

험적 연구를 바탕으로 검증된 수행 방법들을 도입하고 활용하여야 한다. 제대로 계획된, 효율적 보육과정이 충분한 자격을 갖춘 교사에 의해 수행되어야 한다. 이와 관련하여 보육교사 재교육 및 처우 개선에도 힘써야 한다. 보육과정을 현장에서 실시하는 인력은 보육교사이다. 아무리 잘 구성된 보육과정이라 할지라도 이를 현장에서 실행하는 교사들이 충분히 훈련되지 않았다면 보육과정의 효과를 기대하기 어렵다. 따라서 보육교사들이 영유아를 보육하기 전에 영유아의 발달과 학습에 대해 이해해야 하고, 지속적인 보수교육을 통해 영유아를 보육하는 능력을 향상시켜야 한다. 정부에서는 보육시설장 및 보육교사들의 재교육을 적극적으로 지원하고 권장해야 하며 보육시설 인력의 질적 수준을 향상시키고자 노력해야 한다. 보육교사의 후생복지, 근무시간 등의 직업적 환경은 보육교사의 직무만족도와 밀접히 관련되어 있고, 직무 동기에도 영향을 미친다(서정연, 2020). 이는 다시 보육교사가 양질의 보육과정을 수행하는 것과 관련될 것이다. 따라서 보육교사 직무환경 측면의 정책적인 개선 노력과 더불어 그들이 양질의 보살핌과 교육을 제공하는 데 집중할 수 있도록 지원을 해야 할 것이다.

맞벌이 가정이 늘어감에 따라 종일제 보육은 계속적으로 증가할 전망이다. 많은 수의 영유아들이 매일 긴 시간을 보육시설에서 보

사진 설명 어린이집 내 부모교육

내게 되므로 이들 영유아를 양육하고 사회화시키는 데 있어 보육교사와 부모의 긴밀한 연계가 매우 중요하다. 부모와 보육교사는 영유아의 긍정적 발달을 도모한다는 목표를 공유하고 서로 존중하며 개방적으로 의사소통해야 한다. 나아가 보육시설에서는 부모교육과 부모참여를 활성화함으로써 영유아들이 보육시설과 가정에서 일관된 양질의 보살핌과 교육을 받을 수 있도록 노력해야 한다.

양질의 보육과정을 운영하기 위해서는 보육목적과 목표를 시대적 변화와 사회적 요구를 고려하여 설정하고, 보육과정을 전문적인 기준에 잘 맞게 실행하며, 보육과정과 관련된 최근의 연구결과를 잘 활용해야 한다. 이를 통해 보육과정이 수혜자인 영유아, 나아가 부모 및 가족, 사회구성원에게 이득이 되어야 한다. 따라서 보육과정의 개선은 하나의 고정된 정답이 있는 과제라기보다는 지속적으로 변화하고 발전해 가는 과제로 이해해야 할 것이다.

4. 표준보육과정 및 누리과정 소개

우리나라에서 국가 수준 보육과정인 표준보육과정을 처음 개발한 때는 지난 2005년이다. 여성가족부에서는 이를 2006년 11월에 법제화했고 2007년 1월에 표준보육과정의 구체적 보육내용과 교사지침을 시행하도록 고시하였다. 2008년 7월 제1차 표준보육과정에 기초한 총론 0～5세용 어린이집 프로그램과 장애아용 프로그램이 개발되고 보급되었다. 이는 1991년 영유아보육법이 제정된 이후 영유아들에게 양질의 보호와 교육을 제공하기 위해 지속적으로 노력한 성과라고 볼 수 있다. 2010년 보육업무가 여성가족부에서 보건복지부로 이전되었고, 2011년 9월 보건복지부와 교육과학기술부에서 어린이집과 유치원 만 5세를 위한 공통과정으로 5세 누리과정을 제정하고 고시하기에 이르렀다. 2012년에는 제2차 표준보육과정이 개정·고시되었다. 그러나 제2차 표준보육과정이 나오자마자 3～5세 연령별 누리과정이 고시됨에 따라 2012년 말에 3～5세 연령별 누리과정과 연계된 제3차 표준보육과정이 개정 고시되었다. 따라서 2013년부터 0～2세를 대상으로는 개정된 표준보육과정을, 3～5세를 대상으로는 연령별 누리과정에 따라 보육과정을 수행하게 되었다. 2019년에는 3～5세 연령별 누리과정을 유아가 주도하는 놀이를 통한 배움이 구현될 수 있도록 유아·놀이 중심

교육과정인 '2019 개정 누리과정'으로 고시되었다. 이어 표준보육과정도 2020년
에는 개정 누리과정에 맞추어 영유아 중심, 놀이 중심 보육과정을 통해 자율성
과 창의성 향상을 목적으로 제4차 표준보육과정으로 개정되었다. 여기서는 표
준보육과정과 누리과정에 대해 간략히 소개하고자 한다.

1) 표준보육과정의 배경과 개요

어린이집 표준보육과정은 0~5세 영유아를 위한 국가 수준의 보육과정이며
0~1세 보육과정, 2세 보육과정, 3~5세 보육과정(누리과정)으로 구성된다. 표준
보육과정에 대한 이해를 돕기 위해 표준보육과정의 개발 배경과 개정 과정을 살
펴보고, 추구하는 인간상을 알아볼 것이다. 이어서, 2020년 제4차 어린이집 표
준보육과정 개정 고시의 내용을 바탕으로 표준보육과정의 기본 전제와 구성 방
향을 알아본 후, 표준보육과정의 영역과 목적 및 목표를 소개할 것이다.

(1) 표준보육과정 개발 배경 및 개정 과정

우리나라에서는 1961년 아동복리법을 제정·공포하면서 보육사업을 통해 18세
미만 아동의 복리를 증진하고자 노력하기 시작하였다. 1991년에는 영유아보육
법이 제정되어 6세 미만의 취학전 아동을 대상으로 보호 및 보살핌과 전인적 발
달을 도모하기 위한 교육이 본격적으로 추진되었다. 이후 사회적인 변화와 함
께 보육시설의 수가 급격히 증가하면서 2004년 1월에는 영유아보육법이 전면
적으로 개정되었다. 개정된 영유아보육법에서는 보육에 대한 공적인 책임이 강
조되었다. 특히 2004년 개정된 영유아보육법 제29조에는 보육과정에 영유아의
신체·정서·언어·사회성 및 인지적 발달을 도모할 수 있는 내용이 포함되어
야 한다고 명시되었다. 나아가 보건복지부장관이 표준보육과정을 개발·보급
해야 한다고 되어 있다. 즉, 영유아의 전인적 발달을 위해 국가 수준에서 양질의
보육과정을 개발하고 보급할 필요가 있음을 밝힌 것이다. 이는 영유아보육시설
이 양적으로는 급증하였으나 질적으로는 보육과정의 수준이 지역이나 기관마
다 매우 큰 차이를 보였기 때문이다. 따라서 국가적 수준에서 우리나라의 사회
문화적 측면을 고려하여 영유아의 성장과 경험에 적합한 보육과정을 제시해야
할 필요성이 제기된 것이다.

이에 2004년 12월에 표준보육모형을 개발하기 위한 연구가 시작되었다. 먼저, 한국아동학회, 한국영유아보육학회, 한국보육학회, 한국유아교육학회, 한국사회복지학회 및 대한영유아간호학회에서 추천한 전문가 1인씩 총 6인의 연구진이 국내 보육과정 문헌 조사 및 보육과정에 대한 요구도 조사결과를 바탕으로 표준보육과정의 구성 체계를 개발하였다. 다음으로, 총 30명의 보육관련 학계의 교수진과 현장 경력의 보육교사들이 6개 영역의 보육목표와 내용을 개발하게 된다. 이어서 6개 각 영역별 전문가 및 현장보육교사들이 내용의 적합성을 검토하고, 전국 6개 지역협의회에서 지역적 협의를 거쳐 다양한 의견을 수렴한 후 표준보육과정 모형을 완성하였다. 그 결과, 2005년 말 여성가족부에서는 영유아가 보육시설에서 경험하는 바람직한 태도와 가치, 지식, 기술을 제시하여 어린이집에서 영유아를 보호하고 교육하는 데 지침으로 사용하도록 표준보육과정을 발표하였다. 2005년 개정된 영유아보육법 제29조 제2항[3] 및 제4항[4]에 근거하여 2007년 1월부터 0~5세 영유아를 대상으로 표준보육과정의 구체적 보육내용 및 교사지침이 시행되어 각 보육시설에서 이를 기초로 보육과정을 운영하였다. 이후 제2차 개정과 제3차 개정을 거쳤다. 제2차 개정에서는 5세 누리과정 제정과 더불어 0~4세를 대상으로 표준보육과정이 고시되었고, 제3차 개정에서는 0~2세는 표준보육과정을, 3~5세는 누리과정과 연계한 어린이집 표준보육과정을 바탕으로 영유아 보육을 수행하도록 고시하였다. 이후 2019년 3~5세 누리과정의 개정으로 2020년에는 표준보육과정도 동일한 방향으로 개정되었다. 이는 아동의 경험 간 연결, 연령 간 발달 연계, 보육현장에서의 안정적 적용을 지원하기 위한 것으로, 2020년 제4차 표준보육과정이 고시되었다.

(2) 표준보육과정에서 추구하는 인간상

표준보육과정에서 궁극적으로 추구하는 인간상은 건강한 사람, 자주적인 사람, 창의적인 사람, 감성이 풍부한 사람, 더불어 사는 사람이다(보건복지부, 2020). 이러한 특성은 유아들이 일상에서 놀이하며 배우는 모습에서 찾아볼 수

---

3) 여성가족부장관은 표준보육과정을 개발·보급하여야 하며 필요 시 그 내용을 검토하여 수정·보완하여야 한다. 〈영유아보육법 개정 2004.12.31, 2005.3.24〉
4) 제1항의 규정에 의한 보육과정의 구체적인 내용은 여성가족부령으로 정한다. 〈영유아보육법 개정 2004.12.31, 2005.3.24〉

있으며 동시에 유아가 추후 배우며 성장해 가야 할 모습이기도 하다. 추구하는 인간상을 자세히 살펴보면 다음과 같다.

첫째, 건강한 사람은 몸과 마음이 고루 발달하고 스스로 건강함을 유지하며 안정적이고 안전한 생활을 하는 사람을 의미한다. 둘째, 자주적인 사람은 자신을 잘 알고 존중하며 자신감을 가지고 스스로 할 수 있는 일을 주도적으로 해 나가는 사람을 의미한다. 셋째, 창의적인 사람은 주변 세계에 열려 있고, 호기심이 많으며, 자기만의 방식으로 상상하고 느끼고 표현하고 탐구하는 가운데 새롭고 독창적인 생각을 하는 사람을 의미한다. 넷째, 감성이 풍부한 사람은 예술을 사랑하고 존중하며 자신을 둘러싼 주변 세계에 경이로움과 아름다움을 느끼고 즐길 수 있는 풍부한 문화적 감수성을 지닌 사람을 의미한다. 다섯째, 더불어 사는 사람은 자신이 속해 있는 사회에 소속감을 느끼고, 다른 사람과 생명을 존중하고 자연과 더불어 살아가며 보다 나은 사회를 만들기 위해 사회문제에 관심을 갖고 협력하는 민주 시민을 의미한다. 이러한 인간상은 이후 초등학교 교육과정에서 추구하는 인간상과도 연계되어 있다.

(3) 표준보육과정의 기본 전제 및 구성 방향

6세 미만의 영유아에 대한 관점과 표준보육과정의 목표와 내용을 선정하고 이를 운영하는 데 기초가 된 기본 전제는 다음과 같다(보건복지부, 2012).

▷ 영유아는 개별적인 특성을 지닌 고유한 존재이다.
▷ 영유아는 연령에 따라 발달적 특성이 질적으로 다르다.
▷ 영유아는 그 자체로서 존중받아야 하는 존재이다.
▷ 영유아는 직접적으로 경험할 때 의미 있는 지식, 기술 및 바람직한 태도를 형성해 간다.
▷ 영유아는 일상생활이 편안하고 학습과 경험이 놀이중심으로 이루어질 때, 최대의 능력이 발휘된다.
▷ 영유아는 민감하고 반응적인 성인과의 신뢰로운 관계 속에서 최적의 발달을 이룬다.
▷ 영유아가 속한 가정, 지역사회가 함께 협력할 때 영유아에게 가장 긍정적인 영향을 미친다.

이러한 전제를 바탕으로 한 표준보육과정의 구성 방향을 정리하면 다음과 같다(보건복지부, 2020). 첫째, 영유아는 개별적인 특성을 지는 고유한 존재임을 전제로 구성한다. 둘째, 0~5세 모든 영유아에게 적용할 수 있도록 구성한다. 셋째, 추구하는 인간상 구현을 위한 지식, 기능, 태도 및 가치를 반영하여 구성한다. 넷째, 0~1세 보육과정과 2세 보육과정은 기본생활, 신체운동, 의사소통, 사회관계, 예술경험, 자연탐구의 6개 영역을 중심으로 구성한다. 다섯째, 0~5세 영유아가 경험해야 할 내용으로 구성한다. 여섯째, 초등학교 교육과정과의 연계성을 고려하여 구성한다.

(4) 표준보육과정의 영역과 목적 및 목표

표준보육과정은 영유아보육법 시행규칙 제30조에 의거하여 총 6개 영역으로 구성된다. 즉, 기본생활, 신체운동, 의사소통, 사회관계, 예술경험, 자연탐구영역으로 이루어져 있다. 이들 각 영역에는 영유아가 건강하고 안전하며 바르게 생활하는 데 필수적인 내용이 들어 있다. 더불어 각 영역에서는 영유아의 신체, 사회, 언어, 인지, 정서 등 전인적 발달을 위해 필요한 지식과 기술, 태도 등을 다루고 있다. 〈표 1-1〉에는 이들 각 영역의 내용이 간략히 소개되어 있다.

〈표 1-1〉 0~2세 표준보육과정의 6개 영역과 세부 내용 범주

영역	내용 범주
기본생활	• 건강하게 생활하기 • 안전하게 생활하기
신체운동	• 감각과 신체 인식하기 • 신체조절과 기본운동하기
의사소통	• 듣기와 말하기 • 읽기와 쓰기에 관심 가지기 • 책과 이야기 즐기기
사회관계	• 나를 알고 존중하기 • 더불어 생활하기
예술경험	• 아름다움 찾아보기 • 창의적으로 표현하기
자연탐구	• 탐구 과정 즐기기 • 생활 속에서 탐구하기 • 자연과 더불어 살기

표준보육과정의 목적은 영유아가 놀이를 통해 심신의 건강과 조화로운 발달을 이루고 바른 인성과 민주 시민의 기초를 형성하는 데 있다. 이를 실현하기 위한 목표는 다음과 같다. 첫째, 자신의 소중함을 알고 건강하고 안전한 환경에서 즐겁게 생활한다. 둘째, 자신의 일을 스스로 하고자 한다. 셋째, 호기심을 가지고 탐색하며 상상력을 기른다. 넷째, 일상에서 아름다움에 관심을 가지고 감성을 기른다. 다섯째, 사람과 자연을 존중하고 소통하는 데 관심을 가진다.

표준보육과정에서는 6개 영역의 구체적인 목표 및 내용을 연령집단별로 제시하고 있다. 연령에 따라 0~1세 보육과정과 2세 보육과정으로 구분된다. 〈표 1-2〉에는 표준보육과정 내용 범주에 따른 세부 내용이 제시되어 있다.

〈표 1-2〉 표준보육과정 내용 범주 및 세부 내용

영역	내용 범주	세부 내용	
		0~1세	2세
기본 생활	건강하게 생활하기	• 도움을 받아 몸을 깨끗이 한다. • 음식을 즐겁게 먹는다. • 하루 일과를 편안하게 경험한다. • 배변 의사를 표현한다.	• 자신의 몸을 깨끗이 해본다. • 음식에 관심을 가지고 즐겁게 먹는다. • 하루 일과를 즐겁게 경험한다. • 건강한 배변 습관을 갖는다.
	안전하게 생활하기	• 안전한 상황에서 놀이하고 생활한다. • 안전한 상황에서 교통수단을 이용해 본다. • 위험하다는 말에 주의한다.	• 일상에서 안전하게 놀이하고 생활한다. • 교통수단을 안전하게 이용해 본다. • 위험한 상황에 대처하는 방법을 경험한다.
신체 운동	감각과 신체 인식하기	• 감각적 자극에 반응한다. • 감각으로 주변을 탐색한다. • 신체를 탐색한다.	• 감각 능력을 활용한다. • 신체를 인식하고 움직인다.
	신체활동 즐기기	• 대소근육을 조절한다. • 기본 운동을 시도한다. • 실내외 신체운동을 즐긴다.	• 대소근육을 조절한다. • 기본 운동을 즐긴다. • 실내외 신체활동을 즐긴다.
	듣기와 말하기	• 표정, 몸짓, 말과 주변의 소리에 관심을 갖고 듣는다. • 상대방의 이야기를 들으면서 말소리를 낸다. • 표정, 몸짓, 말소리로 의사를 표현한다.	• 표정, 몸짓, 말에 관심을 갖고 듣는다. • 상대방의 이야기를 듣고 말한다. • 표정, 몸짓, 단어로 의사를 표현한다. • 자신의 요구와 느낌을 말한다.

의사 소통	읽기와 쓰기에 관심 가지기	• 주변의 그림과 상징에 관심을 가진다. • 끼적거리기에 관심을 가진다.	• 주변의 그림과 상징, 글자에 관심을 가진다. • 끼적이며 표현하기를 즐긴다.
	책과 이야기 즐기기	• 책에 관심을 가진다. • 이야기에 관심을 가진다.	• 책에 관심을 가지고 상상한다. • 말놀이와 이야기에 재미를 느낀다.
사회 관계	나를 알고 존중하기	• 나를 인식한다. • 나의 욕구와 감정을 나타낸다. • 나와 친숙한 것을 안다.	• 나와 다른 사람을 구별한다. • 나의 감정을 표현한다. • 내가 좋아하는 것을 한다.
	더불어 생활하기	• 안정적인 애착을 형성한다. • 또래에게 관심을 가진다. • 다른 사람의 감정과 행동에 관심을 가진다. • 반에서 편안하게 지낸다.	• 가족에게 관심을 가진다. • 또래와 함께 놀이한다. • 다른 사람의 감정과 행동에 반응한다. • 반에서의 규칙과 약속을 알고 지킨다.
예술 경험	아름다움 찾아보기	• 자연과 생활에서 아름다움을 느낀다. • 아름다움에 관심을 가진다.	• 자연과 생활에서 아름다움을 느끼고 즐긴다. • 아름다움에 관심을 갖고 찾아본다.
	창의적으로 표현하기	• 소리와 리듬, 노래로 표현한다. • 감각을 통해 미술을 경험한다. • 모방 행동을 즐긴다.	• 익숙한 노래와 리듬을 표현한다. • 움직임과 춤으로 자유롭게 표현한다. • 미술 재료와 도구로 표현해 본다. • 일상생활 경험을 상상놀이로 표현한다.
자연 탐구	탐구 과정 즐기기	• 주변 세계와 자연에 대해 호기심을 가진다. • 사물과 자연 탐색하기를 즐긴다.	• 주변 세계와 자연에 대해 호기심을 가진다. • 사물과 자연을 반복하여 탐색하기를 즐긴다.
	생활 속에서 탐구하기	• 친숙한 물체를 감각으로 탐색한다. • 물체의 수량에 관심을 가진다. • 주변 공간과 모양을 탐색한다. • 규칙성을 경험한다.	• 친숙한 물체의 특성과 변화를 감각으로 탐색한다. • 물체의 수량에 관심을 가진다. • 주변 공간과 모양을 탐색한다. • 규칙성에 관심을 가진다. • 주변 사물을 같고 다름에 따라 구분한다. • 생활 도구에 관심을 가진다.
	자연과 더불어 살기	• 주변의 동식물에 관심을 가진다. • 날씨의 변화를 감각으로 느낀다.	• 주변의 동식물에 관심을 가진다. • 날씨와 계절의 변화를 감각으로 느낀다.

2) 누리과정의 배경과 개요

누리과정은 3~5세 유아를 위한 국가 수준의 공통교육과정이다. 여기서 '공통'이란 유치원과 어린이집 모두를 지칭한다. 국가 수준의 공통교육과정으로서 누리과정은 3~5세 유아가 다니는 유치원과 어린이집에서 교육과정을 운영할 때 우선적으로 고려해야 할 공통적이고 일반적인 기준을 국가가 고시한 것이다. 따라서 유치원과 어린이집에 다니는 3~5세 유아는 국가 수준의 교육과정에서 제시하는 기준에 따라 차별 없이 양질의 교육적 경험을 할 수 있게 된다. 여기서는 3~5세 누리과정에 대한 이해를 돕기 위해 누리과정이 개발된 배경과 도입 과정을 살펴보고, 누리과정의 구성 방향을 알아볼 것이다. 그런 후, 누리과정의 구성 체계와 목적 및 목표를 간략히 소개할 것이다.

(1) 누리과정의 개발 배경 및 도입 과정

우리 사회 각계에서 취학 전 아동에 대해 국가가 보다 큰 역할을 해야 한다는 공감대가 확산됨에 따라 2011년 5월 정부에서는 어린이집과 유치원으로 이원화되어 있던 보육과정과 유아교육과정을 통합하여 모든 유아들이 공통된 과정을 배울 수 있도록 '5세 공통과정'을 도입한다고 발표하였다. 이후 교육과학기술부, 복지부, 육아정책연구소, 학계, 교원 및 전문직이 참여하는 TF를 구성하여 운영하고, 공청회, 심의회 등에서 의견을 수렴하여 고시안을 준비하게 되었다. 이와 함께 새로운 과정의 명칭을 공모한 결과, '5세 누리과정'으로 정하게 되었다. 2011년 9월에는 5세 누리과정 공통과정 최종안을 보건복지부장관은 어린이집을 대상으로, 교육과학기술부 장관은 유치원을 대상으로 공동 고시하였다. 이에 따라 2012년 3월부터는 어린이집과 유치원에 다니는 5세 유아는 공통의 5세 누리과정을 제공받게 되었다.

나아가 2012년 1월 정부의 제3차 위기관리대책회의에서 보육 및 유아교육에 대한 국가의 책임을 강화하기로 결정하고, 2012년 3월 도입한 5세 누리과정에 이어 2013년에는 3~5세까지 누리과정을 확대한다는 '3~4세 누리과정 도입 계획'을 발표하였다. 이어 육아정책연구소에서는 교육과학기술부와 보건복지부의 위탁을 받아 2012년 3월부터 '3~4세 누리과정 제정 TF'를 구성하여 운영하면서 그 시안을 마련하였다. 이와 함께 지난 2011년 고시된 바 있는 5세 누리과정의 일부 개정을 진행하였다. 2012년 7월에는 교육과학기술부장관과 보건복지부장관이 유치원과 어린이집에 3~4세 누리과정 제정과 5세 누리과정 일부 개정을 포함하는 '3~5세 연령별 누리과정'을 고시하여 2013년 3월부터 시행되었다. 또한 2015년 3월, 3~5세 연령별 누리과정에서 누리과정 운영시간을 이전의 3~5시간에서 4~5시간으로 조정하여 개정·고시하였다.

이후 교육부(2013년 교육과학기술부의 명칭을 교육부로 개칭)는 국정과제 구현과 출발선 평등 구현을 위해 2017년 12월 유아교육 혁신방안을 발표하였다. 유아교육 혁신방안의 주요 내용에도 유아가 중심이 되는 놀이 위주의 교육과정 개편이 포함되었다. 이에 유아·놀이 중심 교육과정 개편 방향을 반영하여 2019년 7월 '2019 개정 누리과정'이 고시되었다. 개정 누리과정은 유치원과 어린이집에 다니는 3~5세 유아에게 적용되는 교육과정으로 2020년 3월부터 시행하였다.

(2) 누리과정의 구성 방향

2019 개정 누리과정을 구성할 때 주요하게 고려된 점은 다음과 같다(교육부, 보건복지부, 2019b). 첫째, 3~5세 모든 유아에게 적용할 수 있도록 구성한다. 누리과정은 국가 수준의 교육과정으로서 유치원과 어린이집에 다니는 3~5세 유아가 경험해야 할 공통적이고 일반적 기준을 제시하여 모든 3~5세 유아가 양질의 교육경험을 할 수 있도록 구성하였다. 모든 유아란 연령, 발달, 장애, 종교, 가족 구성원, 지역 등의 사회·경제적 배경과 문화적 배경에 의해 배제되거나 차별받지 않는다는 것을 의미한다. 또한 유아의 관심사, 능력, 발달적 요구 등의 차이를 존중하며 구성한다.

둘째, 추구하는 인간상 구현을 위한 지식, 기능, 태도 및 가치를 반영하여 구성한다. 여기서 추구하는 인간상은 건강한 사람, 자주적인 사람, 창의적인 사람, 감성이 풍부한 사람, 더불어 사는 사람을 말한다. 누리과정에서는 추구하는 인간상 구현을 위해 지식, 기능, 태도 및 가치를 유아가 놀이하며 배우는 경험과 연계하여 제시하였으며, 지식, 기능, 태도 및 가치를 누리과정 전반에 반영하였다. 따라서 유아는 유치원과 어린이집에서 즐겁게 놀이하며 배우는 과정을 통해 지식, 기능, 태도 및 가치를 자연스럽게 경험하며 형성할 수 있다.

셋째, 신체운동·건강, 의사소통, 사회관계, 예술경험, 자연탐구의 5개 영역은 분절하여 이해하거나 특정 교과 또는 연령별로 가르쳐야 하는 세부 내용으로 이해하지 않도록 유의해야 한다. 유아의 경험은 대부분 놀이를 통해 이루어지고 이러한 놀이는 5개 영역 내용을 통합적으로 포함하고 있다. 다시 말해 유아·놀이 중심 교육과정 운영은 5개 영역의 통합적 실천으로 이해해야 한다.

넷째, 누리과정을 5개 영역 총 59개로 간략화하고, 이를 유아가 경험해야 할 내용으로 명시하였다. 이러한 경험은 유아가 직접 하는 것이므로 궁극적으로 누리과정은 유아가 주체가 되는 교육과정을 말한다. 또한 경험은 유아가 생활하며 직접 체험한다는 점에서 추상적 지식이 아닌 교육과정의 실제를 의미하기도 한다. 특히, 2019 개정 누리과정은 5개 영역의 내용을 연령 구분 없이 제시하였다. 교사는 유아를 정해진 기준에 따라 이해하지 않고 유아가 자신의 연령과 발달에 따라 자연스럽게 놀이하며 배우는 경험을 있는 그대로 이해해야 한다.

다섯째, 누리과정은 0~2세의 표준보육과정 내용과 3세 유아의 경험이 분절되지 않고 자연스럽게 연결되도록 구성되었다. 또한 초등학교 교육과정과의 연계를 위하여 교육내용의 계열성을 포함하여 체계와 형식을 통일하여 구성하고자 하였다. 특히 추구하는 인간상, 목적과 목표 등에서는 초등학교 교육과정과 형식은 통일하되, 유아기의 고유한 특성이 드러나도록 내용을 구성하였다.

(3) 누리과정의 구성체계와 목적 및 목표

누리과정은 신체운동·건강, 의사소통, 사회관계, 예술경험, 자연탐구의 5개 영역으로 구분된다. 누리과정의 5개 영역, 59개의 내용을 연령으로 구분하지 않고 3~5세의 모든 유아가 경험해야 할 내용으로 구성하였다. 이는 유아가 자신의 방식에 따라 가장 적합하게 놀이한다는 유아 경험의 실제를 존중하기 위함이다. 그러므로 교사는 59개의 내용을 유아의 놀이 특성과 연계하여 융통성 있게 이해하고 유아의 놀이를 중심으로 교육과정을 실천하는 것이 중요하다.

누리과정 목적은 유아가 놀이를 통해 심신의 건강과 조화로운 발달을 이루고 바른 인성과 민주 시민의 기초를 형성하는 데 있다. 이를 실현하기 위한 목표는 다음과 같다. 첫째, 자신의 소중함을 알고 건강하고 안전한 생활습관을 기른다. 둘째, 자신의 일을 스스로 해결하는 기초능력을 기른다. 셋째, 호기심과 탐구심을 가지고 상상력과 창의력을 기른다. 넷째, 일상에서 아름다움을 느끼고 문화적 감수성을 기른다. 다섯째, 사람과 자연을 존중하고 배려하며 소통하는 태도를 기른다. 누리과정의 목표는 5개 영역의 목표와 일대일 대응 관계가 아니며,

59개의 내용에 고르게 분포되어 있다. 〈표 1-3〉에는 누리과정의 5개 영역과 내용 범주에 따른 세부 내용이 제시되어 있다.

〈표 1-3〉 누리과정의 5개 영역과 내용 범주 및 세부 내용

영역	내용 범주	누리과정 영역의 내용 범주별 세부 내용
신체 운동 · 건강	신체활동 즐기기	• 신체를 인식하고 움직인다. • 신체 움직임을 조절한다. • 기초적인 이동 운동, 제자리 운동, 도구를 이용한 운동을 한다. • 실내외 신체활동에 자발적으로 참여한다.
	건강하게 생활하기	• 자신의 몸과 주변을 깨끗이 한다. • 몸에 좋은 음식에 관심을 가지고 바른 태도로 즐겁게 먹는다. • 하루 일과에서 적당한 휴식을 취한다. • 질병을 예방하는 방법을 알고 실천한다.
	안전하게 생활하기	• 일상에서 안전하게 놀이하고 생활한다. • TV, 컴퓨터, 스마트폰 등을 바르게 사용한다. • 교통안전 규칙을 지킨다. • 안전사고, 화재, 재난, 학대, 유괴 등에 대처하는 방법을 경험한다.
의사 소통	듣기와 말하기	• 말이나 이야기를 관심 있게 듣는다. • 자신의 경험, 느낌, 생각을 말한다. • 상황에 적절한 단어를 사용하여 말한다. • 상대방이 하는 이야기를 듣고 관련해서 말한다. • 바른 태도로 듣고 말한다. • 고운 말을 사용한다.
	읽기와 쓰기에 관심 가지기	• 말과 글의 관계에 관심을 가진다. • 주변의 상징, 글자 등의 읽기에 관심을 가진다. • 자신의 생각을 글자와 비슷한 형태로 표현한다.
	책과 이야기 즐기기	• 책에 관심을 가지고 상상하기를 즐긴다. • 동화, 동시에서 말의 재미를 느낀다. • 말놀이와 이야기 짓기를 즐긴다.

	나를 알고 존중하기	• 나를 알고 소중히 여긴다. • 나의 감정을 알고 상황에 맞게 표현한다. • 내가 할 수 있는 것을 스스로 한다.
사회 관계	더불어 생활하기	• 가족의 의미를 알고 화목하게 지낸다. • 친구와 서로 도우며 사이좋게 지낸다. • 친구와의 갈등을 긍정적인 방법으로 해결한다. • 서로 다른 감정, 생각, 행동을 존중한다. • 친구와 어른께 예의 바르게 행동한다. • 약속과 규칙의 필요성을 알고 지킨다.
	사회에 관심 가지기	• 내가 살고 있는 곳에 대해 궁금한 것을 알아본다. • 우리나라에 대해 자부심을 가진다. • 다양한 문화에 관심을 가진다.
예술 경험	아름다움 찾아보기	• 자연과 생활에서 아름다움을 느끼고 즐긴다. • 예술적 요소에 관심을 갖고 찾아본다.
	창의적으로 표현하기	• 노래를 즐겨 부른다. • 신체, 사물, 악기로 간단한 소리와 리듬을 만들어 본다. • 신체나 도구를 활용하여 움직임과 춤으로 자유롭게 표현한다.
	예술 감상하기	• 다양한 예술을 감상하며 상상하기를 즐긴다. • 서로 다른 예술 표현을 존중한다. • 우리나라 전통 예술에 관심을 갖고 친숙해진다.
자연 탐구	탐구 과정 즐기기	• 주변 세계와 자연에 대해 지속적으로 호기심을 가진다. • 궁금한 것을 탐구하는 과정에 즐겁게 참여한다. • 탐구 과정에서 서로 다른 생각에 관심을 가진다.
	생활 속에서 탐구하기	• 물체의 특성과 변화를 여러 가지 방법으로 탐색한다. • 물체를 세어 수량을 알아본다. • 물체의 위치와 방향, 모양을 알고 구별한다. • 일상에서 길이, 무게 등의 속성을 비교한다. • 주변에서 반복되는 규칙을 찾는다. • 일상에서 모은 자료를 기준에 따라 분류한다. • 도구와 기계에 대해 관심을 가진다.
	자연과 더불어 살기	• 주변의 동식물에 관심을 가진다. • 생명과 자연환경을 소중히 여긴다. • 날씨와 계절의 변화를 생활과 관련짓는다.

3) 표준보육과정과 누리과정의 주요 특징

우리나라에서는 0~2세 영유아에게는 표준보육과정을, 3~5세 유아에게는 누리과정을 제공한다. 지금까지 살펴본 표준보육과정과 누리과정의 구성 체계 및 목표를 하나의 표로 정리하면 〈표 1-4〉와 같다.

〈표 1-4〉 표준보육과정과 누리과정의 구성 체계 및 목표

표준보육과정의 목표		영역		누리과정의 목표
0~1세	2세			3~5세
건강하고 안전한 일상생활을 경험한다.	건강하고 안전한 생활습관의 기초를 형성한다.	기본생활	신체운동·건강	실내외에서 신체활동을 즐기고, 건강하고 안전한 생활을 한다.
감각 및 기본 신체운동 능력을 기른다.	감각을 활용하고 신체를 인식하며 신체활동을 즐긴다.	신체운동		
의사소통 능력과 상상력의 기초를 마련한다.	의사소통 능력과 상상력의 기초를 형성한다.	의사소통		일상생활에서 필요한 의사소통 능력과 상상력을 기른다.
나를 인식하고, 친숙한 사람과 관계를 맺는다.	나를 알고, 다른 사람과 더불어 생활하는 경험을 한다.	사회관계		자신을 존중하고 더불어 생활하는 태도를 가진다.
아름다움을 느끼고 경험한다.	아름다움을 느끼고 즐긴다.	예술경험		아름다움과 예술에 관심을 가지고 창의적 표현을 즐긴다.
주변 환경과 자연에 관심을 가진다.	주변 환경과 자연을 탐색하는 과정을 즐긴다.	자연탐구		탐구하는 과정을 즐기고, 자연과 더불어 살아가는 태도를 가진다.

표준보육과정과 누리과정은 시대의 흐름을 반영하여 지속적으로 개정되어 왔다. 2020년 개정된 제4차 표준보육과정과 2019 개정 누리과정의 공통된 특징은 다음과 같이 정리할 수 있다.

첫째, 국가 수준의 교육과정으로서 추구하는 인간상을 제시하여 구성 체계를 확립하였다. 추구하는 인간상의 제시는 영유아가 표준보육과정과 누리과정을

경험하면서 어떠한 모습으로 성장해 가는지에 대한 교육적 비전을 명료히 제시하였다. 또한 추구하는 인간상과 목적과 목표, 구성의 중점 등 전반의 구성을 초등학교 교육과정의 체계와 통일하였다. 이로써 유·초 연계에 있어서 보다 적정화된 교육내용의 계속성, 계열성, 통합성이 확보됨은 물론 유아기의 교육과정이 학령기의 교육과정과 바로 이어지게 되었다.

둘째, 교사 중심 교육과정에서 영유아·놀이 중심 교육과정으로 변화하여 영유아와 놀이를 최우선으로 강조하는 교육과정임을 강조하였다. 또한 바깥 놀이를 포함하여 영유아가 자유롭게 놀이할 수 있는 시간을 충분히 편성하여 운영할 것을 제안하였다.

셋째, 개정 누리과정은 3~5세 연령별 누리과정의 359개의 세부 내용을 총 59개의 내용으로 간략화하였다. 또한 59개의 내용을 연령별로 구분하지 않음으로써 교사가 과다한 내용을 모두 가르쳐야 한다는 생각에서 벗어날 수 있도록 하였다. 즉, 간략한 내용을 영유아의 놀이를 통한 배움과 연결하여 이해함으로써 영유아·놀이 중심 교육과정을 용이하게 실천할 수 있다.

넷째, 교사의 교육적 판단을 강조함으로써 교사의 자율성을 강조하였다. 국가 수준 교육과정의 기준을 상세하게 제시하는 대신 최소한의 기준을 제시하였고, 계획안 형식과 방법에 자율적으로 작성할 수 있도록 하였다. 교사의 사전 계획을 최소화함으로써 영유아가 실제 놀이하는 내용과 교사의 지원 계획을 자율적으로 기록하는 방식으로 개선되었다.

다섯째, 기존에 영유아의 놀이를 제한했던 고정된 흥미 영역의 개수, 유형, 운영 방식 등을 자율적으로 개선하여 자유로운 놀이가 가능하도록 제안하였다. 이를 통해 미리 계획한 생활주제가 아니더라도 영유아의 관심과 생각을 우선적으로 존중하고 지원할 수 있도록 하였다. 또한 평가에 있어서도 기관과 학급 수준에 따른 자율적 시행이 강조되었다.

제2장

영유아기의 발달특성과 보육교사의 역할

영유아기의 발달은 영유아가 하나의 독립된 인격체로 성장하는 기초를 마련하며 빠른 속도로 진행된다. 영유아는 아직 온전한 개체로서의 역할을 수행하기 어려우므로 성인 보호자의 도움을 필요로 하며 그들의 보호하에 자율성, 주도성을 습득해나간다. 따라서 보육교사는 영유아발달에 따뜻한 관심을 가지고 최적의 성장을 보일 수 있는 환경을 구성하기 위해 노력해야 한다. 특히 부적절하고 불충분한 환경 내에서의 경험으로 인해 영유아의 이후 발달이 문제를 보일 수 있으므로 각별한 관심을 가지고 영유아를 보살피는 것이 필요하다.

보육의 개념이 보호와 교육의 의미를 포함하기 시작하면서 어린이집에서 교사의 역할 또한 변화되어 왔다. 특히 영유아기의 발달은 급속도로 진행되고 이후의 성장 과정에 큰 영향을 미치므로 보육교사는 영유아의 발달특성에 민감하게 반응하며 보육하는 것이 무엇보다 필요하다.

오늘날 보육시설에 대한 수요가 증가하면서 어린이집에 맡겨지는 영유아의 수가 증가하였고, 그에 따른 어린이집의 무분별한 양적 증가에 대처하기 위해 여러 차원에서 질적 수준의 향상을 도모하고 있다. 어린이집의 물리적 환경뿐 아니라 어린이집 원장 및 교사의 자질과 역할에 대한 관심이 고조되고 있으며, 특히 영유아와 직접적으로 상호작용하며 이들의 발달을 돕는 교사의 역할이 강조되고 있다.

이 장에서는 우선 어린이집에 종사하는 교사를 중심으로 그들의 일반적인 역할에 대해 살펴본 다음 영유아기의 발달특성과 그에 따른 보육교사의 역할에 관해 살펴보기로 한다.

1. 영유아 보육교사의 역할

보육교사는 어린이집에서 영유아의 주양육자로서 영유아발달에 있어 부모만큼이나 중요한 역할을 수행한다. 어머니의 취업으로 상당 시간을 어린이집에서 보내는 영유아에게 있어 그 의미는 더욱 크다. 직업구조 및 가족형태의 변화로 시간에 따른 어린이집 유형이 다양해졌는데, 24시간 보육의 경우 영유아가 하루 종일 어린이집에서 생활해야 하므로 보육교사는 부모 이상의 역할을 수행한다고 볼 수 있다.

보육교사의 역할은 사회구조 및 교육체계의 변화에 따라 시대 흐름과 맞물려 변화되어 왔다. 즉, 영유아를 보호하고 교육하는 이중적인 역할(Decker & Decker, 1997)에 기초하여, 교육과정 설계자, 교수 조직자, 진단자, 상담자 및 조언자로서의 역할(Saracho, 1991), 지식 전달자, 계획자, 조직자, 평가자, 훈육자, 의사결정자로서의 역할(Schickedanz et al., 1990), 실천인, 권리 옹호자, 발달전문가, 학습 촉진자, 학습환경 구성자, 교육과정 개발자, 교육활동 계획자, 평가자, 역할모델, 부모교육자, 전문 관리자로서의 역할(Jalongo & Isenberg, 2000)로 점차 세분화되어 왔다. 이처럼 과거에 비해 오늘날 교사의 역할이 보다 구체적으

Olivia N. Saracho   Judith Schickedanz   Mary Renck Jalongo   Joan Packer Isenberg

로 명시되어 온 것을 고려해볼 때, 영유아발달에 있어 보육교사의 역할이 중요함을 다시 한 번 실감할 수 있다.

일반적으로 보육교사는 영유아를 보호하고 교육하는 역할을 담당한다. 교사는 보육계획안을 작성하고, 영유아의 건강·영양·안전을 고려하며 발달적 자극을 제시하기 위한 환경을 구성하고, 기본생활습관 지도, 일상생활 관찰 및 일지 작성을 통해 영유아의 전반적인 발달에 관여한다. 그 밖에 보육교사는 보육시설 운영과 관련한 각종 문서관리, 회계업무, 행사계획, 차량지도, 당직 등의 업무를 수행하기도 한다. 이와 같이 보육교사는 가정의 부모와 같이 기관 내 영유아의 보호자로서 기본적으로 양육자의 역할을 담당하며, 영유아발달의 촉진자, 영유아행동의 관찰자, 전문적인 지지자로서의 역할도 수행한다고 볼 수 있다.

우선 양육자로서의 역할을 살펴보면 이는 교사가 영유아의 요구에 민감하게 반응하는 것을 의미하는 것으로, 교사는 영유아의 생리적 욕구 및 심리적 욕구를 정확히 파악하고 적절한 방법으로 충족시켜주어야 한다(사진 참조). 즉, 영유아의 조그만 움직임이나 소리에도 즉각적으로 반응하는 민감한 양육자로서의 역할은 보육교사의 역할 중 가장 기본적인 것으로 간주할 수 있다.

사진 설명 교사는 영유아의 생리적 욕구를 적절한 방법으로 충족시켜주어야 한다.

촉진자로서의 역할은 영유아의 연령, 성별, 발달수준 등을 고려하여 이에 적합한 발달적 자극을 제시하는 것으로, 교사는 영유아 개개인의 특성을 파악하고 그 수준에 맞는 보육환경을 제공해주어야 한다. 다시 말해서, 교사는 영유아의 발달수준에 맞는 교재교구를 준비하고, 학습 및 놀이 환경을 제공하며, 과제수행을 촉진하는 임무를 맡고 있다(사진 참조).

관찰자로서의 역할은 교사가 영유아를 객

사진 설명 교사는 영유아의 발달수준에 맞는 학습 및 놀이 환경을 제공해준다.

사진 설명 교사는 영유아를 객관적으로 관찰하고 기록해야 한다.

사진 설명 보육교사들이 교사연수에 참여하고 있는 모습

관적으로 관찰하고 관찰한 내용을 정확히 기록해둠으로써 영유아의 현재 발달상태를 파악하고 이를 기초로 미래 발달상태를 예측하며 영유아발달에 기여하는 것을 의미한다(사진 참조). 이는 의사표현이 어려운 영아에게 있어 특히 중요한 교사의 역할로 볼 수 있다. 자신의 욕구를 언어로 정확히 전달하지 못하는 영아의 경우, 교사의 세심한 관찰을 통해 발달을 도모할 수 있다.

전문적인 지지자로서의 역할은 교사가 영유아발달에 대한 지식을 충분히 갖추고 이에 대한 전문성을 인식하며 영유아의 권리를 옹호하는 것을 의미한다. 즉, 교사는 영유아발달에 대한 이해를 바탕으로 전문가로서의 역할을 수행하고, 현재의 지식에 안주하지 않으며 지속적으로 자기발전을 위해 노력해야 한다. 효율적인 보육교사의 역할수행을 위한 다양한 교사연수에 참여하고(사진 참조), 새로운 보육프로그램에 관심을 갖고 적용이 가능한지 살펴보며 영유아발달에 기여해야 한다.

이상의 내용을 종합해볼 때, 보육교사는 영유아가 건강하고 안전한 환경 속에서 제 기능을 발휘하며 올바르게 성장할 수 있도록 안내하는 중요한 임무를 수행한다고 볼 수 있다. 교사는 부모만큼이나 영유아발달에 직접적으로 영향을 미치는 중요한 인물로서, 교사 스스로 자신의 영향력을 인식하고 영유아발달에 기여할 수 있도록 노력해야 한다. 특히 교사는 영유아기의 발달특성을 잘 숙지하고 영유아의 개인별 발달수준에 적합한 환경을 구성하며 영유아의 행동에 관심을 가지고 관찰하고 적절한 시점에 개입하여 발달적 자극을 제시하며 영유아발달을 도모해야 할 것이다.

2. 영아기의 발달특성과 보육교사의 역할

영아기는 제1성장급등기로 발달의 여러 영역에서 급속도로 변화가 일어난다. 신체발달을 통해 영아는 목을 가누고, 기고, 앉고, 서고, 걸을 수 있게 되고, 인지발달을 통해 울음으로 의사표현하던 것에서 한두 단어로 의사소통을 할 수 있게 되며, 사회정서발달을 통해 주양육자와 애착을 형성하고 자율성을 획득하게 된다. 이처럼 짧은 시간 동안 많은 변화를 경험하게 되는 영아기는 세상 밖의 생활에 적응하기 위해 성인 보호자의 도움이 많이 필요한 시기이다. 따라서 하루가 다르게 커가는 영아의 빠른 변화 속도에 보육교사는 민감하게 대처하고 반응해주어야 한다.

1) 신체발달과 보육교사의 역할

생후 첫 1, 2년간 급속도로 이루어지는 영아의 신체적 성장과 운동기능의 발달은 적절한 영양과 휴식 그리고 자극이 주어질 때 효과적으로 이루어진다. 특히 영아의 빠른 신체성장은 단위 체중당 소요되는 영양소의 필요량과 열량을 증가시키므로 영아에게는 많은 영양소와 열량이 필요하다.

(1) 적절한 영양공급

영아기의 급속한 발달로 인해, 영양은 영아의 성장과 발달에 매우 중요한 요소이다. 영양공급이 적절한 영아는 잘 자라고, 질병에 잘 걸리지 않으며, 질병에 걸렸어도 회복 속도가 빠르다. 그리고 주변 환경에 대한 활발한 탐색활동을 나타낸다. 이와 달리 영양이 결핍된 영아는 성장이 지체되고, 질병에 대한 면역력이 떨어져 자주 아프며, 놀이나 탐색활동을 하기보다는 교사에게 칭얼거리며 보채는 일이 많다. 특히 영양소 중 단백질 결핍과 열량 부족은 신체성장과 신경체계의 발달에 영향을 미친다. 따라서 영아기 영양결핍은 신체적 발달과 지적 발달

사진 설명 발달에서 영양의 중요성을 강조한 Pipes와 Trahms의 저서 『영유아기와 아동기의 영양』

을 지체시키고, 이는 이후의 발달에도 지속적인 영향을 미친다.

어린이집에 다니는 영아는 가정에서뿐만 아니라 어린이집에서 많은 영양을 섭취한다. 영아는 어린이집에서 적어도 하루 1회의 식사와 2회의 간식을 먹기 때문에, 어린이집에서의 영양섭취는 매우 중요하다. 따라서 어린이집에서는 영양이 풍부하고 영양소가 균형 있게 제시된 식사와 간식을 제공하고, 보육교사와 원장은 영양소에 대한 기본 지식을 지니고 있어야 한다.

영아기에 필요한 영양소 중 단백질이 부족할 경우 정상적인 발육이 저해되고, 쉽게 피로하고, 예민해지며, 질병에 대한 저항력이 감소하여 상처도 잘 낫지 않는다. 반면에, 단백질을 과잉섭취하면 단백질이 열량으로 전환되어 체지방으로 축적되고, 체내의 칼슘을 배출시켜 신장에 과도한 부담을 줄 수 있다(한국영양학회, 2000).

한편 탄수화물, 단백질과 함께 3대 영양소 중의 하나인 지방은 많은 이들이 오해하고 있는 대표적인 영양소이다. 성인의 대부분은 과잉축적된 체지방으로 인해 지방섭취를 매우 꺼리지만, 영아의 경우 충분한 지방섭취는 매우 중요하다. 특히 1세까지 1일 지방섭취 권장량은 총 열량 섭취량의 30~50%를 차지할 정도로 그 비율이 매우 높다. 따라서 영아에게 저지방 우유를 주는 것은 영양적으로 적절하지 않으며, 미국에서는 2세 영아에게는 지방을 제한하지 않고 있다. 이와 같이 원장은 어린이집의 운영자로서 영양이 풍부한 식사와 간식의 중요성을 인식하고 위생적인 동시에 안전한 조리환경을 제공해야 한다. 아울러 적절한 영양소의 권장량과 영양소에 대한 지식을 가지고 있어야 한다.

(2) 정기적인 건강검진

일반적으로 건강한 영아는 정상적인 속도로 발달한다. 따라서 영아의 신장과 체중은 영아의 건강을 나타내는 중요한 지표 중 하나이다(Pipes & Trahms, 1993). 성인의 경우 평균체중보다 체중이 적게 나오는 것에 대해 우려하는 사람은 거의 없다. 그러나 영아는 동일 연령 영아의 평균치와 비교하여 신장과 체중이 뒤처져 있다면, 부모에게 알려 전문의의 상담을 받도록 해야 한다. 이를 위해 영아 보육교사는 보건복지부, 대한소아과학회(2017)에서 우리나라 아동의 표준 발육치를 제시한『우리나라 아동의 신체발달 정도』를 토대로 영아가 정상적으로 발달하고 있는지 지속적으로 살펴보아야 한다(〈표 2-1〉 참조). 어린이집에서 유

⟨표 2-1⟩ 우리나라 아동의 신체발달 정도(보건복지부, 대한소아과학회, 2017)

남자			연령	여자		
체중(kg)	신장(cm)	머리둘레(cm)		체중(kg)	신장(cm)	머리둘레(cm)
3.3	49.9	34.5	출생시	3.2	49.1	33.9
4.5	54.7	37.3	1개월	4.2	53.7	36.5
5.6	58.4	39.1	2개월	5.1	57.1	38.3
6.4	61.4	40.5	3개월	5.8	59.8	39.5
7.0	63.9	41.6	4개월	6.4	62.1	40.6
7.5	65.9	42.6	5개월	6.9	64.0	41.5
7.9	67.6	43.3	6개월	7.3	65.7	42.2
8.3	69.2	44.0	7개월	7.6	67.3	42.8
8.6	70.6	44.5	8개월	7.9	68.7	43.4
8.9	72.0	45.0	9개월	8.2	70.1	43.8
9.2	73.3	45.4	10개월	8.5	71.5	44.2
9.4	74.5	45.8	11개월	8.7	72.8	44.6
9.6	75.7	46.1	12개월	8.9	74.0	44.9
9.9	76.9	46.3	13개월	9.2	75.2	45.2
10.1	78.0	46.6	14개월	9.4	76.4	45.4
10.3	79.1	46.8	15개월	9.6	77.5	45.7
10.5	80.2	47.0	16개월	9.8	78.6	45.9
10.7	81.2	47.2	17개월	10.0	79.7	46.1
10.9	82.3	47.4	18개월	10.2	80.7	46.2
11.1	83.2	47.5	19개월	10.4	81.7	46.4
11.3	84.2	47.7	20개월	10.6	82.7	46.6
11.5	85.1	47.8	21개월	10.9	83.7	46.7
11.8	86.0	48.0	22개월	11.1	84.6	46.9
12.0	86.9	48.1	23개월	11.3	85.5	47.0
12.2	87.1	48.3	24개월	11.5	85.7	47.2
14.7	96.5	49.8	3세	14.2	95.4	48.8
16.8	103.1	50.5	4세	16.3	101.9	49.6
19.0	109.6	51.1	5세	18.4	108.4	50.2
21.3	115.9	51.7	6세	20.7	114.7	50.9
24.2	122.1		7세	23.4	120.8	
27.5	127.9		8세	26.6	126.7	
31.3	133.4		9세	30.2	132.6	
35.5	138.8		10세	34.4	139.1	
40.2	144.7		11세	39.1	145.8	
45.4	151.4		12세	43.7	151.7	
50.9	158.6		13세	47.7	155.9	
56.0	165.0		14세	50.5	158.3	
60.1	169.2		15세	52.6	159.5	
63.1	171.4		16세	53.7	160.0	
65.0	172.6		17세	54.1	160.2	
66.7	173.6		18세	54.0	160.6	

아는 연 2회씩, 영아의 경우에는 연 4회씩 신장과 체중을 측정하는 것이 바람직하다.

(3) 식생활습관교육

영아의 건강이 영아를 돌보는 부모나 교사에 달려 있는 것과 마찬가지로 영아의 식생활습관은 영아를 돌보는 성인에 의해 주로 영향을 받는다. 특히 영아기와 유아기는 식생활습관이 형성되는 시기로, 이 시기에 형성된 식습관은 성인기까지 지속된다. 영아기에 형성해야 할 대표적 식생활습관은 이유식과 젖병떼기이다.

출생 직후 영아는 오직 한 가지 유형의 음식(모유 또는 분유)만 섭취할 수 있었지만, 성장과 함께 다양한 이유식의 과정을 거쳐 생후 1년이 지나면 성인과 유사한 음식을 먹을 수 있다. 과거에는 가정에서 어머니가 영아의 이유 과정을 전적으로 책임지고 돌보았지만, 오늘날에는 여성의 사회참여로 인해 돌 이전의 어린 영아들이 어린이집에서 생활함에 따라 어린이집에서 영아에게 이유식을 제공하고 있다.

이제 영아는 1년 동안 급격한 섭식의 변화를 겪게 된다. 이유식은 일반적으로 생후 4개월에서 6개월 사이 또는 영아의 체중이 출생 시 체중의 2배가 될 때 시작한다. 이유식은 영아의 건강이 양호할 때 시작하며, 초기에는 미음과 같은 곡물로 시작한 후, 과일과 야채 순서로 제공한다. 그러나 알레르기를 유발할 수 있는 식품은 가급적 늦게 제공하는 것이 바람직하다. 밀가루 제품은 생후 7개월 이후에 그리고 계란은 10개월 이후에 제공하되, 계란 흰자는 생후 1년까지는 주지 않는 것이 좋다(조경자, 이현숙, 2010).

이유 과정에서 이후 발달에 도움이 되는 식생활습관을 위해 다양한 음식을 제공하는 것은 중요하다. 그러나 한 번에 한 가지 이유식만 추가로 제공하고, 새로운 음식은 소량으로 천천히 준다. 또한 이유 초기에는 음식의 서로 다른 맛과 질감을 영아가 인식할 수 있도록 여러 재료를 섞기보다는 한 가지 재료로 만든 음식만 제공한다. 따라서 조제된 이유식을 구입할 때도 여러 종류의 야채나 과일이 혼합된 이유식보다는 한 가지 재료가 들어 있는 것이 적합하다. 그러나 시판되는 이유식에 들어 있기 마련인 조미료나 양념은 신장에 부담을 주기 때문에 가급적 직접 만드는 것이 바람직하다.

그리고 이유식은 젖병이 아닌 숟가락으로 제공한다. 이유식의 목적이 모유(또는 분유)로 부족한 영양공급을 제공하는 것 외에 성인과 같은 형태의 식습관으로 발달시키기 위한 것이기 때문에, 가급적 수저로 음식을 먹도록 한다. 이유식이 진행되어감에 따라 영아는 조금씩 젖병을 떼는 훈련을 받는다. 컵과 빨대로 우유나 주스를 마실 수 있게 되면 우유병보다는 컵을 사용하도록 한다. 그러나 컵의 사용은 영아에 따라 개인차가 크기 때문에, 젖병을 떼기 위해 컵을 강요하는 것은 바람직하지 않다. 다음은 영아를 위한 일반적인 식생활 실천지침이다.

---

1. 생후 6개월까지는 반드시 모유를 먹인다.
   - 생후 1년까지는 모유를 먹이는 것이 좋습니다.
   - 모유를 먹일 수 없는 경우에만 조제유(분유)를 먹입니다.
   - 조제유는 정해진 양을 물에 타서 안고 먹입니다.
   - 잠잘 때는 젖병을 입에 물리지 않습니다.

2. 이유식은 성장단계에 맞추어 먹인다.
   - 집에서 만든 이유식을 먹입니다.
   - 이유식은 간을 하지 않고 조리합니다.
   - 이유식은 숟가락으로 떠먹입니다.

출처: 한국보건산업진흥원(2004). 영유아를 위한 식생활 실천지침. 서울: 보건복지부.

어린이집에서 영아에게 이유식을 제공할 때에는 영아가 먹은 음식의 종류와 양, 식사시간, 배변 등을 기록하여 부모에게 전달하여야 한다. 이러한 기록은 이후 영아에게 질병이나 영양과 관련된 문제가 발생하였을 때 중요한 정보가 되기 때문이다. 또한 영아가 새로 어린이집에 들어올 때에도 질문지를 통해 가정에서 보이는 영아의 섭식행동에 대한 정보를 얻도록 한다.

2) 인지발달과 보육교사의 역할

Piaget(1962)는 영아기를 감각운동기로 칭하였다. 이는 영아가 사물을 직접

Jean Piaget

Anthony DeCasper

Melanie J. Spence

보고 만지고 듣는 것과 같은 다양한 감각활동과 운동기능을 통해 지식을 습득한다는 것이다. 또한 영아기에는 대상영속성의 개념을 획득한다.

(1) 다양한 감각운동자극

과거 1900년대까지만 하여도 영아는 생후 며칠 동안 보지도, 듣지도, 느끼지도 못하는 무감각한 존재로 인식하였다. 그러나 과학기술의 발달로 신생아와 영아에 대한 연구가 활발해지면서, 신생아와 영아의 감각능력을 밝히는 연구들이 이루어졌다. 연구결과 신생아는 단맛과 신맛, 쓴맛을 구별하고, 어머니와 다른 사람의 젖냄새를 구분할 수 있는 것으로 나타났다. 또한 신생아는 어머니와 다른 사람의 목소리를 구별하였고, 녹음된 다른 여성의 목소리보다 녹음된 엄마의 목소리를 들었을 때 더 열심히 젖을 빨았다(DeCasper & Spence, 1991). 이와 같이 영아는 수동적인 존재가 아니라, 자신의 감각기관을 통해 주변 환경의 정보를 지각하고, 습득한 정보에 대한 도식을 형성함으로써 인지를 발달시켜 가는 능동적 존재이다.

가만히 누워만 있던 영아는 손과 발을 움직이다가 기고 걸을 수 있다. 영아기의 인지발달은 감각운동적 자극과 활동을 통해 이루어지기 때문에, 출생 후 1년 동안의 영아 놀이는 대부분 자신의 신체와 관련되어 나타난다. 자기 손가락과 발가락을 탐색하고, 물건을 손으로 잡고, 잡은 물체를 입에 넣어보고, 한 손에 있는 놀잇감을 다른 손으로 옮기고, 기고, 서고, 걷는 등의 모든 신체활동을 통해 영아는 자신의 인지를 발달시킨다. 따라서 다양한 감각운동자극을 제공할 수 있는 놀잇감은 영아기에 매우 중요하다.

영아기 인지발달에서 나타나는 주요한 발달 중 하나는 대상영속성 개념의 획득이다. 대상영속성은 물체가 보이지 않아도 그 물체가 계속 존재하는 것을 아는 능력으로, 대상영속성 개념이 발달하기 위해서는 자신이 주변과 독립된 존재라는 사고를 할 수 있어야 한다. 이러한 영아기의 감각운동능력과 대상영속성 개념은 모두 영아의 주도적인 탐색활동을 통해 이루어지기 때문에, 영아의 발달적 특징을 고려한 놀잇감은 매우 중요하다. 다음은 영아의 발달적 특징을 고려한 놀잇감이다(⟨표 2-2⟩ 참조).

영아는 물체의 특성을 알아내기 위해 자신의 다양한 감각기관을 사용한다. 따라서 교사는 영아의 놀이가 활성화될 수 있도록 다양하면서도 안전한 놀이환경을 제공하고 적극적인 상호작용을 하여야 한다.

⟨표 2-2⟩ 영아의 발달적 특징에 따른 놀잇감

	발달적 특징에 따른 놀잇감
0~1세	• 자신과 타인을 구별하여 인식할 수 있는 놀잇감(안전거울, 인형, 퍼펫 등) • 다양한 질감의 촉감 놀잇감(폭신한 인형, 헝겊책, 비닐책, 촉감책 등) • 다양한 소리를 내는 놀잇감(딸랑이, 깨지지 않는 방울, 눌러 소리나는 놀잇감, 소리 나는 공 등) • 껴안을 수 있는 놀잇감(세탁 가능한 인형, 봉제완구) • 대근육 향상을 도울 수 있는 놀잇감(다양한 크기의 공, 자동차, 밀어서 움직이는 놀잇감 등)
1~2세	• 걷기와 대근육 향상을 도울 수 있는 놀잇감(손수레, 끌차, 유모차, 큰 스펀지나 우레탄 블록, 다양한 크기의 공 등) 　* 끈으로 끌 수 있는 놀잇감의 끈은 30cm 이하의 길이어야 한다. • 눈과 손의 협응력을 도울 수 있는 놀잇감(사물그림책, 깨지지 않는 컵과 접시 등의 부엌 놀잇감) • 대상영속성 개념을 향상시킬 수 있는 놀잇감(까꿍놀잇감, 까꿍책, 보자기, 다양한 사물이 들어 있는 촉감상자) • 소근육발달을 도울 수 있는 놀잇감(모양 맞추기, 블록, 무독성의 굵은 크레용 등) 　* 블록은 입에 넣을 수 없는 크기여야 한다. • 감각놀잇감(실로폰, 마라카스와 같은 장난감 악기)
안전상 피해야 할 놀잇감	• 삼킬 우려가 있는 작은 놀잇감 • 지름이 3cm 이하인 조각이 붙어 있는 놀잇감 • 전기, 수은전지로 작동되는 놀잇감 • 조립식 놀잇감 • 장식 알이나 단추가 박혀 있는 봉제완구 • 무거운 놀잇감 • 풍선

(2) 영아와 교사와의 상호작용

앞서 살펴보았듯이, 영아의 감각은 일찍부터 놀라울 정도로 발달한다. 그러나 영아의 감각이 발달하였다고 영아가 모든 자극을 선호하는 것은 아니다. 영아는 특별히 시각적 자극에 있어 선택적으로 주의를 기울일 뿐 아니라 특정 형태를 선호한다. Fantz(1963)가 영아기의 지각을 연구하기 위해 고안해 낸 실험장치('looking chamber'라고 불린다; 사진 참조)를 이용한 선호도 측정법에 의하면, 영아는 전체보다는 부분을, 정지된 것보다는 움직이는 물체를, 흑백보다는 컬러를, 직선보다는 곡선을 선호한다(Fantz, 1963; Hugher & Noppe, 1985).

출생 초기에는 단순한 도형을 선호하지만 점차 복잡한 도형을 더 선호하며, 특히 형태가 색깔이나 명암보다 영아의 주의를 끄는 데 더 큰 영향을 미친다. 다른 사물에 비해 인간의 얼굴을 선호하며(Aslin & Lathrop, 2008; Johnson & Hannon, 2015; Lee et al., 2013; Slater, Field, & Hernandez-Reif, 2007), 사람의 얼굴 가운데서도 흑백의 대조를 이루는 눈을 가장 선호한다. 신생아의 생존에 필수적인 인간의 얼굴을 다른 물체보다도 먼저 그리고 오래 응시한다는 것은 흥미로운 일이다. 이것은 인류의 진화역사상 적응기제의 잔존물로 볼 수 있는데, 왜냐하면 아기로 하여금 어머니(또는 양육자)와의 사회적 상호작용을 촉진시키기 때문이다(Johnson, Dziurawiec, Ellis, & Morton, 1991).

Fantz(1963)의 연구결과, 영아는 다른 사물에 비해 인간의 얼굴 형태를 더 오

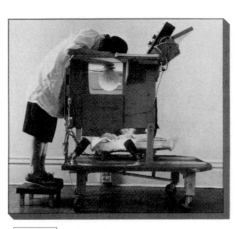

사진 설명 Looking Chamber

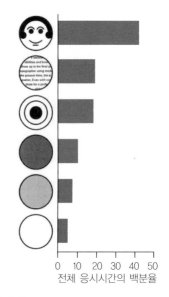

0 10 20 30 40 50
전체 응시시간의 백분율

〈그림 2-1〉 영아의 선호도 측정연구

랜 시간 응시하였다(〈그림 2-1〉 참조). 또한 특수장치를 통해 영아의 눈의 움직임을 사진으로 촬영한 연구에서도 얼굴 중에서도 눈을 가장 좋아하는 것으로 나타났다(Maurer & Salapatek, 1976).

Fantz(1961)의 또 다른 연구에서는 〈그림 2-2〉에서 보듯이 영아에게 사람얼굴(A), 눈, 코, 입이 뒤섞여 있는 얼굴(B) 그리고 눈, 코, 입이 전혀 없는 얼굴(C)을 제시하였다. 연구결과, 영아는 사람얼굴을 가장 오래 응시하였고, 눈, 코, 입이 없는 얼굴을 가장 짧게 응시하는 것으로 나타났다.

이러한 연구결과는 우리에게 영아의 놀라운 능력을 보여주는

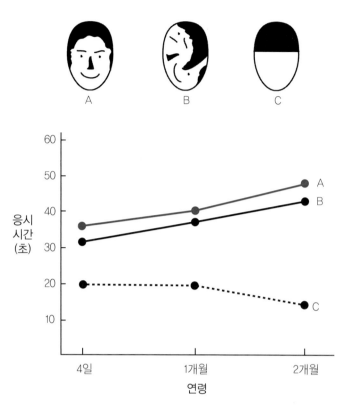

〈그림 2-2〉 Fantz의 영아의 형태지각 선호도에 관한 실험

것과 동시에 여러 자극 중에서도 사람을 통한 자극, 즉 영아와 양육자와의 상호작용이 가장 효과적인 인지적 자극임을 나타낸다. 많은 보육교사들은 영아를 위해 더 새롭고 많은 교구가 필요하다고 여긴다. 그러나 이 연구결과에 의하면, 영아는 다양한 물리적 환경보다 교사와의 직접적인 상호작용을 더 원한다.

3) 언어발달과 보육교사의 역할

영아는 태어나자마자 울음을 통해 자신의 의사를 표현한다. 그리고 차차 울음 외에 옹알이를 통해 성인과 의사소통을 시도한다. 영아기 초기 언어인 울음과 옹알이에 대한 성인의 반응은 영아의 언어발달을 촉진한다.

(1) 초기 언어에 대한 교사의 반응
영아는 출생 직후 울음을 통해 자신의 욕구를 나타낸다. 그리고 2~3개월경

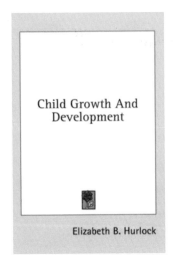

사진 설명 Hurlock의 저서 『아동의 성장과 발달』

에는 언어와 유사한 말소리인 옹알이를 하기 시작한다. 처음에는 영아가 만족스러운 상태에서 옹알이를 하지만, 성인이 자신의 옹알이에 반응하는 것을 보면서 점차 성인과의 놀이로 옹알이를 사용한다. 자신의 옹알이에 주변 사람들이 반응하고 기뻐하는 것을 본 영아는 옹알이를 더 자주 그리고 다양한 소리로 반응한다. 그러나 옹알이에 대한 주변 사람들의 반응이 없을 때에는 점차 옹알이를 하지 않는다.

옹알이가 언어발달에 미치는 영향을 살펴보면 먼저 옹알이는 이후 언어기술을 익히는 데 필요한 음성기제의 조절력을 증진시키고, 다른 사람과의 의사소통 욕구가 자극되며, 옹알이를 통해 영아는 자신이 사회 집단의 일원임을 느껴 더욱더 적극적인 의사소통을 하게 된다(Hurlock, 1982). 이와 같이 옹알이와 같은 영아의 초기 언어는 주변 성인의 반응에 따라 양과 질이 달라지기 때문에 초기 언어에 대한 보육교사의 반응은 매우 중요하다.

(2) 풍부한 언어적 자극의 제공

생후 1년이 되면 영아는 단어를 사용할 수 있게 된다. '맘마' '엄마' '아빠' 등과 같이 한 단어를 사용하던 영아는 유아기가 되면 거의 폭발적으로 단어가 증가한다. 그러나 이러한 유아기 언어발달은 영아기 언어발달을 토대로 이루어지기 때문에, 영아기에 다양하며 풍부한 언어적 자극을 주는 것이 중요하다. 특히 언어발달은 가정환경과 양육자의 언어적 자극에 따라 개인차가 큰 발달영역이다. 따라서 보육교사의 적극적이며 풍부한 언어적 자극은 영아기뿐 아니라 이후의 발달에까지 영향을 미친다.

영아기 언어발달에서 가장 핵심적인 역할은 바로 성인과의 언어적 상호작용, 즉 의사소통이다. 자신의 생각과 느낌을 효과적으로 전달하는 유아는 다른 사람과 만족스러운 관계를 형성할 수 있다. 그런데 이러한 유아의 의사소통은 바로 영아기의 초기 언어발달에서부터 영향을 받는다. 영아는 자신에게 관심을 가져주고, 누군가 와서 도와주기를 기대하고 울음을 터트린다. 그리고 자신의 울음과 옹알이에 반응하고 관심을 가져주는 성인을 통해 영아는 자신의 욕구를 정확하게 표현할 수 있고, 아울러 자신의 생각과 정서를 다른 사람이 이해할 수 있을 만큼 충분히 표현할 수 있다.

따라서 영아의 언어발달을 촉진하기 위한 풍부한 언어자극의 제1요소는 바로 교사 자신이다. 영아의 언어능력을 향상시키기 위해서는 무엇보다 교사가 사용하는 언어의 질을 살펴보아야 한다. 크고 위협적인 교사의 목소리는 영아를 위축시키고 불안하게 만든다. 음성과 말투, 어휘 역시 교사의 언어의 질을 좌우한다. 교사의 언어는 영아에게 역할모델이 되어, 영아 역시 교사와 같은 음성과 말투로 언어를 사용하기 때문이다. 영아가 옹알이를 할 때, 또한 어떤 행동을 할 때, 교사의 밝은 음성은 영아로 하여금 교사와 지속적으로 상호작용을 하고 싶은 동기를 유발한다.

영아를 위한 언어적 자극의 두 번째는 비지시적인 언어사용과 영아의 행동에 대한 언어적 표현이다. 많은 사람들이 언어를 익히기 위해서는 가르쳐야 한다고 생각한다. 그러나 지시적인 언어사용보다는 그림 동화책을 읽어주고, 영아의 의도와 행동을 언어로 이야기해주며(예: ○○가 배가 고팠구나), 주변 상황을 언어로 정확하게 표현하는(예: 지금 비가 와요) 비지시적인 방법이 효과적이다. 이러한 교사의 언어적 상호작용은 영아의 언어발달을 더욱 촉진시키는 매개체가 된다.

4) 사회정서발달과 보육교사의 역할

영아기 사회정서발달의 가장 중요한 측면은 정서와 기질 그리고 애착의 발달이다. 모든 사람은 태어나면서부터 기쁨과 불쾌, 혐오와 같은 일차정서를 가지고 태어난다. 그리고 서로 다른 기질적 특성을 나타낸다. 또한 영아기에 이루어지는 가상 중요한 사회정서발달은 안정애착의 형성이다.

(1) 정서표현과 정서이해

출생 시부터 나타난 신생아의 일차정서(기쁨, 슬픔, 분노, 호기심; 사진 참조)는 영아기 동안 다양한 이차정서로 분화된다. 그리고 영아는 점차 다른 사람의 정서를 이해할 수 있다. 정서표현과 정서이해는 영아의 사회정서발달에서 매우 중요하다. 정서를 억누르지 않고 적절히 표현할 때 더 건강한 인성발달을 이룰 수 있기 때문이다. 그리고 자신의 정서를 인식하고, 이를 적절히 표현할 수 있

슬픔

기쁨

분노

호기심

사진 설명 영아는 자신을 위로해주는 교사와 안정애착을 형성할 수 있다.

을 때 영아는 다른 사람의 정서도 이해할 수 있다. 다른 사람의 정서를 이해하는 감정이입은 이후 다른 사람에 대한 친사회적 행동의 가장 중요한 토대가 된다. 실제로 정서이해검사에서 높은 점수를 받은 아동은 사회능력평가에서도 높은 점수를 받았으며, 친구들과 좋은 관계를 유지하였다 (Cassidy, Parke, Butkovsky, & Braungart, 1992; Oppenheim, Nir, Warren, & Emde, 1997).

따라서 교사는 영아의 정서적 표현에 적절히 반응하고, 영아의 부정적 정서에도 공감과 위로의 표현을 해주는 것이 필요하다. 어머니가 그리워 우는 영아에게 무조건 눈물을 그치라고 하거나 모르는 척 외면하기보다는 "○○가 지금 엄마가 보고 싶어 속상하구나. 선생님이 엄마 대신 안아줄게" 하며 영아의 마음을 공감해주고 따뜻하게 위로해준다면 영아는 자신의 정서를 적절히 표현할 수 있고, 더 나아가 자신을 위로해주는 교사와 안정애착을 형성할 수 있다(사진 참조). 아울러 자신의 슬픈 마음이 교사에 의해 무시되

Jude Cassidy   Ross D. Parke

Julie M. Braungart

Robert N. Emde

지 않고 적절한 위로를 받게 됨으로써, 영아는 다른 영아가 슬퍼할 때 위로할 수 있게 된다.

(2) 영아의 기질 고려

영아들은 모두 독특하다. 갓 태어난 신생아라 할지라도 각기 다르게 반응한다. 기저귀가 젖었거나 배가 고플 때 어떤 영아는 온 방이 떠나가도록 울음을 터트리지만 어떤 영아는 입을 움직이며 조금 보챌 뿐이다. 울음소리를 듣고 달려와 안아주고 보살피면 어떤 영아는 바로 울음을 그치지만, 어떤 영아는 지칠 때까지 계속 울음을 터트리며 진정하지 못하는 경우도 있다. 이처럼 생애 초기부터 개인차를 나타내는 영아의 특성을 기질이라 부른다.

기질의 구성요소에 대해서는 학자들마다 다양하지만, 대표적 초기 기질 연구가인 Thomas와 Chess(1977)의 분류를 토대로 살펴보면 영아의 기질은 순한 기질과 까다로운 기질 그리고 반응이 느린 기질 등 세 가지 유형으로 구분된다. 순한 영아는 대부분의 시간을 즐겁게 지내고, 행복하게 잠에서 깨어나며, 규칙적인 수유와 수면이 이루어지지만, 까다로운 영아는 눈을 뜨기 전부터 울고, 수유와 수면도 불규칙적이다. 반응이 느린 영아는 수동적이고, 새로운 상황에 대해 움츠러드는 경향을 보인다.

Alexander Thomas

기질은 생물학적이며 유전적인 토대를 지니고 있다. 즉, 기질은 출생 이전부터 타고난 특성이다. 따라서 교사는 잘 울고 신경질적인 까다로운 기질의 영아에게 보다 많은 인내심을 가지고 대해야 한다. 아울러 영아의 기질을 고려하여 각각의 영아에 대한 개별적인 관심과 보살핌을 제공해야 할 것이다. 그러나 만약 교사에게 기질에 대한 정보와 교육이 없다면, 교사는 늘 짜증을 내는 영아를 이해하기 힘들다. 따라서 보육기관에서 영아의 기질에 대한 교육을 교사와 부모에게 제공함으로써 보다 수용적이고 효과적인 양육환경을 조성할 수 있다.

Stella Chess

(3) 안정애착의 형성

영아기는 다른 발달 시기보다 성인의 보살핌을 가장 많이 필요로 하는 시기이다. 이러한 영아의 발달적 특징은 자신을 돌보아주는 주양육자와 애착을 형성하도록 한다. 영아에게 있어서 6~7개월부터 18개월경까지는 애착형성의 중요한 시기이며, 생애 초기부터 어린이집에 들어온 영아는 어머니 외에 보육교사와도 애착을 형성하는 것으로 밝혀졌다.

애착은 모든 영아에게 나타나는 생물학적 특성을 지니고 있지만, 애착의 질은 주양육자와의 상호작용에 따라 다르게 나타난다. 즉, 주양육자가 영아의 욕구에 민감하게 반응하고 영아와 신체적인 접촉을 많이 하였을 때 영아는 안정애착을 형성한다. 그러나 주양육자가 영아의 욕구에 무관심하고 민감하지 않으며 영아가 필요로 할 때 옆에 없었다면, 영아는 회피애착, 저항애착, 혼란애착과 같은 불안정애착을 형성한다. 그리고 영아기에 형성된 애착의 질(안정애착/불안정애착)은 유아기와 아동기를 지나 이후의 발달에까지 지속적인 영향을 미친다.

Mary Ainsworth

이러한 애착의 영향력으로 인해 보육교사는 무엇보다 영아와 안정애착을 형성해야 한다. 지금까지 알려진 연구결과에 의하면, 영아와 안정애착을 형성하기 위해서는 양육자의 민감한 양육행동이 필요하다. Ainsworth와 동료들(1978)이 설명한 주양육자의 민감한 양육행동을 살펴보면 다음과 같다. 첫째, 양육자는 영아의 신호에 맞추어 행동해야 한다. 그러나 자신의 욕구와 필요에만 몰입되어 있는 양육자는 영아의 신호와 조화를 이루지 못한다. 둘째, 양육자는 영아의 신호를 적절히 해석하고 반응해야 한다. 셋째, 양육자의 반응은 영아가 좌절을 견디어낼 수 있는 시간 내에서 신속히 이루어져야 한다. 이미정(1998)은 Ainsworth와 다른 학자들의 이론을 토대로 신호에 대한 지각(awareness)과 정확한 해석(interpretation), 반응의 즉각성(promptness), 반응의 적절성(appropriateness) 등의 4개 영역을 부모(양육자)의 민감성으로 규정하였다.

3. 유아기의 발달특성과 보육교사의 역할

유아기는 영아기에 비해 신체발달이 빠른 속도로 진행되지는 않지만 꾸준한 성장을 보이는 시기로 운동기술이 보다 섬세해진다. 인지발달과 관련하여서는 구체적 사고가 가능해지고 언어능력의 발달로 자신의 의사를 표현하는 데 자유로워진다. 또한 사회정서발달로 인해 또래관계가 확장되고 또래관계 내에서 사회적 기술을 습득하게 된다. 한편 유아기는 이동 운동이 보다 용이해지고 호기심이 풍부해지면서 유아의 활동반경이 넓어져 안전에 대한 주의를 요하는 일이 종종 발생한다. 따라서 유아기의 발달특성에 대한 이해를 바탕으로 한 보육교사의 세심한 관심이 요구된다.

1) 신체발달과 보육교사의 역할

유아기에는 신체성장과 함께 운동기능이 발달한다. 따라서 대근육과 소근육, 눈과 손의 협응능력을 키워줄 수 있는 다양한 실내외 환경과 안전한 교육환경이 제공되어야 한다.

(1) 신체활동을 위한 풍부한 환경 제공

영아기와 달리 유아기에는 좀 더 복잡한 대근육·소근육 운동기술이 발달한다. 신체의 균형능력과 조절능력이 향상되어 유아는 속도를 조절하면서 달릴 수 있다. 그리고 한 발로 뛰기, 자전거타기, 그네타기, 공차기 등과 같은 활동을 할 수 있다. 또한 이 시기의 유아는 몸을 마음껏 움직일 수 있는 대근육활동을 좋아한다.

사진 설명 │ 유아들이 실내에서 대근육활동을 할 수 있는 시설을 이용하고 있다.

따라서 어린이집에서는 하루 일과에 2회 이상의 대근육활동이나 실외놀이를 계획해야 한다. 그리고 신체활동을 충분히 할 수 있도록 다양한 실내외 환경을 준비한다. 만약 어린이집에 실외놀이시설이 없을 때에는 근처 놀이터 방문이나 산책활동을 매일 하도록 계획한다. 또한 비가 올 경우를 대비해 실내에 대근육활동을 할 수 있는 시설을 마련하는 것도 필요하다(사진 참조).

실내 대근육놀이실과 실외놀이터는 유아들이 좋아하는 놀이실인 동시에 안전사고가 가장 많이 일어나는 공간이다. 따라서 적절한 관리와 감독은 필수적이다. 특히 실외놀이시설은 사용하기 전에 매일 점검해야 하며, 한 달에 1회씩은 점검목록표를 이용하여 체계적인 관리를 하는 것이 바람직하다. 아울러 유아들과 함께 안전을 위한 실외활동 규칙을 세우고 지키도록 한다.

규칙은 교사가 일방적으로 유아에게 알려주기보다는 유아와 함께 정하는 것이 바람직하다. 부정적인 표현보다는 긍정적 표현을 사용하고, 실외놀이터에서 모두가 볼 수 있는 곳에 게시한다. 아울러 규칙이 너무 복잡하지 않도록, 교사는 자신이 맡은 반의 특성에 맞게 조절하도록 한다.

(2) 안전한 교육환경

안전하고 교육적인 환경을 위해서는 어린이집의 입지 선정(예: 주변에 위험한 건물이나 시설이 있는가)과 건축자재, 실내공간의 배치, 적절한 교사 대 아동비율, 놀잇감과 교육재료의 선택에 이르기까지 세심한 배려가 필요하다. 특히 건축자재는 최근 환경호르몬의 영향으로 관심의 대상이 되고 있다. 포름알데히드와 석면, 납, 라돈 등 여러 화학물질이 페인트와 벽지, 바닥재와 같은 건축자재에 포함되어 있기 때문에, 새로 어린이집을 공사하였거나 교실을 새로 도배하거나 장판을 깔았을 때에는 일주일 정도 교실을 사용하지 않고 환기를 하는 것이 바람직하다.

교사는 실내공간 배치 시 유아들을 한눈에 관찰할 수 있도록 교실환경을 구성해야 한다. 현행 영유아보육법상 보육실은 영유아 1인당 2.64m²의 면적이 필요하다. 교사 대 아동의 비율 역시 안전한 교육환경을 위해 반드시 고려되어야 한다. 그리고 어린이집의 모든 출입문에는 고무로 된 이음새를 달고, 현관문의 경우 닫히는 속도를 조절해주는 장치를 설치하여 손가락이 끼이는 안전사고를 방지해야 한다. 드나드는 유아들이 서로를 볼 수 있도록 문에는 시각패널을 설치하고, 현관문은 바깥쪽으로 열리는 것이 비상시 안전하다. 또한 어린이집에는 화재안전을 위해 최소한 2개의 출구가 확보되어야 하고, 교실에는 연기감지기나 스프링클러가 설치되어야 한다.

유아들이 사용하는 놀잇감과 재료 역시 안전성에서 문제가 되고 있다. 대부분의 놀잇감이 플라스틱과 같은 화학재료로 되어 있고, 모든 플라스틱은 정도의 차이는 있지만 우리가 느끼지 못하는 사이에 유독가스(증기)를 내뿜고 있다. 따라서 매일 아침마다 그리고 수시로 모든 교실을 환기시키는 것은 매우 중요하다. 또한 유아들이 사용하는 스케치북과 물감, 색종이, 접착제 등도 모두 안전한 제품은 아니다. 종이에는 원재료인 나무가 썩지 않도록 방부제 역할을 하는 포름알데히드가 첨가되는 경우가 많다. 종이는 흰색으로 만들기 위해 형광증백제를 넣고, 종이와 종이를 붙이는 접착제에도 화학물질이 사용되고 있다. 물감과 색종이, 접착제에도 포름알데히드나 페놀, 톨루엔, 크실렌 등 독성물질이 함유되어 있다. 따라서 문구류와 미술재료는 가급적 'AP(Approved Product)'나 'CP(Certified Product)' 표시가 있는 제품을 구입하는 것이 안전하다.

2) 인지발달과 보육교사의 역할

유아기 인지발달의 가장 큰 특징은 자기중심적 사고이다. 또한 사물을 볼 때, 그 사물의 두드러진 특성에 압도되어 2개 이상의 차원을 동시에 고려하지 못하는 전조작적 사고의 특징을 지니고 있다.

(1) 탐구 중심적·능동적 활동 제공

영아와 비교할 때, 유아는 활동을 비교적 오래 지속할 수 있고 자신이 경험한 것을 기억하고 재연할 수 있게 된다. 비록 논리적 사고능력은 부족하지만, 결과를 예견하고 상상력이 더 풍부해진다. 유아는 특히 자신이 능동적으로 활동을 선택하였을 때 그리고 자신이 경험한 것 중 자기 자신에게 의미 있는 것을 더 잘 기억한다. 이러한 유아기 사고의 특징은 유아를 위한 활동을 선택함에 있어 교사가 일방적으로 제공하는 것이 아니라 유아가 스스로 활동을 선택해야 함을 의미한다.

따라서 유치원과 어린이집에서 매일 등원과 함께 이루어지는 자유놀이는 단지 보육실에 있는 놀잇감을 가지고 유아들이 마음대로 노는 놀이시간이 아니라 유아가 능동적으로 자신의 활동을 선택하도록 하는 최고의 교육적인 시간이다. 이를 위해 교사는 하루(일안) 또는 일주일(주안)의 주제나 특정 주제(프로젝트)와 연관된 다양한 활동과 교구를 보육실에 준비하고 교체해주어야 한다.

자유놀이시간은 유아의 능동적인 학습이 이루어지는 동시에 개별학습과 통합적 교육이 이루어지는 시간이다. 이야기 나누기, 게임, 노래 배우기 등과 같은 대집단활동은 교사에 의해 주도되는 활동이지만, 자유놀이는 유아가 자신이 선택한 영역에서 놀잇감을 가지고 놀이하는 능동적이며 통합적인 활동시간이다. 아울러 교사의 개입이 일대일로 이루어지기 때문에 자유놀이시간은 개별학습이 이루어지는 시간이기도 하다.

따라서 교사는 유아가 관심 있어 하는 주제나 자료를 유아 스스로 탐구할 수 있도록 풍부한 환경과 시간을 제공해야 한다. 또한 자유놀이시간에는 주제와 관련된 다양한 자료들과 함께 유아가 충분히 활동하고 놀이할 수 있는 여유 있는 시간이 필요하다. 따라서 자유놀이시간은 하루에 3시간 이상 제공하는 것이 바람직하다.

(2) 놀이

유아의 하루는 놀이의 연속이며, 그들이 하는 거의 모든 활동은 놀이가 된다. "유아는 놀면서 배운다"라는 말이 있듯이, 놀이는 유아의 생활일 뿐만 아니라 유아가 여러 가지 지식을 획득하는 수단이기도 하다. 성인의 시각에서 보면 시간을 낭비하는 무의미한 일일 수 있지만, 놀이는 유아의 성장과 발달에 영향을 미치는 중요한 활동이며, 그들의 일이다. 유아는 자신의 생각과 감정을 쉽게 언어화할 수 없으므로 언어보다는 놀이에 의해 이를 더 적절하게 표현할 수 있으며, 놀이를 통해 새로운 지식을 쉽게 획득한다. 그 외에도 놀이는 또래와의 관계를 확장시키고 신체발달을 돕는 다양한 기능을 가지고 있다.

인지발달이론의 관점에서 보면, 놀이는 새롭고 복잡한 사건이나 사물을 배우는 방법이다. "공부만 하고 놀 줄 모르면 바보가 된다"라는 말처럼, 놀이는 아동의 인지발달에 절대적인 영향을 미친다. 놀이를 통해 새로운 개념이나 기술을 습득하고, 생각과 행동을 통합해 나가며, 문제해결능력을 키울 수 있다. 이를 반영하듯 놀이의 종류도 인지발달단계와 밀접하게 관련되어 있다.

특히 Piaget(1962)는 자신의 인지발달이론을 토대로 놀이의 발달단계를 제시하였다. 즉, 감각운동기에 나타나는 '연습놀이'와 전조작기의 '상징놀이' 그리고 구체적 조작기의 '규칙이 있는 게임' 등이 그것이다. 영아기에는 연습놀이를 통해 특정 행동을 계속 반복하고(예: 발로 모빌을 건드렸더니 소리가 나자 반복해서 건드림) 이후에 조금씩 변화를 줌으로써 놀이를 진행한다. 유아기에 이르러서는 소꿉놀이, 병원놀이와 같은 사회적 역할놀이를 즐긴다. 그리고 아동기부터는 자기중심적 사고에서 벗어나 규칙을 인식하게 되므로 규칙이 있는 게임이 가능해진다.

이와 같이 유아는 놀이를 통해 주변의 모든 사물을 지각하며 더욱 발전된 인지체계를 형성해간다. 놀이활동을 통해 얻은 감각운동적 경험을 토대로 유아는 비교와 분류, 서열, 추론 등과 같은 인지구조를 형성하기 때문이다. 따라서 유아를 대상으로 한 유아교육과 보육에서 놀이가 차지하는 비중은 절대적이다. 그러나 최근 조기학습의 열풍으로 유치원과 어린이집에서 놀이 위주의 활동 대신 학습지를 통해 읽기, 쓰기, 셈하기의 3R's와 같은 형식적인 교육이 강조되고 있다. 부모들의 요구로 유아에게 3R's를 가르치고, 읽기와 쓰기의 준비도 교육을 점점 더 어린 유아에게 실시하고 있다. 앞서 살펴보았듯이 유아기에는 놀이와 학습이 구분되지 않고 동일하다. 즉, 유아는 놀이를 통해 배울 때 가장 잘 배운다. 따라서 이러한 놀이의 가치와 중요성에 대한 부모교육이 필요하다.

3) 언어발달과 보육교사의 역할

유아기는 단어가 폭발적으로 증가하는 시기이다. 그러나 언어발달이란 단지 단어를 많이 알고, 글을 정확하게 읽고, 말하고, 쓰고, 듣는 것을 의미하지 않는다. 정확하게 언어를 사용하는 것 이상의 지적이며, 창의적이고, 사회적인 복합적 능력을 의미한다.

(1) 풍부한 언어활동과 환경 제공

영아기에 단지 몇 개의 단어만을 말할 수 있었던 유아가 이제는 인지발달과 함께 빠른 속도로 언어를 발달시킨다. Anglin(1993)에 의하면 유아기에는 1만 개의 새로운 단어를 습득한다. 또한 사용하는 문장이 길어지고, 복잡한 구문도 사용할 수 있게 된다.

이 시기에 유아는 주변 사람이 귀찮아할 정도로 주변의 상황이나 사물에 대해 질문을 많이 하지만 연령이 증가하면서 점차적으로 특정 주제와 관련되거나 정보를 수집하기 위해 질문을 한다. 또한 새로운 단어에 호기심을 나타내고, 뜻을 알기 위해 질문한다. 유아는

Jeremy M. Anglin

읽기와 쓰기에도 관심을 가진다. 따라서 아직 정확하게 책을 읽지 못해도, 그림과 자신이 아는 몇 개의 글자만을 가지고 그림책을 꾸며 읽는 것을 좋아한다. 쓰기에서도 아직 글자를 알지 못하지만, 자신이 끼적거린 것을 진짜 글자처럼 읽

사진 설명 교사가 유아와 눈높이를 맞추어 대화를 나누고 있다.

기도 한다.

따라서 교사는 유아에게 그림책 외에 다양한 인쇄물(광고지, 편지 등)을 통해 일상생활에서 사용되는 말과 글을 연결해보는 기회를 제공해주도록 한다. 유아의 그림에 유아가 설명한 내용을 받아 적어주고, 이름과 같이 친숙한 글자는 유아가 직접 써보도록 격려한다. 일상생활에서 말이 글로 표현되는 과정을 자주 보여줌으로써, 유아로 하여금 쓰기와 읽기의 필요성을 느끼도록 해준다. 그리고 교사는 유아의 이야기를 진지하게 들어줌으로써, 유아로 하여금 다른 사람의 이야기를 경청할 수 있도록 한다. 유아로 하여금 친숙한 자신의 가족을 소개하거나 주말을 지낸 이야기를 정기적으로 하게 하는 것도 유아의 언어를 촉진할 수 있는 좋은 방법이다. 유아가 이야기할 때 교사는 자신의 무릎을 낮추고 유아의 눈을 주시하며, 유아의 이야기를 적극적으로 들어준다(사진 참조).

또한 언어영역에는 융판 동화, 막대 동화 등 여러 종류의 동화와 생활주제와 관련된 동요·동시·동화를 담은 CD나 카세트테이프, 카세트레코더, CD플레이어, 헤드폰 등을 제공한다. 생활주제와 관련된 수수께끼 카드, 화보, 손인형, 손가락인형, 인형극 틀 등의 교구와 여러 가지 인쇄물(신문, 안내책자 등)과 색연필, 사인펜, 연필 등의 필기도구 그리고 종이나 모래글자판, 컴퓨터, 프린터 등과 같은 다양한 쓰기 도구를 제공한다.

한편 교실에 있는 사물함과 출석게시판에 유아의 이름을 쓰고, 영역 표시판을 게시하며, 아침에 모여 유아의 이름이 쓰인 출석부를 유아들이 함께 읽어보는 활동 모두 유아의 언어발달을 촉진하는 활동이다. 그리고 편지 쓰기와 같은 짧은 글쓰기나 놀이할 때 필요한 쓰기활동(음식점 놀이 시 메뉴판 만들기, 음식점 이름 쓰기, 주문서 쓰기 등)과 같이 일상생활에서의 쓰기활동과 놀이가 자연스럽게 이루어지도록 해야 한다.

(2) 총체적 언어교육

총체적 언어교육은 1980년대 구미를 중심으로 현장에 있는 교사들이 교육개혁을 위한 노력의 일환으로 나타난 운동으로, 단순한 언어교수법이라기보다는 하나의 교육운동, 또는 교육에 대한 관점이라 할 수 있다. 즉, 쓰기나 읽기와 같은 어느 특정 영역만이 아닌 쓰기/읽기/말하기/듣기 영역 간의 유기적 관계에 의한 언어학습을 의미하는 총체적 언어학습은 인위적인 방법이 아닌 자연스러운 상황 아래서의 활동을 강조한다. 교사의 역할 역시 권위적인 지시자가 아닌 학습에 대한 안내자의 역할이다. 교사는 무엇보다 유아에게 다양한 언어를 경험할 수 있는 풍부한 기회와 효과적인 학습 분위기를 제공해야 한다. 이와 같이 총체적 언어교육은 인위적으로 분절된 듣고, 말하고, 읽고, 쓰는 교육적 접근에서 탈피하여 자연스러운 상황에서 언어의 전체 의미를 상호 관련시키려는 교수전략이다.

이러한 총체적 언어접근은 기존의 읽기와 쓰기 위주의 교육에 대한 비판에서 생겨났다. 즉, 총체적 언어접근에서는 읽기와 쓰기의 연습(학습지)을 통해서가 아닌, 유아에게 의미 있는 언어를 유아가 생활 속에서 실제로 사용함으로써 언어를 습득한다고 생각한다. 따라서 총체적 언어교육에서는 듣기, 말하기, 읽기, 쓰기를 다른 교과 영역의 활동과 통합하여 교육과정 전반에 걸쳐 읽고 쓰는 활동이 이루어질 수 있도록 다양한 교수전략을 계획한다(예: 교실 규칙판, 낱말책, 신문, 일기, 물건 이름 붙이기, 요리활동표, 노래말 악보, 편지 쓰기 등). 또한 읽기, 쓰기를 직접 유아에게 가르치기보다는 유아가 읽고 쓰는 경험이 매일 놀이로 이루어질 수 있도록 언어환경을 구성한다(예: 다양한 필기구와 종이, 봉투, 우표, 주문서 등).

또한 총체적 언어교육에서는 쉬운 책과 동화, 동요, 동시 등과 같은 문학을 활용한다. 특정 단어 찾기, 제목 바꾸기, 줄거리 바꾸기, 주인공이 되어 일기 쓰기, 뒷이야기 꾸미기 등의 활동을 제공한다. 예를 들어, 동화『벌거벗은 임금님』을 읽고 난 후, 그 책 속에 나오는 옷의 소재에 대해 이야기를 나눈다. 그리고 유아들이 알고 있는 옷의 종류를 서로 이야기 나눈 후 소책자에 다양한 옷의 그림과 명칭을 쓴다. 또한 유아들이 디자이너가 되어 벌거벗은 임금님을 위해 직접 옷을 디자인하고 실제 천이나 전지(또는 소포지)를 활용해 디자인한 옷을 만들어 본 후, 그것을 발표하는 패션쇼를 기획할 수 있다. 패션쇼는 반별로 이루어질 수도 있지만, 특별히 초대장을 만들어 부모들에게 보낸 후 부모와 함께 패션쇼를 진행할 수도 있다.

사진 설명 동화『벌거벗은 임금님』

4) 사회정서발달과 보육교사의 역할

유아기는 영아기에 비해 대인관계의 폭이 넓어지고 다양해지는 시기이다. 유아기에는 활동반경이 넓어짐에 따라 인간상호관계에 따른 정서적 긴장이 심하게 나타나며, 유아기에 와서 활짝 꽃피우는 언어능력의 발달 덕분에 자신의 주장을 관철하기 위해 언어적 표현을 많이 하게 된다.

(1) 정서의 적절한 표현

Carolyn Saarni

Joseph Campos

유아기가 되면 유아는 정서표현에 대해 많은 것을 이해하게 된다 (Saarni, Mumme, & Campos, 1998). 즉, 정서를 표현하는 단어를 사용하거나 이해하는 능력이 급속도로 증가한다. 그러나 슬픔과 같은 부정적 정서보다는 행복과 같은 긍정적 정서를 더 쉽게 이해한다.

유아의 정서는 2세 이전에 분화되었던 영아기의 이차정서 그대로 유지되지만, 정서를 표현하는 방법에서는 개인차가 나타난다. 따라서 유아기에는 슬픔, 분노와 같은 정서를 사회적으로 용납할 수 있는 방법으로 적절하게 표현하는 사회화 과정이 필요하다. 이 중 분노는 이후 공격성으로 발전하여 다른 사람에게 해를 가하는 특성이 있기 때문에, 어린이집에서의 특별한 관심이 필요하다.

유아는 자신이 하고 싶은 일을 하지 못하게 하거나, 반대로 하기 싫은 일을 강요당할 때, 부모가 관심을 가져주지 않거나 자신의 욕구에 적절하게 반응하지 않을 때 분노를 나타낸다. 그리고 유아의 분노는 떼쓰기와 고집부리기, 폭발행동, 심지어 때리기나 던지기와 같은 공격적 행동으로 표현된다. 따라서 유아의 정서에 대한 적절한 표현은 어린이집에서 다루어야 하는 주요 내용이다.

유아의 부정적인 행동을 훈육할 때 교사가 사용하는 방법은 무시에서 체벌에 이르기까지 다양하다. 그러나 사회학습이론에서는 공격성이 유아가 다른 사람의 행동을 모방하여 나타나게 된다고 설명한다. 즉, 교사의 체벌이 유아로 하여금 공격적인 행동을 모방하게 하는 모델이 된다는 것이다. 또한 유아는 자신이 소외되었거나 방임되었다고 느낄 때, 그리고 성인에게서 부당한 대우를 받았다고 여길 때, 더욱 공격적인 행동을 보인다. 따라서 교사는 유아들의 공격적인 행동에 대한 직접적인 훈육에 앞서, 먼저 유아의 마음을 세심하게 보살피고 어루만져줌으로써 유아 스스로 소외되거나 부당한 취급을 받고 있다는 생각을 갖지 않도록 해야 한다. 또한 체벌과 같은 물리적 행동보다는 어린이집에서 지켜야 할 약속과 규칙을 학기 초에 유아들과 함께 나누고, 일상활동에서도 자주 반복하여 줌으로써 유아들이 물리적 행동이 아닌 언어로 자신의 정서를 표현하도록 도와주어야 한다.

(2) 성역할발달과 양성성

성은 인간을 분류하는 가장 기본적인 범주이다. 인간은 사회적 동물이기 때문에, 성역할은 사회화 과정을 통해 이루어진다. 그리고 지금까지 알려진 연구에 의하면, 이러한 성역할 사회화는 바로 유아기에 이루어진다.

성역할이란 한 개인이 자신이 속한 사회가 규정한 성에 적합한 행동, 태도 및 가치관을 습득하는 사회화 과정으로, 여성과 남성으로 특징지어지는 일련의 행동양식과 가치, 행동을 나타낸다. 이러한 성역할은 생물학적으로 타고난 것보다는 사회적으로 규정한 가치와 행동양식에 의한 영향이 더 크다. 즉, 인간의 성고정관념이나 성유형화된 행동은 가족과 또래, 교사, 대중매체, 사회의 가치관과 같은 사회문화적 요인에 의해 많은 영향을 받는다.

한편 Shaffer(2000)는 연령에 따라 성정체성과 성고정관념 그리고 성유형화행동이 어떻게 발달하는지 다음의 표를 통해 제시하였다 (〈표 2-3〉 참조). 자신이 여성인지, 남성인지에 대한 인식인 성정체성은 3세 이전에 형성된다. 그리고 3세 이후에는 머리모양이나 의복과 관계없이 자신의 성이 변하지 않는다는 것을 인식하는 성항상성이 발달한다. 이러한 성정체성은 연령의 증가와 함께 더욱 강화된다. 그러나 성고정관념과 성유형화행동은 성정체성과 달리 유아기에는 강화되어 경직되지만, 아동기를 지나 청년기에 이르면 조금씩 유연해짐을 알 수 있다. 이와 같이 성역할 사회화는 영아기에 시

David R. Shaffer

작되어 유아기에 본격적으로 이루어진다. 오히려 아동 후기와 청년기에는 인지발달로 인해 성고정관념과 성유형화행동이 유아기보다 유연해진다.

많은 사회에서 남녀에 대한 성고정관념과 성유형화행동은 뚜렷하다. 남성은 강하고 공격적이며 책임감이 강하지만, 여성은 부드럽고 따뜻하며 의존적 존재

〈표 2-3〉 연령에 따른 성역할발달

연령	성정체성 (gender identity)	성고정관념 (gender stereotyping)	성유형화행동 (gender-typed behavior)
0~2.5세	• 남성과 여성을 구분하는 능력이 생기고 점차 발달함 • 자신이 여아인지, 남아인지 정확하게 구분함		• 성유형화된 장난감과 활동을 선호하기 시작 • 동성의 놀이친구를 더 좋아함
3~6세	• 자신의 성이 변하지 않는다는 것을 인식한 성항상성이 나타남	• 흥미와 활동, 직업에서의 성고정관념이 나타나고 더욱 경직됨	• 성유형화된 장난감과 활동에 대한 선호도가 더욱 강화. 남아들이 더욱 심함 • 서로 동성끼리 놀이하는 성분리(gender segregation)가 강화됨
7~11세		• 성격과 성취영역에서 성고정관념이 나타남 • 성고정관념이 점차 완화됨	• 성분리(gender segregation)가 더욱 강화됨
12세 이상	• 성정체성이 더욱 확고해져 성강화 압력(gender intensification pressure)을 행사함	• 초기: 다른 성에 대한 매너리즘(cross-sex mannerisms)에 불편해함 • 후기: 여러 영역에서 성고정관념이 유연해짐	• 청년 초기에는 성유형화된 행동들에 대해 동조 • 성분리는 조금 감소함

출처: Shaffer, D. R. (2000). *Social and personality development*. Belmont, CA: Wadsworth.

로 인식한다(Martin & Halverson, 1987). 여러 연구결과 이러한 성역할 고정관념은 여아보다 남아에게 더 일찍 그리고 더 강하게 나타났다(김은정, 1996; Bussey & Bandura, 1992; Eisenberg, Murray, & Hite, 1982). 심지어 2세부터 남아들의 경우 여아들보다 성에 적합하다고 생각되는 장난감을 선호하였다는 연구결과(Blakemore, LaRue, & Olejnik, 1979)는 성고정관념에 있어서도 성차가 있음을 나타낸다.

이에 대해 Turner와 Gervai(1995)는 대부분의 사회가 남성 중심적인 문화이고 여성보다 남성에게 더 높은 지위가 주어졌기 때문에, 여아보다 남아가 더 성에 적합한 행동을 하도록 강요받고 있다고 주장하였다. 실제로 과거에는 남성성과 여성성의 발달이 정신건강의 척도로 작용하여, 남자는 남성적인 것이, 여자는 여성적인 것이 정신적으로 건강하다고 여겼다. 그러나 오늘날에 와서는 이러한 전통적인 견해가 여성의 열등성을 조장하고, 나아가 인간의 잠재력을 위축시키고 있다는 비판을 받고 있다.

또한 과거에는 남성성과 여성성이 단일 차원의 양극으로 인식되어 남성성이 높으면 여성성이 낮다고 여겨졌었지만, Bem(1974)은 여성성과 남성성을 2개의 분리된 차원으로 제시하였다. 그녀는 양성성(androgyny)의 개념을 제시하면서 양성적인 사람은 여성성과 남성성이 모두 높지만, 미분화된 사람은 여성성과 남성성이 모두 낮다고 주장하였다.

Sandra L. Bem

양성성이란 하나의 유기체 안에 여성적 특성과 남성적 특성이 공존하는 것을 의미한다. 즉, 인간은 남성성과 여성성이 모두 내포되어 있기 때문에, 상황에 따라 적절한 역할을 수행할 수 있다는 것이다.

이러한 Bem의 주장은 사회적으로 큰 반향을 일으켰으며, 특별히 성역할발달이 이루어지는 유아기의 사회정서교육에 많은 영향을 미쳤다. 비록 일부에서는 양성성이 아닌 남성성이 개인의 적응력과 자아존중감에 더 많은 영향을 미친다는 연구결과(Jones, Chernovetz, & Hansson, 1978; Spence & Hall, 1994; Yager & Baker, 1979)도 있지만, 이제는 사회적으로도 아이들 교육에 있어 여성과 남성의 성고정관념에 얽매이지 않고자 노력하고 있다. 유아와 함께 어머니와 아버지의 역할에 대해 이야기 나눌 때, 이전에는 아버지는 회사에 나가고 어머니는 집안일을 하는 사람으로 규정하였다

Janet T. Spence

면 이제는 부모 모두 집안일과 회사일을 다 할 수 있는 것으로 이야기한다. 이제 앞치마는 어머니만의 물건이 아니라 아버지를 포함해 가족 모두의 물건이 되었다.

영유아의 성역할발달에 영향을 미치는 요인은 부모와 가족, 또래, 사회 문화적 가치관과 같이 다양하며 이 중에서도 부모의 양육태도가 가장 직접적인 영향을 미치고 있다. 그러나 최근 부모와 함께 보육교사의 중요성이 강조되고 있다. 보육교사 역시 부모와 함께 영유아의 주양육자 중의 한 사람이며, 종일제 어린이집에 다니는 영유아의 경우 오히려 낮 시간에는 부모보다 보육교사와 더 많은 시간을 보내고 있기 때문이다.

따라서 영유아에게 있어 교사는 좋은 성역할 모델이다. 또한 교사는 동화책과 TV, 놀잇감 등을 통해 영유아의 성역할발달에 영향을 미친다. 실제로 유아가

즐겨보는 동화책 중의 상당수가 전통적인 성고정관념을 나타내고 있다(이순형, 임송미, 성미영, 2006; 조정란, 2000). 특히 성고정관념을 변화시키기 위해서는 아동기나 청소년기보다 유아기가 더 적절하다는 연구결과(Guttentag & Bray, 1976; Katz & Walsh, 1991)는 특별히 영유아를 보육하고 있는 보육교사의 역할을 더욱 강조하고 있다.

제3장 영유아 보육프로그램

20세기 중반에 접어들면서 세계 여러 나라는 보육을 국가 발전의 원동력으로 간주하기 시작하였다. 이에 보육프로그램에 대한 논의가 활발하게 이루어졌으며 이를 통해 일반 영유아를 위한 보육프로그램뿐 아니라 소외집단의 영유아를 위한 보육프로그램도 다수 개발되었다.

보육프로그램은 보육목표와 내용 및 구체적 실천방법 등을 체계적으로 구조화한 것으로 보육과정의 핵심적 요소이다. 우리나라의 보육프로그램은 초기에는 유아교육프로그램과 뚜렷한 구분 없이 사용되다가 질적 보육이 강조되면서 2004년부터는 표준보육과정에 근거하여 보육프로그램이 구성되었다. 이후 영유아기의 발달특성에 기초한 유아교육과 보육의 통합과정에 대한 논의가 시작되어, 2012년부터는 유치원 교육과정과 어린이집 보육과정을 통합한 '5세 누리과정'이 도입되었다. 생애 첫 출발선에서부터 수준 높고 균등한 교육기회를 보장하기 위해 도입된 누리과정은 2012년 5세부터 시작하여 2013년부터는 3~4세까지 확대되어 운영되고 있으며, 이러한 누리과정의 내용은 2019년 7월 '유아중심·놀이 중심' 교육과정을 추구하는 것으로 새롭게 개정되어, 2020년 3월부터 시행되고 있다.

이 장에서는 먼저 보육프로그램과 밀접한 관련이 있는 보육과정 및 유아교육프로그램과의 관계를 통해 보육프로그램의 개념을 구체적으로 살펴볼 것이다.

아울러 어린이집에서 널리 접목되고 있는 보육프로그램의 종류와 특수 목적의 보육프로그램에 대해 살펴보고자 한다.

1. 보육프로그램의 개념

보육프로그램에 대한 이해를 위해서는 먼저 보육프로그램과 밀접한 관련이 있는 보육과정 및 유아교육프로그램과의 관계를 살펴보는 것이 필요하다.

1) 보육프로그램과 보육과정

일반적으로 말하는 보육과정이란 어린이집에서 이루어지는 교육 전반을 지칭하는 것으로, 크게 '목표' '내용' '방법' '평가'의 4단계로 구성된다. 목표는 보육과정이 추구하는 방향 설정과 관련된 부분으로, 목표에 따라 보육내용과 방법이 결정된다. 내용은 무엇을 가르치고 돌보아야 하는가에 관한 부분이고, 방법은 계획한 보육목표에 따라 어떻게 가르칠 것인가에 관한 부분이다. 마지막으로 평가는 지금까지 실행된 보육과정이 추구하는 목표를 달성하였는지, 그리고 영유아에게 적절하였는지를 평가하는 것으로, 이는 다음 보육과정을 계획하는 기초 자료로 사용된다.

Schwartz와 Robinson(1982)은 보육과정을 다섯 가지 유형으로 구분하였다. 첫째, 우연히 일어난 것으로의 보육과정, 둘째, 경험으로서의 보육과정, 셋째, 교수계획으로서의 보육과정, 넷째, 교수요목으로서의 보육과정, 다섯째, 프로그램으로서의 보육과정이다. 우연히 일어난 것으로의 보육과정은 교사가 보육내용을 미리 선별하거나 계획하는 것이 아니라 영유아가 스스로 선택한 활동에 능동적으로 참여하는 것으로, 이는 학습내용보다 학습과정 자체를 중시한다. 경험으로서의 보육과정은 영유아가 어린이집에서 경험하는 모든 것을 보육과정으로 간주한다. 따라서 교사는 학습에 영향을 미치는 보육환경에 보다 관심을 기울인다. 교수계획으로서의 보육과정은 전통적인 의미의 보육과정의 개념으로 영유아를 위한 보육목표, 보육내용, 보육방법, 보육활동 등에 대한 의도적인 계획을 의미하는 것이다. 교수요목으로서의 보육과정은 보육목표와 내용, 순서를 문서로 작성한 교수요목을 의미하는 협의의 보육과정의 개념이며, 마지막으로 프로그램으로서의 보육과정은 몬테소리 프로그램 등과 같이 특정한 프로그램을 보육과정으로 보는 관점이다.

이와 같이 보육프로그램의 개념은 보육과정과 유사한 개념으로 혹은 보육과정에 포함되는 개념으로 볼 수 있다. 후자의 관점에서 이기숙(1999)은 프로그램이란 특정 이론에 의해 조직된 교육과정 모델로, 일반적인 교육과정의 개념보다는 구체화되고 실제 현장에서 가르치는 교육내용을 상세하게 기술한 것으로 규정하였다.

이상의 내용을 종합해 보면, 보육프로그램은 보육과정과 유사한 의미로 사용되기도 하지만 보육과정은 보다 거시적인 관점에서 사회문화적인 배경이나 정책적 측면에 근거하여 보육에 대한 전반적인 청사진을 제시하는 것이다. 반면, 보육프로그램은 보육과정에 근거하여 실제 영유아를 지도하기 위한 구체적인 지도 지침이자 교육내용이라고 볼 수 있다. 따라서 보육프로그램에서는 필요에 따라 보육과정의 특정한 측면이 강조되거나 축소된다.

2) 보육프로그램과 유아교육프로그램

스웨덴이나 프랑스와 같이 어린이집과 유아교육기관이 일원화된 체제로 운영되는 나라들에서는 보육프로그램과 유아교육프로그램의 개념이 구분되지 않고 많은 부분을 공유하고 있다. 이와 달리 우리나라에서는 보육과 유아교육은 그 대상연령이나 담당 부서, 적용되는 법령에서 차이가 있다. 특히 우리나라 초기의 보육에서는 보호의 측면이 강조된 반면 교육의 측면은 그다지 중요시되지 않았다. 이후 여성의 사회참여가 증가하고 질적인 보육이 강조되면서 보육에서도 어떠한 목표를 가지고 무엇을 어떻게 가르치고 평가할 것인가의 문제가 부각되었다. 또한 3~5세까지의 유아를 대상으로 하는 유치원과 달리 어린이집은 0세부터를 그 대상으로 하기 때문에 이를 고려한 프로그램 개발의 필요성이 대두되었다. 이러한 인식하에 여성가족부에서는 2004년부터 발달단계 및 발달영역별로 표준보육과정을 제시하고, 이러한 표준보육과정의 지침에 근거하여 보육프로그램이 운영되어 왔다.

그러나 유아의 발달특성상 보호와 교육을 구분할 수 없으며, 보육과 유아교육은 비록 그 목적이나 대상연령은 차이가 있다 하더라도 유아를 대상으로 하는 모든 교육활동에는 보호와 교육의 두 가지 요소가 모두 포함되어야 한다는 주장이 제기되었다. 이에 근거하여 정부 차원에서는 유치원 교육과정과 어린이집 보육과정을 통합한 과정을 도입하고자 하였다. 그 결과, 2012년부터 '5세 누리과정'을, 2013년부터는 그 대상을 확대하여 '3~5세 누리과정'을 도입하게 되었으며, 2020년부터는 누리과정의 내용이 '유아 중심 · 놀이 중심' 교육과정을 추구하는 것으로 새롭게 구성되어 시행되고 있다.

　누리과정의 도입으로 지금까지 유치원과 어린이집으로 이원화되어 있던 유아교육과정과 보육과정이 통합되어 모든 유아가 새로운 공통과정을 배우게 되었다. 따라서 앞으로의 보육프로그램은 유아교육프로그램과 통합된 보다 포괄적인 내용으로 구성될 전망이다.

2. 영유아 보육프로그램의 종류

　보육프로그램은 어린이집의 설립 배경이나 특성에 따라 지향하는 목표나 방법, 내용 등이 상이하다. 우리나라의 어린이집에서는 누리과정과 표준보육과정을 근간으로 보육프로그램을 구성하고 있으며, 그 과정에서 널리 접목시키고 있는 프로그램으로는 프뢰벨, 몬테소리, 레지오 에밀리아, 뱅크스트리트, 발도르프, 프로젝트 프로그램 등과 같은 서구의 프로그램들과 우리나라의 토속문화를 바탕으로 개발된 생태 프로그램 등이 있다.

Friedrich W. A. Fröbel

1) 프뢰벨 프로그램

　프뢰벨은 유아를 교육하기 위한 효율적인 교육과정과 방법을 개발하는 데 자신의 일생을 바친 사람이다. 프뢰벨을 유치원의 아버지(father of the kindergarten)라고 칭하는 것도 바로 유아교육을 위해 헌신한 최초의 교육자로서 그의 공로를 인정한 것이다. 프뢰벨 프로그램(Fröbel Program)은 현재 많은 어린이집에서 활용되고 있으며, 그가 개발한 은물(恩物)은 가장 우수한 놀잇감 가운데 하나로 인정받아 널리 보급되고 있다.

(1) 프뢰벨 프로그램의 배경

프뢰벨은 Pestalozzi로부터 많은 영향을 받았는데, Pestalozzi와의 만남은 자연과학도였던 프뢰벨의 삶을 교육자로 바꾸어 놓았다. 프뢰벨이 유아교육에 관심을 갖게 된 직접적인 계기는 부르크도르프(Burgdorf) 고아원의 원장직을 수행하면서부터였다. 이곳에서의 경험을 통해 그는 유아기의 교육이 이후의 성장에 중요한 역할을 한다고 믿게 되었으며, 숲 속 자연의 모습에 매료되어 교육기관의 명칭을 '어린이의 정원(kindergarten)'이라고 붙이게 되었다.

유아의 본성과 학습에 대한 프뢰벨의 생각은 Comenius에서 Pestalozzi로 계승되는 '개화(unfolding)'의 개념에 기초한 것이었다(Morrison, 2004). 또한 인간 내부의 신성이 자연스럽게 펼쳐질 수 있도록 가급적 방해하지 않는 것이 교육의 목표라는 Rousseau의 '소극적 교육' 이념의 영향도 받았다. 이를 토대로 프뢰벨은 무리한 간섭을 지양하고 자연스럽게 개화하여 전인적인 발달을 추구하는 '발달순응적 교육(Nachgehend Erziehung)' 이념을 발전시켜 나갔다.

Johann A. Comenius

Johann H. Pestalozzi

Jean-Jacques Rousseau

(2) 프뢰벨 프로그램의 교육목표

프뢰벨은 만물은 신의 형상을 본떠 창조되었으며, 인간은 자기 스스로 자신의 본성을 발전시킬 수 있는 능력을 가지고 있다고 보았다. 그러므로 교육은 인간 내부에 존재하고 있는 신성을 자기 스스로 개발하도록 돕는 것이며, 그 방법으로 놀이의 가치를 높이 평가하였다.

또한 인간 내부의 신성을 강조한 프뢰벨은 한 개인을 인류의 일부분이면서 동시에 생명 전체를 내부에 가지고 있는 완전한 존재로 간주하였다. 따라서 교육에서 통합(unity)의 원리를 중시하였다. 통합의 원리는 프뢰벨이 만든 교구나 게임 등에 그대로 반영되었다. 은물을 통해 유아는 형체에서 면, 면에서 선, 선에서 점으로의 과정을 이해할 수 있으며, 다시 그 역의 과정을 통해 점에서 형체로의 통합 과정을 이해할 수 있다. 또한 손을 잡고 원을 만드는 것과 같은 게임도 통합의 원리에 기초한 것이다(Morrison, 2004).

(3) 프뢰벨 프로그램의 교육내용 및 방법

놀이의 가치를 높이 평가한 프뢰벨은 놀이활동을 촉진시키기 위한 체계적인 교육과정을 개발하였는데, 이는 은물과 작업, 노래, 게임으로 구성되어 있다. 그 가운데 대표적인 교구가 은물이다. 은물은 단순한 것에서 복잡한 것으로, 구체적인 것에서 추상적인 것으로, 가벼운 것에서 무거운 것으로, 잘 알려진 것에서 덜 알려진 것으로 순차적으로 구성되어 있다. 은물을 통해 프뢰벨은 유아에게 여러 가지 개념을 가르치고자 하였다. 예를 들어, 제1은물은 각각 색깔이 다른 6개의 공과 이와 색깔이 같은 털실로 구성되어 있는데(사진 참조), 이 은물의 목적은 색깔에 대한 인식을 향상시키는 것이다. 그리고 프뢰벨은 구형(ball)이 신성을 가진 인간의 통합성을 완벽하게 상징하는 것이라고 생각하며, 어린이 교육에서 구형의 사용을 강조하였다.

프뢰벨은 은물 이외에도 유아의 본능적인 창조능력을 개발하고 내면세계를 외부로 표현하는 수단으로 11종의 작업을 고안하였으며, 은물을 기초로 여러 가지 게임과 노래도 개발하였다.

사진 설명 프뢰벨의 은물
출처: blog.naver.com

(4) 프뢰벨 프로그램에서 교사의 역할

프뢰벨 프로그램에서 교사의 역할은 아동의 자연스러운 개화현상을 관찰하고 이미 배울 준비가 되어 있는 활동을 제공함으로써 아동의 타고난 학습성향을

개발하도록 도와주는 것이다. 싹에서 꽃이 피
어나는 개화의 개념을 토대로 프뢰벨은 아동
을 작고 연약한 식물에서 과일이 열리는 성숙
한 식물로 성장해나가는 하나의 씨앗에 비유
하였다. 그는 '어린이의 정원(kindergarten)'에
서 아동의 타고난 본성과 우주의 본성이 조화
를 이룰 수 있도록 교육하고자 하였으며, 그래
서 교사의 역할을 정원사(gardener)에 비유하
였다(Morrison, 2004).

사진 설명 George S. Morrison이 아동들과 함께

　프뢰벨은 놀이의 가치와 중요성은 인정하였지만 자신의 경험을 통해 비구조
화된 놀이는 잠재적인 위험을 내포하고 있다고 생각하였다. 이는 Pestalozzi가
자신의 아들 Jean-Jacques를 통해 유아를 자신의 방식대로 놀도록 내버려두면
많은 것을 배우지 못한다는 것을 깨달은 것과 유사하다. 따라서 프뢰벨은 교사
가 유아의 창의성을 키우고 유아가 사회의 구성원으로 기여할 수 있도록 안내하
고 지도할 책임이 있다고 하였다. 프뢰벨이 어린 유아를 교육하기 위해 체계적
이고 계획된 교육과정을 개발한 것도 바로 이러한 목적을 달성하기 위해서였다.

(5) 프뢰벨 프로그램의 시사점

　프뢰벨 프로그램은 놀이를 통해 학습을 촉진시키고 교사는 유아의 창조적 과
정을 방해하지 않고 단지 유아의 행동을 관찰하고 안내하는 것이 주목적이다.
그러나 프뢰벨 프로그램이 교육자가 아니라 기업에 의해 확산되면서 본래의 의
도는 상당히 왜곡되었다.

　우리나라에서 프뢰벨의 은물이 관심을 끌게 된 것은 주로 교육적 목적이었
다. 초등학교의 수학학습에 은물이 도움이 된다는 사실이 알려지면서 초등학교
준비를 위한 선행학습의 일환으로 은물이 사용된 것이다. 그러나 프뢰벨이 은
물활동에서 가장 강조한 점은 단순한 암기나 교사를 통한 주입식 교육보다는 유
아 스스로 자발적인 참여와 활동을 통해 놀고 배우는 것이다. 놀잇감이면서 동
시에 지적·정신적 통합을 도와줄 수 있는 도구라는 점이 바로 은물의 장점이자
특징이다. 그러므로 보육프로그램에 은물을 개발한 프뢰벨의 의도를 제대로 반
영하고자 하는 노력이 필요하다.

2) 몬테소리 프로그램

몬테소리 프로그램(Montessori Program)은 미국에 도입될 당시에는 진보주의 사조의 영향으로 그다지 큰 호응을 얻지 못하였다. 그러나 제2차 세계대전 이후 Nancy Rambush가 미국몬테소리협회(American Montessori Society: AMS)를 창립한 이래 전 세계적으로 보급되기 시작하였다. 우리나라에서는 1973년 운현 유치원을 중심으로 유아용(3~6세) 몬테소리 프로그램이 소개되었고, 이후 어린이집을 중심으로 영아용(0~3세) 몬테소리 프로그램이 보급되고 있다.

Maria Montessori

(1) 몬테소리 프로그램의 배경

마리아 몬테소리는 1870년 이탈리아에서 태어났으며, 의학을 전공한 이탈리아 최초의 여의사였다. 로마대학 의학부를 졸업한 이후 부속병원에 근무하면서 몬테소리는 지적 장애아들과 접촉하게 되었고, 이들의 교육에 관심을 가지게 되었다. 그녀는 이들의 문제가 의학적인 문제보다도 교육학적인 문제라고 생각하고, 자신의 관심을 철학과 심리학의 분야로 확장시켜나갔다. 이 과정에서 그녀는 지적 장애아 교육에서 감각자극의 중요

Jean-Marc-Gaspard Itard

성을 강조한 Jean Itard와 Edouard Seguin으로부터 많은 영향을 받았다(Montessori, 1967). 몬테소리는 지적 장애아들이 전통적인 방법으로 읽기나 쓰기를 배우는 것은 어렵지만, 이들이 실제로 사물을 만지거나 느껴 봄으로써 보다 쉽게 배울 수 있다고 생각하였다. 그래서 지적 장애아들이 가지고 놀기를 좋아하는 나무로 만든 글자를 통해 이들을 일반아동만큼 잘 읽거나 쓸 수 있도록 가르쳤다.

Edouard Seguin

그녀는 1907년 로마의 산 로렌초의 빈민가에 최초로 'Casa dei Bambini'라는 어린이집을 열고 지적 장애아 교육을 위해 약 60명의 일반유아를 대상으로 자신이 개발한 교육방법을 적용시켜 보았다. 이와 같은 폭넓은 임상경험을 토대로 몬테소리 프로그램은 체계적인 영유아 보육프로그램으로 자리 잡게 되었다.

(2) 몬테소리 프로그램의 교육목표

유아의 주도적인 본성에 근거하여 몬테소리 프로그램에서는 '정상화(normalization)'를 강조한다. 정상화란 바로 준비된 환경 내에서 유아가 자기 자신의 내면적인 발달 속도에 따라 환경의 의미를 이해해 나가는 것을 의미한다. 이처럼 교육목표를 정상화로 설정한 데에는 흡수정신과 민감성의 개념이 그 기초가 된다.

몬테소리는 아동이 학습에 대한 타고난 성향을 가지고 있다고 보았으며, 이러한 타고난

사진 설명 유아교육에 대한 공로를 인정받아 유로화를 사용하기 이전 1,000리라짜리 이탈리아 지폐에 새겨졌던 Maria Montessori의 초상

지적 호기심을 '흡수정신(absorbent mind)'이라는 용어로 표현하였다(Montessori, 1949). 흡수정신은 유아가 능동적으로 환경으로부터 정신적 양식이 될 만한 요소를 흡수함으로써 자기 자신을 성장시켜 나가는 무의식적인 정신상태를 의미한다. 또한 몬테소리는 유아가 특정한 활동에 대한 감수성이 예민하여 쉽게 학습이 이루어질 수 있는 '민감기(sensitive period)'가 존재한다고 하였다. 민감기는 일반적으로 출생 이후 6세까지를 의미하지만, 각 유아마다 그리고 활동영역마다 나타나는 시기가 상이하므로 교사는 유아가 주도적으로 자신의 발달 속도에 따라 최적의 발달을 이루도록 지지해 주어야 한다.

(3) 몬테소리 프로그램의 교육내용 및 방법

몬테소리 교육내용은 크게 일상생활, 감각, 수학, 언어의 네 영역으로 구분되며(Humphryes, 1998), 국제몬테소리협회에서는 이러한 네 영역에 문화를 추가하여 3~6세용 몬테소리 프로그램의 교육내용을 일상생활훈련, 감각교육, 수학교육, 언어교육, 문화교육의 다섯 영역으로 구분하여 제시하였다(www.montessoriami.org).

일상생활훈련이란 유아의 일상생활에 필요한 기술을 훈련시키는 것으로, 여기에는 개인관리, 환경관리, 사회적 관계, 동작의 조정과 분석이 포함된다. 감각교육은 감각자극을 발달시키기 위한 교육으로, 단일감각을 훈련시키기 위한 교구와 복합감각을 훈련시키기 위한 교구가 있다. 수학교육은 논리적 사고를 발달시키는 것을 목표로 하며, 숫자막대, 모래종이 숫자카드, 숫자막대와 카드, 방

추형 막대상자, 수의 기억 게임, 수 세기와 카드 등의 교구를 활용하여 서열, 양, 차이의 개념 등을 학습하게 된다(사진 참조). 언어교육은 구두 언어교육과 읽고 쓰기를 위한 언어교육으로 구분할 수 있다. 문화교육에는 여러 사회의 다양한 삶의 양식, 습관, 예술, 문학 등이 포함되어 있으며, 사진과 세계지도를 이용한 생물, 지리, 역사, 미술, 물리, 음악에 관한 활동을 하도록 되어 있다.

사진 설명 몬테소리교구: 수막대
출처: www.ehanamontessori.com

(4) 몬테소리 프로그램에서 교사의 역할

몬테소리 교사의 일차적인 역할은 유아의 자기주도적인 활동이 이루어질 수 있도록 '준비된 환경(prepared environment)'을 제공해 주는 것이다. 준비된 환경은 유아의 신체 크기에 맞는 적절한 교구나 타고난 호기심을 충족시켜줄 수 있는 체계적으로 조직화된 환경을 의미한다. 교사는 개입 시기를 적절하게 조절함으로써 유아가 준비된 환경에서 자신의 발달 속도에 따라 정상화를 이루어나가는 자립적인 유아로 성장할 수 있도록 지지해주는 역할을 한다. 그리고 몬테소리는 참여관찰자로서의 교사 역할을 특히 강조하였는데, 이는 유아의 타고난 탐구능력이 펼쳐질 수 있도록 도움을 주고 유아를 올바르게 이해하는 첫걸음이기 때문이다. 또한 아무리 훌륭하게 준비된 환경이 제공된다 하더라도 유아는 혼자 힘으로 환경으로부터 모든 것을 학습할 수 없으므로 의미 있는 활동이 이루어지기 위해서는 안내자로서 교사의 역할이 필요하다.

(5) 몬테소리 프로그램의 시사점

몬테소리 프로그램은 무엇보다도 유아 스스로의 주도적인 능력을 인정하고 있다는 점에서 상당히 긍정적으로 평가받고 있다. 또한 훈련된 몬테소리 교사들에 의해 제공되는 나선형 교육과정을 통해 유아는 민감기에 맞추어 다양한 영역에서 반복적인 경험을 제공받게 되는데, 이 또한 영유아기의 발달적 특성을 고려한 긍정적인 요소로 평가할 수 있다.

그러나 널리 보급된 프로그램임에도 불구하고 이를 전문적으로 훈련받은 교사의 수가 많지 않아서 제대로 된 교육이 이루어지지 않는 것이 문제점으로 지적된다. 또한 Nutbrown(2006)은 몬테소리 어린이집을 다닌 영유아가 몬테소리 프로그램이 아닌 환경을 접하거나 초등학교에 입학하게 되었을 때 적응상의 문제를 보이기도 한다고 지적하였다. 그리고 몬테소리 프로그램은 어디까지나 학습문제를 가지고 있는 아동을 대상으로 개발된 프로그램인 만큼 교구를 통한 활동이 주를 이루고 있다. 따라서 또래나 교사와의 상호작용이 부족하며 인지발달에 비해 사회정서발달이 상대적으로 덜 강조되고 있으므로 이에 대한 보완이 필요하다.

3) 레지오 에밀리아 프로그램

몬테소리 프로그램과 함께 이탈리아에서 시작된 또 다른 영유아 보육프로그램은 Loris Malaguzzi에 의해 발전된 레지오 에밀리아 접근법(Reggio Emilia Approach)이다. 이 프로그램은 1991년 〈뉴스위크〉지가 레지오 에밀리아 학교를 세계 상위 10대 학교로 꼽으면서부터 국제적인 관심을 얻게 되었다.

(1) 레지오 에밀리아 프로그램의 배경

제2차 세계대전 이후 고향인 레지오 에밀리아로 돌아온 Malaguzzi는 이곳의 황폐화된 상황에 큰 충격을 받았다. 그는 유아교육기관이 사람들에게 희망을 불어넣어주고 마을의 결속력을 높여주는 수단이 될 수 있다고 생각하였다. 이러한 관점에 동조하는 부모들과 여러 다양한 출처를 통해 모집된 자금을 토대로 하여 1940년대 중반 레지오 에밀리아 학교가 문을 열었다.

Loris Malaguzzi

레지오 에밀리아 접근법에서는 교육목표가 미리 계획되기보다는 지역의 사회문화적인 요인과 유아, 교사, 부모, 지역사회 구성원 간의 관계를 통해 상호 협력적으로 구성된다. 그러므로 레지오 에밀리아 프로그램은 다른 프로그램과는 달리 특정한 이론보다는 교육현장에서 유아를 중심으로 부모와 교사가 경험을 통해 얻은 교육적 직관을 토대로 발전된 프로그램이다. 그러나 레지오 에밀리아 접근법이 유아 스스로 지식을 구성해 나간다는 능동적인 유아의 이미지와 교육에서의 유아의 주체성을 강조하였

Jean Piaget

Lev S. Vygotsky

다는 점에서는 Piaget와 Vygotsky의 구성주의의 영향을 받았다고 볼 수 있다. 특히 주변 인물의 역할을 강조하였다는 점에서 Vygotsky의 영향을 많이 받았다고 할 수 있다.

(2) 레지오 에밀리아 프로그램의 교육목표

레지오 에밀리아 프로그램은 유아는 태어나면서부터 자신만의 고유한 생각을 가지고 있으며 부모나 교사와의 상호작용을 통해 스스로 지식을 구성할 수 있는 능력을 가지고 있다고 본다. 따라서 이 프로그램의 교육목표는 유아가 주도적으로 자신의 생각이나 감정, 관심사를 다양한 방식으로 독창적으로 표현하도록 하는 것이다.

또한 레지오 에밀리아 프로그램에서는 부모와 교사, 지역사회의 적극적인 참여를 강조하며 이들을 교육의 중요한 요소로 생각한다는 점에서 다른 프로그램과 차이가 있다. 따라서 레지오 에밀리아 프로그램에서는 상호관계를 통한 교육을 지향하고, 협력을 통해 공동체 의식과 지역사회 구성원으로서의 자질을 함양하는 것을 중시한다. 교육은 가족, 또래, 교사, 학교환경, 지역사회와의 연계를 통해 이루어지며, 유아, 부모, 교사 모두가 교육의 주체이므로, 유아의 요구뿐만 아니라 이들 모두의 요구를 수용하여 이루어진다.

(3) 레지오 에밀리아 프로그램의 교육내용 및 방법

레지오 에밀리아의 교육내용은 미리 결정되는 것이 아니라 유아들과 교사, 가족원들의 생각이나 관심으로부터 발전된다. 토론을 통해 주제가 결정되며, 이러한 주제는 프로젝트 접근법의 기초를 형성하게 된다. 레지오 교육내용은, ① 프로젝트 중심의 발현적 교육과정, ② 상징화 주기를 통한 다상징화, ③ 다양한 매체를 활용한 다상징화, ④ 학습의 수단으로 표상의 활용, ⑤ 의사소통 맥락에서 표상의 격려, ⑥ 사회적 상호작용의 활성화, ⑦ 활동 과정과 표상물의 기록

사진 설명 레지오 에밀리아 교실-아틀리에
출처: www.letthechildrenplay.net

을 학습에 활용한다는 특성을 가지고 있다(정옥분 외, 2019).

레지오 에밀리아 프로그램에서는 다양한 방식을 통한 표현을 강조하며, 유아의 흥미나 관심을 기초로 하여 프로젝트가 구체화된다. 이를 위해 레지오 교실에는 조작해 보고 탐색해 볼 수 있는 개방적이고 심미적인 다양한 놀잇감이나 교구가 구비되어 있다. 그 외에도 피아자(Piazzas)라고 하는 중앙의 개방적인 공간과 아틀리에(Atelier)라고 하는 작업실을 가지고 있어서 이곳에서 아동은 자신의 생각을 그리거나 칠하기, 조각 등과 같이 눈에 보이는 외현적인 형태로 표현하게 된다(사진 참조).

(4) 레지오 에밀리아 프로그램에서 교사의 역할

레지오 에밀리아에서는 유아와 성인과의 상호교류를 통한 학습을 강조하며, 교사와 더불어 페다고지스타(Pedagogista), 아틀리에리스타(Atelierista)가 유아의 학습을 도와주게 된다.

레지오 교사는 2명이 팀을 이루어 교육과정을 미리 준비하고 계획하는 역할을 담당한다. 또한 교사는 교사 상호 간에 학습과정이나 관찰내용 등을 교환하고, 부모의 적극적인 참여를 유도한다. 페다고지스타의 역할은 유치원이나 어린이집에서 일어나는 모든 교육적 · 정치적 · 행정적 문제들에 대한 정보를 전달하고 통합하는 것이다. 아틀리에리스타는 아틀리에를 책임지는 교사이며, 유아가 모든 상징적 언어를 예술적 행위로 표현할 수 있도록 돕는 역할을 한다.

(5) 레지오 에밀리아 프로그램의 시사점

레지오 에밀리아 프로그램의 나선형 교육방식은 유아가 경험한 것을 다시 경험해 보고, 관찰한 것을 다시 관찰해 보고, 표상한 것을 재표상해 보도록 격려함으로써 심층적인 학습이 가능하다는 점에서 긍정적으로 평가할 수 있다. 또한 부모와 지역사회의 참여를 강조하는 레지오 에밀리아의 취지는 부모교육이나 참여, 지역사회와의 연계성을 중시하는 교육의 흐름으로 자리 잡게 되었다. 그러나 레지오 에밀리아 교수방법에 대한 교사의 이해 부족과 교육전문가의 부재, 아틀리에와 같은 공간의 부족 등은 레지오 에밀리아 접근법을 적용하는 데 걸림돌이 될 수 있다.

Lucy Sprague Mitchell

4) 뱅크스트리트 프로그램

뱅크스트리트 프로그램(Bank Street Approach)은 Lucy Sprague Mitchell에 의해 미국 뉴욕에서 시작된 것으로 미국에서 가장 오래된 프로그램이다. 뱅크스트리트 프로그램은 현대적인 의미의 아동중심 교육프로그램의 하나로, '발달적 상호작용 접근법(Developmental Interaction Approach)'이라는 명칭으로도 널리 알려져 있다.

(1) 뱅크스트리트 프로그램의 배경

제2차 세계대전을 계기로 영국에서는 전쟁으로 인해 교사와 교실이 부족한 상황에서 자연환경을 학습대상으로 관심거리를 조사하고 연구하는 자율적인 영국식 유아학교 모델을 발전시켜 나갔다. 플라우덴 보고서는 이러한 교육방식을 앞으로의 교육이 지향해야 할 방향이라고 평가하였으며, 개방교육이라는 명칭으로 미국에 소개되어 뱅크스트리트 대학 등을 통해 확산되었다.

Mitchell은 사회를 향상시키기 위한 새로운 교육방법을 개발하는 데 관심을 가지고 있었으며, 이러한 목적하에 1916년 뉴욕에 교육실험연구소(Bureau of Educational Experiments)를 설립하였다. 1918년에는 교육실험연구소 내에 Harriet Johnson이 주도하는 실험유치원이 설립되었고, 이곳에서 Mitchell은 발달적 상호작용 접근법을 연구하고 실시하였다. 1926년에는 실험유치원에서 임

상훈련과 교사훈련을 시작하였으며, 이후 교육실험연구소는 뱅크
스트리트 사범대학(Bank Street College of Education)으로 명칭이 변
경되었다. 1943년에 이르러 뉴욕의 교육위원회와 뱅크스트리트 사
범대학과의 협력하에 발달적 상호작용 접근법은 유아발달에 대한
지식과 교육과정을 통합하는 프로그램으로 발전되어 보급되기 시
작하였다. 1960~1970년대를 거치면서 뱅크스트리트 프로그램은
헤드스타트 프로그램의 일환으로 저소득층의 영유아를 대상으로
적용되었으나, 현재에는 일반 영유아를 대상으로 하는 보육프로그
램으로 널리 사용되고 있다.

Sigmund Freud

　　Mitchell은 Dewey의 진보적인 교육철학의 영향을 많이 받았고,
교실을 운영하는 과정에서 Freud의 정신분석이론과 Erikson의 심
리사회적 발달이론, Piaget의 인지발달이론의 영향도 많이 받았다.
뱅크스트리트 프로그램은 이처럼 인간발달에 관한 여러 학자의 이
론을 기초로 발달의 각 영역과 주변 환경과의 상호작용을 강조한다
는 점에서 발달적 상호작용 프로그램이라고 한다.

Erik H. Erikson

(2) 뱅크스트리트 프로그램의 교육목표

　　뱅크스트리트 프로그램의 교육목표는 건강한 자기개념의 발달이다. 즉, 유아
는 자기 주변의 사물을 이해하고자 하는 타고난 동기를 가지고 있으며, 이러한
능력을 발전시킴으로써 유아주도적인 교육을 지향하는 것이 뱅크스트리트 프
로그램의 교육목표이다. 뱅크스트리트 프로그램의 교육목표를 보다 구체적으
로 살펴보면 다음과 같이 분류할 수 있다. 첫째, 유아의 유능성을 향상시키고,
둘째, 유아로 하여금 자신의 개별성을 발전시키도록 도와주며, 셋째, 타인과의
사회적인 상호작용과 의사소통을 도와주고, 넷째, 유아의 창의성을 격려하고 자
연과의 연관성에 대한 인식을 향상시키는 것이다(Mitchell & David, 1992).

(3) 뱅크스트리트 프로그램의 교육내용 및 방법

　　뱅크스트리트 프로그램의 교육내용은 유아의 능력, 흥미, 요구 그리고 사전
경험을 근거로 통합적인 학습경험을 제공하는 것에 역점을 둔다. 뱅크스트리트
프로그램에서 교육은 언어, 사회, 수학, 과학, 음악, 미술 등과 같이 독립된 교과

목으로 다루는 것이 아니라, 학습과정에 이러한 모든 영역을 포함시키는 주제중심적 교과과정(thematic curriculum)으로 접근하게 된다.

개방교육을 표방하는 뱅크스트리트 프로그램에서는 유아들이 이미 알고 있는 내용을 더욱더 깊이 이해하도록 돕기 위해 현장학습을 강조한다. 뱅크스트리트 프로그램의 핵심인 사회생활교육은 유아가 일차적으로 경험하게 되는 자신의 가족에서 출발해 자신이 살고 있는 지역, 그 지역이 속한 나라 그리고 세계 여러 나라로 확장된다. 언어교육은 유아의 생활과 밀접한 연관 속에서 이루어지며, 유아의 의사표현능력을 기르기 위해 교사는 유아들 간의 언어적 상호작용을 권장한다. 또한 다양한 그림책과 그림을 폭넓게 제공한다. 수학과 과학교육은 유아가 실생활 속에서 직면하는 문제들에 대한 해결능력을 키우고 사고능력을 향상시키는 데 초점을 둔다. 또한 통합교과과정에서는 영유아들의 개별적인 경험과 아이디어를 상호 연결시키고, 집단의식을 함양하는 것을 강조한다.

(4) 뱅크스트리트 프로그램에서 교사의 역할

뱅크스트리트 프로그램에서 교사는 영유아의 주관적·개인적 관심사와 경험을 객관적이고 체계적인 지식체계와 연결해주는 역할을 한다. 그러므로 교사는 발달에 대한 전반적 지식뿐만 아니라 영유아 개인의 현재 발달수준이나 교과과정의 내용과 방법 등에 대해 숙지하고 있어야 한다. 또한 교사는 직접적인 경험과 적극적인 탐색활동을 북돋아주기 위해 현장학습을 계획하고, 사회생활교육을 통해 사회적·물리적 환경에 대한 다양한 경험과 상호작용의 기회를 제공함으로써 영유아가 자신과 세계에 대한 이해의 폭을 넓혀가도록 도와주어야 한다.

(5) 뱅크스트리트 프로그램의 시사점

뱅크스트리트 프로그램은 저소득층 유아를 위해 처음 개발된 프로그램으로, 단편적인 지식의 전달보다는 실생활과 관련된 프로그램인 동시에 사회적인 관계형성을 강조하는 프로그램이다. 이처럼 실생활과 관련된 문제해결능력을 강조하는 것은 주입식 교육이 큰 비중을 차지하고 있는 우리나라의 교육현실에 비추어볼 때 시사하는 바가 크다. 또한 사회적인 관계형성을 강조하는 교육이념은 최근 문제시되고 있는 집단따돌림 현상에 비추어볼 때 그 유용성을 높이 평가할 수 있다.

5) 발도르프 프로그램

Mitchell과 Johnson에 의해 미국에서 뱅크스트리트 프로그램
이 자리 잡을 무렵 독일에서는 Rudolf Steiner에 의해 또 다른 유
아중심적 교육과정인 발도르프 접근법(Waldorf Approach)이 개발
되었다.

Rudolf Steiner

(1) 발도르프 프로그램의 배경

Steiner는 오스트리아에서 출생하였으나 교육에 대한 자신의
관점을 발전시킨 곳은 독일이었다. 제1차 세계대전이 끝난 20세
기 초반의 독일에서 어린아이들을 위한 교육은 순수한 의미의 교
육보다는 공장 작업자로서의 교육에 더 초점이 맞추어져 있었다.
이러한 상황에서 발도르프 아스토리아(Waldorf-Astoria) 담배회사
사장인 Emil Molt는 자신이 운영하는 공장 근로자의 자녀를 대상
으로 교육의 기회를 제공하기를 원했고, Molt의 요청으로 Steiner
는 자신의 교육철학을 유아교육에 접목시키게 되었다(Petrash,
2002).

Emil Molt

Steiner는 인지학(Anthroposophy)에 근거하여 발도르프 프로그램의 교육철학
을 정립하였다. 인지학은 그리스어로 인간을 의미하는 'Anthropos'와 지혜를 의
미하는 'Sophia'가 합성된 용어로, 인간이 자신의 본성과 우주에 내재해 있는 정
신적인 요소를 이해하도록 지혜를 부여하는 것을 의미한다. 이러한 이념을 토
대로 발도르프 학교는 1919년 독일에서 처음으로 개설되었으며, 북미에만 약
200개, 전 세계적으로는 800개가 넘는 발도르프 학교가 있다(Estes, 2004).

(2) 발도르프 프로그램의 교육목표

인지학에 근거한 발도르프 교육에서는 전인적인 발달을 강조한다. Steiner는
모든 발달단계에서 교육은 손(hands)과 가슴(heart), 머리(head)의 균형 있는 발
달에 초점을 두어야 한다고 하였다. 또한 균형 있는 교육을 통해서만이 유아는
자발적으로 활동에 참여하고 느끼고 생각하는 사람으로 성장할 수 있다고 하였
다. 그러므로 발도르프 교육에서는 미술이나 음악, 공작활동을 읽기, 쓰기, 셈하

사진 설명 발도르프 학교에서의 활동

기만큼 중요시한다. 따라서 하루 일과에 지적인 활동뿐만 아니라 손과 가슴을 위한 활동도 포함시키고 있다(사진 참조).

Steiner는 인간의 발달단계에 따라 교육도 달라져야 한다고 생각하였다. Steiner는 인간의 발달을 세 단계로 구분하였다. 출생 이후부터 7세까지의 첫 단계에서 발달은 행동(actions)을 통해 이루어지며, 이처럼 활동적인 단계에서 일차적인 학습수단은 활동적인 놀이와 모방이라고 하였다. Steiner가 유아를 교육하는 데 있어서 활동을 강조한 것도 바로 이러한 이유에서이다. 7~14세까지의 두 번째 단계는 예술에 대한 감각이 눈 뜨는 시기로 느낌(feelings)이 학습의 중요한 수단이 된다. 마지막 14~21세까지의 세 번째 단계에서는 인간과 세계에 대한 더 깊은 인식의 욕구와 추상적 사고능력이 발달하므로, 사고가 중요한 학습수단이 된다고 하였다.

(3) 발도르프 프로그램의 교육내용 및 방법

발도르프 프로그램의 교육내용은 인간의 생활리듬을 바탕으로 계절의 변화를 체험할 수 있도록 계획한다. 학문적인 활동보다도 인형 만들기와 같은 다양한 예술활동 기회를 제공하며, 대화나 노래, 동화 및 이야기 들려주기, 인형극, 그리기, 극놀이 및 리듬감 있는 신체활동으로 표현하는 라이겐(Reigen) 등이 이루어진다. 그리고 계절탁자를 구성함으로써 계절의 변화를 교실 내부로 받아들여 환경을 구성하며, 이와 어울리는 예술활동이나 동화 들려주기, 라이겐을 통해 통합적인 교육이 이루어진다.

발도르프 교육은 아동을 존중하고, 사랑으로 교육하며, 자유롭게 하라는 Steiner의 세 가지 황금률에 근거하여 이루어지고 있다(Almon, 1992). 이러한 기본원칙에 따라 교실은 가정과 유사한 분위기로 꾸미고, 자연재료로 만들어진 밝은 빛깔의 놀잇감을 제공한다. 그리고 지붕이나 교실, 복도를 모두 곡선으로 구성하며, 일반 유치원이나 어린이집에 구비되어 있는 미끄럼틀이나 그네, 완제품의 장난감은 제공하지 않는다.

(4) 발도르프 프로그램에서 교사의 역할

발도르프 유아용 프로그램에서는 모든 연령을 포함하는 혼합연령학급을 구성하고, 어린이집을 다니는 기간 내내 동일한 교사가 유아들을 지도한다. 교사는 유아들이 실내나 실외에서 놀이활동을 통해 상상력을 발휘하도록 격려하며, 수공예작업이나 세심한 주의집중이나 창의성을 필요로 하는 일에 참여하도록 격려한다. 그리고 유아의 활동을 면밀하게 관찰하여 새로운 과제를 시도해 보도록 제안하고, 교사가 직접 본보기를 보임으로써 작업이 일상적인 경험이 되도록 지도한다. 나아가 부모회나 동료협의체와 긴밀한 협력관계를 유지하는 것도 교사의 역할이다.

(5) 발도르프 프로그램의 시사점

전인교육을 추구하는 발도르프의 교육이념은 인지지상주의(認知至上主義)적인 우리의 교육현실에 비추어볼 때 균형 있는 발달을 지향한다는 점에서 긍정적으로 평가할 수 있다. 또한 발도르프의 혼합연령집단의 구성은 핵가족과 한자녀가족이 증가하고 있는 우리나라의 현실에서 형제자매관계와 유사한 관계를 경험하게 함으로써 사회성발달을 촉진시킨다는 점에서 긍정적으로 평가할 수 있다. 이러한 발도르프의 이념은 현재 우리나라에서도 공동육아 협동조합과 같은 혼합연령 보육프로그램으로 발전되고 있다.

6) 하이스코프 프로그램

하이스코프 접근법(High/Scope Approach)은 1960년대 미국에서 시작된 영유아 보육프로그램이다. 우리나라에서는 2004년 하이스코프 모델학교가 개원하였으며, 현재 많은 어린이집에서 교육과정에 하이스코프 접근법을 적용하고 있다.

(1) 하이스코프 프로그램의 배경

하이스코프 프로그램은 미국의 Lyndon Johnson 대통령이 지원한 '빈곤과의 전쟁(War on Poverty)' 캠페인 교육연구의 일부로 처음 시작되었으며, 이후 1970년 하이스코프 교육연구재단(High/Scope Educational Research Foundation)으로 발전되었다. 재단을 설립한 David Weikart는 양질의 교육프로그램을 통해 삶의 기회

Lyndon B. Johnson

David P. Weikart

를 향상시키고자 하는 원대한 사명감을 반영하는 의미에서 재단을 하이스코프 교육연구재단으로 명명하였다.

하이스코프 교육연구재단 설립 초기의 가장 괄목할 만한 연구는 '페리 학령 전 프로젝트(Perry Preschool Project)'이다. 이는 미국 미시간 주 입실랜티(Ypsilanti)의 빈곤층 유아의 학령 전 경험이 이후 학교에서의 성공에 미치는 영향에 대한 연구로, 최초로 정부의 지원을 받은 중재프로그램이다(Weikart, 1989). 이 프로젝트는 1962∼1967년까지 진행되었고, 이때 사용된 교과과정이 하이스코프 프로그램의 시발점이 되었다.

하이스코프 프로그램은 유아가 주변의 사물이나 사람과의 상호작용 경험을 통해 자신의 지식을 구성해나간다는 구성주의이론에 근거한 것이다. 또한 Piaget의 인지발달이론에 입각하여 발달은 질적으로 상이한 4단계에 걸쳐 이루어진다고 보았다. 하이스코프 프로그램에서는 개념의 이해가 놀이, 특히 극놀이를 통해 잘 이루어질 수 있다고 생각하므로 Smilansky(1968)의 놀이연구에 근거하여 교과과정에 놀이를 통한 학습을 통합하였다.

(2) 하이스코프 프로그램의 교육목표

구성주의적 관점에 근거한 하이스코프 프로그램의 교육목표는 능동적 학습, 유아주도적 학습이다. 유아는 스스로 자신의 활동을 계획하고 실제로 행동에 옮기고 이를 평가해 보는 과정을 거치게 된다. 이를 통해 유아의 자신감과 독립심, 책임감을 고취시키고, 이후의 학교생활에 잘 적응해나갈 수 있도록 돕는 것을 목표로 한다.

(3) 하이스코프 프로그램의 교육내용 및 방법

하이스코프 교육내용은 유아가 참여해야 하는 58개의 중요한 경험을 제시하고 있으며, 이들 경험은 창의적 표상(creative representation), 언어 · 문해(language & literacy), 주도적 · 사회적 관계(initiative and social relations), 동작(movement), 음률(music), 분류(classification), 서열화(seriation), 수(number), 공간(space), 시간(time)과 같은 보다 큰 10개의 범주로 분류할 수 있다(사진 참조).

사진 설명 하이스코프 교육교구: Math Kit
출처: www.highscope.org

이러한 교육내용은 계획시간, 작업시간, 정리시간, 회상시간, 소집단시간 등으로 구성되어 있는 하루 일과를 통해 계획, 실행, 평가의 과정을 거치게 되며, 자신의 생각을 다른 유아와 나눔으로써 사고를 보다 확장해나가게 된다.

(4) 하이스코프 프로그램에서 교사의 역할

하이스코프 프로그램에서 강조하는 능동적 학습은 유아주도적인 학습이다. 교사의 역할은 바로 이를 도와주는 것이며, 유아가 해결책을 찾지 못할 경우 교사는 정답을 가르쳐주기보다는 개방적인 질문을 통해 해결책을 찾도록 도와줄 수 있다. 또한 교사는 유아의 관심 영역에 따라 교실환경을 구성하고 다양한 교구나 장비를 구비함으로써 유아가 자신의 학습경험을 주도해나가도록 지지해 주는 역할을 한다. 또한 교사는 부모와 긴밀한 유대관계를 형성함으로써 영유아에 대한 정보를 부모에게 제공하고, 부모로부터는 각 가정의 개별적인 정보를 제공받도록 해야 한다.

(5) 하이스코프 프로그램의 시사점

하이스코프 프로그램이나 주제중심 프로그램과 같은 유아주도적인 프로그램에 참여한 유아들은 그렇지 않은 유아들에 비해 이후 보다 높은 교육수준과 사회경제적 수준에 도달하며, 사회적으로 책임감 있고, 비행이나 범죄에 덜 가담하는 것으로 나타났다(Estes, 2004). 이러한 연구결과는 유아주도적인 활동을 강조하는 양질의 학령 전 프로그램이 이후 개인의 사회적 적응에 긍정적인 영향을 미친다는 것을 보여준다. 그러나 우리나라에서 실시되고 있는 하이스코프 프로그램은 영어로 교육이 진행되고 있어서 조기영어교육의 기능만 부각되고 원래의 취지는 왜곡되는 경향을 보이고 있어서 이에 대한 보완이 필요하다.

7) 프로젝트 프로그램

프로젝트 접근법은 한 명 또는 그 이상의 유아들이 특정한 주제를 깊이 있게 탐구하는 방법으로, 영국의 유아학교의 영향을 받아 발전된 프로그램이다. Katz와 Chard(1989)가 『프로젝트 접근법(*Engaging children's minds: The project approach*)』과 그 실행지침서를 발간한 이후 많은 관심을 받았으며, 이에 관한 연구도 다수 이루어졌다.

(1) 프로젝트 프로그램의 배경

프로젝트 접근법을 중요한 교육방법으로 도입하고자 했던 대표적인 학자로는 Dewey를 들 수 있다. Dewey는 자신이 설립한 실험학교에서 프로젝트 접근법과 유사한 교수방법을 도입하였다. Dewey(1916)의 이론과 기존에 연구되어 온 프로젝트에 의한 활동들을 중심으로 Kilpatrick(1918)은 컬럼비아 대학교의 논문집에 「프로젝트 방법(The project method)」이라는 논문을 발표함으로써 프로젝트 접근법을 체계화하였다.

Dewey는 프뢰벨과 마찬가지로 놀이의 중요성은 인정하였으나 은물에 대해서는 비판적이었다. 따라서 Dewey는 『학교와 사회(*The school and society*)』라는 자신의 저서를 통해 단계적 교육, 실물교육, 가정에서의 생산적 경험을 통한 교육을 강조하였다. 따라서 그는 교사가 주도하는 전통적인 교수방법과 유아가

| John Dewey | Willam Heard Kilpatrick | Lilian G. Katz | Sylvia C. Chard |

주도하는 놀이 중심 방법의 교량적 역할을 하는 방법을 채택하였으며, 이러한 그의 생각은 프로젝트 접근법으로 발전하게 되었다.

이후 진보주의 교육의 쇠퇴와 함께 프로젝트 접근법도 쇠퇴하기 시작하였다. 그러나 1960~1970년대에 이르러 미국의 뱅크스트리트 프로그램과 영국의 개방교육이 활발하게 이루어지면서 프로젝트 방법은 다시 개방교육의 핵심적인 방법으로 부각되었다. 프로젝트 방법은 1980년대 말부터 Katz와 Chard(1989)에 의해 미국과 캐나다를 중심으로 세계 각국에 널리 소개되었고, 이후 '프로젝트 접근법(Project Approach)'이라는 용어로 사용되고 있다.

(2) 프로젝트 프로그램의 교육목표

프로젝트 접근법의 교육목표는 유아의 자발적인 놀이활동과 교사주도의 체계적인 교육활동이 균형과 조화를 이루도록 하는 것이다. 또한 교사는 유아의 능력과 흥미에 따라서 교육과정을 진행시키며, 유아의 이전 경험과 지식수준을 고려하여 다양한 표현과 적극적인 참여를 유도함으로써 심층적인 교육이 이루어지도록 한다. 그리고 유아들이 특정한 주제에 대해 서로 질문하고 협동하여 문제를 해결해나가는 과정을 통해 공동체 정신을 함양하는 교육을 강조하며, 실제 현장견학활동이나 전문가 초빙 등의 경험을 통해 실생활과 관련된 문제해결 능력을 함양하는 교육을 강조한다.

(3) 프로젝트 프로그램의 교육내용 및 방법

프로젝트 접근법은 선정된 주제에 따라 단계별로 진행된다(정옥분 외, 2019). 프로젝트 접근법에서 1단계는 프로젝트를 계획하는 준비단계이다. 1단계에서 교사는 유아들과 협력하여 적절한 주제를 선정한다. 2단계인 시작단계에서 교사는 유아의 경험, 흥미, 자료 제공 및 현장경험의 가능성 등을 생각하면서 예비 프로젝트 망(web) 또는 개념지도(concept map)를 미리 작성해본다. 3단계인 전개단계에서 유아들은 현장을 견학하고 관찰, 발견한 것을 다양한 방법으로 표상화한다. 4단계인 마무리단계는 프로젝트를 마무리하고, 최종 결과물을 발표하고 평가하는 단계이다. 프로젝트를 진행하는 동안 만든 결과물을 교실의 벽이나 선반에 전시한다.

(4) 프로젝트 프로그램에서 교사의 역할

프로젝트 프로그램에서 교사의 역할 중 가장 중요한 것은 환경 제공자, 관찰자로서의 역할이다. 프로젝트 준비단계에서 교사는 유아들과 주제를 선정하기 전에 주제망을 구성해 보고, 주제와 관련된 기본어휘와 중심개념을 정리하고, 학습활동목록을 작성한다. 그리고 자원목록을 구체적으로 작성하고, 준비할 자원은 미리 준비하며, 부모들에게 프로젝트에 대해 알리고 협조를 구한다. 시작단계에서 교사는 교사와 유아, 유아들 상호 간에 주제에 대한 경험과 지식이 충분히 공유될 수 있도록 하고, 유아의 이전 경험을 다양한 방식으로 표현해 보도록 한다. 전개단계에서 교사는 각 유아를 적합한 활동에 참여시키며, 유아들의 활동 과정을 지속적으로 관찰하고 지도한다. 또한 프로젝트가 올바른 방향으로 가고 있는지 수시로 확인하고 안내한다. 마무리단계에서 교사는 주제망과 질문목록을 검토하여 다루어진 내용을 평가해 보고, 유아들이 계획한 활동이 잘 마무리되었는지 살펴본다. 그리고 전시회나 발표회에서 모든 유아가 골고루 참여하도록 배려하고, 전시회가 끝난 후에는 유아들의 작품을 잘 보관한다(정옥분 외, 2019).

(5) 프로젝트 프로그램의 시사점

프로젝트 접근법은 1990년대 중반부터 우리나라에 소개되기 시작하였다. 이는 구조화된 교육과정이지만 전적으로 교사주도적인 전통적인 교육과정과는 달리 유아의 의견을 충분히 반영하기 때문에 창의성과 자발적인 참여, 자신감의 발달 및 이후의 학업에 긍정적인 영향을 미치는 것으로 평가받았다. 또한 주제를 선정하고 최종결과물을 평가하기까지 유아들 간 상호작용을 통해 함양되는 공동체 정신은 프로젝트 접근법의 큰 장점이라고 볼 수 있다.

그러나 집단의 크기나 적용 조건 및 방법, 교사의 지도능력에 따라 교육의 효과가 달라지는 것으로 보고되고 있어 교사훈련이 중요한 문제로 부각된다. 최근 이러한 프로젝트 접근법의 문제점을 인식하고 교사들의 실제 현장적용을 돕기 위해 여러 종류의 교사지침서와 현장적용 프로그램이 개발되고 있다.

8) 생태 프로그램

생태 프로그램은 생태 또는 생명 중심 사상뿐만 아니라 우리 고유의 전통에 바탕을 둔 공동체 중심 교육과 전인적 교육을 지향한다. 또한 자연의 섭리를 중시하여 영유아들이 자기 스스로 자연의 섭리대로 성장할 수 있도록 도와주는 자연친화적 프로그램이다.

(1) 생태 프로그램의 배경

생태 프로그램은 우리의 민간신앙과 전통육아의 지침, 여러 종교적 사상 등에 기초를 두고 있다. 또한 생태 프로그램은 자연친화적 프로그램으로 그 기본틀을 상징하는 소재도 나무이다(〈그림 3-1〉 참조). 나무는 자연의 일부이며, 주

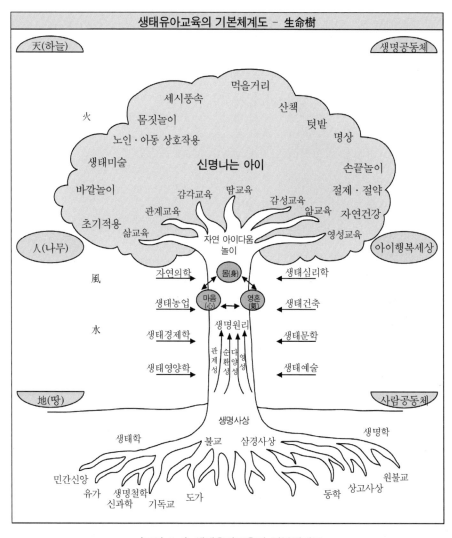

〈그림 3-1〉 생태유아교육의 기본체계도

출처: 임재택(2005). 생태유아교육개론. 경기: 양서원.

역에서 말하는 오행의 하나로 우주만물을 생성하는 주요소이다. 나무는 태어나서 자라고 결실을 맺고 소멸하는 순환의 과정을 반복하는 생명체로서 인간이 성장하는 모습을 상징하며, 뿌리, 잎, 줄기, 꽃, 열매 등으로 구성되어 있어 생태 프로그램의 골격을 표현하기에 적절하다(임재택, 2005).

(2) 생태 프로그램의 교육목표

생태 프로그램에서는 현대사회의 유아들이 자연과 놀이, 아이다움을 잃어버린 채 자라고 있다고 생각한다. 따라서 생태 프로그램은 아이들에게 잃어버린 자연과 놀이, 아이다움을 되찾아주는 것에 역점을 두고 있다. 이를 기초로 생태 프로그램에서 궁극적으로 지향하는 교육목표는 '신명나는 어린이'상을 구현하는 것이다. 신명나는 어린이상은 몸과 영혼이 건강한 어린이상을 의미하는 것으로, 이를 구체적으로 살펴보면 튼튼한 어린이, 즐거운 어린이, 스스로 하는 어린이, 새로운 것을 생각하는 어린이, 예의바른 어린이, 생명을 존중하는 어린이, 일을 귀하게 여기는 어린이, 우리 것을 아는 어린이, 지구를 지키는 어린이, 더불어 사는 어린이를 의미한다(임재택, 2002).

(3) 생태 프로그램의 교육내용 및 방법

이러한 교육목표를 달성하기 위해 생태 프로그램의 교육내용은 삶교육, 땀교육, 관계교육, 감각교육, 앎교육, 감성교육, 영성교육을 중심으로 이루어진다. 이들 교육내용을 구현하는 방법으로는 산책활동, 텃밭가꾸기활동, 자연 매체 미술활동, 노인아동 상호작용활동, 세시풍속활동, 동물교감활동, 명상활동, '아나바다 운동'에 기초한 절제절약활동, 먹을거리활동, 도시 농촌 교류활동, 손끝놀이활동, 몸짓놀이활동 등이 있다.

(4) 생태 프로그램에서 교사의 역할

생태교육에서 교사는 '최고의 교사는 자연'이라는 믿음을 가지고 영유아에게 자연과의 접촉 기회를 많이 제공해주는 사람이다. 또한 교사는 자연과 더불어 생활하는 농부이며 아이들에게 먹을 양식을 제공하고 돌보는 어머니와 같은 역할을 수행한다.

(5) 생태 프로그램의 시사점

미국유아교육협회(NAEYC)에서는 발달에 적합한 실제(Developmentally Appropriate Practice: DAP)에 대한 지침을 통해 영유아의 잠재된 가능성을 개발하는 것이 영유아 보육의 목적임은 분명하지만 발달적 적합성 외에도 사회문화적 적합성 등이 고려되어야 한다고 하였다. 생태 프로그램은 우리 고유의 문화를 바탕으로 하고 있으므로 사회문화적 적합성의 면에서 높이 평가할 수 있다. 또한 최근 환경오염으로 인한 문제가 심각하게 대두되면서 텃밭에서 채소를 직접 가꾸고 자연친화적인 교육을 강조하는 생태 프로그램은 널리 확산되는 추세이다.

3. 특수목적의 영유아 보육프로그램

1960년대 이후 세계 각국은 소외집단의 영유아에게 많은 관심을 기울여 왔으며, 이를 계기로 다양한 영유아 보육프로그램이 개발되었다. 미국의 헤드스타트 프로젝트나 영국의 플라우덴 보고서, 독일의 교육제도 구조개혁 등이 그 대표적인 예이다(박찬옥, 노영희, 김정미, 2004). 국내에서도 1990년대 이후 사회 변화의 흐름을 반영한 특수목적의 프로그램들이 개발되기 시작하였다. 그 가운데 여기서는 장애아통합 보육프로그램과 반편견 보육프로그램에 대해 살펴보고자 한다.

1) 장애아통합 프로그램

소외집단을 위한 보육의 관심은 1960년대의 저소득층 아동을 위한 프로그램에서 출발하여 1970~1980년대에는 특수아동을 일반학급에서 함께 교육하고자 하는 움직임으로 발전하였다.

(1) 장애아통합 프로그램의 개념

우리나라의 '장애인 등에 대한 특수교육법(약칭 특수교육법)' 제21조 통합보육에서는 "각급학교의 장은 교육에 관한 각종 시책을 시행함에 있어서 통합교육

의 이념을 실현하기 위하여 노력하여야 하며, 특수교육대상자를 배치 받은 일반
학교의 장은 교육과정의 조정, 보조인력의 지원, 학습보조기기의 지원, 교원연수
등을 포함한 통합교육계획을 수립·시행하여야 한다. 또한 통합교육을 실시하
는 경우에는 제27조의 기준에 따라 특수학급을 설치·운영하고, 대통령령으로
정하는 시설·설비 및 교재·교구를 갖추어야 한다."고 명시하고 있다. 1970~
1980년대 장애아통합교육에서는 통합을 의미하는 것으로 'mainstreaming'이라
는 용어를 사용하다가 1990년대 이후에는 'inclusion'이라는 용어를 사용하고
있는 것에서 알 수 있듯이, 장애아교육은 분리에서 점차적으로 완전 통합의 방
향으로 나아가고 있다. Kaufman과 동료들(1975)은 통합교육이란 물리적(시간
적)·사회적 교수활동의 모든 영역에서 장애아동을 일반학급에 통합하는 것이
라고 하였다. 즉, 진정한 의미의 통합은 장애아동이 일반아동과 동일한 교육환
경과 교수활동을 일정 시간 공유하며, 교사와 또래로부터 학급의 구성원으로 인
정받는 것을 의미한다.

이러한 통합교육의 이념에 입각하여 살펴볼 때, 장애아통합보육이란 일반영
유아 보육의 모든 영역에 장애영유아를 포함시키는 것이며, 장애아통합 보육프
로그램이란 장애아통합보육을 위해 구체적으로 계획되고 실제 현장에서 가르
치는 보육내용을 상세하게 기술한 것을 말한다.

(2) 장애아통합 프로그램의 배경

우리나라의 헌법에는 모든 국민이 평등하게 교육받을 권리를 규정하고 있다.
즉, 장애아동도 일반아동과 마찬가지로 평등한 교육의 기회와 권리를 보장받아
야 한다는 것이다. 헌법에 명시된 내용과 더불어 장애아통합보육 프로그램에
대한 사회적 관심이 고조된 데에는 다음과 같은 연구결과들이 기여하였다. 첫
째, 장애아통합보육을 실시했을 때 장애아동과 일반아동 모두가 긍정적인 발달
을 보였다. 통합보육을 통해 장애아동의 수행능력과 사회적 기술이 향상되었으
며, 장애아동에 대한 일반아동의 태도에도 긍정적인 영향을 미치는 것으로 나타
났다(Guralnick, Connor, Hammond, Gottman, & Kinnish, 1996; Hundert, Mahoney,
Mundy, & Vernon, 1998). 둘째, 장애아동이나 일반아동뿐 아니라 교사나 가족구
성원들도 장애아통합보육을 긍정적으로 평가하였다. 교사들은 장애아통합보육
이 장애아동에게 보다 도움이 된다고 생각하였으며(Eiserman, Shisler, & Healey,

1995), 부모들도 장애아통합보육을 통해 장애아동의 학습기회가 향상되고 양호한 발달모델을 접할 수 있으며, 장애아동에 대한 일반아동의 수용도가 높아진다는 측면에서 이를 긍정적으로 평가하였다(Guralnick, 1994; Bennett, DeLuca, & Bruns, 1997). 셋째, 사회적 측면에서 통합보육 경험을 통해 장래 우리 사회의 중추적인 구성원이 될 영유아들이 장애에 대한 올바른 인식을 갖게 됨으로써 사회통합의 기초를 다질 수 있다.

(3) 장애아통합 프로그램의 전제조건

장애아통합보육이 모든 상황에서 모든 장애아동에게 긍정적인 영향을 미친다고 볼 수는 없다. 전반적으로 장애아통합보육이 긍정적인 것으로 평가되고 있으나 여러 가지 요인에 따라 그 효과는 상이하다. Odom(2000)은 장애아통합보육의 효과는 통합의 정의를 어떻게 내리는지, 통합프로그램이 장애아동의 다양한 욕구를 얼마나 충족시켜주는지, 교육과정에서 적절한 지도가 이루어지고 있는지 그리고 이러한 지도가 장애아동의 교육을 지지할 만큼 충분히 강도 높게 이루어지는지, 단순히 학교교육에서의 통합을 넘어서 사회적인 차원의 통합을 이룰 수 있는지 등의 여러 요인에 따라 상이하다고 하였다.

Samuel L. Odom

이러한 점에 비추어본다면 장애아통합보육이 효과를 거두기 위해서는 다음과 같은 점들이 전제되어야 한다. 첫째, 무엇보다도 먼저 장애아동의 발달특성에 대한 이해가 선행되어야 한다. 장애아동의 발달특성이나 욕구를 무시하고 일반아동과 동일한 보육을 한다면 이는 소기의 성과를 거둘 수 없을 것이다. 둘째, 장애아동의 발달특성에 대한 이해에 기초하여 단순히 형태상의 통합이 아닌 진정한 의미의 사회적 통합을 이룰 수 있는 프로그램이 개발되어야 한다. 몬테소리 프로그램이 처음에는 지적 장애아를 대상으로 개발된 프로그램이었으나 이후 일반유아들을 대상으로 적용된 사실은 진정한 의미의 통합프로그램의 가능성을 말해주고 있다. 셋째, 장애아동에게 적절한 보육프로그램이 존재한다하더라도 교사가 이를 실천에 옮길 수 없다면 이는 무용지물이 될 것이다. 그러므로 장애아동을 적절하게 지도하고 통합보육을 성공적으로 이끌어갈 수 있는 교사의 확보가 우선되어야 한다. 넷째, 장애아통합보육은 장애를 가진 소수집단의 권리를 보호하는 것이라는 사회적 인식의 전환이 필요하다.

2) 반편견 프로그램

사진 설명 다문화 프로그램에 참여하고 있는 아이들

반편견 프로그램에 대한 관심은 서구에서 는 1960년대에 포스트모더니즘의 영향으로 시작되었으나 우리나라에서는 1990년대에 들 어와 관심을 가지게 되었다. 초기의 반편견 프로그램은 성역할 고정관념을 타파하기 위 한 양성적인 성역할과 관련된 교육이 주를 이 루었으나, 이후에는 한부모가족이나 재혼가 족 등 여러 다양한 가족형태와 관련된 반편견 교육이 주를 이루었다. 특히, 2000년대에 접 어들어서는 다문화가족이 증가하면서 다문화에 대한 이해를 돕고 편견을 예방 하기 위한 다문화 보육프로그램이 널리 시행되고 있다(사진 참조).

(1) 반편견 프로그램의 개념

반편견 교육과정이 대중적으로 소개되기 시작한 것은 Derman-Sparks(Deman-Sparks & The A.B.C. Task Force, 1989)의 『반편견 교육과정(*Anti-bias curriculum: Tools for empowering young children*)』(사진 참조)이 소개되면서부터이다. 반편견

사진 설명 Derman-Sparks의 저서 『반편견 교육과정』

교육(anti-bias education)이란 기존의 선입견이나 고정관념 및 편견에 도전하는 능동적이고 적극적인 방식으로, 다른 사람과 의 차이점과 유사점을 이해하고 존중하도록 가르치는 접근법 을 말한다. 따라서 반편견 프로그램은 환경의 차이가 바로 사 회적 차이로 연결되어서는 안 된다는 인식에서 출발한 것으로, 인종, 성별, 출신 지역, 종교 등과 관련된 편견을 최소화하고 이 러한 편견에 비판적으로 대처할 수 있는 능력을 배양하기 위한 프로그램이라고 볼 수 있다.

편견의 영역은 여러 영역으로 구분할 수 있는데, Hall과 Rhomberg(1995)는 편견의 영역을 능력, 연령, 외모, 신념, 계

층, 문화, 가족구성, 성별, 인종, 성애의 열 가지 영역으로 구분하였다. 그러므로 반편견 보육프로그램은 특정한 영역으로 제한되기보다는 모든 편견과 관련된 영역을 포함하는 개념이라고 볼 수 있다. 예를 들어, 문화에 대한 편견과 관련된 것은 다문화 프로그램, 성별에 따른 편견과 관련된 것은 양성평등 프로그램이다. 아울러 이 모든 프로그램은 광의의 반편견 보육프로그램에 포함된다.

(2) 반편견 프로그램의 배경

사람은 저마다 타고난 능력이나 배경에서 차이가 있다. 1960년대에 들어와 이처럼 타고난 차이가 사회적 차별로 이어지는 것을 차단하고자 하는 움직임이 나타났다. 미국의 헤드스타트 프로그램이 그 예이다. 우리나라에서도 1990년대 중반 이후 평등을 중시하는 가치관이 팽배해지면서 이에 대한 연구가 활발하게 이루어졌으나 2005년도 이후 다소 감소하는 경향을 보이고 있다(성영실, 김경철, 2017).

반편견 보육프로그램의 일환으로 가장 먼저 도입된 것은 성별에 따른 편견과 관련된 양성평등 프로그램이었으나 최근에는 국제결혼이 증가하면서 발생하는 다문화에 대한 이해를 돕고 다른 문화에 대한 편견을 해소하기 위해 다문화 프로그램에 대한 연구가 활발하게 이루어지고 있다. 앞으로 우리 사회는 다문화 가정뿐 아니라 지금보다 다양한 특성을 가진 구성원들로 이루어질 것이며, 자신과 서로 다른 차이를 인정하고 존중하지 못한다면 편견들은 더욱 가중될 것이다. 그러므로 차이와 다양성을 인정하고 수용하는 태도를 형성하기 위한 교육은 미래 사회에서 더욱더 필요성이 강조된다.

(3) 반편견 프로그램의 전제조건

반편견 보육프로그램이 널리 시행되고는 있으나 여러 가지 문제점도 제기되고 있다. 양적으로나 질적인 측면 모두에서 반편견 보육프로그램이 성공적으로 이루어지기 위해서는 다음과 같은 조건들이 전제되어야 한다.

첫째, 유아기는 자기인식에서 출발하여 기본적인 자기개념이 형성되는 시기이다. 그러므로 차이와 다양성을 인정하고 수용하는 태도를 형성하기 위한 반편견 교육은 나와 타인에 대한 인식이 처음 시작되는 시기인 유아기부터 시작되어야 할 것이다.

둘째, 현재 우리나라에서 실시되고 있는 반편견 프로그램은 대부분 1회성의 수박겉핥기식 교육이 대부분이다. 효율적인 반편견 교육이 이루어지기 위해서는 보다 심층적이고 체계적인 프로그램의 개발이 필요하다.

셋째, 반편견 프로그램은 앞서 살펴본 프로그램들과는 달리 하나의 프로그램으로 인식되기보다는 일상적인 프로그램의 한 부분으로 이루어지거나 반편견과 관련된 환경구성, 전래동화나 그림동화를 활용한 문학적 접근방법을 통해 이루어지는 경우가 대부분이다. 그러므로 반편견 교육을 위해 여러 가지 매체를 동시에, 지속적으로 활용하는 방법을 도입할 필요가 있다. 예를 들어, 반편견 교육을 위해서는 직접 여러 민족의 인형이나 그들의 문화를 소개하는 동시에 이들 문화와 관련된 활동을 하거나 환경을 구성하고 그림책과 같은 자료를 보여줄 수 있다. 이처럼 여러 가지 매체를 동시에, 지속적으로 활용함으로써 각 문화의 독특성을 이해하고 이에 대한 편견을 보다 효율적으로 예방하거나 감소시킬 수 있을 것이다.

넷째, 유아들은 어린이집에 오기 이전부터 이미 가정에서 부모로부터 많은 잘못된 편견을 받아들이고 있다. 어린이집에서 아무리 충실한 반편견 교육이 이루어진다 하더라도 이는 부모의 인식이 변화되지 않는 한 그 효과를 기대하기가 어렵다. 그러므로 유아를 대상으로 한 반편견 교육과 병행하여 부모를 대상으로 한 교육도 동시에 이루어져야 할 것이다.

영유아 보육프로그램, 특히 특수 목적의 프로그램이 소기의 성과를 거두기 위해서는 부모의 참여나 협조는 필수적인 부분이다. 이러한 관점에서 볼 때, 앞으로는 유아를 위한 프로그램 못지않게 부모를 대상으로 한 프로그램의 개발도 필요할 것이다.

제2부
보육과정의 내용과 실제

보육과정은 사회와 문화에 따라서 다르고 시대에 따라서도 변화해 왔다. 특히 우리나라의 경우 보육과정에 대한 변화가 매우 빠르게 진행되고 있다. 이는 우리나라에서는 어린이집의 수가 양적으로 급증하였으나 질적으로는 보육과정의 수준이 지역이나 시설마다 상당히 차이를 보였기 때문이다. 따라서 영유아의 전인적 발달을 위한 보육서비스를 제공하기 위해 국가수준에서 양질의 보육과정을 개발하고 보급할 필요성이 제기되었다. 이에 여성가족부에서는 2005년 말 표준보육과정을 발표하게 되었으며, 2012년에는 5세 누리과정이, 2013년에는 3~4세 누리과정이 발표된 이후 2019년 누리과정이 개정되고 2020년 표준보육과정도 개정되어 운영되고 있다.

0~2세를 대상으로 한 표준보육과정은 다음의 6개 영역으로 구성되어 있다. 먼저, 기본생활영역은 사회생활의 기본이 되는 건강, 영양, 안전에 관한 지식과 기술을 습득하고 바르게 생활하는 태도를 기르는 내용으로 구성된다. 신체운동영역은 신체활동을 통하여 신체에 대해 긍정적으로 인식하고, 일상생활에 필요한 기본운동능력을 기르며, 신체활동에 즐겁게 참여하는 내용이다. 의사소통영역은 듣고, 말하는 것을 즐기고, 상황에 맞는 의사소통능력과 올바른 언어생활 태도 및 능력을 기르는 내용으로 구성된다. 사회관계영역은 자신을 존중하고, 가족과 또래 및 지역사회와 긍정적인 사회관계를 형성하며, 유능한 사회구성원이 되기 위해 필요한 사회적 지식과 태도를 기르는 내용으로 이루어져 있다. 예술경험영역은 사물이나 소리, 자연과 예술작품의 아름다움에 관심을 가지고 탐색하며, 생각이나 느낌을 음악과 동작, 극, 미술로 표현하고, 표현된 것을 보고 즐김으로써 풍부한 감성 및 창의성을 기르는 내용으로 이루어져 있다. 자연탐구영역은 감각을 이용하여 주변 사물과 환경을 탐색하며, 이러한 과정에서 발생하는 의문점을 해결하는 데 필요한 수학적·과학적 기초 능력을 기르는 내용으로 구성된다. 유치원과 어린이집의 공통과정인 누리과정은 3~5세를 대상으로 실시되고, 앞서 표준보육과정의 6개 영역 중 기본생활영역과 신체운동영역이 신체운동·건강영역으로 바뀐 것을 제외하고 나머지 영역은 동일하게 구성되어 있다.

따라서 제2부에서는 앞에서 언급한 표준보육과정 6개 영역과 누리과정 5개 영역 각각에 대해 심도 있게 살펴볼 것이다. 각 영역의 기초가 되는 이론적 배경을 소개하고, 각 영역을 구체적인 하위영역으로 나누어 연령에 따른 보육내용을 알아보며, 이와 관련된 환경구성에 관해 살펴볼 것이다. 덧붙여 각 장의 끝부분에 실제 활동의 예를 제시하여 어린이집에서 보육과정을 운영할 때 참고할 수 있도록 하였다.

기본생활습관이란 한 개인이 생활의 기본이 되는 것을 익혀서 습관화하는 것이다. 영유아는 기본생활습관을 통해 자신에게 주어진 문제를 스스로 해결할 수 있는 능력과 함께 사회생활에 대처할 수 있는 능력을 키움으로써 자신감과 사회적 유능감을 터득해 나간다. 특히 '세 살 버릇 여든간다(三歲之習至于八十)'라는 속담처럼 영유아기에 형성된 기본생활습관은 이후의 삶과 인격형성에 지대한 영향을 미치므로, 어려서부터 일상생활의 기본이 되는 행동규범을 몸에 익히고 이를 습관화하는 노력이 요구된다. 다시 말해서 기본생활습관을 제대로 갖추는 것은 책임감 있고 사회에 봉사하는 올바른 인격을 형성하는 데 바탕이 된다.

2007년에 시행된 표준보육과정의 기본생활영역은 건강한 생활, 안전한 생활, 바른생활의 세 가지 내용으로 구성되어 있으며, 영유아의 전인적인 성장을 도모하기 위해 건강·안전·바른생활 태도를 기르는 데 목적을 두었다. 하지만 2012년과 2013년에 걸쳐 어린이집과 유치원으로 이원화되어 있는 보육·교육을 통합한 3~5세 누리과정이 시행되면서 기본생활영역의 변화가 생겼다. 즉, 표준보육과정과 달리 누리과정에서는 기본생활영역을 독립된 영역으로 간주하지 않고, 신체운동·건강, 의사소통, 사회관계, 예술경험, 자연탐구 등 누리과정 전 영역에 걸쳐 유아의 바른 인성을 기르고자 하였다. 2020년 제4차 어린이집 표준보육과정에서는 3~5세 누리과정에 비해 0~2세 표준보육과정에서 기본생활이 보다 강조되고 있다.

이 장에서는 기본생활영역의 이론적 기초와 함께 표준보육과정에서 제시한 기본생활영역의 구성 및 목적, 하위영역별 내용 및 지도원리, 기본생활영역의 환경구성과 함께 실제 활동을 살펴보고자 한다.

1. 기본생활영역의 이론적 기초

영유아기는 기초적인 습관을 형성하는 중요한 시기이다. 이때 이루어지는 기본생활습관교육은 다음과 같은 발달적 의의가 있다. 첫째, 영유아는 전통윤리와 정신을 바탕으로 현대사회에서 요구하는 기본생활을 익혀 바람직한 습관 형성에 도움을 받을 수 있다. 둘째, 영유아는 자신을 다스리고 관리할 수 있는 인격체로 성장할 수 있는 기회를 제공받는다. 셋째, 기본생활습관은 도덕성발달의 기틀이 되어 이후 청소년기의 문제행동을 예방하는 데 도움을 줄 수 있다. 즉, 영유아의 올바른 기본생활습관은 건전한 인성발달을 도모하며 나아가 다른 사람과 더불어 살아갈 수 있는 자질도 갖게 한다. 이러한 기본생활습관교육이 제대로 이루어지기 위해서는 우선적으로 정의와 세부 덕목 등 기본생활습관에 대한 이해가 선행되어야 한다.

1) 기본생활습관의 의미

기본생활이란 첫째, 사람이면 누구나 지켜야 할 도덕적인 생활이자 행동이고, 둘째, 법의 힘과 무관하게 우리 모두가 지키고 행해야 할 도덕적인 생활이며, 셋째, 지식유무에 관계없이 모든 사람의 자연적인 양심으로 선악을 판별할 수 있는 생활의 특질이다(황준하, 1983). 습관이란 경험에 의하여 후천적으로 습득되는 학습의 결과물이다. 한 번 습관이 형성되면 그 이후에는 의식적인 노력 없이도 어떤 일정한 환경이나 상황이 주어질 때 자동적이고 자연스러운 반응을 일으키게 된다. 습관은 일상생활뿐만 아니라 사고방식이나 정서에도 영향을 미친다. 그러므로 좋은 습관은 개인의 일생을 행복하게 만들어 주지만 나쁜 습관은 일생을 불행하게 만든다. 이러한 습관적 반응의 자동성과 정형성 때문에 습관을 제2의 천성이라고도 부른다(안철수, 1983).

기본생활습관이란 한 개인이 생활의 기본이 되는 것을 익혀서 습관화하는 것으로, 관습과 전통 속에서 계승된 사회규범과 원리에 따라 행동할 뿐만 아니라 살아가면서 직면하게 되는 다양한 삶의 양식에 적응하며 행동하도록 돕는 것을 말한다(교육부, 1994; 이원영, 방인옥, 박찬옥, 1992). 기본생활습관은 자기 자신을 스스로 관리하는 것은 물론이고 자기와 관계되는 사람과 주변 환경을 잘 관리하는 일까지도 포함한다. 구체적으로는 일상생활에서 거의 되풀이되는 행동으로 먹는 것, 잠자는 것, 배설과 청

사진 설명 영유아들이 구강건강관리를 위해 불소도포를 받고 있다.

결, 휴식, 다른 사람과 관계를 맺는 것뿐만 아니라 우리의 전통과 사회구조에서 한국인으로서 살아가는 데 기본적으로 요구되는 자질을 익히는 것이다(보건복지부, 1997). 그러므로 기본생활습관에 대한 적절한 훈련이 결여되고 능력이 부족하면 그 개인의 삶과 나아가 사회나 국가의 미래에도 악영향을 미친다. 결국 건전한 기본생활의 형성은 개인의 행복과 자아실현에 중요한 요소인 동시에 타인과의 관계나 사회생활을 원만하게 유지하기 위한 필요조건이다.

한편, 외국의 문헌을 살펴보면 우리나라의 기본생활습관과 비슷한 개념을 가진 용어들을 찾을 수 있으나, 여기에는 우리의 기본생활습관이 내포하고 있는 개념 중 일부분만이 포함되어 있다(국립교육평가원, 1995). 예를 들면, 기본생활의 의미를 민주주의에 대한 지식과 민주주의 시민으로서의 권리와 책임감 등을 교육하는 민주주의 리더십(democratic leadership)(Wraga, 2001) 혹은 정직, 책임감, 동정, 인내, 애국심, 정의, 자기신뢰, 성실 등의 시민의식(citizenship)을 양성하기 위한 인성교육(character education)(Marlow, 1998; Milson, 2001; Texas Education Agency, 2000) 등으로 인식한다. 반면에, 우리나라는 전통적으로 근면과 성실, 공경과 사랑, 신의에 바탕을 둔 인간관계를 중시하였을 뿐만 아니라 어려운 일이 있으면 서로 돕고 협동하는 정신이 강해 따뜻한 정과 인간미가 넘치는 생활을 중시해 왔다. 또한 인간의 심

William G. Wraga

Andrew J. Milson

성을 바로잡을 수 있는 수신(修身)의 교육을 지향하여, 개인 간의 경쟁이나 기술의 습득보다는 참된 삶의 자세와 생활 예절, 나아가 이것으로 이루어 낼 수 있는 공동체 생활 등을 기본생활교육의 목적과 내용으로 삼아왔다(박혜상, 2003). 즉, 서구의 기본생활에서는 주로 타인과의 관계를 원만히 유지하기 위한 민주시민의 자질을 강조하는 데 반해 우리나라에서는 대인관계의 기본으로 무엇보다 수신에 역점을 둔다. 뿐만 아니라 우리나라의 기본생활습관에서 가장 우선시 하는 덕목 중의 하나는 바로 '효(孝)'로, 이는 우리 문화권에서 특히 중요하게 인식되는 개념이다. 따라서 기본생활습관은 많은 나라에서 공통적으로 통용되는 문화보편적인 개념이라기보다는 관습과 전통 속에서 계승되어 온 우리나라의 문화특수적인 개념으로 이해해야 한다(이은화, 김희진, 이승연, 1996).

이처럼 관습과 전통은 집단이 존재하면서부터 있어 온 그 집단의 공통된 생활방식이다. 한 집단이 공유하는 생활방식이 되기 위해서는 집단 구성원들의 합의가 전제되어야 한다. 하지만 시간이 흐르고 사람들의 생각이 바뀜에 따라 관습이나 전통도 조금씩 변화되어 왔다. 즉, 처음 그대로 존재하는 것이 아니라 사람들이 받아들여 행동할 수 있는 형태로 변화되어 온 것이다. 따라서 오늘날의 기본생활습관에 대한 올바른 이해를 위해서는 과거의 관습과 전통 속에서 계승되어 온 사회 규범과 원리에 그 뿌리를 두지만 이를 그대로 답습하기보다는 현대의 상황에 맞게 재구성하는 노력이 필요하다. 뿐만 아니라 과거와는 달리 오늘날 중요하게 생각되는 내용도 새롭게 첨가하는 것이 보다 바람직할 것이다.

2) 기본생활습관의 이론적 접근

기본생활습관은 여러 개의 세부 덕목으로 구성되어 있다. 이러한 덕목을 설정할 때는, 첫째, 문화적·역사적 전통 속에서 그 가치를 인정받아 전달되어 온 행동들을 고려해야 하고, 둘째, 현재 공동체 생활 속에서 일상화된 내용 중에서 가치 있는 것을 참고해야 하며, 셋째, 영유아 스스로 자신을 다스리고 관리할 수 있는 인격체로 성장하기 위한 내용이 요구된다(박찬옥, 1994; 한영자, 1997). 기본생활습관의 세부 덕목에 관한 연구는 크게 전통사회에서 중요시 되었던 덕목과 현대사회에서 중요시 되고 있는 덕목으로 나누어 볼 수 있다.

사진 설명 용의를 갖추고 관례에 임하고 있다.

먼저, 전통사회에서는 주요 기본생활습관 덕목을 크게 용의(容儀)와 언행(言行)으로 구분한 뒤, 다시 이를 용의(容儀) · 복장(服裝) · 식사(食事) · 언어(言語) · 기타 행동거지(擧止)[1]로 세분화하였다(류점숙, 1991; 방인옥, 1998). 예를 들면, 용의란 구용(九容)[2]을 통해 마음과 몸을 단정히 하여 우아한 자세를 갖추는 것이다(사진 참조). 복장이란 옷을 깨끗하게 입는 방법, 의복의 수명을 늘릴 수 있는 방법, 자리에 맞는 옷차림을 하는 방법 등을 익히는 것이다. 식사의 경우, 어른과 함께 식사할 때의 예절, 식사하는 자세, 수저 사용법, 식탐 억제 등 가장 일상적인 생활인 식사를 통하여 자신을 낮추고 남을 높이는 자세를 강조하였다(사진 참조). 언어에서는 꼭 필요할 때만 자신과 타인에게 폐가 되지 않도록 간단하게 말하기, 신중하고 정중하게 말하기, 어른 앞에서는 천천히 말하기, 어른의 마음을 상하지 않게 말하기 등의 언어습관을 어릴 때부터 익힐 것을 강조했다. 기타 행동에서는 바르고 단정한 걸음걸이를 익히는 것, 남의 은밀함이나 약점을 캐지 않는 것, 책 ·

사진 설명 유아들이 다도 및 전통예절을 배우고 있다.

붓 · 벼루 등을 제자리에 정리정돈하는 것, 청소하는 방법 등을 다루었다.

기본생활습관의 덕목을 개인생활, 가정생활, 사회생활로 구분한 뒤, 개인생활에서는 인성(人性)과 수신(修身)을, 가정생활로는 효도(孝道), 예절(禮節), 대사물관계(對事物關係)[3], 제례(祭禮)를, 그리고 사회생활로는 대인(對人)과 처세(處世)를 중심으로 가르치기도 했다(오경숙, 1995). 또한 자기와의 약속을 지켜나가는

---

1) 몸의 온갖 동작을 이른다.
2) 구용(九容): 발은 무겁게 놀려야 한다(足容重). 손은 공손히 놀려야 한다(手容恭). 눈은 단정하게 떠야 한다(目容端). 입은 다물고 있어야 한다(口容止). 목소리는 조용하게 내야 한다(聲容靜). 머리는 곱게 가져야 한다(頭容直). 기운은 엄숙하게 가져야 한다(氣容肅). 서 있는 것은 덕(德)이 있어 보이도록 반듯하게 해야 한다(立容德). 얼굴빛은 씩씩하게 가져야 한다(色容莊).
3) 가정의 경제생활에 관한 내용으로 절약하며 검소한 소비생활을 권장하고 있다.

입지(立志), 성인의 경지에 도달하기 위해 필수적인 과정인 독서(讀書), 훌륭한 품성과 습관 형성을 위한 행동거지(行動擧止), 인간의 기본 생활요소인 의복(衣服)과 음식(飮食) 등 세세한 지침을 세워 일상생활에서의 구체적인 가르침을 제시하였다(강지영, 1994). 지금까지 살펴본 바를 토대로 전통 아동교육의 내용을 정리하면 다음과 같다(강지영, 1994; 엄향용, 2004). 첫째, 오륜(五倫)을 바탕으로 아동의 도덕적 인격 형성을 목표로 삼고 있다. 둘째, 개인적으로는 수기(修己)이고 사회적으로는 치인(治人) 양성에 힘쓴다. 셋째, 이론보다는 실천을 전제로 하는 수신교육이다. 넷째, 지(知)와 행(行)을 겸한 올바른 인간 형성에 중점을 둔다. 다섯째, 궁극적으로 배우고 익힌 바를 실생활에 적용시키는 것이다.

현대의 연구들(교육부, 1995; 연영아, 1993; 이원영 외, 1992; 채허석, 1992; 최충지, 2000)에서는 기본생활습관을 개인덕목(성실, 합리, 자각, 건강, 청결, 긍정적 태도, 도전적 태도 등), 가정덕목(감사, 배려, 효도, 화목, 근면, 절약 등), 학교덕목(정직, 신의, 책임, 관용, 창의성 등), 국가생활덕목(주체성, 공덕심, 준법, 사명감, 반공 등), 사회덕목(공경, 봉사, 규범준수, 예절, 친절, 협동, 질서 등), 세계덕목(열린 마음, 주체성) 등으로 구분하였다. 특히 유아교육자료사전편찬위원회(1997)에서는 기본생활습관을 대표적으로 예절, 질서, 절제, 청결로 구분한 바 있다. 예절은 기본적으로 나 아닌 다른 사람을 존중하고 이해할 수 있는 것으로, 이는 사회성발달의 기초로 작용한다. 질서는 집단생활을 위한 공공 규칙을 알고 이를 지켜나가는 것으로 차례 지키기, 약속이나 규칙 지키기 등을 의미한다(사진 참조). 절제는 자신의 생각과 행동을 조절할 수 있는 능력을 함양시켜 주는 것으로, 아껴 쓰기와 자원 활용하기, 장소나 상황에 따라 감정조절하기 등을 습득하는 것이다. 청결은 자기 몸에 대한 청결유지와 주변을 깨끗하게 만들고 환경을 보전하는 활동을 뜻한다.

이상의 결과들을 정리해 보면 기본생활습관의 덕목들은 시대에 따라 조금씩 차이가 있지만, 이들 모두 사회구성원들이 인습적으로 공공연하게 인정하는 기본 윤리에 관한 실천적 덕목이며 우리가 일상생활에서 실천해야 할 행위라는 공통점을 가지고 있다(김종두, 1991).

사진 설명 영유아가 차례를 지키면서 딸기체험을 하고 있다.

2. 표준보육과정의 기본생활영역

어린이집 표준보육과정에서 추구하는 기본생활영역의 구성 및 목적과 하위 영역별 내용 및 지도원리는 다음과 같다.

1) 기본생활영역의 구성 및 목적

영유아기는 기본생활습관의 기본틀이 형성되는 중요한 시기로서, 일반적으로 기본생활습관이 잘 형성된 아동은 대인관계가 원만하며, 사회에 잘 적응하고, 책임감이 강하며, 봉사정신이 높고, 능동적이다(이숙희, 강병재, 2002; 정금자, 2001; Brolin, 1989; Weber, 1984). 반면에 기본적인 생활습관이 형성되지 않으면 자존감이 떨어지고, 열등감이 높고, 자립적인 생활을 할 수 없을 뿐만 아니라 정신적으로도 타인에게 의존하는 경향을 보인다(김규수, 2000; 전정재, 1993; Rusch & Phelps, 1987). 이처럼 기본생활습관은 영유아의 신체적·

Frank R. Rusch

정신적 성숙도와 관계가 깊기 때문에 조기에 내면화하여 습관화하려는 노력이 필요하다.

표준보육과정에 따르면 기본생활영역은 일생의 기초이며 사회생활의 기본이 되는 건강, 영양, 안전에 관한 지식과 기술을 습득하고 건강하고 안전하게 생활하는 태도를 기르기 위한 성격을 가진다. 기본생활영역은 크게 건강하게 생활하기와 안전하게 생활하기로 구성되어 있고(〈표 4-1〉 참조), 먼저 건강하게 생활하기에서는 건강·영양·위생적인 생활을 강조하며, 영아가 신체의 청결과 위생, 수면과 휴식, 건강한 배변습관 등 일상생활을 위한 올바른 습관을 기르도록 하여 발달을 촉진하고 심신을 건강하게 하는 데 목적을 둔다. 안전하게 생활하기에서는 영아가 안전한 상황에서 놀이 및 교통수단을 이용해 보는 것과 위험한 상황을 알고, 위험한 상황에 처하게 되었을 때 침착하고 적절하게 대처하는 능력의 향상을 강조한다.

〈표 4-1〉 제4차 어린이집 표준보육과정 기본생활영역의 구성

내용 범주	0~1세	2세
건강하게 생활하기	• 도움을 받아 몸을 깨끗이 한다. • 음식을 즐겁게 먹는다. • 하루 일과를 편안하게 경험한다. • 배변 의사를 표현한다.	• 자신의 몸을 깨끗이 해 본다. • 음식에 관심을 가지고 즐겁게 먹는다. • 하루 일과를 즐겁게 경험한다. • 건강한 배변 습관을 갖는다.

안전하게
생활하기
	• 안전한 상황에서 놀이하고 생활
	  한다.
	• 안전한 상황에서 교통수단을 이용
	  해 본다.
	• 위험하다는 말에 주의한다.
		• 일상에서 안전하게 놀이하고 생활
		  한다.
		• 교통수단을 안전하게 이용해 본다.
		• 위험한 상황에 대처하는 방법을 경
		  험한다.

2) 기본생활영역의 하위영역별 내용 및 지도원리

표준보육과정의 기본생활영역은 건강하게 생활하기와 안전하게 생활하기의 두 가지 내용 범주로 구성되어 있다. 여기서는 두 가지 영역을 각각 0~1세와 2세 영아의 연령별 특성을 중심으로 구분하여 살펴보고자 한다.

(1) 건강하게 생활하기

Marilyn Segal

세계보건기구(World Health Organization: WHO)에 따르면, 건강이 란 단지 질병이 없거나 허약하지 않은 것만을 의미하는 것이 아니 라, 신체적 · 정서적 · 사회적으로 완전히 평안한 상태를 뜻한다. 영 유아기는 발달의 결정적 시기로서, 이 시기 동안의 건강관리는 그 어느 때보다도 중요하다. 즉, 영유아기에 형성된 바르게 먹기, 운동 하기, 위험으로부터 피하기, 청결 유지하기, 공중위생 실천하기, 스 트레스 조절하기와 같은 행동은 성장해서도 꾸준히 유지되는 경향 이 있다(Segal et al., 2006). 따라서 영유아에게 올바른 건강습관을 길러주는 것은 현재의 좋은 건강상태를 유지하는 것뿐만 아니라 미 래의 건강까지 보장해주기 때문에 특히 중요하다고 할 수 있다.

영유아는 이 닦기와 손 씻기 등으로 자기 몸을 청결히 하고, 생리적 욕구 충족 뿐만 아니라 좋은 성격에도 영향을 미치는 올바른 식습관을 형성해야 한다. 또 한 편안한 수면과 휴식으로 에너지를 재충전하고, 규칙적인 배설활동을 통해 심

리적 안정감을 찾고, 정기적인 건강검진과 예방접종을 통한 건강 관리하기 등 건강한 생활을 실천해야 한다. 이는 영유아가 개인, 가정, 사회에서 요구하는 건강한 몸과 건강한 정신을 갖춘 유능한 사람으로 성장하도록 만든다.

① 0~1세 영아

1세 미만 영아의 경우 왕성한 대사활동과 신체활동의 영향으로 피부를 통한 노폐물 배설이 활발하게 이루어진다. 따라서 교사는 수유, 식사 전후, 놀이가 끝났을 때나 배변 후에 다정한 태도로 씻어주고, 영아 스스로 씻는 것을 도와주어 청결하고 위생적인 생활습관을 형성하도록 지도해야 한다. 또한 구강위생을 소홀히 한다면 각종 호흡기 질환과 소화기 질환에 노출될 수 있다. 따라서 식사 후에는 영아들에게 이 닦는 기회를 제공한다. 이 닦는 것

사진 설명 교사가 영아의 이를 닦아주고 있다.

이 서투른 영아는 부드러운 개인용 칫솔을 사용하여 깨끗이 칫솔질을 해준다(사진 참조).

영아기는 특히 음식에 대한 선호도, 식사예절 등의 바른 식습관의 기초가 형성되는 시기이다. 교사는 영아에게 다양한 음식의 맛과 향, 질감을 경험할 수 있는 식습관 교육을 통해 먹는 것이 인생의 즐거운 경험 중 하나임을 깨닫게 도와주어야 한다. 이를 위해 교사는 영아를 꼭 안고 편안한 분위기에서 미소를 띠고 부드럽게 말을 걸면서 여유로운 마음으로 수유해야 한다. 또한 15~18개월경이 되면 대부분 이유식이 완료되고 식성도 뚜렷해지는데, 각 영아의 기호와 식습관, 섭취량을 정확하게 파악하여 적당한 음식의 양과 적절한 영양을 섭취할 수 있도록 배려해야 한다(사진 참조).

영아들은 활동량이 많기 때문에 적절한 야간 수면은 물론 낮잠을 통해 쌓은 피로를 해소해야 한다. 부족한 수면시간은 집중력 저하, 성격 이상, 성장발달 저하, 질병 발생 등의 문제를 초래하기 때문에 영아가 안정된 숙면을 취할 수 있는 환경을 만들어 주어야 한다. 수면시간은 영아의 월령에 따라 차이가 있으므

사진 설명 교사가 영아에게 급식지도를 하고 있다.

로 영아 개개인의 요구에 적절하게 맞추어 주어야 한다.

하루의 대부분을 보내는 보육실은 영아에게 있어 생활의 장인 동시에 놀이의 장이 된다. 따라서 교사는 영아들의 놀이를 이끌어 낼 수 있도록 동적인 것과 정적인 것이 균형을 이루는 공간을 제공해야 한다. 또한 영아들의 놀이를 자주 관찰하여 안정된 마음으로 놀이를 하고 있는지에 항상 주의를 기울여야 한다.

교사는 영아의 울음소리나 불편한 표정 등의 배설 신호를 세심히 관찰하고, 배설했을 때는 즉시 기저귀를 갈아주고 위생적으로 처리해주어야 한다. 보통 생후 15∼18개월경부터 차츰 대변 지도를 시작한다. 이때 영아에 따라 개인차가 크기 때문에 지나치게 강요하지 말고 차분히 일관성 있게 지도해야 한다. 너무 이른 시기에 대변 지도를 시도하면 영아가 지나친 스트레스를 경험하게 되고, 너무 늦게 시도하면 영아의 자발적인 발달이 지체되거나 또래들로부터 소외될 수 있기 때문에 여러 측면에서 영아의 준비상태를 면밀히 확인하는 노력이 필요하다.

② 2세 영아

이 닦기의 경우, 2세 영아는 칫솔을 입 안에 넣어서 겨우 닦는 동작을 할 수 있지만 교사는 영아 스스로 양치질을 하도록 격려하고 뒷마무리를 도와주는 것이 좋다. 이러한 시도를 통해 영아는 이 닦기에 대한 관심이 높아지고 청결한 습관도 형성하게 된다. 또한 손 씻기는 병의 감염을 막고 건강을 유지하기 위한 일차적인 활동이기 때문에 영아에게 손 씻는 방법, 손을 씻어야 되는 때를 알려주고 지속적인 교육을 통해 손이 더러워지면 스스로 씻도록 지도해야 한다(사진 참조).

사진 설명 교사가 영유아에게 손 씻는 방법에 대해 교육하고 있다.

2세 영아는 일반식에 적응하여 성인과 동일한 식사를 할 수 있다. 하지만 균형잡힌 영양섭취의 필요성을 잘 이해하지 못하며 식생활에서도 자기중심적인 경향이 나타난다. 따라서 교사는 음식을 골고루 먹기, 그릇과 수저를 바르게 사용하기, 꼭꼭 씹어 먹기, 먹는 양 조절하기 등의 태도를 안정적인 분위기 속에서 자연스럽게 몸에 익히도록 지도해야 한다.

2세 영아는 각자 독특한 수면주기 및 습관이 형성되어 있다. 교사는 평소 영아들의 수면양상을 관찰하고 보호자와의 의사소통을 통해 수면 패턴과 수면량, 수면습관을 파악하여 되도록 가정과 유사한 환경을 제공해 주어야 한다.

영아는 배변훈련이 되었음에도 가끔은 시행착오를 경험한다. 성공했을 때 칭찬해주고 실패했을 때는 꾸짖지 말고 격려해 주어 영아의 스트레스를 최소화해야 한다. 특히 영아를 변기에 5분 이상 앉혀두거나 배변훈련을 너무 무리하게 하면 역효과가 일어날 수 있으므로 주의해야 한다.

(2) 안전하게 생활하기

안전은 사고 및 상해와 반대되는 의미로, 협의적 안전은 신체적 상해 없이 건강하게 보호되는 것을 뜻한다. 광의의 안전은 신체적 상해뿐만 아니라 정신적·정서적인 문제로부터 보호되는 상태이다(권재익, 2002). 영유아기는 걷기, 뛰기, 뛰어오르기 등 운동능력의 발달로 활동영역이 넓어지고 사물에 대한 호기심의 발달로 탐색활동은 늘어나는 데 반해, 주의력이나 판단력 등의 인지능력은 여전히 미성숙한 시기이다(Catron & Allen, 2008). 그 결과

| 사진 설명 | 어린이집에서 지진대피훈련을 하고 있다.
출처: 동양일보(2018. 9. 12.). "세종시 지진 안전 주간 지진대피 시범훈련 실시"

영유아는 주변 위험요소를 감지하거나 이에 대한 대처능력이 부족하여 각종 안전사고의 위험에 무방비로 노출될 가능성이 높다. 특히 어린이집은 영유아들이 장시간 머무르는 곳으로, 어린이집 원장과 교사는 영유아의 발달특성과 그에 따른 안전사고 유형을 고려해서 영유아에게 보다 안전한 환경을 제공해야 한다. 또한 놀이안전, 교통안전, 재해 및 재난으로부터의 안전, 사회적인 범죄로부터의 안전, 타인의 안전에 대한 배려 등에 관한 영유아 안전교육을 실시해야 한다(사진 참조). 영유아는 다양한 안전교육을 통해서 위험으로부터 스스로 자신과 타인을 보호할 수 있도록 안전에 관한 지식과 태도, 기술 및 기능 등을 익히고, 궁극적으로는 신체적으로나 정신적으로 편안한 생활을 할 수 있도록 노력해야 한다.

① 0~1세 영아

2세 미만 시기에는 출생 직후 가진 본능적 반사운동능력이 사라지고 신체 협응력과 운동능력이 급속하게 발달하게 된다. 구체적으로 기고, 앉고, 서고, 이동하는 등 움직임이 증가하면서 이동 중 추락 및 충돌 사고가 빈번하게 발생한다. 또한 무엇이나 손에 잡히면 입에 넣기 때문에 이물질 흡입으로 인한 질식사고의 위험이 높다. 교사는 영아가 삼킬 수 없을 정도의 크고 모서리가 날카롭지 않은 독성이 없는 놀잇감을 제공하여 영아가 안전하게 탐색하도록 지도한다. 구체적으로 직경 3.2cm, 높이 5.7cm 정도보다 크기가 큰 놀잇감을 제공해야 한다.

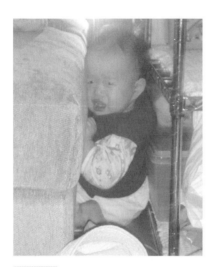

사진 설명 영아가 가구 사이에 끼어 도움을 청하고 있다.

영아는 주변을 탐색하고자 하는 열의와 호기심이 많기 때문에 주변 환경이 안전하지 못한 경우 안전사고에 직면하기 쉽다(사진 참조). 따라서 영아에게 위험한 물건이나 장소를 인식하게 하여 안전사고를 예방해야 한다. 이를 위해 교사는 위험한 것이 무엇인지 알려주고, 위험한 물건(칼, 가위, 작은 이물질 등)을 함부로 만지거나 위험한 장소(높은 곳, 물 주변, 화기 근처 등)에 가까이 가지 않도록 지도해야 한다.

② 2세 영아

2세는 다양한 이동능력과 대·소근육의 발달이 진행됨과 동시에 인지적 변화가 일어나 이전의 완전히 의존적인 존재에서 독립적인 존재로 이행해 가는 과도기적인 시기이다. 그러나 아직까지 자아중심적인 성향이 강하고 놀잇감이나 놀이기구를 혼자만 사용하려는 경향이 있다. 따라서 놀잇감이나 놀이기구의 올바른 사용방법을 지도해야 한다. 또한 일어날 수 있는 안전사고의 위험에 대해 생각해 보게 하여 안전한 방법으로 놀이하도록 지도해야 한다.

2세 영아는 새로운 것을 시도해 보고자 하고 위험에 대해 잘 알지 못하므로 놀잇감을 원래의 의도와 다른 방법으로 다루거나 놀이기구를 안전하지 않은 방법으로 이용할 수 있다. 따라서 교사는 영아에게 차례대로 놀이기구를 이용하고, 놀잇감을 던지지 않고, 사용 후 제자리에 정리해야 하는 등 놀이 규칙이 있음을 알려 주어야 한다. 또한 영아가 놀이기구나 놀잇감을 안전하고 올바르게 사용하는 태도를 갖도록 지도한다.

탈것의 경우, 영아는 특히 주차되어 있는 차가 움직일 수 있음을 예상하지 못한다. 영아에게 주차되어 있던 차도 움직일 수 있음을 알려 주고 주차장이나 자동차 뒤에서 놀지 않도록 지도한다. 신호등과 횡단보도 교육 시, 차가 다니는 길과 사람들이 다니는 길이 따로 있음을 알게 하고 신호에 맞추어 성인과 함께 안전하게 횡단보도를 건너야 함을 주지시킨다(사진 참조).

또한 교사는 영아에게 시설물로 인해 발생할 수 있는 위험을 알려준다. 예를 들어, 문이나 창문을 닫을 때 손이 낄 수 있고, 전기 콘센트에 이물질을 넣거나 만지면 위험하며, 실내에서 뛰거나 부주의하게 다니다가 미끄러지거

사진 설명 영아가 안전하게 횡단보도 건너기를 해 보고 있다.

나 부딪힐 수 있음을 알려 주어야 한다. 또한 화재 시 화기의 위험과 화재의 결과를 이해하도록 지도해야 한다. 더불어 약품류, 세제류, 살충제 등 여러 가지 위험물질을 알려 주어 영아가 함부로 그것을 먹거나 만지지 않는 안전한 태도를 갖도록 지도한다.

3. 기본생활영역의 환경구성

영유아의 기본생활습관 형성과 관련된 환경을 크게 낮잠 및 휴식 영역, 수유 및 식사·간식 영역, 기저귀갈이영역, 화장실영역, 기타 영역으로 구분하여 살펴보고자 한다(Click, 1996; Olds, 2001).

1) 낮잠 및 휴식 영역

수면과 휴식은 일상생활이나 활동으로 인한 심신의 피로를 회복시켜 준다. 특히 하루 종일 어린이집에서 생활해야 하는 영유아들이 오전의 활동으로 쌓인 피로를 풀고 활기차게 오후활동을 준비할 수 있도록 낮잠과 휴식을 위한 공간이 필요하다. 보육실의 낮잠 및 휴식 영역은 채광과 통풍이 잘되고, 흥미영역과는

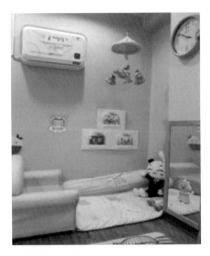

사진 설명 수면과 휴식을 위해 침구, 냉방기, 모빌 등이 설치되어 있다.
출처: https://blog.naver.com/ hungi911/ 221197430823

분리된 조용한 곳에 배치한다. 영유아의 잠자리가 편안하도록 창에는 커튼이나 블라인드를 설치하고, 개별 침대나 침구, 온풍기, 냉방기, 공기청정기, 모빌, 수면을 돕는 개별 취향에 따른 놀잇감을 비치한다(사진 참조).

2) 수유 및 식사 · 간식 영역

영유아는 영양이 충분한 수유 및 식사 · 간식을 통해 먹는 즐거움을 느끼고, 나아가 올바른 식습관과 식사예절을 배워야 한다. 보육교사는 이 시간을 통해 영유아의 개별적인 음식선호와 식습관을 파악하고, 영유아와 상호작용할 수 있는 기회로 활용한다. 영아는 조용하고 쾌적하고 안락한 공간에서 수유가 이루어질 때 심리적 안정감을 느낄 수 있다. 어린이집에는 원활한 수유를 돕기 위해 젖병살균기, 온수잠금장치가 되어 있는 냉 · 온수기, 냉장고, 전자레인지, 보틀워머(모유, 분유, 이유식 등을 빠르게 데워주는 제품) 등이 갖추어져 있어야 한다.

식사 및 간식은 식당에서 이루어진다. 식당은 배식시설 가까이에 위치하는 것이 바람직하다. 만일 어린이집에 별도의 식당이 없는 경우라면, 보육실의 책상을 깨끗이 정리하여

사진 설명 배식시설 가까이에 식당이 위치해 있다.

사용할 수 있다(사진 참조). 식사 및 간식 영역에는 영아용 의자, 식탁, 접시, 컵, 포크, 수저 등이 구비되어야 한다.

3) 기저귀갈이영역

15개월까지의 영아는 대부분 대소변을 잘 가리지 못해 기저귀에 의존하지만 점차 대변의 횟수가 줄어들고 변을 보는 시간도 일정해지게 된다. 기저귀갈이는 영아와 친밀감을 높일 수 있는 좋은 기회이므로, 교사는 눈 맞추고, 미소 짓

고, 말을 건네는 등 영아와의 상호작용을 통해 즐거운 시간이 될 수 있도록 노력해야 한다. 기저귀갈이는 지정된 공간에서 기저귀 전용 매트를 이용해서 바닥에서 하거나 영아가 떨어지지 않도록 난간 또는 안전벨트가 있는 기저귀갈이대를 이용한다(사진 참조). 교사는 기저귀갈이가 이루어지기 전/후 기저귀갈이대를 닦아 청결한 상태를 유지해야 하며, 기저귀를 가는 장소 근처에 영아가 흥미를 가질 수 있는 그림이나 모빌을 달아 주어 기저귀갈이를 즐거운 경험으로 인식할 수 있도록 배려한

사진 설명 교사는 기저귀갈이대에서 영아의 기저귀를 갈고 있다.
출처: https://blog.naver.com/ittang01/221352934246

다. 개별 기저귀, 물휴지, 여분의 옷, 분 등을 보관하는 수납장을 기저귀갈이대 근처에 배치해야 한다. 영아의 배변 후 뒤처리를 돕기 위한 개수대, 기저귀 전용 휴지통도 가까이에 준비한다.

4) 화장실영역

화장실영역은 크게 용변 처리, 손 씻기, 이 닦기와 같이 생리적 욕구 해결과 청결을 유지하는 활동이 이루어지는 곳이다. 화장실에 가는 것을 즐겁게 해 주기 위해서 화장실 주변을 밝고 아름답고 상쾌하게 꾸미는 것이 좋다. 화장실을 다녀오는 것은 하루 일과 중 수시로 일어나며 유아의 배변훈련 여부에 따라 개별적인 배려가 요구되는 바, 교사는 유아가 자연스럽게 익히도록 대소변 가리기를 강제로 진행하지 않는다. 또한 화장실 이용 시간과 관련해서는 가급적 정리정돈시간 후, 점심시간과 낮잠시간 전후, 자유선택활동시간 등을 활용하도록 지도한다. 어린이집에서는 배변 활동을 돕기 위해 영유아의 신체 크기를 고려해 크기가 작은 영유아용 소변기와 대변기를 설치해야 한다(사진 참조). 안전상의 문제로

사진 설명 어린이집에 영유아용 소변기가 설치되어 있다.
출처: https://cafe.naver.com/doorlove/891

인해 대변기가 있는 공간은 문을 설치하는 대신에 낮은 칸막이를 설치하고 바닥에는 미끄럼 방지장치를 하는 것이 좋다. 소변기와 대변기가 있는 벽면에는 올바른 용변보기 순서에 관한 그림 자료를 붙여두는 것도 도움이 된다.

이 닦기 및 손 씻기는 청결하고 위생적인 생활환경을 유지하고 규칙적인 생활습관을 형성하는 데 중요하다. 치아는 매번 식사 후와 낮잠 전에 닦는 것이 좋으며, 사용한 칫솔은 깨끗이 씻은 다음 칫솔살균기에 넣어 보관한다.

손 씻기는 질병을 예방하는 가장 기본이 되는 행동으로, 학기 초부터 손 씻기의 중요성, 올바르게 손 씻는 방법을 지속적으로 교육할 필요가 있다. 교사는 세면대 근처에 손 씻는 방법에 관한 그림 자료와 비누와 수건(또는 일회용 휴지, 손 건조기)을 비치해 두어야 한다.

5) 기타 영역

어린이집에서는 영유아의 안전사고를 예방하기 위해서 다음과 같은 실내외 시설과 설비를 갖추어야 한다. 첫째, 보육실의 모든 놀이기구와 모서리에는 안전보호대를 설치해야 한다. 둘째, 문에는 손이 끼이는 것을 예방하는 손끼임 방지장치나 문이 서서히 닫히게 하는 속도늦춤장치를 단다. 셋째, 영유아가 만져서는 안 되는 물건이나 화학약품은 캐비닛에 걸쇠를 채워서 보관한다. 넷째, 콘센트 덮개가 있는 안전콘센트를 사용해서 전기감전 사고를 예방한다. 다섯째, 영유아의 손이 닿지 않는 곳에 응급 처리를 할 수 있는 구급약품과 용품을 넣어둘 수 있는 보관장이 있어야 한다. 여섯째, 충분한 높이의 난간을 계단 측면에 설치하고 난간 막대 사이의 간격은 11cm 이상을 초과하지 않도록 하며, 계단참에는 안전문을 설치하여 영아가 혼자서 나가지 못하도록 한다. 일곱째, 실외놀이시설 근처에 위험요소(자동찻길, 주차장, 연못 등)가 있을 때에는 유아들이 기어오를 수 없도록 담장을 설치하거나 관목이나 큰 돌로 경계선을 마련해야 한다. 여덟째, 화재 시 대피할 수 있도록 비상통로에는 유도등 또는 유도 표시가

사진 설명 어린이집에서 화재대피훈련을 하고 있다.
출처: 파워미디어(2014. 6. 25.). 수정구 '어린이집 화재 비상대피훈련' 체험

부착되어 있어야 한다. 마지막으로 소화기는 각 층마다 비치되어 있어야 하며, 화재 시 대피할 수 있는 비상 대피 계단이 설치되어 있어야 한다(사진 참조).

4. 기본생활영역의 실제 활동

영유아기는 평생 동안 지속될 기본적인 생활 습관이 형성되는 시기이다. 이 시기에 교사는 영유아에게 건강하고 안전한 생활에 필요한 지식, 기능 및 태도를 익힐 수 있는 충분한 기회를 제공해야 한다.

제4차 표준보육과정(2020)에 따르면 기본생활습관 지도는 일상의 생활 공간과 시간 속에서 통합적인 과정으로 진행되는 것으로, 놀이 상황 속에서 교사가 기본생활영역을 어떻게 지원해야 하는지에 대해 기본생활영역의 실제 활동을 통해 소개하였다.

교사의 기대	(건강)손씻기의 중요성을 알고 스스로 손씻기를 해볼 수 있다. (안전)위험한 것을 함부로 만지지 않기를 실천할 수 있다.
기본생활습관	놀이 상황 속 영아의 행동을 관찰한 후 기본생활습관을 지도한다.
놀이의 시작	어린이집 근처 오전 산책을 하던 중에 개미를 발견하고 개미에 흥미를 보이면서 탐색놀이가 발현된다. 개미를 통해 동식물 안전교육과 산책 후에 위생교육이 요구됨을 관찰할 수 있었다.
계획 및 실행 개미 탐색하기	■ 계획 ① 산책 활동을 계획한다. ② 산책 활동 시 위험 요소가 없는지 확인한다. ③ 산책 활동 시 영아들이 흥미를 보이는 것에 대해 충분히 관찰할 수 있도록 배려한다. ④ 산책 활동 후에는 손씻기를 지도한다. ■ 실행 ① 산책 중 개미를 발견한다. ② 개미를 자세히 보기 위해 가까이 다가간다. ③ 한 마리가 아니라 여러 마리가 있는 것을 발견하더니 걸음을 멈추고 "으앙"하고 울음을 터트린다.

교사 놀이 지원	산책에서 돌아온 뒤 손씻기를 함께 하면서 손씻기의 중요성에 대해 설명하고, 스스로 해볼 수 있도록 격려한다.
	영아가 관찰하는 동안 주변에 위험요소가 없는지 확인하고, 개미를 만지거나 혹은 입에 넣는 등의 위험행동이 일어날 가능성에 대해 대비한다.

제5장 ● 신체운동영역

  발달은 여러 영역 간 상호작용을 통해 이루어진다. 즉, 신체발달, 인지발달, 사회정서발달은 통합적으로 나타난다고 볼 수 있다. 특히 영유아기의 발달은 다양한 발달영역 간 상호작용을 통해 급속도로 진행된다. 영유아기의 빠른 성장은 신체변화를 통해 두드러지게 나타난다. 영유아는 이동능력이 향상될수록 적극적으로 사물을 탐색하고 자유롭게 신체활동을 확장해간다. 움직임이 거의 없던 영아는 목을 가누고, 앉고, 서고, 걷게 되면서 활동량이 많아지고 활동반경 또한 넓어진다. 영아에서 유아로 성장하면서 대·소근육의 움직임이 활발해지고, 협응력, 균형감의 발달로 자신의 신체를 자유롭게 움직이게 된다. 또한 신체활동에 흥미를 느끼면서 적극적이고 안전하게 다양한 활동에 참여하게 된다. 이와 같이 신체발달은 그 자체의 의미를 넘어서 신체를 이용해 창의적인 동작을 표현해내거나, 또래 간 활동을 통해 긍정적인 관계망을 형성하는 것과도 관련된다. 다시 말해서, 영유아기의 신체발달은 신체적 성장뿐 아니라 인지발달 및 사회정서발달을 촉진하며 발달의 기초를 마련하는 중요한 의미를 지닌다고 볼 수 있다.

  표준보육과정과 누리과정의 신체운동 관련 영역은 다양한 신체활동을 통하여 자신의 신체에 대해 긍정적으로 인식하고 일상생활에 필요한 기본운동능력을 기르며 신체활동에 즐겁게 참여하기 위한 영역이다. 표준보육과정에는 신체운동영역과 별도로 기본생활영역이 있지만 누리과정에서는 신체운동과 기본생활영역이 통합되어 신체운동·건강영역으로 되어 있다.

따라서 이 장에서는 신체운동영역과 신체운동·건강영역의 이론적 기초와 함께 표준보육과정과 누리과정에서 제시한 신체운동영역, 신체운동·건강영역의 구성 및 목적, 하위영역별 내용 및 지도원리, 신체운동영역, 신체운동·건강영역의 환경구성과 함께 실제 활동을 살펴보고자 한다.

1. 신체운동영역의 이론적 기초

영유아는 자신의 신체를 탐색하면서 긍정적인 신체이미지를 발달시킨다. 또한 신체를 조절하면서 다양한 운동을 시도하고 몸 자체의 움직임 혹은 기구를 이용한 신체활동을 하면서 즐거움을 느낀다. 이러한 신체운동을 통한 이점에도 불구하고 오늘날의 영유아는 정적 생활양식 및 건강상 위험을 초래하는 스트레스 환경에 노출되어 있다. 따라서 건강한 생활환경을 마련해주는 차원에서 영유아의 신체발달에 대한 관심이 고조되고 있다(Catron & Allen, 2008). 다음에서는 영유아의 신체발달에 근거하여 신체운동 및 건강의 의미, 신체운동발달의 이론적 접근, 신체운동발달의 단계에 대해 살펴보고자 한다.

1) 신체운동 및 건강의 의미

사진 설명 영아가 기구(야구방망이)를 이용한 신체활동에 참여하고 있다.

영유아는 몸의 움직임 혹은 기구를 이용한 신체활동을 통해 즐거움을 느끼고, 많은 에너지를 소모한다. 특히 사물을 조작하는 능력이 발달하면서 다양한 도구를 활용한 신체활동에 참여한다(사진 참조). 신체활동에 적극적으로 참여하는 것은 기본운동능력의 향상은 물론 신체의 유연성을 길러주는 이상적인 방법이며, 적극적인 생활태도를 형성하게 하는 방법이다.

황순각(2005)에 의하면, 영유아는 신체활동을 통해 신체의 발육과 성장을 촉진시키고, 운동기능을 향상시키며,

안전에 대처하는 능력을 함양한다. 그리고 사회성발달은 물론 인지발달 및 정서발달을 도모한다. 이와 같이 영유아의 신체활동 참여는 다양한 발달영역 간의 조화를 통해 영유아가 통합적 발달을 이루는 기초를 마련한다고 볼 수 있다(사진 참조). 따라서 영유아가 신체활동에 즐거움을 느끼며 적극적이고 안전하게 참여하기 위한 부모 및 교사의 노력이 요구된다. 영유아의 발달수준에 적합한 신체활동을 제시하고, 신체활동 평가를 통해 영유아의 수준을 파악하며, 칭찬과 격려를 통해 신체활동에 흥미를 갖고 적극적으로 참여할 수 있도록 유도하여야 한다.

사진 설명 | 영유아들이 함께 물놀이를 하며 즐거워하고 있다.

영유아의 신체활동은 영유아의 건강과도 직결되어 있다. 특히 영유아기에 발생한 건강 문제는 단순히 그 시기로 끝나는 것이 아니라 일생에 거쳐 지속될 수 있기 때문에 그 심각성이 크다고 할 수 있다. 따라서 영유아에 대한 보다 세심한 건강관리가 요구된다.

우리는 종종 건강한 것을 질병이 없는 상태로 간주하지만, 세계보건기구(World Health

사진 설명 | 영아들이 강강수월래 놀이를 하기 위해 손을 맞잡고 있다. 이런 신체활동은 영아들의 신체발달은 물론 인지발달 및 사회정서발달을 촉진시킨다.

Organization: WHO)에 따르면 건강은 단지 질병이 없거나 허약하지 않은 상태만을 의미하는 것이 아니라, 신체적·정서적·사회적으로 완전한 안녕상태를 뜻한다. 한편 Smith는 건강을 임상적 건강개념, 역할수행상의 건강개념, 적응적 건강개념, 행복론적 건강개념으로 나누어 설명한다. 임상적 건강개념은 질병, 질환, 증후, 장애 등이 없는 것을 의미하고, 역할수행상의 건강개념은 자신에게 주어진 역할을 수행하는 데 어려움이 없는 상태를 말하며, 적응적 건강개념은 물리적·사회적으로 효과적인 상호작용을 통해 잘 적응하는 것을 의미하고, 행복론적 건강개념은 일반적인 안녕과 자아실현을 이루는 것을 말한다(김일성, 이광원, 이재철, 정동옥, 2005, 재인용). 이와 같이 건강은 신체적·정신적으로 질병이 없을 뿐 아니라 주어진 상황에서 자신이 맡은 역할을 잘 해내며 타인과의 관계가 원만하고 일상의 안녕을 느끼는 상태로 볼 수 있다.

영유아는 자신의 신변을 스스로 보호할 수 있는 능력의 부족으로 위험 상황에 보다 많이 노출되어 있다. 특히 유아의 경우 신체기능의 발달로 활동영역이 넓어지고 호기심의 발달로 탐색활동이 늘어나면서 위험에 노출될 가능성이 더욱 크다. 또한 균형감각과 같은 운동기능 및 판단능력과 같은 인지기능이 미비하여 위험 상황에 잘 대처하지 못하는 경우가 대부분이다. 따라서 교사는 안전한 일상을 통해 영유아가 건강한 삶을 누릴 수 있도록 안전에 대한 올바른 생활습관을 길러주어야 한다.

2) 신체운동발달의 이론적 접근

영유아는 하루 일과 중 많은 시간을 다양한 신체활동을 하며 보낸다. 신체활동은 신체라는 도구를 이용하여 움직이는 것으로, 자기 나름의 유연하고 자연스러운 움직임을 만들어내는 지식을 발전시키는 것이다(Laban, 1963). Laban은 움직임의 기본원리를 공간(space), 시간(time), 힘(force), 흐름(flow)의 네 가지 주제로 접근하여 신체활동에 대해 설명한다(류진희, 황환옥, 최명희, 정희정, 김유림, 2005). 공간은 "인간이 어디로 움직일 수 있는가?"를 이해하는 것이고, 시간은 속도, 가속과 감속, 리듬의 영역을 포함하며 신체활동이 주어진 시간이나 리듬에 따라 영향을 받는 것을 의미한다. 힘은 신체활동이 힘이 주어질 때와 힘이 주어지지 않을 때 그 질이나 형태에 차이가 있음을 이해하는 것이고, 흐름은 신체활동의 연속성과 관련된 것으로 신체활동이 부드럽게 연결되거나 끊어지는 것에 대해 이해하는 것이다. 이처럼 영유아가 보이는 신체활동은 움직임의 기본원리에 영향을 받는다. 이에 따라 영유아는 자신의 신체를 탐색하고 조절하며 운동능력을 향상시켜나가고 신체활동에 대한 즐거움을 느끼며 참여하게 된다(사진 참조). 영유아는 자신과 주변에 대한 탐색과정에서뿐 아니라 내·외부 자극에 반응하

사진 설명 유아들이 실외놀이터에서 자유롭게 신체활동을 하고 있다.

며 신체활동에 참여한다.

신체적 성장은 영유아기의 중요한 발달과업 중 하나이다. 이 시기의 신체발달은 두미발달의 원칙, 근원발달의 원칙, 세분화의 원칙에 근거하여 일어난다. 즉, 머리에서 발로, 몸의 중심에서 말초로, 일반적인 것에서 특수한 것으로 발달이 진행된다. 이러한 발달의 원칙에 따라 감각능력이 향상되고, 신체변화가 일어나면서 영유아는 점차 독립된 개체로서 성장해 나간다.

출생 시 신생아는 비자발적인 근육의 움직임을 통해 반사행동을 보이는데, 이는 일반적으로 주변의 환경자극이 있을 때 나타난다. 빨기 반사는 영아의 입에 우유병 혹은 젖꼭지를 갖다댈 경우에 보이고, 근원 반사는 영아의 얼굴을 건드리거나 쓰다듬을 경우에 나타난다. 모로 반사는 큰 소리에 반응하여 나타나고, 바빈스키 반사는 영아의 발바닥을 자극할 경우에 나타나며, 걸음마 반사는 평평한 곳에 발을 닿게 할 경우에 나타난다. 이러한 반사행동은 출생 후 수개월 내에 사라지거나 통제 가능한 움직임으로 바뀐다(Catron & Allen, 2008). 신생아의 행동이 초기에는 반사적으로 나타나지만, 사물을 잡고 활동하고 걷게 되면서 점차 목적이 있고 통제 가능한 행동으로 빠르게 변화한다. 영아는 자극과 반응을 반복하면서 감각운동기술을 습득하게 된다.

영아는 대부분 감각을 통해 환경에 대해 학습한다. 영아는 자신의 세계를 감각을 통해 처음 배우기 때문에, 영유아 보육과정에 모든 감각을 이용하는 활동을 포함시키는 것이 좋다(Essa, 1996). 다시 말해서, 감각경험은 영아 학습의 기초가 되므로, 영유아 보육프로그램은 영유아에게 유쾌한 감각경험을 제공할 수 있는 것이어야 한다(사진 참조). 예를 들어, 영유아에게 다채롭고 흥미로운 사물을 제시하고, 즐거운 음악을 들려주며, 다양한 촉감을 경험할 수 있게 하고, 요리활동을 통해 미각과 후각을 활용하게 할 수 있어야 한다. 이러한 활동을 통해 영유아는 오감능력을 발달시키고 감각적 차이를 정확히 인식하며 여러 감각기관을 동시에 활용할 수 있는 능력을 함양하게 된다.

한편 영유아는 자신의 신체상을 통해 자기

사진 설명 영아가 몬테소리 감각교구를 활용하여 활동하고 있다.

가치를 인식한다(Catron & Allen, 2008). 즉, 자신의 신체에 대해 어떤 이미지를 갖느냐에 따라 자신을 긍정적 혹은 부정적으로 인식한다. 표준보육과정의 신체운동영역에서는 영유아가 자신의 신체에 대해 긍정적으로 인식하는 것이 중요하다고 강조한다(여성가족부, 2007). 이는 긍정적 자기인식을 통해 신체적·심리적으로 건강한 발달을 도모할 수 있기 때문이다. 영아는 자신의 신체를 탐색하는 과정을 거쳐 외부세계를 탐색할 수 있게 된다. 특히 영아기 초기에는 자신의 신체가 영아에게 있어 좋은 놀잇감이 된다(사진 참조). 영아는 먼저 손발을 탐색하기 시작하고, 점차 팔과 다리의 움직임을 익히며, 기본적인 신체기관의 명칭을 알아간다. 유아는 신체 각 부분의 명칭을 보다 정확히 이해하고, 신체 각 부분의 특징을 활용하여 움직이며, 자신의 신체능력에 대해 긍정적으로 인식한다.

이와 같이 영유아기에는 출생 시 갖고 태어난 감각능력이 보다 향상되고, 자신의 신체를 인식함으로써 자아인식이 가능해지는 시기이다. 영유아의 감각능력 및 신체 인식은 유전적으로 프로그램된 기제뿐 아니라 주변 환경의 영향을 받아 발달한다. 따라서 연령, 개인, 문화 차원의 발달적 적합성을 고려하여 영유아에게 적절한 자극을 제시할 때 영유아는 긍정적인 발달을 이룰 수 있을 것이다.

사진 설명 영아가 자신의 발을 가지고 놀고 있다.

3) 신체운동발달의 단계

영아기는 신체가 급격히 변화하여 성장하는 시기로 '제1성장급등기'라고 불린다. 이에 비하여 유아기는 신체가 완만한 속도로 변화하며 꾸준히 성장해 가는 시기이다. 영유아기에는 신장, 체중, 신체비율이 변할 뿐 아니라 신체조절 및 운동 능력이 인생의 어느 시기보다도 빠르게 향상된다(Allen & Marotz, 1994). 특히 영유아기의 신체발달은 운동능력과 밀접한 관련이 있는데, 신체가 발달함에 따라 운동능력이 향상된다. 이와 함께 영유아기에는 자신의 신체를 스스로 움직이고 조절할 수 있는 능력이 발달한다. 대·소근육의 움직임이 보다 정교해지고, 앉기·서기·걷기가 가능해질 뿐 아니라, 사물을 손에 쥐고 조작할 수 있는 능력이 향상된다. 또한 협응력 및 균형감의 발달로 눈에 보이는 사물을 잡는 것이 용이해지고, 보다 안정되고 바른 자세로 균형을 잡고 활동할 수 있게 된다(사진 참조).

신체조절능력은 점진적으로 발달하는데, 영아기 초기에는 자발적이기보다는 반사능력에 기초한 움직임을 보이고, 연령이 증가하면서 좀 더 부드럽고 목적지향적인 움직임을 보인다(Essa, 1996). 걷기, 달리기, 두 발로 뛰기, 앙감질하기, 던지기, 균형 잡기는 신체조절을 위한 기본요소로서 생후 몇 해에 걸쳐 발달한다(Keogh & Sugden, 1985). 걷기는 한 곳에서 다른 곳으로 자신을 움직이는 기본적 이동방법이고, 달리기, 두 발로 뛰기, 앙감질하기와 던지기는 일종의 기본적 놀이기술이다(사진 참조). 균형 잡기는 자세조절능력을 평가하는 방법이 된다. 이러한 주요 기술은 연령이 증가하면서 좀 더 정교해진다(Essa, 1996).

사진 설명 영아가 체육교사의 도움을 받아 유니바 위를 걷고 있다.

각 운동능력을 처음 습득하는 시기는 영유아마다 어느 정도 차이가 있으나, 신체운동기술을 습득하는 순서는 일정하다(Catron & Allen, 2008). Gallahue(1993)는 운동발달을 다음과 같이 네 단계로 나누어 설명하였다. 첫 번째는 반사적 운동기(reflexive movement phase)로서 생후 첫 1년 동안의 시기이다. 이 단계의 영아는 처음에는 반사적으로 반응하나, 점차 자발적인 통제를 통해 운동능력을 향상시켜 나간다. 두 번째 단계는 초보적 운동기(rudimentary movement phase)로서 신체조절력이 점진적으로 발달하는 2세까지의 기간을 일컫는다. 세 번째 단계는 기본적 운동기(fundamental movement phase)로서 미숙한 기술을 온전하게 발달시켜 나가

사진 설명 영아가 블록 위를 균형을 잡고 건너고 있다.

Eva Essa

David L. Gallahue

는 2세에서 7세까지의 시기를 의미한다. 끝으로, 네 번째 단계는 전문화된 운동기(specialized movement phase)로서 특수한 운동경기에서처럼 전문화된 운동기술을 적용해 보는 7세 이상의 시기를 일컫는다.

한편 사물을 조작하는 능력 또한 일정한 단계를 거쳐 발달한다. 첫 번째 단계에서 영아는 사물을 보고 매료되기는 하지만 아직 움직이지는 못한다. 두 번째 단계에서는 매혹적인 사물을 보고 움직이고자 하는 마음의 동요를 보이며 손을 움직이거나 흔들기는 하지만, 사물을 취하는 데 필요한 협응능력을 발휘하지는 못한다. 세 번째 단계에서 영아는 사물을 조작하기 위해 만질 수 있고, 마지막 네 번째 단계에서 유아는 사물을 조작하거나 신체를 움직일 때 각 부분을 보다 잘 조절할 수 있다. 예를 들어, 블록을 쌓아올리고, 던지고, 정렬하는 것이 가능해진다(Cratty, 1970).

영유아의 신체운동능력은 타고난 유전적 기제에 따라 발달하며 연습을 통해 더욱 향상된다. 따라서 영유아의 신체운동능력을 향상시키기 위해서는 신체발달의 방향 및 순서를 정확히 파악하고 그에 따라 적절한 발달적 자극을 제공해 주어야 한다. 영아는 앉고 서고 걷는 과정을 통해 몸을 자유롭게 이동할 수 있게 되면서 대근육을 발달시키고, 사물을 잡고 조작하면서 소근육을 발달시킨다. 신체발달에 관한 초기 이론은 영유아의 신체발달이 학습이 아닌 성숙의 결과로 나타난다고 가정하였다. 하지만 최근 연구에서는 신체운동에 필요한 자극이 결핍될 때, 운동발달이 심각하게 지연된다는 사실이 입증되었다(Catron & Allen, 2008). 다시 말해서, 운동능력은 신체기능의 변화를 통한 자연스러운 과정을 거쳐 발달할 뿐 아니라 연습을 통한 반복학습으로 더욱 향상될 수 있다는 것이다. 따라서 영유아의 운동발달을 촉진하기 위해 부모 및 교사는 영유아 개개인의 발달수준을 고려하여 계획적이고 체계적으로 보육하여야 한다(사진 참조).

특히 영유아가 신체활동을 하는 데 있어 유의해야 할 사항은 안전에 대해 인식하는 것이다. 영유아가 활동하는 공간 자체의 안전도 중요하지만 무엇보다도 영유아 스스로 자신의 신체를 보호할 수 있는 기술과 태도를 함양하여야 한다. 일반적으로 영유아의 일상생활이 신체활

사진 설명 유아가 체육교사와 함께 특별활동시간에 줄넘기를 하고 있다.

동을 통해 이루어지므로, 신체활동을 보다 계획적으로 준비하여 활용한다면 영
유아발달을 촉진시킬 수 있다. 다시 말해서, 영유아 보육프로그램에서는 다양
한 신체활동에 관한 내용뿐 아니라 안전하게 신체활동에 참여하는 내용 또한 다
룰 필요가 있다.

2. 표준보육과정의 신체운동영역

1) 신체운동영역의 구성 및 목적

　표준보육과정의 신체운동영역은 감각과 신체 인식하기, 신체활동 즐기기로
구성되어 있다. 감각과 신체 인식하기에서는 영아의 감각능력 및 신체 인식의
중요성에 입각하여 오감발달과 신체 탐색 및 인식에 관한 내용을 다루고 있다.
신체활동 즐기기에서는 대소근육 운동의 발달을 통한 신체조절능력 및 기본운
동능력의 발달, 실내외 신체활동 즐기기에 대한 내용을 포괄하고 있다. 신체운
동영역의 내용 범주는 〈표 5-1〉과 같다.

〈표 5-1〉 표준보육과정 신체운동영역의 구성

내용 범주	내용	
	0~1세	2세
감각과 신체 인식하기	• 감각적 자극에 반응한다. • 감각으로 주변을 탐색한다. • 신체를 탐색한다.	• 감각 능력을 활용한다. • 신체를 인식하고 움직인다.
신체활동 즐기기	• 대소근육을 조절한다. • 기본 운동을 시도한다. • 실내외 신체활동을 즐긴다.	• 대소근육을 조절한다. • 기본 운동을 즐긴다. • 실내외 신체활동을 즐긴다.

　2020 개정 표준보육과정은 2019 개정 누리과정에 준하여 기존 표준보육과정
의 6개 영역을 유지하고는 있으나 각 영역에 포함되는 범주와 내용을 간략화하
였다. 즉, 기존의 신체운동영역은 '감각과 신체 인식하기' '신체조절과 기본운동
하기' '신체활동에 참여하기'의 세 가지 범주로 구성되어 있었으나, 개정 표준보

육과정에서는 앞의 세 내용 범주를 통합하여 '감각과 신체 인식하기' '신체활동 즐기기'로 구성되어 있음을 확인할 수 있다.

신체운동영역의 목표는 영아가 감각 탐색을 즐기고, 신체활동을 즐겁게 경험하는 데 있다. 이러한 내용에 기초하여 볼 때 신체운동영역은 영아가 자신의 신체를 탐색하고 인식하며 다양한 신체활동에 참여함으로써 영아기에 필요한 감각능력, 신체조절능력 및 기본운동능력을 향상시키고자 하는 데 그 목적이 있다.

2) 신체운동영역의 하위영역별 내용 및 지도원리

표준보육과정의 신체운동영역은 감각과 신체 인식하기, 신체활동 즐기기의 두 가지 내용으로 구성되어 있다. 신체운동영역의 내용별로 지도원리를 살펴보면 다음과 같다.

(1) 감각과 신체 인식하기

감각과 신체 인식하기는 영아가 감각적 자극에 반응하고, 감각으로 주변 및 신체를 탐색하는 내용이다. 영아는 감각을 통해 자신의 세계를 배우며, 자신의 신체상을 통해 자기가치를 인식한다(Catron & Allen, 2008; Essa, 1996). 영아기는 오감이 발달하고 자신의 신체에 관심을 가지며 자신에 대해 알아 가는 시기로서 신체발달이 두드러지게 나타난다. 즉, 출생 시 갖고 태어난 감각능력을 좀 더 발달시키고 감각기관을 활용하여 자신의 신체 및 주변 환경을 탐색해 가는 시기라고 할 수 있다. 따라서 영아기에는 오감을 활용한 탐색활동을 촉진시켜 주고, 자신의 신체에 대한 관심이 높아 신체를 놀잇감으로 활용하는 경우가 있으므로 이를 통해 신체 움직임을 탐색해 보도록 할 수 있다. 다음은 감각과 신체 인식하기에 관한 연령별 세부내용이다.

① 0~1세 영아

0~1세 영아는 Piaget의 감각운동기에 해당하는 시기로, 영아는 감각이라는 자극과 운동이라는 반응을 통해 성장한다. 이 시기의 영아를 대상으로 한 감각과 신체 인식하기에 관한 내용을 살펴보면, 감각적 자극에 반응하고, 감각으로

주변을 탐색하며, 신체를 탐색하는 내용으로 구성되어 있다. 감각적 자극에 반응하기는 감각기관을 통해 자극을 느끼고 반응하는 것으로, 영아는 눈, 코, 입, 귀, 손 등의 감각기관을 활용하여 다양한 감각을 경험해 볼 수 있는 기회를 갖는다. 또한 영아는 자신의 신체로부터 외부세계로의 관심을 확대해 나가므로 자신의 신체를 탐색할 수 있는 놀이를 경험해 보는 것이 필요하다.

② 2세 영아

2세 영아를 대상으로 한 감각과 신체 인식하기의 내용은 감각능력을 활용하며, 신체를 인식하고 움직이는 내용으로 구성되어 있다. 영아는 다양한 감각적 차이에 반응하며 감각능력을 기르며, 감각기관을 통해 주변 환경을 탐색하고, 신체 각 부분의 명칭을 알고 신체 각 부분의 움직임을 탐색한다. 이 시기의 영아는 언어능력의 발달로 감각적 차이를 언어로 표현할 수 있고, 운동능력의 향상으로 자신의 신체기관을 인식하고 움직일 수 있기에 이와 관련된 활동을 제공하는 것이 필요하다.

(2) 신체활동 즐기기

신체활동 즐기기는 영아가 대소근육을 조절하고, 기본 운동을 시도하고 즐기며, 실내외 신체활동을 즐기는 내용이다. 영아기는 신체발달에 따라 조절능력 및 기본운동능력이 향상되는 시기로서, 영아는 신체활동을 통해 신체발달을 촉진시키고 운동기능을 향상시키며 안전에 대처하는 능력을 함양한다(황순각, 2005). 영유아의 신체조절능력은 연령이 증가함에 따라 반사능력에 기초한 움직임에서 목적지향적인 움직임으로 변화되어 나타난다(Essa, 1996). 또한 영유아의 조절능력이 발달하며 기본운동능력의 기초를 마련하게 된다. 영유아의 운동기술은 일련의 순서에 따라 습득되므로(Catron & Allen, 2008), 이를 정확히 인식하고 있는 부모와 교사라면 적절한 시점에 개입하여 발달을 촉진시킬 수 있다. 영아기는 인생 전반에 걸쳐 볼 때 짧은 시기이기는 하나, 대소근육 조절이 가능해지고 협응력 및 균형감이 발달하며 이동 및 비이동 운동이 활발해지는 시기이다. 영아의 신체조절능력과 기본운동능력의 향상을 위해서는 영아가 시행착오를 거치는 동안 많은 격려를 통해 성공적 과제수행이 이루어지도록 하는 것이 필요하다. 다음은 신체활동 즐기기에 관한 연령별 세부내용이다.

① 0~1세 영아

0~1세 영아는 출생 후 앉고 서고 걷기까지의 과정을 거치며 점차 이동이 가능해진다. 이 시기 영아를 대상으로 한 신체활동 즐기기에 관한 내용을 살펴보면, 대소근육을 조절하고, 기본 운동을 시도하고, 실내외 신체활동을 즐기는 내용으로 구성되어 있다. 이 시기 영아는 뒤집기 등 몸을 조절하여 위치를 바꾸는 것에서 누웠다 앉기 등 몸의 움직임을 조절하며 대근육조절능력을 발달시키고, 보이는 물체에 손을 뻗는 것에서 눈과 손을 협응하여 소근육조절능력을 함양한다. 또한 이동운동 및 비이동운동을 시도하고, 실내외 공간에서 몸의 움직임을 다양하게 시도하며 신체활동을 시도한다. 따라서 이 시기 영아의 운동능력 향상을 위해서는 안전을 고려한 크기의 조작 놀잇감을 제공하고, 걸음마 연습용 바퀴 달린 놀잇감을 밀며 신체활동을 할 수 있도록 하며, 손잡이가 달린 흔들말을 타고 앞뒤로 흔들며 신체활동의 즐거움을 느끼도록 하는 것이 필요하다.

② 2세 영아

2세 영아를 대상으로 한 신체활동 즐기기에 관한 내용을 살펴보면, 대소근육을 조절하고, 기본 운동을 즐기며, 실내외 신체활동을 즐기는 내용으로 구성되어 있다. 이 시기의 영아는 균형감 및 조절능력의 발달로 이동 및 비이동 운동능력이 향상되고, 신체활동에 자발적으로 참여하며 간단한 기구를 이용한 신체활동을 즐기게 된다. 이러한 신체조절능력 및 기본운동능력은 연령증가에 따라 그 능력이 점차 정교화된다. 한편 영아는 다양한 발달영역 간에 조화를 이루고 상호작용하면서 성장한다. 다시 말해서, 영아는 신체발달 및 인지발달로 여러 가지 도구를 조작하여 활용할 수 있게 되고, 사회정서발달로 또래 혹은 양육자와 상호작용하며 다양한 활동에 참여하게 된다. 또한 영아는 자신의 신체에 대한 관심을 넘어서서 신체의 움직임을 통해 즐거움을 느끼고 이런 즐거움을 얻기 위해 다시 활동에 참여하고자 하는 욕구가 생긴다. 따라서 영아에게 놀잇감은 발달수준에 적합한 것으로 제공하고, 상황에 따라 혼자 혹은 함께할 수 있는 신체활동을 경험하도록 하며, 안전한 환경에서 신체 움직임을 시도해 볼 수 있는 공간을 확보해 주는 것이 필요하다.

3. 누리과정의 신체운동 · 건강영역

1) 신체운동 · 건강영역의 구성 및 목적

누리과정의 신체운동 · 건강영역은 신체활동 즐기기, 건강하게 생활하기, 안전하게 생활하기로 구성되어 있다. 신체활동 즐기기에서는 유아가 신체를 인식하고 움직이며, 신체움직임을 조절하고, 기초적인 이동운동, 제자리 운동, 도구를 이용한 운동을 하며, 실내외 신체활동에 자발적으로 참여하는 내용을 다루고 있다. 건강하게 생활하기에서는 유아가 자신의 몸과 주변을 깨끗이 하고, 몸에 좋은 음식에 관심을 가지고 바른 태도로 즐겁게 먹으며, 하루 일과에서 적당한 휴식을 취하고 질병을 예방하는 방법을 알고 실천하는 내용을 포함하고 있다. 안전하게 생활하기에서는 일상에서 안전하게 놀이하고 생활하며, TV, 컴퓨터, 스마트폰 등을 바르게 사용하고, 교통안전 규칙을 지키며, 안전사고, 화재, 재난, 학대, 유괴 등에 대처하는 방법을 경험하는 내용을 포괄하고 있다. 신체운동 · 건강영역의 내용 범주는 〈표 5-2〉와 같다.

〈표 5-2〉 누리과정 신체운동 · 건강영역의 구성

내용 범주	내용
신체활동 즐기기	• 신체를 인식하고 움직인다. • 신체 움직임을 조절한다. • 기초적인 이동운동, 제자리 운동, 도구를 이용한 운동을 한다. • 실내외 신체활동에 자발적으로 참여한다.
건강하게 생활하기	• 자신의 몸과 주변을 깨끗이 한다. • 몸에 좋은 음식에 관심을 가지고 바른 태도로 즐겁게 먹는다. • 하루 일과에서 적당한 휴식을 취한다. • 질병을 예방하는 방법을 알고 실천한다.
안전하게 생활하기	• 일상에서 안전하게 놀이하고 생활한다. • TV, 컴퓨터, 스마트폰 등을 바르게 사용한다. • 교통안전 규칙을 지킨다. • 안전사고, 화재, 재난, 학대, 유괴 등에 대처하는 방법을 경험한다.

2019 개정 누리과정은 기존 누리과정의 5개 영역을 유지하고는 있으나 각 영역에 포함되는 범주와 내용을 간략화하였다. 즉, 기존의 신체운동·건강영역은 '신체 인식하기' '신체 조절과 기본 운동하기' '신체활동에 참여하기' '건강하게 생활하기' '안전하게 생활하기'의 다섯 가지 범주로 구성되어 있었으나, 개정 누리과정에서는 앞의 세 내용 범주를 통합하여 '신체활동 즐기기'와 '건강하게 생활하기' '안전하게 생활하기'로 구성되어 있음을 확인할 수 있다.

신체운동·건강영역의 목표는 유아가 실내외에서 신체활동을 즐기고, 건강하고 안전한 생활을 하는 데 있다. 다시 말해서, 유아가 다양한 신체활동에 즐겁게 참여하고, 청결과 위생, 즐거운 식사, 적당한 휴식을 통해 건강한 생활습관을 기르며, 일상에서 안전하게 생활하는 방법을 배우고 실천하는 데 있다고 할 수 있다. 신체운동·건강영역은 유아가 신체 움직임을 통해 자신의 신체를 긍정적으로 인식하도록 하며, 신체조절능력 및 균형감의 발달을 통해 기본운동능력 및 기초체력을 기르도록 하고, 즐겁게 신체활동에 참여함으로써 성취감과 긍정적 자아개념을 형성할 수 있도록 하는 데 목적이 있다고 하겠다. 또한 건강과 안전에 주의를 기울이고 올바른 생활습관을 형성하도록 하는 데 목적이 있다.

2) 신체운동·건강영역의 하위영역별 내용 및 지도원리

누리과정의 신체운동·건강영역은 신체활동 즐기기, 건강하게 생활하기, 안전하게 생활하기의 세 가지 내용으로 구성되어 있다. 신체운동·건강영역의 내용별로 지도원리를 살펴보면 다음과 같다.

(1) 신체활동 즐기기

신체활동 즐기기는 유아가 신체를 인식하고 조절하며, 다양한 방법으로 운동을 하며, 실내외 신체활동에 자발적으로 참여하는 내용이다. 구체적으로 살펴보면, 첫째, 유아가 자신의 신체에 관심을 가지며 신체 각 부분의 특성을 알고 다양하게 움직이는 내용을 포함한다. 둘째, 유아가 몸을 움직이며 균형을 잡고, 몸이나 도구의 움직임을 다양하게 조절하는 내용과 눈과 손을 협응하며 소근육 움직임을 조절하는 내용을 포함한다. 셋째, 유아가 한 곳에서 다른 곳으로 몸을 움직이는 걷기·달리기·뛰어넘기 등의 이동운동, 구부리기·뻗기·돌기 등의 제자리 운동, 공 · 줄 · 후프 등의 도구를 이용한 운동을 하는 내용을 포함한다. 넷째, 유아가 하루 일과에서 실내외의 다양한 신체활동에 자발적으로 즐겁게 참여하는 내용을 포함한다.

유아는 영아와 같이 감각을 통해 자신의 세계를 배우며, 자신의 신체상을 통해 자기가치를 인식한다(Catron & Allen, 2008; Essa, 1996). 영아기에 비하여 유아기는 인지능력의 발달로 여러 감각기관을 협응하여 활용할 수 있고 자신의 신체를 긍정적으로 인식하며 움직일 수 있다. 따라서 유아기에는 다양한 감각기관을 활용해볼 수 있는 활동을 계획하여 여러 가지 감각기관을 사용해 보도록 권장하며 다양한 경험의 기회를 제공해 주는 것이 필요하고, 신체 각 부분의 특징을 알고 움직이며 자신의 신체상에 대해 긍정적으로 인식하도록 지도하여야 한다. 또한 유아의 신체조절능력과 기본운동능력의 향상을 위해서는 움직임의 요소를 활용하여 다양한 움직임을 만들어 보도록 경험을 제공하고 신체 각 부분의 움직임을 조절하고 협응하는 능력을 기르도록 한다. 유아기에는 유아가 주도성을 보이며 스스로 활동에 참여하고자 하는 의지를 나타내기 시작한다. 하지만 안전의식수준은 여전히 충분히 발달되지 못한 상태에 있다. 특히 기구를 이용한 신체활동 시에는 기구의 올바른 사용법에 맞춰 신체활동을 하도록 하고, 유아가 자발적이고 적극적으로 활동에 참여할 경우 구체적으로 칭찬하고 격려하는 것이 필요하다.

(2) 건강하게 생활하기

건강하게 생활하기는 유아가 스스로 몸과 주변을 깨끗이 하고, 즐겁게 식사하며, 자신의 신체 리듬에 맞게 휴식을 취하고, 질병을 예방하는 다양한 방법을 실천하는 내용이다. 구체적으로 살펴보면, 첫째, 유아가 손을 씻고 이를 닦는 등 몸을 깨끗이 하는 적절한 방법을 알고 실천하며, 자기 주변을 깨끗하게 정리정돈하는 내용을 포함한다. 둘째, 유아가 몸을 건강하게 하는 음식에 관심을 가지고, 음식을 소중히 여기며, 제자리에 앉아서 골고루 먹게 하는 내용을 포함한다. 셋째, 유아가 피곤하거나, 몸이 아프거나, 몸을 많이 움직여서 쉬고 싶을 때, 적절한 휴식을 취하는 내용을 포함한다. 넷째, 유아가 질병의 위험으로부터 건강을 유지할 수 있는 다양한 생활방식(몸을 청결히 하기, 날씨와 상황에 알맞은 옷 입기, 찬 음식 적당히 먹기, 정해진 시간에 자고 일어나기, 따뜻한 물 마시기 등)을 경험하는 내용을 포함한다.

'세 살 버릇 여든 간다'라는 속담과 같이 어렸을 때 익힌 생활습관이 평생을 좌우할 수 있으므로 유아기에는 올바른 생활습관을 몸에 익히도록 지도하는 것이 필요하다. 건강하게 생활하는 것은 현재의 건강뿐 아니라 미래의 건강을 예측하는 지표로도 작용하므로 유아기에 건강한 생활습관을 기르도록 하여야 한다. 유아기는 운동능력의 향상으로 스스로 할 수 있는 것이 많아지고 스스로 하고자 하는 욕구가 커지는 시기이므로 유아가 직·간접 경험을 통해 옳은 생활습관을 익힐 수 있도록 지도하는 것이 필요하다. 특히 먹는 것이 건강으로 표현되어 나타나므로 몸에 좋은 음식을 권하고, 일상에서 손 씻기와 이 닦기를 철저히 하며, 즐겁게 일과에 임하도록 하는 것이 요구된다.

(3) 안전하게 생활하기

안전하게 생활하기는 유아가 안전하게 놀이하고 생활하며, 일상에서 자주 접하는 TV, 컴퓨터, 스마트폰을 바르게 사용하고, 안전하게 다닐 수 있도록 교통안전 규칙을 지키며, 안전사고, 화재, 재난, 학대, 유괴 등의 위험한 일이 발생하였을 때 도움을 요청하거나 대처할 수 있는 방법을 경험하는 내용이다. 구체적으로 살펴보면, 첫째, 유아가 일상에서 위험한 장소, 상황, 도구 등을 알고, 안전한 놀이방법과 놀이규칙을 지키며 놀이하고 생활하는 내용을 포함한다. 둘째, 유아가 흔히 접하는 TV, 컴퓨터, 스마트폰 등을 필요한 상황에서 적절하게 사용하며, 바른 자세로 이용하는 내용을 포함한다. 셋째, 유아가 안전한 보행 및 도로 횡단, 교통기관의 안전한 이용 등 교통안전 규칙을 알고 실천하는 내용을 포함한다. 넷째, 유아가 안전사고, 화재, 재난, 학대, 유괴 등의 위험에 처한 상황을 알고, 주변에 도움을 요청하는 방법을 배우며, 평소 훈련에 따라 대피하는 연습을 하는 등의 안전교육과 관련된 내용을 포함한다.

유아는 신체발달로 활동영역이 넓어지고 인지발달로 호기심이 많아지면서 위험에 노출될 가능성이 크다. 그러나 균형감각과 같은 운동기능 및 판단능력과 같은 인지기능이 아직은 미비하여 위험에 잘 대처하지 못하는 경우가 종종 있다. 따라서 유아기는 안전하게 생활하는 것에 대한 지도가 필요하다. 유아는 안전하게 놀이하는 것뿐 아니라 교통안전 관련 교육이 필요하고 비상시 적절히 대처하는 방법에 대해 알고 행동하도록 해야 한다. 유아가 안전하게 생활하도록 하기 위해서는 단순한 주입식 교육보다는 유아가 이해하기 쉽게 상황극을 보

여줄 수 있고 일회성 교육보다는 반복해서 교육하는 것이 필요하다. 또한 유아
가 사용하는 놀잇감과 놀이기구가 안전한 것인지는 점검하고 이용할 수 있도록
지도하여야 한다.

4. 신체운동영역의 환경구성

영유아는 일상생활 속에서 운동능력을 발
달시키기 위한 기회를 많이 접한다. 영유아는
성인 및 또래로부터 걷고, 뛰고, 균형 잡고, 조
작하는 활동을 격려받는데, 이러한 대 · 소근
육 운동을 촉진시키는 환경 속에서 운동능력
을 발달시켜나간다(사진 참조). 영유아의 신체
운동능력을 향상시키기 위해서는 충분한 공
간이 필요하고 발달에 적합한 도구를 갖춰야
하며 활동시간 및 활동을 위한 집단 크기를 고
려할 필요가 있다.

사진 설명 유아가 블록을 이용하여 조형물을 만들고 있고, 그
뒤로 교구장에 다양한 교구가 배치되어 있다.

영유아의 보육환경은 상호작용 차원, 물리적 차원, 시간적 차원으로 나눠 볼
수 있다(Estes, 2004). 따라서 신체운동을 위한 보육환경도 이와 같은 세 가지 차
원에서 고려해 볼 수 있다. 상호작용 차원에서 교사는 영유아의 발달적 특성을
고려하여 영유아의 수준에 적합한 신체활동을 제시해야 한다. 물리적 차원에서
운동발달을 촉진하기 위한 공간구성 및 교구배치를 적절히 하여야 하고, 시간적
차원에서 하루 일과 중 신체운동을 위한 시간을 미리 계획하고 실천해야 한다.

한편 영유아기 주요 발달과업 중 하나는 운동기술을 향상시키는 것이다. 운
동능력은 유전적 기제 및 환경의 영향을 받으며 발달한다. 즉, 타고난 기제에 따
라 대 · 소근육이 발달할 뿐 아니라 영유아를 둘러싸고 있는 가정, 어린이집의
환경에 따라 운동능력의 발달은 차이를 보일 수 있다. 유전적으로 프로그램된
기제에 따라 영유아가 건강한 발달을 이루기 위해서는 무엇보다 환경구성에 주
의를 기울여야 한다. 영유아는 또래 혹은 성인과의 관계망 속에서 새로운 것을
시도해 보고 반복하며 학습하므로, 영유아에게 적절한 환경을 제공해 줌으로써

보다 건강한 발달을 촉진할 수 있다. 특히 영유아는 자기 자신을 탐색하거나 또래관계를 형성하는 데 있어 대·소근육 운동기술을 활용하는데, 이러한 과정에서 대·소근육의 움직임이 보다 능숙해짐을 알 수 있다. 따라서 영유아가 자신 및 타인에 대한 인식이 가능해지고 운동능력을 향상시키기 위한 환경구성에는 무엇보다 영유아가 자유롭고 안전하게 활동할 수 있는 충분한 크기의 공간이 필요하고, 발달수준에 적합한 교구, 선반, 영역 구분 칸막이를 설치하는 것이 요구된다. 또한 신체활동을 안전하게 할 수 있도록 패드를 구비하는 것도 필요하고, 화장대, 주방용품 등을 영유아의 신체 크기를 고려하여 선택하고 적절한 장소에 배치하는 것이 바람직하다. 영유아의 손과 손가락을 튼튼하게 하기 위해 다양한 재료를 준비해둘 필요가 있다. 이를 위해 시판 중인 특수재료를 구입해야 하는 경우도 있다. 다음은 소근육운동영역의 공간구성에 관한 것이다(Click, 1996).

▶ **소근육운동영역의 공간구성**
▷ 선택한 재료를 편리하게 보관하기 위한 선반 제공
▷ 재료를 보관하기 위해 깨끗한 플라스틱 상자나 통 준비
▷ 재료(구슬, 블록, 레고, 퍼즐, 고리, 적목, 페그와 페그보드, 모양상자 등) 준비
▷ 플라스틱 용기, 플라스틱 집게 준비
▷ 플라스틱 혹은 금속 볼, 목재 스푼 준비
▷ 페이지를 넘기거나 종이 찢기에 사용할 수 있는 색색의 사진잡지 제공
▷ 빵을 넣고 뺄 수 있는 플라스틱 빵 바구니 준비

사진 설명 좁은 공간을 활용하여 꾸민 유희실

대·소근육 운동영역에 배치하기 위한 이들 교구는 영유아 교구매장에서 용이하게 구입할 수 있다. 무엇보다 중요한 것은 영유아가 넓은 공간에서 안전하게 다양한 신체활동을 하며 운동기술을 발달시킬 수 있어야 한다는 것이다. 그러기 위해서 교사는 좁은 공간이라도 그 공간을 적절히 활용할 수 있는 지혜와 영유아의 발달수준에 맞는 풍부한 자료를 제공할 수 있는 자질을 갖추는 것이 필요하다(사진 참조).

5. 신체운동영역의 실제 활동

개정 누리과정(2019) 및 표준보육과정(2020)은 영유아주도의 놀이를 중요하게 어기며, 영유아가 관심을 갖는 놀이를 교사가 지지하고 영유아 놀이의 확장을 위한 교사지원체계를 강조한다고 할 수 있다. 신체운동영역의 실제 활동에서는 영유아의 놀이가 어떻게 시작되고, 어떻게 놀이가 계획 및 실행되어 가고 확장되어 가는지, 이러한 과정에서 교사는 어떻게 지원하는지에 초점을 두고 제시하였다.

1) 표준보육과정의 실제 활동: 나비가 되어보기 놀이

교사의 기대	실외활동 시 우연히 발견한 나비를 통해 나비의 특징을 알아보고, 나비의 움직임을 자유롭게 표현해 보며 신체활동에 즐겁게 참여할 수 있으리라 생각한다. 한편 날개를 표현할 수 있는 도구를 활용한다면 실제 나비가 된 느낌을 보다 실감나게 표현할 수 있으리라 생각한다.
신체운동	신체활동 즐기기 - 실내외 신체활동을 즐긴다.
놀이의 시작	실외에서 놀이를 하던 중 영아들이 나비를 발견하고 이야기를 나눈다. "얘들아, 나비 봤어?" "어디?" "어디 있어?" "저기 날아간다." "우와, 예쁘다." 영아들이 나비를 발견하고 나비의 움직임에 관심을 갖는 것을 확인한다.
계획 및 실행 나비가 되어보기 놀이하기	■ 계획 ① 나비의 색깔, 무늬, 모양, 날갯짓 등의 특징에 대해 이야기를 나눈다. ② 나비의 움직임을 흉내 내본다. ③ 나비 날개를 대체할 수 있는 소품을 찾아 활용한다. ④ 동요 〈나비야〉 음원을 듣고 노래를 부른다. ■ 실행 ① 영아들과 나비의 특징에 관해 이야기하고 나비의 날갯짓을 흉내 내본다.

계획 및 실행
 	
나비가 되어보기
놀이하기
	② 나비의 날갯짓을 흉내 내기 위해 영아들 간 적당한 거리를 유지하고, 이동하며 날갯짓을 흉내 내기 위한 공간을 확보한다.
	③ 교사의 스카프를 활용해 날개의 움직임을 표현해 보고, 활용 가능한 소품을 찾아본다.
	④ 동요를 따라 부르며 나비의 날갯짓을 흉내 내본다.
	
	• 놀이의 확장 및 변화
	  - 꽃에 앉아 있는 나비, 꿀을 먹는 나비, 바람의 강도에 따른 나비의 날갯짓 등을 표현해 본다.
	  - 나비가 되기 전의 모습은 어떠했을지 상상해 보고 나비의 성장과 정도 몸으로 표현해 본다.

교사 놀이 지원	- 영아들의 움직임이 서로에게 방해되지 않도록 넓은 공간을 확보하되, 실외공간에서의 활동이다 보니 안전에 유의하여 이동범위를 설정한다. - 나비의 날개를 표현할 수 있는 스카프 이외에 활용 가능한 소품을 영아들이 생각해 볼 수 있도록 하고, 나비의 날갯짓을 흉내 내는 영아들의 다양한 움직임을 격려한다.

2) 누리과정의 실제 활동: 풍선치기 놀이

교사의 기대	풍선을 가지고 할 수 있는 다양한 놀이 중 유아들이 함께할 수 있는 게임을 유아들 스스로 계획하여 진행해 봄으로써 주도성을 신장하고 신체활동에 보다 적극적으로 참여하면서 즐거움을 느낄 수 있으리라 생각한다. 한편 풍선을 대체할 수 있는 놀잇감은 뭐가 있을지 생각해볼 수 있고, 풍선치기뿐 아니라 풍선 터뜨리기, 풍선이동하기 등의 다양한 활동도 확장활동으로 진행해 볼 수 있으리라 생각한다.
신체운동	신체활동 즐기기 - 신체를 인식하고 움직인다. - 신체 움직임을 조절한다. - 기초적인 이동 운동, 제자리 운동, 도구를 이용한 운동을 한다. - 실내외 신체활동에 자발적으로 참여한다.
놀이의 시작	생일파티 후 장식했던 풍선을 교사가 유아들에게 하나씩 나누어 준다. 한 유아가 풍선을 교사로부터 받던 중에 풍선이 날아가서 다른 유아가 그것을 잡고 친구에게 풍선을 던져 준다. "○○야, 풍선 받아." "알았어. 아휴 놓쳤네" "○○야, 내가 던질 게 받아."

	"응, 알았어. 어휴, 받았다. 우리 풍선 주고받기 놀이할까?" "그래" 유아들이 교사가 나눠준 풍선을 가지고 주고받기 놀이를 하고 있는 것을 확인한다.

계획 및 실행
 	
풍선치기
놀이하기
	■ 계획
	① 풍선 주고받기 놀이를 할 수 있는 다양한 방법에 대해 이야기 나
	  눈다.
	② 게임방법을 정하고, 팀을 나눈다.
	③ 게임을 진행한다.
	
	■ 실행
	① 유아들과 풍선을 이용하여 주고받기 놀이를 할 수 있는 다양한 방
	  법에 대해 이야기 나눈다.
	② 신체의 한 곳, 손만을 이용하여 풍선치기를 해 본다.
	③ 게임의 규칙을 정하고, 두 팀으로 나눠서, 두 명씩 짝을 이뤄 풍선
	  주고받기를 하며 반환점을 돌아오는 게임을 진행한다.
	④ 신체게임을 위한 충분한 공간을 확보하여 게임을 진행한다.
	
	• 놀이의 확장 및 변화
	  - 손 이외에 발, 머리, 몸통 등 신체의 한 곳을 이용하여 풍선 주고
	   받기를 시도해 본다.
	  - 두 명씩 짝을 이루지 않고, 혼자서 신체 한 곳을 이용하여 풍선을
	   치며 반환점을 돌아오는 게임을 진행해 본다.

교사 놀이 지원	- 교사는 유아들이 게임의 규칙을 스스로 정할 수 있도록 유아들의
	  이야기에 귀를 기울이고, 정리 후 다시 한 번 설명해 준다.
	- 게임진행을 위해 시작점과 반환점을 설정하여 게임이 원활히 이루
	  어질 수 있도록 지원한다.
	- 이동을 해야 하는 신체게임이다 보니 유아들의 안전에 주의를 기울
	  여 활동이 이루어지도록 한다.

제6장 · · · **사회관계영역**

인간은 사회적 동물이다. 이 말은 인간이 다른 사람과의 관계를 떠나서는 살수 없는 사회적 존재임을 의미한다. 혼자서 생존할 수 없는 연약한 존재로 태어난 인간은 출생 순간부터 누군가의 도움을 필요로 한다. 그리고 출생과 동시에 기존의 사회관계에 포함되고, 성장과 함께 점차 사회관계의 영역을 넓혀간다. 가정, 어린이집, 학교, 직장 등 인간의 삶은 사회관계의 연속이다. 따라서 삶의 질을 좌우하는 가장 중요한 요인은 바로 사회관계의 질이다. 부모-자녀 관계가 친밀하고 친구와 교사와의 관계가 즐거운 유아는 삶이 건강하고 행복하기 때문이다.

어떻게 해야 다른 사람과 바른 관계를 맺으며 행복한 삶을 영위할 수 있는가? 인간의 사회적 관계의 시작은 바로 자기 자신에서 출발한다. 자신에 대해 긍정적인 이미지를 지니고 있는 사람은 다른 사람과의 관계에서도 유연하고 능동적으로 대처하지만, 자신에 대해 부정적인 이미지를 지니고 있는 사람은 대인관계에서도 회피적이거나 공격적이다. 또한 자신에 대한 이해, 즉 자기이해는 다른 사람과의 상호관계에서 발달해 가는 사회적 특성을 지니고 있다. 다른 사람이 자신을 어떻게 인식하는가에 따라 자기이해는 달라지기 때문이다. 이처럼 자기이해는 사회적 거울에 반영된 이미지이다. 특히 영유아기는 발달 전반에 걸쳐 기본적인 토대가 형성되는 시기이므로, 건강한 사회관계를 형성하는 데 필요한

가치관과 기본 토대를 형성하고 구체적인 사회관계기술을 습득하도록 도와야
한다.

2019년과 2020년 개정된 표준보육과정과 누리과정은 놀이 중심 보육과정을
통해 자율성과 창의성을 높이는 것을 목적으로 하고 있다. 특히 사회관계영역
은 영유아들이 올바른 판단과 합리적인 의사결정을 할 수 있는 책임 있는 민주
시민으로 성장하도록 돕기 위한 영역이다. 이를 위해 0~1세와 2세 표준보육과
정에서의 사회관계영역은 나를 알고 존중하기, 더불어 생활하기 등의 2개 세부
영역으로 이루어져 있으며, 3~5세 누리과정은 나를 알고 존중하기, 더불어 생
활하기, 사회에 관심가지기 등 3개 세부영역으로 구성되어 있다.

이 장에서는 사회관계의 기반이 되는 사회성발달의 이론적 기초와 함께 표
준보육과정과 누리과정에서 제시한 사회관계영역의 구성 및 목적, 하위영역별
내용 및 지도원리, 사회관계영역의 환경구성과 함께 실제 활동을 살펴보고자
한다.

1. 사회관계영역의 이론적 기초

영유아의 사회관계를 증진하기 위해서는 먼저 영유아기의 사회관계와 사회
교육에 대해 이해해야 한다. 아울러 사회관계와 사회성발달에 대한 다양한 이
론 및 영유아의 사회성발달단계를 살펴보는 것이 필요하다.

1) 사회관계와 사회교육의 의미

사회란 같은 무리끼리 모여 이루는 집단을 일컫는 용어로, 공동생활을 영위
하는 모든 형태의 집단, 가족, 학교, 마을, 교회, 계급, 국가, 정당, 회사 등을 의
미한다. 인간은 출생과 함께 사회라는 울타리 안에 존재하므로, 사회는 인간이
반드시 접하는 숙명적인 환경이다. 사회화(socialization)란 사회 내에서의 상호
작용 과정을 통해 인간이 사회의 한 구성원으로 생활할 수 있도록 사회에 동화
되어가는 과정을 말한다. 인간은 타인과의 상호활동을 통해 성장하므로 한 개
인이 사회화되는 과정에는 반드시 다른 사람의 도움이 필요하다. 즉, 사회화 과

정에서 사회관계는 필수적이며 사회생활을 영위해나가는 데 필요한 관계이다. 여기에는 가족, 친구와 같은 인간관계와 함께 어린이집, 학교, 지역사회와 같은 특정 집단과의 관계도 포함된다. 독일의 사회학자인 Wiese(1933)는 사회의 본질을 사회 내 상호관계로 파악하고, 사회학(社會學) 대신 관계학(關係學)이라는 명칭을 사용할 정도로 '관계(Beziehungslehre)'로서의 사회학을 주창하였다.

사회관계를 통한 사회화 과정에서 가장 중요한 시기는 언제인가? 이에 대해 많은 연구자가 생애 초기인 영유아기를 사회관계와 사회성발달에서 가장 중요한 시기로 보고 있다. 왜냐하면 다른 사람과의 관계에서 기본 토대가 되는 자아존중감과 애착, 정서이해와 조절 등이 모두 영유아기에 이루어지기 때문이다. 이러한 영유아기 사회관계의 중요성으로 인하여 표준보육과정에서는 사회관계교육을 표준보육과정의 전체 목적[1]에 명시할 정도로 국가적인 차원에서 영유아의 사회관계를 강조하였다.

미국사회교육협회에서는 사회교육에서 다루어야 할 주제를 열 가지로 제시하였다. ① 문화, ② 시간/연속성/변화, ③ 민족/지역/환경, ④ 개인적 발달과 정체성, ⑤ 개인/단체/기관, ⑥ 힘/권력/지배, ⑦ 생산/분배/소비, ⑧ 과학/기술/사회, ⑨ 지구의 연계, ⑩ 시민의식과 실천 등이다. 이와 같이 사회교육은 사회과학 외에 인문학과 수학, 자연과학, 인류학, 고고학, 경제학, 지리학, 역사, 철학, 정치학, 심리학, 종교학 등의 다양한 학문들이 통합적으로 연계된 학문이다 (National Council for the Social Studies, 1994).

사회교육의 복합적이고 다학문적인 특성으로 인해 사회교육에 대한 정의는 다양하다. Michaelis(1980)는 사회교육에 대한 여러 정의를 다음과 같이 다섯 가지로 분류하였다. 첫째, 시민정신 전달체로서의 사회교육이다. 이 입장에서는 역사와 문화적 유산을 이해하는 데 중점을 둔다. 둘째, 사회과학교육의 근원으로서 사회교육이다. 사회교육은 사회과학에서 나온 학과이며, 효율적인 시민의 양성은 사회과학의 기본개념을 이해할 때 가능하다. 셋째, 반영적 사고 형성과정으로서 사회교육이다. 이 입장에서 사회교육의 주요 목적은 시민의 민주적 사고와 의사결정능력을 향상하는 것이다. 넷째, 사회적 비판과 행동체로서의 사회교육이다. 사회교육의 목적은 불합리한 사회를 개혁하고 발전시키는 것

---

1) 보육과정의 목적은 영유아의 전인적인 성장과 발달을 돕고 민주시민으로서의 자질을 길러 영유아가 심신이 건강하고 조화로운 사회구성원으로 자랄 수 있도록 하는 데 있다(여성가족부, 2007).

Blythe F. Hinitz

이며, 이러한 과정은 비판적 사고와 구체적인 실천을 통해 이루어진다. 다섯째, 개인의 인격 성장발달로서의 사회교육이다. 책임감 있는 민주시민은 긍정적 자아개념과 같은 개인의 인격을 성장시킴으로써 형성된다고 생각하는 관점이다. 이상에서 살펴본 것과 같이 사회교육은 민주시민의 양성과 아울러 개인이 속한 사회환경을 보다 적절한 환경으로 바꾸는 데 필요한 지식과 기술, 태도의 습득 과정이다. 이러한 성격으로 인해 Hinitz(1987)는 사회교육영역을 모든 교과영역을 통합하는 중심교과로 보았다.

그러나 거의 모든 학문을 이론적 기초로 하는 광범위한 사회교육을 아직 전조작기에 있는 영유아에게 제공하는 것은 적절하지 않다. 따라서 영유아 사회교육은 영유아가 접하고 있는 사회적 환경(가정, 지역사회, 대중매체, 전통문화)과 부모, 친구, 교사, 이웃과 같이 영유아와 가까운 사람들과의 상호작용과 사회관계에 필요한 지식과 기술, 태도를 중심으로 제공된다(사진 참조). 또한 영유아 사회교육은 영유아가 기본적인 사회과학지식을 익혀 이후 사회과 학습을 위한 기초를 형성하도록 하기 위한 것이다. 즉, 영유아들이 자신을 포함하여 주변에 있는 사람들 간의 관계를 이해하고 기초적인 사회과학적 지식을 습득하도록 함으로써 민주시민으로 성장하도록 돕는 과정이라고 정리할 수 있다(〈그림 6-1〉 참조).

어린이집에서 엄마와 활동하고 있는 유아

우체국을 방문한 유아

추석을 맞이하여 송편을 빚고 있는 유아

사진 설명 │ 유아는 자신과 가까운 사회적 환경을 중심으로 사회성과 사회과학적 기초지식을 습득한다.

민주시민의 양성

사람과의 관계
(사회성 증진)

환경과의 관계
(사회과학적 기초지식)

• 자신: 자기 존중
　　　　정서인식과 조절
• 타인: 안정애착형성
　　　　정서인식과 조절
　　　　사회관계에 따른 기술습득

• 역사(국경일, 위인, 조상들의 생활)
• 지리(우리 동네, 우리나라와 세계 여러 나라, 지구)
• 경제(돈, 광고, 합리적인 소비, 절약, 저축, 직업)
• 문화 및 전통(우리나라의 명절)
• 평등 및 평화(양성교육, 비폭력, 반편견교육)
• 친환경(자원보호, 재활용)

〈그림 6-1〉 영유아 사회교육의 이해

2) 사회성발달의 이론적 접근

사회성이란 사회생활을 하려고 하는 일반적인 인간의 특성과 사회에 적응하는 개인의 소질이나 능력, 즉 원만한 사회관계능력을 나타낸다. 여기서는 먼저 Erikson(1954)의 심리사회적 발달이론과 Bowlby와 Ainsworth가 사회관계의 토대로 인식한 애착에 대해 살펴보고자 한다.

(1) Erikson의 심리사회적 발달이론

사회성발달에서 성적인 욕구를 중심으로 인간을 분석한 Freud와 달리 Erikson은 개인의 정서적 욕구와 사회적 환경과의 관계를 중시하였다. Erikson의 이론은 사회의 영향을 받는 선천적 경향성을 중시하므로 심리사회적 발달이론이라고 불린다. Erikson이 제시한 인간발달의 8단계는 자아(ego)가 사회문화적인 환경과 상호작용하여 발달해가는 과정이다(〈표 6-1〉 참조). Erikson은 발달 양상을 대비시켜 양극의 개념(예: 신뢰감 대 불신감)으로 설명하였다. 발달단계마다 개인이 당면하여 해결해야 할 과제들이 있고 이 과제를 어떻게 해결하였는가에 따라 개인의 발달은 긍정적 또는 부정적 방향

Erik Erikson

〈표 6-1〉 Erikson이 제시한 8단계 심리사회적 발달이론

발달 단계	심리적 위기	주요 인물	연관된 사회질서
1	신뢰감 대 불신감	어머니, 주양육자	보편적인 질서 (cosmic order)
2	자율성 대 수치심	부모	법과 규칙
3	주도성 대 죄책감	가족	이상적인 존재 (ideal prototype)
4	근면성 대 열등감	이웃, 학교	기술적 요소 (technological elements)
5	정체감 대 정체감 혼미	또래친구, 리더십 모델	이데올로기적 관점 (ideological perspectives)
6	친밀감 대 고립감	동성·이성 친구	협동과 경쟁
7	생산성 대 침체성	직장	오늘날의 교육과 전통
8	통합감 대 절망감	인류	지혜(wisdom)

출처: Miller, P. H. (2002). *Theories of developmental psychology* (4th ed.). New York: W. H. Freeman.

으로 이루어진다. 그러나 여기에서 항상 긍정적 경험만이 필요한 것은 아니다. Erikson은 영아가 신뢰감을 갖기 위해서는 어느 정도의 불신감도 경험해야 함을 주장하였다. 그는 각 단계마다 적당한 비율의 양극적 발달을 주장하면서 불신감보다는 신뢰감이 더 큰 비중을 차지해야 함을 강조하였다.

여기서는 Erikson이 제시한 인간의 심리사회적 발달 8단계[2] 중 신뢰감 대 불신감, 자율성 대 수치심, 주도성 대 죄책감과 같이 영유아기에 나타나는 단계들을 중심으로 살펴보고자 한다.

① 1단계: 신뢰감 대 불신감(출생~약 1세)

영아는 출생 후 자신의 모든 것을 타인에게 의존하며 생존한다. 이 시기에는 자신의 주양육자(주로 어머니)가 자신을 어떻게 돌보아주는가에 따라 신뢰감 또

---

[2] Erikson의 심리사회성 8단계는 ① 신뢰감 대 불신감, ② 자율성 대 수치심, ③ 주도성 대 죄책감, ④ 근면성 대 열등감, ⑤ 정체감 대 정체감 혼미, ⑥ 친밀감 대 고립감, ⑦ 생산성 대 침체성, ⑧ 통합감 대 절망감이다.

사진 설명 어머니, 아버지가 영아를 돌보아주고 있다. 영아는 주양육자가 자신을 어떻게 돌보아주는가에 따라 신뢰감(또는 불신감)을 형성한다.

는 불신감을 경험한다(사진 참조). 일반적으로 어머니는 음식이나 애정을 통해 영아의 욕구를 만족시켜주는 가장 중요한 존재이다. 이때 영아가 어머니에게 형성하는 신뢰감은 더 나아가 주위 세계에 대한 신뢰감으로 발전한다. 영아는 어머니와의 상호작용 경험이 만족스럽고 어머니의 행동을 예측할 수 있을 때 어머니가 보이지 않아도 과도한 불안이나 분노를 나타내지 않고 편안하게 잠들 수 있다. 이는 후에 어머니 없이 어린이집에 혼자 남아 있을 수 있는 능력과도 연관되어 있다(Mueller & 윤혜미, 1995).

이 시기 영아와 주양육자와의 관계에서 중요한 것은 규칙적이고 일관성 있는 하루 일과를 통해 형성하는 예측가능성이다. 영아는 자신의 하루 일과가 어떻게 이루어지는지 예측할 수 있을 때(예: 아침에 일어나면 어린이집에 가고, 점심 먹고 놀고 있으면 엄마가 온다) 안정감을 느낀다. 영아의 예측능력은 인지발달과 함께 향상되고, 행동이나 사건이 일상적으로 반복될 때 더 빨리 발달한다.

② 2단계: 자율성 대 수치심과 회의감(약 1~3세)

이 시기에는 점차적으로 스스로 행동하고자 하는 자율성이 나타난다. 유아는 비록 서툴지만 성인의 도움 없이 혼자 먹으려 시도하고, 자신의 힘으로 옷 입는 것을 좋아한다. 이러한 유아의 자율성은 성인에게 고집과 반항으로 느껴져 이 시기에 부모(또는 보육교사)와 유아 간에 힘겨루기가 나타나기 쉽다. 이때 유아의 자발적인 행동을 무조건 못하게 하고 억누른다면, 유아는 수치심을 형성하게 된다. Erikson에 따르면 이 시기 유아들은 자신이 하고자 하는 것을 제지당하면 걷잡을 수 없는 분노를 느낀다고 하였다. 즉, 자율적으로 행동할 수 있는 기회를

사진 설명 성인의 도움 없이 혼자서 식사하는 유아

박탈당할 때, 유아는 자신이 조절할 수 있는 힘을 얻고자 막무가내로 고집을 부리게 된다(Erikson, 1954).

따라서 이 시기에는 유아가 성인의 엄격한 제지로 인한 수치심과 분노를 느끼지 않도록 안전한 범위 내에서 적절히 선택할 수 있는 기회를 제공하는 것이 중요하다. 예를 들어, 유아가 옷을 입을 때에도 다양한 색상의 옷들 중에서 선택할 수 있게 하고 음식을 먹을 때에도 혼자 먹으려는 유아를 위해 손으로 집어 먹을 수 있는 음식(finger food)을 제공한다(사진 참조).

③ 3단계: 주도성 대 죄책감(3~6세)

이 시기에는 운동신경이 발달해 여기저기 돌아다니며, 다른 사람과 경쟁하는 것을 좋아하고, 친구와 함께 놀면서 주도성을 발휘한다. 따라서 장난이 심하고 종종 사고를 내기도 한다. 또한 언어가 급속히 발달하면서 끊임없이 질문을 한다. 왕성한 호기심으로 탐색활동에 몰입하고, 때로는 주변의 물건을 뜯어보거나 망가뜨리는 경우도 있다. 이때 양육자가 유아의 왕성한 호기심과 적극적 활동을 이해하고 이를 긍정적인 놀이로 유도하면 유아는 주도적으로 활동을 이끌어간다. 하지만 양육자가 유아의 호기심과 탐색활동을 질책하고 처벌하면 유아는 자신이 잘못하였다는 죄책감을 형성한다. 이때 형성된 주도성과 죄책감은 청년기에 자아를 재정립하고 자신의 성취목표를 설정해 가는 긍정적 또는 부정적 토대가 되므로 주도성을 확립하는 것이 중요하다.

(2) Bowlby와 Ainsworth의 애착이론

애착이론은 어머니와 자녀가 초기에 맺는 관계에 대한 이론으로, Bowlby와 Ainsworth에 의해 발전되었다. Bowlby는 애착의 생물학적이고 보편적인 측면을 강조한 반면, Ainsworth는 애착의 구체적 측면으로 애착행동의 개인차에 중점을 두었다.

① 애착의 개념

어머니-자녀 관계의 중요성은 여러 발달심리학 이론들의 주요 주제 중 하나이다. 그러나 애착이론이 등장하기 전에는 생애 초기에 왜 유아가 '어머니'라는 단 한 사람과 특별한 관계를 맺고 어머니와 떨어진 유아가 그렇게 괴로워하며 절망하는지에 대해 이론적으로 설명하지 못했다. 부모는 하루의 대부분을 칭얼거리고 짜증내며, 대소변도 못 가리는 아기를 돌보면서 기쁨을 느낀다. 그리고 아기의 울음에 마음 아파하고 어쩌다 한 번 보여주는 아기의 미소에 세상을 모두 가진 듯 행복해한다. 영아 또한 처음에는 모든 사람을 보며 미소 짓다가 어느 순간부터는 오직 주양육자인 어머니에게만 전념한다. 어머니가 보이지 않으면 어머니가 돌아올 때까지 몸부림치며 울고, 어머니에게만 매달린다. 심지어 어머니 외의 다른 사람 얼굴을 보기만 해도 울음을 터트린다. Bowlby는 이러한 영아와 어머니와의 강렬하면서도 독특한 유대관계를 애착(attachment)이라는 용어로 설명하였다.

영아의 애착은 생존과 연관되어 있다. 즉, 영아가 배고프고 지칠 때와 같이 생존이 위협받는 상황은 영아의 애착행동을 유발하는 방아쇠와 같은 작용을 한다. 성인 역시 본능적으로 영아의 신호에 반응하고 영아를 보호하도록 되어 있다. 애착행동은 모든 인간에게서 나타나는 생물학적 속성으로, 스트레스와 낯선 상황에서 활성화되고 주양육자와의 근접과 접촉에 의해 종료된다. 이러한 관점에서 영아-양육자 간의 관계를 보는 시각은 당시로서는 혁신적이었다. Bowlby가 애착이론을 발표하기 전 사람들은 영아의 미소를 보면 단지 귀엽고 영아의 울음을 들으면 시끄럽다고 생각하였다. 하지만 Bowlby의 설명으로 영아의 애착행동을 인간 종의 생존을 위해 선천적으로 내재된 행동으로 인식하기 시작하였다.

② 영유아기 애착의 발달단계

Bowlby(1969/1982)는 영유아기 애착의 발달을 4단계로 설명하였다. 이를 구체적으로 살펴보면 다음과 같다.

1단계 무분별적 사회적 반응단계(전 애착단계)

출생 이후부터 8~12주에 해당하는 시기로, 영아는 모든 사람에게 손을 뻗히고 미소 짓거나 옹알이를 하는 사회적 신호를 보인다. 또한 사람들의 사회적 신호에 민감하게 반응하며 자신이 먼저 접촉을 시도한다. 모든 사람에게 무분별하게 사회적 반응을 하고 성인뿐만 아니라 또래에게도 사회적 반응과 함께 근접추구행동을 나타낸다.

2단계 분별적 사회적 반응단계(애착형성단계)

생후 3개월에서 6~8개월경까지 해당하는 이 시기의 영아는 1단계에서와 마찬가지로 사람들에게 친밀하게 접근하지만 특별히 자신과 친숙한 사람들에게 집중적으로 적극적인 사회적 행동을 나타낸다. 그러나 아직 주양육자에 대한 애착이 완전히 형성되지 않아 낯선 사람에 대한 경계심을 보이지 않는다.

3단계 특정한 애착대상에 대한 근접성 유지단계(애착단계)

본격적으로 주양육자에게 능동적으로 접근하고 접촉을 추구하는 애착행동이 나타난다. 이러한 행동은 일반적으로 생후 6~7개월에 시작되어 1세경까지 나타나지만, 유아에 따라 2~3세까지도 이어진다. 영아는 어머니를 안전기지(secure basement)로 삼아 환경을 탐색하고 어머니 외의 다른 대상에 대해 배타적이며 낯선 사람에 대한 불안을 심하게 나타낸다. 그리고 어머니가 보이지 않을 때는 격렬한 울음으로 분리불안을 보이고 어머니를 찾아다닌다.

4단계 목표수정적 동반자 관계(상호관계의 형성단계)

유아는 인지와 언어의 발달로 부모와의 분리를 이해하고 자신의 욕구를 언어로 설명할 수 있다. 이 단계의 유아는 어머니의 의도를 인식할 수 있기 때문에 어머니가 잠시 보이지 않아도 불안감을 느끼지 않는다. 또한 어머니의 취업으로 어머니와 매일 떨어져 있어도 유아들은 당황하지 않는다. 영아기 때와 같이 어머니와 신체적 접촉이나 근접을 지속적으로 요구하기보다는 특별히 불안하거나 아프고 힘들 때와 같이 스트레스 수준이 높아질 때에만 어머니와의 접촉을 요구한다. 이제 유아는 근접추구와 같은 자신의 목표 달성에서 벗어나 어머니의 목표에도 관심을 갖고 협상을 할 수 있게 된 것이다. 유아와 어머니 두 사람은 서로의 관심에 대해 함께 논의하고 협상함으로써 공동의 목표를 추구할 수 있다.

③ 영아애착의 측정과 유형

Ainsworth는 영아의 애착을 객관적으로 연구할 수 있는 구체적인 방법을 개발하였다. '낯선상황실험(일명 낯선 상황)'이라 불리는 이 방법은 실험장소에 12~18개월 영아의 흥미를 끌 수 있는 놀잇감들을 준비하여 영아의 애착행동과 새로운 놀잇감에 대한 탐색행동을 유발할 수 있는 상황을 제시한다(〈그림 6-2〉 참조). 낯선 상황은 탐색과 애착이라는 두 가지 과정에서 영아가 어떻게 균형을 맞추며 행동하는가를 살펴보는 것이다. 즉, 어머니와의 분리와 낯선 사람과의 만남을 통해 스트레스 상황에서 영아가 어떻게 행동하는가를 관찰하고, 어머니와의 재결합 시 영아가 어머니로부터 편안함을 얻고 다시 놀이에 몰두하는지를 알아본다. 이를 위해 연구자는 약 3분씩의 여덟 가지 에피소드를 하나의 시리즈로

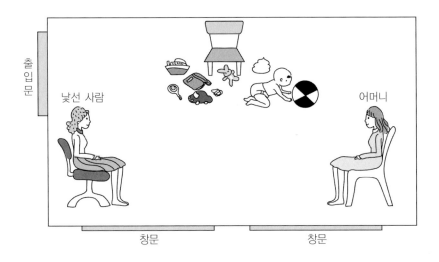

〈그림 6-2〉 낯선상황실험

출처: Ainsworth, M. D. S., Belhr, M. C., Waters, E., & Wall, S. (1978). *Patterns of attachment*. Hillsdale, NJ: Lawrence Erlbaum.

구성해 영아에게 체계적으로 제시하고, 이 모든 과정을 비디오로 녹화한다.

　영아의 애착은 접촉추구, 접촉유지, 저항, 회피, 탐색행동, 원거리 상호작용 등과 같이 낯선 상황에서 나타나는 어머니에 대한 영아의 행동들을 종합적으로 고려하여 평가된다. Ainsworth와 동료들(1978)은 낯선 상황에서 관찰된 영아의 애착행동들을 토대로 안정애착(B유형)과 불안-저항애착(C유형), 불안-회피애착(A유형)의 세 가지 유형으로 분류하였다. 이를 구체적으로 살펴보면, 안정애착 영아는 안전기지인 어머니가 있을 때에는 탐색체계가 활성화되어 적극적으로 주변을 탐색하며 놀이에 몰두한다. 그러나 자신의 안전기지인 어머니가 보이지 않을 때에는 애착체계가 활성화되어 불안이나 울음으로 어머니를 찾는다. 그리고 어머니와의 재결합 시에는 어머니에 의해 쉽게 진정되고 다시 탐색활동에 몰두한다. 이와 달리 불안-회피유형과 불안-저항유형의 영아는 어머니와 함께 있을 때에도 탐색체계가 활성화되지 않아 이리저리 기웃거리며 놀이에 집중하지 못한다. 어머니와의 분리 시 불안-회피애착 영아는 거의 저항하지 않으며, 재결합 시에도 어머니에게 안아달라고 요구하지 않고 오히려 어머니를 회피한다. 반면에 불안-저항애착 영아는 분리 시 가장 격렬하게 저항하고 어머니가 다시 돌아와도 쉽게 진정하기 어렵다. 또한 재결합 시 어머니를 밀거나 발로 차는 공격적인 행동을 나타낸다.

　한편 Main과 Solomon(1990)은 이 세 가지 유형에 속하지 않는 애착집단을 발견하여 이를 혼란애착유형(D유형)으로 명명하였다. 혼란애착 영아는 스트레스에 대처하는 행동이 일관적이지 않고, 목표 역시 분명하지 않다. 즉, 모순되고 혼란스러운 행동을 보인다. 이처럼 영아기의 애착은 크게 네 가지 유형으로 분류되는데, 낯선상황실험을 통해 영아가 어머니에게 형성하는 애착의 질을 측정할 수 있다.

3) 사회관계의 발달

　인간의 사회성발달은 생의 초기단계에서부터 형성되므로, 영유아기의 사회성발달과 관련된 활동은 중요하게 다루어져야 한다. 연령에 따른 영유아의 사회관계 발달특징을 살펴보면 다음과 같다.

(1) 0~1세 영아

출생 직후 영아는 자신과 타인을 구별할 수
없었지만, 주양육자와의 사회적 상호작용(예:
눈맞춤, 미소, 옹알이)을 통해 점차 사회적 존재
로서 자신을 인식하기 시작한다. 다른 영아가
울면 따라 울고, 다른 영아들이 놀이하는 것
을 응시하며 즐거워한다. 그리고 낯선 사람이
다가오면 불안해한다. 이와 같이 0~1세 영아
사회관계의 주된 특징은 주변 사람들에 대한
영아의 관심과 반응이다. 영아는 낯선 사람
에 대한 불안과 분리불안 등의 공포반응을 보

사진 설명 | 영아가 친구에게 뽀뽀함으로써 자신의 관심을 나타내고 있다.

이며 주양육자와 애착을 형성한다. 12개월이 지나면서 영아는 아직까지 또래와
관계를 맺는 것이 서툴기는 하지만, 반기는 친구가 생기고 친구와 함께 있고 놀
이하는 것을 좋아하기 시작한다(사진 참조). Segal과 동료들(2006)은 영아기 사회
관계의 발달적 특징을 연령에 따라 다음과 같이 정리하였다(〈표 6-2〉 참조).

〈표 6-2〉 0~1세 영아 사회관계의 발달적 특징

연령	사회관계의 특징
0~9개월	• 다른 사람과 눈맞춤을 할 수 있다. • 다른 영아가 울면 함께 따라 운다. • 다른 영아를 보는 것을 즐거워한다. • 성인(부모, 보육교사)이 하는 대화의 중간에 옹알이로 참여할 수 있다. • 6~7개월경에는 낯선 사람이 접근하면 불안해하며 운다.
9~14개월	• 사람들을 인식하고, 사람들에 따라 다르게 상호작용한다(예: 부모, 교사, 친구, 형제 등). • 짧은 시간이지만 혼자 놀이할 수 있다. • 낯선 사람이 접근하면 불안해하며 운다(낯가림). • 또래친구가 하는 행동을 모방하기 시작한다. • 특정 물건(담요, 인형)에 애착을 형성한다. • 부모나 보육교사와 같이 자신과 특별히 가까운 사람이 보육실을 떠나면 울거나 우울해하고, 다시 보육실로 돌아오면 매우 반기며 기뻐한다.

14~24개월	• 친구와 있는 것을 즐거워하지만, 순서를 지키거나 친구와 나누는 것을 잘 이해하지 못한다. • 따라하기 게임(Follow-the-leader games)을 즐긴다. • 1~2명의 특별한 친구를 사귄다. • 친구와 함께 가상놀이를 하기 시작한다(예: '부릉부릉' 소리를 내며 친구와 자동차 놀이를 함. 인형에게 밥을 먹여줌).

출처: Segal, M., Bardige, B., Woika, M. J., & Leinfelder, J. (2006). *All about child care and early education: A comprehensive resource for child care professionals*. Boston, MA: Pearson Education.

(2) 2세 영아

사회관계에 대한 2세 영아의 특징은 주변 사람에 대해 보완적이고 상호적인 역할을 하는 것이다. 2세 영아는 이전보다 또래에 관심을 가지고, 특별한 친구

를 사귀고자 하며, 언어로 상호작용할 수 있다 (사진 참조). 그리고 또래와 함께 노는 것을 좋아하고 놀잇감을 사용하여 친구와 다양하게 놀 수 있다. 친구의 행동을 모방하고 '공 주고 받기'와 같은 상호적인 놀이를 한다. 그러나 놀잇감에 대한 갈등이 생겨 또래와 다투기도 한다. 이 시기는 발달단계 중 처음으로 친구라는 용어를 사용할 수 있는 시기이다(Segal et al., 2006; 〈표 6-3〉 참조).

사진 설명 2세 영아가 친구와 함께 달리기를 하고 있다. 2세는 친구에 대해 더 많은 관심을 갖는 시기이다.

〈표 6-3〉 2세 영아 사회관계의 발달적 특징

연령	사회관계의 특징
2세	• 특별한 친구를 사귀고 싶어한다. • 친구와 장난감 때문에 다툴 수 있다. • 친구와 놀기 위해 가상놀이를 한다. • 두려움을 극복하기 위해 인형, 장난감 동물과 같은 물건을 사용한다. • 다른 사람을 쫓아가고 달리는 놀이를 좋아한다. • 가상놀이를 하며 친구와 대화할 수 있다.

출처: Segal, M., Bardige, B., Woika, M. J., & Leinfelder, J. (2006). *All about child care and early education: A comprehensive resource for child care professionals*. Boston, MA: Pearson Education.

(3) 3~5세 유아

이 시기의 유아는 가정에서 벗어나 친구와 노는 것을 좋아한다. 놀이의 내용보다 또래친구와 함께 노는 것을 좋아해서, 내가 원하지 않는 역할이라 할지라도 친구와 놀기 위해 그 역할을 맡기도 한다. 이 시기에는 영아기에 비해 사회관계에 더욱 몰입하기 때문에, 내가 좋아하는 친구가 없으면 어린이집에 가는 것을 싫어할 수도 있다 (사진 참조).

놀이할 때에도 규칙을 왜 지켜야 하는지 이해하지만, 아직까지는 순서를 지키고 양보하는 것을 어려워한다. 따라서 유아의 공격적인 행동으로 놀이가 깨지기도 한다. 그러나 이러한 갈등을 해결하는 과정에서 유아의 사회적 기술은 더욱 향상된다. 또한 이 시기에는 신체적인 다툼

사진 설명 4세 유아가 단짝친구와 다정하게 포즈를 취하고 있다.

이 점차 감소하고 언어적으로 다투고 화가 나도 다른 활동을 통해 화를 조절할 수도 있다. 유아의 사회관계 특징을 연령별로 정리하면 〈표 6-4〉와 같다(Segal et al., 2006).

〈표 6-4〉 3~5세 유아 사회관계의 발달적 특징

연령	사회관계의 특징
3세	• 특정 친구와 우정을 형성한다(단짝친구). 그러나 아직은 친구와 함께 노는 기술이 부족하여 성인과의 상호작용을 더 좋아한다. • 기존 또래집단에 들어가기 위해 놀이에 참여한다. • 자신이 원하지 않는 놀이활동이나 가상놀이의 역할이라 할지라도 친구와 함께 놀기 위해 친구가 놀이하는 활동에 참여하고 역할을 맡는다. • 타인의 칭찬과 인정에 민감하다. • 친하게 지내는 또래친구가 없을 때에는 어린이집에 가기 싫어한다. • 남녀의 성차를 인식하여 성역할에 대한 관심이 높아진다. • 어린이집에서 규칙을 왜 지켜야 하는지 이해할 수 있다.
4세	• 또래갈등과 논쟁을 언어로 해결하는 법을 배울 수 있다. • 또래친구, 특히 동성친구를 더 좋아한다. • 규칙 지키기, 양보하기, 순서 지키기 등과 같은 친사회적 행동을 하지만 아직 서툴러 종종 갈등 상황으로 끝난다. • 보다 다양한 정서를 표현할 수 있으며, 타인의 정서에도 관심을 가진다.

	• 상황을 이해하는 능력이 빨라지고 자신의 부정적인 감정을 통제하기 위해 노력하지만, 아직까지는 감정에 따라 행동하는 경우가 많다. • 부모나 교사와 같은 성인의 행동을 잘 모방한다.
5세	• 친구와 하는 복잡한 게임을 즐긴다. • 친구와 함께 놀이나 활동계획을 세울 수 있다. • 놀이 규칙을 만들고 지킬 수 있다. • 친구와의 관계가 증가하면서 싸움도 증가한다. 그러나 신체적 공격보다는 말로 다툰다. • 친구와의 놀이에 주도적으로 참여하고 싶은 욕구가 있다. • 화가 나도 다른 활동을 통해 화를 조절할 수 있다.

출처: Segal, M., Bardige, B., Woika, M. J., & Leinfelder, J. (2006). *All about child care and early education: A comprehensive resource for child care professionals*. Boston, MA: Pearson Education.

2. 표준보육과정의 사회관계영역

어린이집 표준보육과정에서 추구하는 사회관계영역의 구성 및 목적과 하위 영역별 내용 및 지도원리는 다음과 같다.

1) 사회관계영역의 구성 및 목적

사회관계영역은 영유아들이 올바른 판단과 합리적인 의사결정을 할 수 있는 책임 있는 민주시민으로 성장하도록 돕기 위한 영역이다. 이를 위해 사회관계영역은 나를 알고 존중하기, 더불어 생활하기 등 두 가지 내용 범주로 구성되어 있다(〈표 6-5〉 참조). 먼저 나를 알고 존중하기에서는 0~1세 영아로 하여금 나를 인식하고, 나의 욕구와 감정을 나타내고, 나와 친숙한 것을 알도록 한다. 또한 더불어 생활하기에서는 주양육자와 영아가 안정애착을 형성하고 또래에 관심을 가지며 다른 사람의 감정과 행동에 관심을 가지고, 반에서 편안하게 지내도록 한다.

나를 알고 존중하기에서 2세 영아는 나와 다른 사람을 구별하고 자신의 감정을 표현하며, 내가 좋아하는 것을 하도록 한다. 아울러 더불어 생활하기에서는 가족에게 관심을 가지고, 또래와 함께 놀이하며, 다른 사람의 감정과 행동에 반응하고, 반에서의 규칙과 약속을 알고 지킨다.

2) 사회관계영역의 하위영역별 내용 및 지도원리

4차 표준보육과정의 사회관계영역은 나를 알고 존중하기, 더불어 생활하기 등 두 가지 내용 범주로 구성된다.

(1) 나를 알고 존중하기

① 0~1세 영아

0~1세 영아의 나를 알고 존중하기는 나를 인식하기, 나의 욕구와 감정을 나타내기, 그리고 나와 친숙한 것을 알기 등의 내용으로 구성되어 있다(〈표 6-5〉 참조). 영유아가 자기존중감을 형성하기 위해서는 자기이해가 선행되어야 한다. 일반적으로 영아는 처음에 자신과 타인이 다른 존재라는 사실을 인식하지 못하지만, 생후 2~6개월부터 점차 자신과 외부환경을 구별할 수 있다(Samuels, 1986). 따라서 0~1세 영아의 경우, 자기존중의 첫 번째 과정으로 먼저 다른 사람과 분리된 존재로서의 자신을 구별하여 영아가 자신을 독립된 존재로 인식할 수 있도록 한다.

〈표 6-5〉 제4차 표준보육과정 사회관계영역의 구성

내용 범주	0~1세 영아	2세 영아
나를 알고 존중하기	• 나를 인식한다. • 나의 욕구와 감정을 나타낸다. • 나와 친숙한 것을 안다.	• 나와 다른 사람을 구별한다. • 나의 감정을 표현한다. • 내가 좋아하는 것을 한다.
더불어 생활하기	• 안정적인 애착을 형성한다. • 또래에게 관심을 가진다. • 다른 사람의 감정과 행동에 관심을 가진다. • 반에서 편안하게 지낸다.	• 가족에게 관심을 가진다. • 또래와 함께 놀이한다. • 다른 사람의 감정과 행동에 반응한다. • 반에서의 규칙과 약속을 알고 지킨다.

② 2세 영아

2세 영아의 나를 알고 존중하기는 나와 다른 사람을 구별하기, 나의 감정을 표현하기, 내가 좋아하는 것을 하기 등의 내용으로 되어 있다(〈표 6-5〉 참조). 2세는 자기인식이 확립되는 시기이다. 즉, 자신을 다른 사람과 다른 존재로 구별할 수 있는 자기인식이 확립되면서, 영아는 자신을 긍정적으로 인식할 수 있다. 긍정적 자아개념은 주변 사람의 평가와 아울러 혼자 할 수 있는 일을 스스로 해 보는 경험들을 통해 더욱 발달한다. 따라서 0~1세 영아가 자신을 고유한 존재로 알았다면, 2세에는 자신을 인식하여 자신의 욕구와 감정을 나타낼 뿐만 아니라 자신과 친숙한 것을 알아가면서 자기 자신을 존중할 수 있도록 하고 있다.

2세 영아의 소근육발달은 아직 미성숙하지만, 영아의 자율성발달로 인해 옷 입기나 신발 신기, 정리하기와 같은 일상적인 일을 혼자 하고자 하는 경우가 많다. 교사는 영아가 아직 능숙하게 하지 못한다고 무조건 도움을 제공하기보다 영아가 스스로 할 수 있도록 한다(사진 참조). 또한 영아의 자기인식 발달이 이루어질 수 있도록 자신과 친구의 모습을 구별하는 활동을 제공한다.

사진 설명 2세 영아들이 교사의 도움 없이 혼자 신발을 신고 정리하고 있다.

(2) 더불어 생활하기

① 0~1세 영아

0~1세 영아의 더불어 생활하기는 주양육자와 영아가 안정애착을 형성하고 또래에 관심을 가지며 다른 사람의 감정과 행동에 관심을 가지고, 반에서 편안

하게 지내도록 한다(〈표 6-5〉참조). 안정애착의 형성은
영아기에 가장 중요한 발달과업 중 하나이다. 교사는 영
아가 비록 부모와 떨어져 있어도 부모와 안정애착을 형
성하도록 도와주어야 한다. 부모와 떨어져 불안해하는
영아에게 영아의 마음을 공감해주고, 부모님이 돌아오실
것이라고 위로해주며, 신체적 접촉을 자주 제공한다. 또
한 교사는 영아와 자주 눈을 마주치고 옹알이에 반응함
으로써 영아가 교사 자신과 안정된 애착을 형성하도록
도모한다(사진 참조). 특히 영아는 익숙한 환경에 안정감
을 느끼기 때문에 교사나 교실 환경이 바뀌는 것은 좋지
않다.

사진 설명 교사는 엄마와 떨어져 불안해하는
영아를 안아 주고 눈맞춤을 하는
따뜻한 접촉을 통해 영아와 안정애
착을 형성할 수 있다.

　0~1세 영아는 또래친구보다 양육자에게 더 관심을 나타내므로, 또래와 상호
작용하도록 강요하기보다는 자연스럽게 또래와 활동하는 과정 속에서 친구와
익숙해지도록 한다. 강요가 아닌 자연스러운 놀이활동을 통해 점차 또래에 관
심을 가지며 다른 사람의 감정과 행동에 관심을 가지고, 나아가 반에서 지내는
것이 편안하게 느껴지도록 한다. 아울러 교사와 친구에게 애정을 표현하고 교
실에 있는 익숙한 놀잇감과 물건의 자리를 알며, 만나고 헤어지는 인사를 하는
것도 더불어 생활하기의 주요 교육내용이다.

　② 2세 영아
　2세 영아의 더불어 생활하기는 가족에게 관심을 가지고, 또래와 함께 놀이하
며, 다른 사람의 감정과 행동에 반응하고, 반에서의 규칙과 약속을 알고 지키는
등의 내용으로 구성되어 있다(〈표 6-5〉참조). 2세 영아는 앞서 주양육자인 어머
니와 교사와의 안정애착을 토대로 긍정적인 가족관계와 또래관계를 형성하고
또래관계를 통한 기쁨과 즐거움을 알아간다. 따라서 영아가 가족과 친밀한 관
계를 맺으며 애정을 표현하고, 친구의 이름을 익히고 놀이하도록 돕는다. 또래
와의 놀이활동을 통해 영아는 점차 다른 사람의 감정과 행동에 반응할 수 있게
된다.
　또한 2세 영아는 가정 이외의 집단인 어린이집과 자기 반에 관심을 갖는다.
이제 영아는 사회생활을 하기 위해서는 공통의 규칙이 필요하고 이를 지켜야 함

사진 설명 2세 영아는 주양육자 외에 또래와의 상호작용을 통한 기쁨을 알아간다. 2세 영아가 친구에게 자신의 도시락을 주고 있다.

을 조금씩 인식할 수 있다. 영아는 자신이 속한 반과 어린이집에서 지켜야 할 규칙과 약속이 있음을 알고 이를 지켜가기 위해 노력한다. 따라서 교사는 영아가 친구와 함께 활동하고 놀이할 수 있는 즐거운 경험을 제공함으로써(예: 친구 이름 알기, 친구와 손잡고 나가기, 사진 보고 친구 찾기 등) 또래와 함께 지내는 것이 재미있다는 것을 느낄 수 있게 해 준다 (사진 참조). 아울러 영아와 함께 즐겁고 안전하게 놀이하기 위해서 지켜야 할 규칙을 만들어 보고, 자주 규칙을 상기시켜 준다. 특히 약속을 지킨 유아를 지속적으로 격려해주고, 교사 스스로 "고맙습니다." "미안해요." "이것을 선생님께 빌려 줄 수 있나요?" 등과 같은 친사회적 용어를 자주 사용함으로써 2세 영아에게 모델로서의 역할을 제공한다.

3. 누리과정의 사회관계영역

누리과정에서 추구하는 사회관계영역의 구성 및 목표와 하위영역별 내용 및 지도원리는 다음과 같다.

1) 사회관계영역의 구성 및 목적

누리과정의 사회관계영역에서 추구하는 가장 기본적인 목표는 표준보육과정에서와 마찬가지로 민주시민의 양성이다. 앞서 살펴본 것과 같이 새로이 개정된 표준보육과정(2020년)의 사회관계영역에서는 0~2세 영아를 대상으로 두 가지 하위영역으로 구성되어 있는 반면에, 개정된 누리과정(2019년)에서는 3~5세 유아를 대상으로 하여 세 가지 하위영역으로 구성되어 있다(〈표 6-6〉 참조). 개정된 누리과정에서는 '놀이하며 배우는 유능한 유아'와 '유아의 놀이'에 초점을 두고 있다. 또한 이전의 누리과정 내용은 연령별(3세, 4세, 5세)로 구분했지만, 개정된 누리과정에서는 지도 내용에서 연령별 구분이 없다. 따라서 사회관계영역을 포함한 누리과정의 모든 내용들은 3~5세 모든 유아가 알아야 할 핵심적인 내용을 유아의 놀이를 중심으로 지도한다. 이는 교육내용과 교수 방법 및 평가 등에서 교사의 자율성을 확대한 것이다. 또한 내용 범주에서 연령별 구분을 폐지함으로써 3~5세가 경험하여야 할 최소한의 내용으로 제시함으로써 교육내용의 적정화를 추구하고 있다.

〈표 6-6〉 누리과정 사회관계영역의 구성

내용 범주	3~5세 누리과정
나를 알고 존중하기	나를 알고 소중히 여긴다.
	나의 감정을 알고 상황에 맞게 표현한다.
	내가 할 수 있는 것을 스스로 한다.
더불어 생활하기	가족의 의미를 알고 화목하게 지낸다.
	친구와 서로 도우며 사이좋게 지낸다.
	친구와의 갈등을 긍정적인 방법으로 해결한다.
	서로 다른 감정, 생각, 행동을 존중한다.
	친구와 어른께 예의바르게 행동한다.
	약속과 규칙의 필요성을 알고 지킨다.
사회에 관심 가지기	내가 살고 있는 곳에 대해 궁금한 것을 알아본다.
	우리나라에 대해 자부심을 가진다.
	다양한 문화에 관심을 가진다.

2) 사회관계영역의 하위영역별 내용 및 지도원리

누리과정 사회관계영역의 내용 및 지도원리를 살펴보면 다음과 같다.

(1) 나를 알고 존중하기

나를 알고 존중하기는 나를 알고 소중히 여기기와 나의 감정을 알고 상황에 맞게 표현하기, 내가 할 수 있는 것을 스스로 하기 등으로 이루어져 있다(〈표 6-6〉 참조). 영아기를 지나 유아기에 들어서면서, 주변 사람의 평가에 따라 유아의 자아존중감은 더욱 발달하거나 혹은 낮아질 수 있다. 또한 유아가 자신이 할 수 있는 일을 알고 타인에 의해서가 아닌 유아 스스로 일을 할 때, 유아는 자아 존중감과 함께 성취감과 자신감을 느낀다. 따라서 교사는 유아가 자신을 소중히 여길 수 있도록 자신을 알아가고 자신의 감정을 적절히 표현할 수 있도록 도와주며, 자신이 할 수 있는 일은 유아 스스로 할 수 있도록 한다.

이제 유아는 자신뿐 아니라 다른 사람도 여러 가지 감정을 지니고 있음을 인식하고 다른 사람의 감정에 공감할 수 있다. 또한 정서조절능력이 발달하여 자신의 감정을 적절하게 표현할 수 있고, 자신의 정서가 다른 사람에게 영향을 미칠 수 있음을 인식할 수 있다. 감정은 무조건 참는 것이 아니라 적절하게 표현하는 것이 중요하다. 교사는 유아의 감정에 대해 지도할 때 슬픔과 분노와 같은 감정을 표현하는 것이 나쁜 것이 아니며, 다만 사회적으로 수용 가능한 방법으로 감정을 표현할 수 있도록 지도한다.

유아가 자신과 다른 사람의 정서를 인식하고 적절히 표현하기 위해서는 무엇보다 교사의 역할이 중요하다. 연구에 의하면 영유아의 자기평가적 정서경험에 중요한 영향을 미치는 것은 영유아의 일에 대한 성공 여부보다 양육자의 반응인 것으로 나타났다. 유아들을 대상으로 퍼즐 맞추기를 실시한 후, 유아의 정서표현과 아울러 양육자의 반응을 살펴보았다. 그 결과 유아의 자기평가적 정서표현에 영향을 미친 것은 퍼즐과업의 성공 여부가 아니라 양육자의 반응이었다. 유아의 퍼즐과업 결과에 부정적인 정서를 표현한 양육자의 유아는 자신의 실패에 대해 높은 수준의 수치심을 나타냈으며, 성공한 유아도 양육자가 별다른 긍정적인 정서를 표현하지 않았을 경우 낮은 수준의 자부심을 보였다. 그러나 양육자가 긍정적인 정서를 표현하였을 경우, 유아는 자신의 성취에 자부심을 보였고, 실패하였을 때에도 수치심을 많이 나타내지 않았다(Alessandri & Lewis, 1993; Stipek et al., 1992). 이와 같이 유아는 자신과 가까운 성인의 정서를 토대로 자기 자신의 행동을 나타내는 사회적 참조(social referencing)능력이 발달한다. 따라서 교사는 교실에서 일어난 갈등 상황에서 옳고 그름을 판단하기 전에 유아의 감정을 읽어준다. 또한 다양한 감정과 관련된 동화책을 읽어주고 일상생활 중에 감정과 관련한 상황을 다른 사람의 감정을 공감할 수 있는 기회로 활용한다(예: 넘어져 울고 있는 친구의 마음이 어떨까?).

(2) 더불어 생활하기

오늘날 많은 가족이 가족해체의 위기를 겪고 있다. 따라서 누리과정에서는 유아에게 가족의 소중함과 가족이 행복해지기 위해서는 가족구성원 모두가 함께 노력해야 함을 강조하고 있다. 이를 위해 가족의 소중함을 알고 가족과 화목하게 지낼 수 있는 방법을 구체적으로 표현하였다. 또한 가족구성원의 감정에 공감하고 가족 내 갈등을 긍정적으로 해결할 수 있도록 하였다(예: 동생이 장난감을 빼앗아갔을 때 어떻게 말하면 좋을까?).

더불어 생활하기에서는 가족과 함께 유아가 친구와 서로 도우며 사이좋게 지내기, 친구와의 갈등을 긍정적인 방법으로 해결하기, 서로 다른 감정과 생각, 행동을 존중하기, 친구와 어른에게 예의바르게 행동하기, 약속과 규칙의 필요성을 알고 지키기 등으로 구성되어 있다(〈표 6-6〉 참조). 발달적 측면에서 볼 때, 유아기 초기에는 아직 자기중심적 성향이 강해서 다른 사람과 협동하기가 어렵다. 따라서 3세의 경우 친구와 함께 즐겁게 놀이하고 친구의 소유물을 존중하도록 하였다면, 4, 5세에는 친구와 함께 협동하며, 다른 사람의 소유물뿐 아니라 생각과 행동을 존중하도록 한다. 또한 3세에는 약속과 규칙을 지키는 것이 중요한 일임을 알고, 4, 5세에는 약속과 규칙을 실천하여 지키고 자연과 자원을 아끼는 습관을 기른다.

교실에서 유아가 친구와 다투는 일은 일상적으로 일어난다. 따라서 교사는 토의활동이나 이야기 나누기를 통해 유아와 함께 갈등이 일어난 이유와 해결방법에 대해 함께 이야기를 나눈다. 또한 내가 화가 나서 친구를 때렸을 때 친구의 감정이 어떤가를 생각해 보게 함으로써 공감능력을 발달시키고, 서로 잘못을 사과하며 화해의 악수를 하고 안아 주게 한다. 이러한 갈등해결활동은 친구와의 갈등을 긍정적인 방법으로 해결하도록 도우며 유아의 친사회적 행동을 발달시킨다.

(3) 사회에 관심 가지기

사회에 관심 갖기는 내가 살고 있는 지역사회에서 궁금한 것을 알아보기, 우리나라에 자부심 갖기, 세계와 여러 문화에 관심 가지기 등의 내용으로 이루어져 있다(〈표 6-6〉 참조). 이제 유아는 지역사회와 긍정적인 관계를 형성하고, 이후 유능한 사회구성원으로 기능하게 하기 위하여 필요한 사회적 지식을 획득하어야 한다. 이러한 목적을 달성하기 위해 유아는 지역사회 사람과 나아가 지역 사회 사람들이 하는 일을 알아가며, 이를 계기로 다양한 직업에 관심을 가질 수 있다. 또한 사회의 구성원으로서 지역사회뿐만 아니라 우리나라를 상징하는 것을 알고 전통놀이와 풍습, 역사 및 문화에 관심을 갖도록 한다. 이를 통해 우리나라에 대한 자부심을 발전시켜간다. 아울러 세계 문화에 관심을 갖고, 다른 나라 사람들과의 관계를 이해하며, 그들과 더불어 조화롭게 기능하며 살아가는 능력을 배운다.

특히 유아는 비교적 이른 시기부터 자신을 둘러싼 지역사회와의 상호작용을 통하여 지리적·시간적 변화를 이해하고 이러한 현상과 관련된 다양한 지식을 획득하지만, 시간 개념은 추상적 사고 과정으로 3, 4세 유아가 이해하기에 어려울 수도 있다. 따라서 3~5세 유아에게 우리나라의 전통놀이와 풍습에 관심을 가질 수 있는 다양한 경험을 제공해 주는 것이 필요하다. 또한 유아의 발달수준에 맞게 우리나라의 역사에 대해 소개하고 알리는 내용을 제공해 준다.

4. 사회관계영역의 환경구성

영유아에게 보육실은 단지 놀이하고 활동하는 공간 이상의 의미를 지니고 있다. 보육실이 어떻게 배치되었는지에 따라, 교재교구의 종류와 수가 어떤지에 따라 영유아의 놀이가 더욱 활성화되거나 그 반대가 될 수도 있기 때문이다. 영유아의 발달에 적합한 보육실 환경구성은 정서적 안정감을 주고, 다른 또래와 긍정적인 상호작용을 유도함으로써 사회관계발달에 영향을 미친다.

사회관계영역은 특정 흥미영역에서 이루어지는 것이 아니라 보육실의 모든 공간과 흥미영역에서 이루어진다. 따라서 영유아의 사회관계를 발달시키기 위해서는 몇몇 교구나 활동이 아닌 전반적인 보육실의 공간 배치와 크기가 영유아의 발달에 적합해야 한다. 보육실의 환경구성은 크게 물리적 공간과 교구로 구분될 수 있다. 물리적 공간은 공간의 배치(흥미영역)와 공간의 크기(영유아당 필요 면적)로 살펴볼 수 있다. 보육실을 흥미영역으로 구분하여 배치할 때, 무엇보다 영유아의 발달에 적합해야 한다. 이는 흥미영역의 설치와 교구의 선택에 있어 연령별 적합성과 개별 적합성을 모두 고려해야 함을 의미한다(Bredekamp

사진 설명 공간의 크기와 교구의 종류는 영유아의 사회적 행동에 많은 영향을 미친다. 영유아들이 놀이실에서 풍선과 인형을 가지고 활동을 하고 있다.

& Copple, 1997). 연령별 적합성은 각 연령대의 발달수준을, 개별 적합성은 유아의 개인차를 고려하는 것이다. 또한 사적인 공간(유아 개별사물함, 휴식영역)과 공적인 공간(흥미영역들)이 적절히 구성되어야 한다. 영유아의 발달에 적합한 공간의 배치는 놀이활동에 집중할 수 있게 함으로써 과제에 대한 성취감과 긍정적 사회관계를 형성하도록 돕는다.

공간의 크기와 교사 대 유아비율, 집단의 크기 등은 영유아의 사회관계에 직접적인 영향을 미치는 변인이다(사진 참조). 현재 영유아보육법에서 규정한 보육실의 크기는 영유아 구분 없이 1인당 2.64m²이다. 그러나 이 크기는 법적인 최소 면적이지, 충분한 보육공간은 아니다. 최경숙(1998)은 어린이집 실태조사와 우리나라의 현실적 여건을 고려하여 보육실의 1인당 적정 면적을 영아 3.9m², 유아 3m²로 제안하였다.

보육실의 밀도가 높을수록, 즉 좁은 공간에 너무 많은 영유아가 있을 경우 이들은 공격적이고 부정적인 상호작용을 많이 하였다는 연구 결과(Vandell et al., 1988)도 찾아볼 수 있다. 교사 대 유아의 비율과 집단의 크기(소집단/대집단)도 영유아의 사회적 행동에 영향을 미치는 것으로 나타났다. 교사 대 유아 비율이 높은 어린이집의 유아는 그 비율이 낮은 어린이집의 유아보다 공격적이었으며(김향자, 1993), 소집단의 유아가 대집단의 유아보다 긍정적인 정서반응과

Carollee Howes

Claire E. Hamilton

긍정적인 사회적 행동을 많이 나타냈다 (Howes & Hamilton, 1993).

한편 교구의 종류와 수도 영유아의 사회관계에 많은 영향을 미친다. 만약 총이나 칼과 같이 공격성을 유도하는 교구가 있다면, 영유아가 총싸움, 칼싸움과 같은 전쟁놀이에 몰두하게 될 가능성이 높다. 또 교구의 수가 영유아에 비해 부족하다면, 영유아는 교구를 서로 차지하기 위해 부정적인 상호작용을 하게 되기 쉽다. 따라서 어린이집에서는 총, 칼과 같은 무기보다는 또래와 함께 놀이할 수 있고, 마음껏 만들어 볼 수 있는 블록과 모래, 물 등을 제공하는 것이 바람직하다. 또한 영아반의 경우 또래 간의 싸움을 방지하기 위해 같은 교구를 여러 개씩 비치하도록 권장하고 있다.

5. 사회관계영역의 실제 활동

최근 새로이 개정된 누리과정(2019)과 표준보육과정(2020)에서는 배움으로서의 유아놀이의 의미와 가치를 강조한다. 유아기 교육의 본질은 놀이이며, 유아는 놀이를 통해 가장 잘 학습하기 때문이다. 사회관계영역의 실제 활동에서는 유아의 놀이가 어떻게 시작되고, 어떻게 놀이가 계획 및 실행되어 가는지, 어떻게 놀이가 확장되어 가는지, 이러한 놀이의 흐름 속에서 교사는 어떻게 지원하는지에 초점을 두고 제시하였다.

1) 표준보육과정의 실제 활동: 보자기 놀이

교사의 기대	친구와 함께 활발한 놀이가 이루어지고, 친구와 서로 도우며 사이좋게 더불어 생활하기를 기대한다.
사회관계	더불어 생활하기 - 놀이 안에서 약속을 정한다. 친구와 서로 도우며 협력하여 놀이한다.
놀이의 시작	보자기로 망토와 치마를 만들어 입고 놀이하다가 인형을 보자기로 태워 준다. 친구가 "나도 타고 싶다"라고 하니 "무거워서 할 수가 없을 것 같아"라고 말한다. 교사가 "썰매로 타보면 어떨까?"라고 의견을 제시하니 태워 주자고 한다. 친구의 놀이를 보고 함께 하고 싶어 하는 반응에 서로 협력하여 기차처럼 연결해 함께 하는 걸 볼 수 있었다. 기차놀이 후 연결된 보자기를 벽에 걸어 달라고 요청해 연결된 보자기를 벽에 걸어 주고 나니 다른 또래 친구들이 놀이에 함께 참여하고자 하는 걸 볼 수 있었다.
계획 및 실행 친구와 협력해 보자기 놀이하기	■ 계획 ① 다양한 소재의 보자기를 제시해 준다. 　(색깔의 다양함, 소재의 다양함, 크기의 다양함) ② 보자기로 인형 태워주기 놀이를 한다. ③ 보자기로 썰매를 만들어 친구를 태워 준다. 　(여러 개의 보자기를 묶어서 기차 만들어 타기) ④ 보자기로 놀이 할 수 있도록 공간을 확보한다. ■ 실행 ① 유아들은 인형을 태워주기 놀이를 진행하여 놀이 공간을 확보해 준다. ② 썰매를 탈 수 있게 책상을 밀어 공간을 확보하여 유아들의 놀이가 방해되지 않도록 한다. ③ 끌어주는 친구가 힘이 부족해 보이니 다른 또래친구들이 다가와 "내가 도와줄까?"라고 이야기하며 서로 협력해 함께 끌어 준다. ④ 여러 명이 함께 타고 싶다며 유아들이 협력해 보자기를 연결해서 함께 타 본다. • 놀이의 확장 및 변화 　- 다른 친구들에게 방해가 되지 않아야 함을 알고 공간을 넓게 하기 위해 책상을 옮기고 선생님에게 자리를 만들어 달라고 도움을 요청한다. 　- 썰매놀이의 흥미가 멈춘 후 연결된 보자기를 보며 우리 집을 만들자고 한다. 　- 보자기로 구성된 공간을 보고 다른 친구들이 "같이 놀자"라고 이야기하며 함께 놀이한다.

교사 놀이 지원	- 교사는 다른 친구들의 놀이가 방해되지 않도록 책상과 교구장을 이동해 공간을 만들어 준다. - 친구의 놀이에 흥미를 보여 또래친구들이 다가와 보자기의 수를 채우기 위해 다른 반에서 빌려와 놀이를 지원해 준다. 이처럼 우리 교실을 벗어나 다른 교실의 놀잇감 지원을 통해 사회관계가 확장된다.

출처: 미래로 어린이집.

2) 누리과정의 실제 활동: 거미줄 놀이

교사의 기대	주변 환경에 대한 호기심을 자신만의 방식으로 상상하며, 다양한 방법, 다양한 연령을 상대로 표현할 수 있다.
사회관계	더불어 생활하기 - 놀이 안에서 약속, 규칙을 정한다. - 사전 경험을 이야기 나누며 놀이가 변화된다. - 또래와 동생들까지 확장하여 놀이가 확장되면서 사회관계가 증진된다.
놀이의 시작	줄을 사용해 실뜨기를 하는 유아들의 모습을 보고 뜨개실을 제공한다. 제공해 준 뜨개실로 색깔 칠하기, 짚라인 만들기, 거미줄 만들기까지 한 가지의 재료로 다양한 놀이가 발현된다. 실뜨기가 거미줄이 되기까지의 놀이 진행과정에서 실의 역할이 놀이에 중심이 됨을 관찰할 수 있었다.
계획 및 실행 친구와 협력해 거미줄 놀이	■ 계획 ① 줄을 매듭지어 실뜨기 놀이한다. ② 하얀색 실을 색연필로 색칠해 다양한 색을 만든다. ③ 짚라인에 대한 사전경험을 이야기 나누며 놀이한다. ④ 실과 테이프를 사용해 거미줄 놀이를 한다. ⑤ 실이 필요한 유아들과 함께 문구점에서 방문하여 실을 구매한다. ⑥ 스카프, 보자기, 실을 사용해 거미줄 놀이를 한다. ⑦ 동생들을 초대해 함께 거미줄 놀이를 한다. ■ 실행 ① 교실 놀잇감 중 짧은 줄 두 개를 이어 매듭을 짓고 실뜨기 놀이를 진행한다. ② 교사는 실뜨기에 사용할 하얀색 뜨개실을 제공한다. ③ 실의 색깔을 바꿔가며 활동이 진행된다. 　- "나는 무지개 색깔 실로 바꿔야지" 말하며 새로운 놀이를 시작한다. ④ 유아의 사전경험에 따라 놀잇감의 의미가 변화된다. 　- 줄에 매달린 사람 모형을 친구들에게 보여 주며 "이거 레일바이크(짚라인)야."라고 말한다. 짚라인에 사전경험이 있는 유아를 중심으로 이야기 나누며 줄에 대한 의미가 변화된다. ⑤ 짚라인 놀이로 전환되어 놀이가 계속 진행된다. 　- 실뜨기에 사용한 뜨개실로 라인을 만들고 사람 모형을 매달아 움직여 본다. 사람 모형이 생각대로 움직이지 않자 "종이컵에 매달아 볼까?" "줄을 더 높여 보자"라고 이야기하며 종이컵, 바구니, 실의 높이 조절 등 생각을 모으고 실행해본다. ⑥ 실을 통한 사고의 확장으로 거미줄놀이로 놀이가 전환된다. 　- 짚라인 놀이를 하다 "우리 이 실로 거미줄 놀이 할까?"라고 놀이를 제안하고 짚라인 놀이에서 거미줄 놀이로 전환된다.

⑦ 거미줄을 치기 위한 이동을 통한 공간을 확보하고 역할을 정한다.
  – 다른 친구들의 놀이가 방해 받지 않도록 공간을 옮겨 거미줄 놀이가 진행된다. "테이프를 가지고 있는 사람이 필요해." 말하며 거미줄 만들기, 테이프 전달하기, 테이프로 고정하기 등의 역할을 의사소통하며 정한다.
⑧ 놀이를 계획하고 필요물품을 직접 구입하여 놀이를 진행한다.
  – "선생님, 다양한 색의 실이 필요해요!" 놀이에 필요한 놀잇감을 교사에게 전달하고 함께 문구점에 방문해 놀이에 필요한 놀잇감을 구입한다.
⑨ 새로운 규칙으로 놀이를 진행한다.
  – 색의 구분(하얀색 실은 레이저), 스카프를 사용한 거미줄, 작은 블록은 거미의 먹이 등 놀이를 통해 새로운 규칙이 발현된다.
⑩ 거미줄놀이 대상 확장을 통해 유아들의 사회관계가 증진된다.

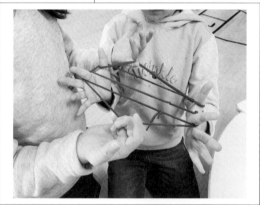

| 교사 놀이 지원 | 유아-유아, 교사-유아의 상호작용과 놀이 관찰을 통해 놀이에 필요한 물건을 제공해 주었고, 영역을 구분 짓지 않고 유아의 요구도에 따라 영역의 배치와 역할을 다르게 이용할 수 있도록 해 줌으로써 놀이가 다양하게 확장되었다. |

출처: 미래로 어린이집.

제7장 ● 의사소통영역

인간은 사회적인 동물로 다른 사람들과의 상호작용을 통해 성장·발달해 나간다. 이러한 상호작용을 원활하게 이끌어 주는 가장 중요한 수단이 의사소통이다. 의사소통능력은 언어를 통해 상호작용하는 언어적 의사소통과 표정이나몸짓 등을 사용하는 비언어적 의사소통능력까지를 포함한다. 자신의 생각이나감정 등을 효과적으로 전달하고 타인의 생각이나 요구를 잘 이해할 수 있는 유아는 또래나 교사와 만족스러운 관계를 형성할 수 있으며 또래들로부터 인기가많고 자신감도 높다. 이처럼 영유아기의 의사소통능력은 긍정적인 대인관계 형성능력뿐 아니라 자기성장 및 사회적 적응능력의 기초가 된다. 따라서 어린 시기부터 의사소통능력을 키우기 위한 체계적인 노력이 필요하다.

표준보육과정에서의 의사소통영역은 영아가 듣고 말하는 것을 즐기며 읽기와 쓰기에 관련된 관심을 가지고, 책과 이야기에 관심을 가져 의사소통능력과상상력의 기초를 마련하는 데 초점을 둔다. 누리과정에서의 의사소통영역은 일상생활에 필요한 의사소통 능력과 상상력을 기르는 데 초점을 둔다. 이러한 목적하에 표준보육과정은 내용 듣기와 말하기, 읽기와 쓰기에 관심 가지기, 책과이야기 즐기기의 세 가지 내용 범주로 구성되어 있고, 누리과정에서는 듣기와말하기, 읽기와 쓰기에 관심 가지기, 책과 이야기 즐기기의 세 가지 내용 범주로구성되어 있다. 이들 세 가지 내용 범주는 각각 독립적으로 가르치기보다는 의사소통의 맥락과 의미 있는 상황 속에서 자연스럽게 통합되고 발전할 수 있도록 지원해야 한다.

이를 위해 이 장에서는 의사소통의 기반이 되는 언어발달의 이론적 기초와 표준보육과정 및 누리과정에서의 의사소통영역의 구성과 목적, 하위영역별 내용, 지도원리를 살펴볼 것이다. 아울러 의사소통영역과 관련된 환경구성과 의사소통영역의 실제 활동을 살펴보고자 한다.

1. 의사소통영역의 이론적 기초

의사소통은 타인과의 상호작용을 원활하게 이끌어 주는 주요 수단으로, 언어적 의사소통뿐 아니라 비언어적 의사소통까지를 포함한다. 의사소통능력이 뛰어난 유아의 경우, 또래에게 잘 수용되며 인기가 많고 사회적 관계망도 좋은 반면, 의사소통능력이 떨어지는 유아의 경우 또래에게 잘 수용되지 않으며 거부되거나 무시되는 경우가 많다. 이러한 측면에서 볼 때, 의사소통능력은 유아의 건강한 발달에 있어 상당히 중요하다. 따라서 언어와 의사소통의 개념을 소개한 후, 의사소통의 기초가 되는 언어발달에 대해 이론적으로 살펴보고 영유아기 언어발달단계에 대해 알아보고자 한다.

1) 언어와 의사소통의 의미

인간은 언어를 통해 자신의 생각과 감정을 전달하고 사회의 중요한 가치나 태도를 배우게 된다. 인간이 오늘날 이렇게 진화·발전할 수 있었던 것은 언어의 사용 덕분이라고 해도 과언이 아니다. Olson(1977)은 인간이 언어를 통해 인간다워지고 문자의 사용을 통해 문명화된다고 하였다. 확실히 언어는 인간과 다른 생명체를 구분짓는 인간의 대표적인 특징이다. 그렇다면 언어란 무엇인가? Sapir와 Hoijer(1967)는 언어란 자의적으로 생성된 상징체계를 통해 다른 사람에게 자신의 생각이나 감정 그리고 요구사항을 전달하는 습득된 수단으로서 이런 상징은 음성적인 것이라고 정의하였고, Ornstein과 Gage(1964)는 언어가 사회의 집단 구성원들이 사용하는 구조적이고 체계적인 음성적 상징이라고 정의하였다. 미국교사협회(National Council of Teachers of English, 1996)와 국제독서협회(International Reading Association, 1998)의 언어에 대한 정의에는 언어의 체계와 구조를 이해하는 것뿐 아니라 언어를 상황에 맞게 적용하는 방법까지가 포함된다. 이러한 정의에서 공통적인 것은 언어란 의사소통의 도구이며 음성적 상징체계라는 점이다.

Edward Sapir   Harry Hoijer

한편 최근의 언어에 대한 정의는 구어나 문어뿐 아니라 시각적 의사소통능력을 포함한다. 현대사회에 접어들어 TV, 영화, 프린트물, 현판 등과 같은 시각적 상징물들이 급속히 증가함에 따라 시각적 문해능력이 상당히 중요해졌다(사진 참조). 현대의 아동들은 일상생활에서 다양한 아이디어, 감정, 사건 등을 나타내는 시각매체를 접하게 되므로 어느 시대보다 더 다양한 상징체계의 전문적 사용자가 되어야 한다(Leland & Harste, 1994).

앞서 살펴본 언어의 정의를 통해 다음과 같은 특징을 발견할 수 있다(Jalongo, 2006). 첫째, 언어는 의사소통이다. 언어를 통해 메시지를 주고받는데 이러한 메시지에는 생각, 감정, 느낌, 아이디어 등이 포함된다. 둘째, 언어는 추상적이다. 언어는 특정한 것을 나타내는 상징이나 기호체계이므로 특정한 의미를 갖는다. 같은 단어라도 다른 의미로 사용될 수도 있다. 예를 들면, '밤'이라는 것은 먹는 밤일 수도 있고, 낮과 반대의 밤일 수도 있어 어둡고 깜깜한 느낌을 낼 수도 있다. 셋째, 언어는 규칙을 갖는다. 모든 언어는 고유의 어순, 의미 등 일

사진 설명 │ 현대사회에 들어 시각적 상징물들이 증가함에 따라 시각적 상징물을 해석할 수 있는 능력이 중요해지고 있다.

Christine H. Leland   Jerome C. Harste

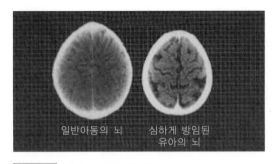

일반아동의 뇌   심하게 방임된
유아의 뇌

사진 설명 3세 유아의 뇌를 촬영한 사진

정한 형태와 규칙체계를 갖는다. 한 예로, 한국어의 "나는 물을 마신다"를 영어로 표현하면, "I drink water"이다. 한국어와 영어의 어순을 비교해 보면 주어와 술어, 목적어의 순서가 다르다는 것을 발견할 수 있다. 이러한 어순은 특정 언어가 가지고 있는 규칙 중 하나이다. 넷째, 언어는 사회적인 것이다. 영아는 말을 할 수 있기 전부터도 몸짓, 소리, 울음을 통해 양육자와 의사소통을 한다. 언어의 주요 목적은 다른 사람과 상호작용하는 것이다. 그러므로 언어는 인간이 학습하는 것 중에서 가장 사회적인 것이라고 할 수 있다. 한 예로, 극단적으로 유기되거나 학대받은 아동들의 경우 뇌 구조가 일반아동과 다르고 말하는 방법을 전혀 배우지 못했다(사진 참조). 다섯째, 언어는 다기능적(versatile)이다. 언어는 무한한 방법으로 재배열되거나 재조합될 수 있다. 또한 언어를 통해 아직 존재하지 않는 것에 대해서도 의사소통할 수 있다. 한 예로, 환상소설이나 추리소설 등은 인간의 상상을 언어를 통해 표현해 내는 것이다.

인간의 언어는 다섯 가지 요소로 구성되어 있다(정옥분, 2018a). 이는 음운론(phonology), 형태론(morphology), 통사론(syntax), 의미론(semantic), 활용론(pragmatic)으로, 여기에는 인간 언어의 특징이 잘 나타나 있다. 음운론이란 소리의 체계를 익히는 것으로, 여기에는 유아가 소리를 이해하고 소리를 만들어 내는 것 등이 포함된다. 예를 들어, 어머니가 유아에게 소의 뿔을 보며 "이렇게 뾰족하게 올라와 있는 것을 뿔이라고 해"라고 하면 유아가 그 말을 듣고 "불 뿔"이라고 되묻는 과정을 통해 불과 뿔의 소리가 다르고 소리내는 방법도 다르다는 것을 이해하는 것이다. 형태론(morphology)은 단어의 구성을 의미하는 것으로, 유아가 의미를 갖는 최소 단위인 형태소가 어떻게 결합되는지를 익히는 것 등이 포함된다. 예를 들어, 선생님이 "오늘 맨손체조를 배워 볼까요? '맨손체조'는 다른 것 없이 손으로 하는 체조예요. '맨'과 '손', 그리고 '체조'가 합쳐진 거예요"라고 알려주면, 유아가 "그럼, '맨발'은 '맨'과 '발'이 합쳐진 거예요? '맨몸'은 '맨'과 '몸'이 합쳐진 거예요?"라고 되묻는 과정을 통해 형태소의 결합 방식을 이해하는 것이다. 통사론이란 문법적 체계를 익히는 것으로, 말의 구조를 인식하거나 정확하게 구조화된 말을 만들어내는 것을 뜻한다. 예를 들면, "달이 떴어요"가 아니라 "달이 떴어요"라고 표현해야 하며, "어제 놀이터에서 놀 거예요"가 아니라 "어제 놀이터에서 놀았어요"라고 말해야 함을 배우는 것이다. 의미론이란 의미의 체계를 익히는 것으로, 말의 의미를 이해하고 맥락에서 중심이 되는 의미를 이해하는 것을 포함한다. 예를 들면, "이젠 밤이야, 자야지"라고 한다면, 이때의 밤은 먹는 밤이 아니라 깜깜한 밤을 말함을 이해하는 것이다. 활용론이란 언어의 사회적 상호작용체계를 익히는 것으로, 사회적인 말의 함축성을 이해하고, 사회적 상황에 적절한 말을 만들어내는 것을 뜻한다. 예를 들면, "도와주세요"라는 말이 긴급한 상황에서 주위에 도움을 청하는 방법이라는 것을 이해하는 것이다. 또한 친구가 먹을 것을 권하는 데 배가 아파서 그것을 먹을 수 없다면 "안 먹어"라고 답하기보다는 "고맙지만 내가 배가 아파서 지금은 못 먹겠어. 미안해"라고 정중하게 거절하는 방법을 배우는 것도 포함된다.

이러한 점을 고려해볼 때, 언어를 배운다는 것은 언어 그 자체를 배우는 것(예: 말하는 것을 배우는 것)뿐 아니라 언어에 대해 배우는 것이고(예: 언어의 구성, 규칙 등) 언어를 통해 배우는 것(예: 언어를 통해 사회적 규칙, 태도 등을 습득할 뿐 아니라 다양한 정보를 습득하고 학습하는 것)을 포함한다(Egan-Robertson & Bloom, 1998). 언어는 사회적 도구로 인간이 존재하고 살아가는 방식에 상당한 영향을 미친다. 영유아기는 언어발달이 급속도로 이루어지는 시기이다. 따라서 이 시기에 적절한 언어적 자극이나 지원을 받지 못하면 심각한 결과를 초래할 수도 있다. 언어적 유능성은 다양한 종류의 학습에 영향을 미치게 되고 이후 삶의 적응에도 영향을 미치게 된다. 언어 발달은 단순히 학업성취에만 영향을 미치는 것은 아니다. 말이 늦은 영유아들의 경우, 자신의 의사를 분명하게 표현하지 못함에 따라 공격적이 되거나, 반대로 위축되고 소심해지는 등 부적응을 경험하게 되기도 한다(사진 참조).

한편, 의사소통은 언어의 가장 중요한 기능이다. 이는 타인과의 의사소통을 목적으로 한 언어적 · 비언어적 행동에서 유능성을 보이는

사진 설명 의사소통능력이 뛰어난 유아는 또래와 긍정적인 관계를 형성한다.

것을 의미한다. 의사소통능력이란 사회적·문화적 기대에 따라 다양한 상황에서 그에 적절한 언어와 비언어적 행동을 사용하는 능력으로, 상대방의 말뜻을 이해하고 어떤 개념 및 아이디어를 정확한 형태로 나타내는 능력까지를 포함하는 언어 이상의 더욱 포괄적인 개념이다(송명자, 1995). 즉, 의사소통능력은 언어적·비언어적 차원을 함께 포함하며 형식·내용·활용의 모든 측면을 아우르는 복합적인 개념이다(Landa, 2005). 이를 종합적으로 살펴보면 의사소통능력이란 사회적·의사소통적 규칙에 대한 지식을 습득하고 이를 맥락에 맞게 적절한 방법으로 활용할 수 있는 능력을 의미한다(Weimann & Backlund, 1980).

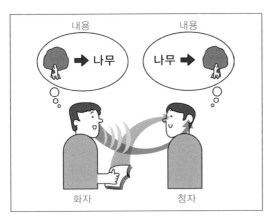

사진 설명 의사소통의 과정. 화자가 청자에게 나무라는 것을 설명하기 위한 의도를 가지고 청자가 나무에 대해 이해할 수 있도록 언어를 통해 전달하는 것.
출처: www.answers.com

의사소통의 과정은 메시지를 보내는 사람, 메시지 내용, 메시지를 보내는 매개체, 메시지를 받는 사람과 메시지가 전달되는 맥락을 포함한다(Jalongo, 2006)(사진 참조). 우리가 타인과 의사소통할 때, 메시지를 보내는 사람은 메시지를 받는 사람이 반응을 할 것이라고 기대한다. 한 예로, 울음을 터뜨리는 영아는 누군가 나타나서 자신을 달래 줄 것이라고 기대한다. 종이컵을 들고 "여보세요"라고 전화놀이를 시도하는 아이는 한쪽 끝에서 누군가 듣고 대답할 것이라고 기대한다. 이처럼 인간의 의사소통은 다른 사람의 반응을 불러일으키기

위해 다른 사람에게 메시지를 보내는 것이다(Johnson, 1972). 의사소통이 잘 이루어지기 위해서는 메시지를 보내는 사람(화자)이 상대방(청자)에게 어떤 영향을 미치고자 하는 의도를 가지고 있어야 하며, 청자로 하여금 그 의도를 인식하게 해야 한다. 동시에 화자는 청자에게 전달하고자 하는 내용을 가지고 있어야 한다. 마지막으로 화자는 발화의 시점 및 장소에서 청자의 마음속에 있으리라 예측되는 지식에 대해서도 나름대로의 견해를 가지고 있어야 한다.

이처럼 의사소통은 자신의 의사를 표현하고 타인의 의사를 이해하게 되는 과정을 거친다. 자신의 생각과 정서를 다른 사람이 이해할 수 있을 만큼 충분히 잘 표현할수록 타인과 원활한 사회적 상호작용을 할 수 있게 된다. 또한 타인의 생각이나 정서를 정확하게 이해할수록 주변 사람들과 긍정적으로 상호작용하게

된다. 이러한 과정 속에는 이전에 기억한 지
식을 재생해내고 그 지식의 의미를 다른 말로
해석하고 추리하며, 새로 접하는 이야기 정보
와 연결하여 새로운 의미를 만들어내는 것이
포함된다(Bromley, 1998). 영유아에게 있어 의
사소통은 자신과 양육자 및 교사, 또래 사이에
주고받는 역동적인 상호작용 과정이다(사진
참조). 의사소통능력은 상대방의 말에 주의를
기울여 듣고 이해하려고 노력하며, 자신이 하

사진 설명 교사가 어린 영아들과 의사소통을 하고 있다.

고 있는 말을 상대방이 이해하고 있는가의 여부를 상대방의 반응을 통해 판단하
고 이를 조절해 나가는 능력으로 사회적 능력과 밀접한 관련을 갖는다.

　자신의 생각, 느낌 등을 효과적으로 잘 전달할 수 있는 유아는 또래와 잘 사귀
고 또래들에게 수용되는 정도가 높으며, 또래와 만족스러운 관계를 형성할 수
있다(Girolametto, Weitzman, & Greenberg, 2004; Landa, 2005). 또한 의사소통능력
은 유아의 자기성장과 사회적 적응 및 심리적 안녕감을 위한 기초능력이 된다
(Hazen & Black, 1989). 의사소통능력이 높은 유아는 긍정적 상호작용, 협조성,
지도성 등 전반적인 사회적 능력도 높은 것으로 나타났다(이용주, 윤지영, 2004).
또한 의사소통능력이 낮을수록 또래 간 상호작용이 어려워지고, 이는 다시 유아
기 문제행동을 증가시켰다(Cohen, 2005; Hadley & Schuele, 1995). 이처럼 의사소
통능력은 단순히 유아의 인지발달뿐 아니라 사회정서적 능력과도 긴밀히 연결
되어 있으므로 어릴 때부터 체계적인 교육을 실시하는 것이 필요하다.

2) 언어발달의 이론적 접근

　언어발달은 성숙과 학습의 상호작용에서 비롯된다는 것에 이견
을 나타내는 사람은 없을 것이다. 하지만 언어발달 과정에서 유전
과 환경 혹은 성숙과 학습 중 어느 것이 보다 더 우세한 영향을 미
치는가와 관련해서는 이론가들마다 조금씩 다른 견해를 취한다
(Jalongo, 2006).

　Skinner와 같은 행동주의자들은 언어발달에 있어 환경과 학습

Burrhus Frederic Skinner

의 영향을 강조한다. 이들은 자극과 반응을 언어습득의 가장 핵심적인 부분이라고 본다. 한 예로, 8개월 된 영아가 아버지를 보며 "아, 아"라고 말하면 아버지는 흥분해서 "그래, 아빠라고 말해 봐"라고 말한다. 동시에 아버지는 아내를 보면서 "여보, 얘가 나를 아빠라고 불렀어"라고 말한다. 이 관점에서는 영아가 무작위적으로 낸 소리에 대해 양육자가 민감하게 반응하고 적극적으로 강화를 해줌으로써, 영아는 "아빠"라는 소리를 반복적으로 듣게 되고 이를 통해 말을 하게 된다.

성숙주의자들은 개인의 생물학적 준비도를 강조한다. 성숙주의적 관점에 따르면 아동의 언어는 내적인 시계에 따라 점차적으로 진행된다. 따라서 성숙주의에서 필수적인 개념은 두뇌성장주기 과정이다. 두뇌성장주기 과정은 두뇌의 신경망발달과 연결되어 있다. 두뇌성장패턴은 불규칙적이라 어떤 시기에는 언어가 급격히 발달하지만 어떤 시기에는 상대적으로 느리게 발달할 수도 있다. 또한 개인마다 두뇌성장패턴이 약간씩 차이가 있기는 하지만 결국에는 비슷한 계획표에 따라 변화하게 된다는 점을 강조한다. 한 예로, 어떤 아이는 8개월에 말을 시작하고 다른 아이는 14개월에 말을 시작했다고 할지라도, 초등학교에 들어갈 때는 둘 다 비슷한 수준으로 말을 잘하게 된다.

Noam Chomsky

Chomsky와 같은 생득론자들은 아동이 언어습득장치(Language Aquisition Device: LAD)를 가지고 태어나며, 이를 통해 투입된 언어자료를 처리하고 규칙을 형성하며 문법에 맞는 문장을 이해하고 산출하게 된다고 한다. 이들에 따르면 3~4세경에 어휘가 급증하고 이 시기 동안 언어적 자극이 충분하지 못할 경우에는 이후 언어능력에 문제를 보이게 된다. 모든 문화권에서 언어습득의 단계가 기본적으로 비슷하며, 아동이 범하는 문법적 오류가 유사하다는 점은 이 이론을 지지하는 근거가 된다.

인지발달이론이나 사회문화적 관점은 언어발달에서 유전과 환경 간의 상호작용을 중요하게 여긴다. 인지발달의 기본전제가 되는 구성주의에서는 아동이 주변의 단어를 단순히 흡수하는 것이 아니라 세상에 대한 사고나 지식을 능동적으로 형성하고 구조화한다는 점을 강조한다. 언어는 사고의 도구로서, 아동은 언어를 배우는 과정에서 시행착오를 통해 보다 다양하고 확장된 언어를 습득하게 된다. 사회문화적 관점에서는 성공적인 언어사용자가 되기 위해서는 다양한 상황에서 적절하게 의사소통하는 방법을 배워야 한다는 점을 강조한다. 아동은 특정 문화적 상황에서 사회적 상호작용을 통해 폭넓은 언어를 습득하게 된다. 따라서 아동이 언어를 배우고 사용할 수 있는 방법을 자연스럽게 터득할 수 있는 다양한 사회적 맥락에 노출되어야 한다.

이처럼 언어발달의 주요 기제와 관련해서는 각 이론들마다 조금씩 차이를 보이지만 기본적으로 아동의 언어발달은 단순히 어느 한 가지 요인에 의해 결정되는 것이 아니라는 점은 분명하다. 아동의 언어발달은 의사소통과 사회적 상호작용을 하고자 하는 내적 경향을 가진 유전자와 환경 그리고 아동 자신의 사고 능력 간의 상호작용을 통해 이루어진다(Genishi, 1988).

3) 언어발달의 단계

영아가 의사소통을 하는 방법에는 두 가지가 있다. 비언어적인 방법과 언어적인 방법이다. 준언어적 상징(paralingusitics)은 비언어적인 방법으로 표정, 몸짓, 어조 등을 포함한다(Menyuk, 1988). 이는 언어가 발달되기 전의 단계에서 상당히 중요하다. 언어발달의 첫 단계는 울음이다. 울음을 통해 영아는 자신의 욕구를 표현하고 양육자와 의사소통하게 된다(사진 참조). 3~6개월경에는 언어와 유사한 말소리를 내는 옹알이를 하게 된다(사진 참조). 이 시기 동안 주변 사람들의 강화를 통해 모국어를 습득하게 되므로, 양육자가 적극적으로 옹알이에 반응해주는 것이 중요하다. 이러한 전언어 시기를 거쳐 생후 1년에서 2년 사이에 한 단어 시기(holophrases)에 접어든다. 생후 1년경이 되면 영아는 분명하게 이해할

사진 설명 영아는 울음을 통해 자신의 요구를 표현한다.

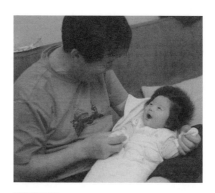

사진 설명 옹알이를 하고 있는 영아의 모습

〈표 7-1〉 언어발달 이정표

	연령	특징
1단계 전언어 시기: 단어가 아닌 언어유형의 소리	출생	• 울음이 의사소통의 주된 수단이다.
	2주	• 덜 울고, 가끔씩 무작위적으로 제스처를 사용하거나 소리를 지른다.
	6주	• 비명을 지르며 울기 시작하고 쿠잉 소리를 낸다.
	2개월	• 의사소통을 위해 미소를 짓는다.
	3~6개월	• 옹알이를 한다.
	6~9개월	• 우연히 소리를 모방하고 음절을 계속 되풀이한다. 발성에서 감정이 표현된다.
	9~11개월	• 의도적으로 소리를 모방하고 어떤 말과 간단한 요구에 대해 이해했다는 표시를 하기 시작한다. • 표현적 언어를 시작한다(예: 재잘거림).
2단계 한 단어 시기	12개월	• 한 단어로 된 문장을 사용한다. 복잡한 의미를 한 단어로 표현한다. • 3~6개 단어의 어휘력을 가진다.
	12~18개월	• 억양이 좀 더 복잡해지고 성인의 말과 비슷해진다. • 다양한 명사를 사용한다. • 3~50개의 어휘력을 갖는다. • 상대방이 말을 이해하지 못해도 부가적인 정보를 전달하려고 하지 않고 실망하지도 않는다.
3단계 단어로 구를 만드는 시기	2세	• 수용언어가 크게 발달하는 시기이다. • 50~200개의 어휘력을 갖는다. • 의사소통을 하려는 노력이 증가하며 대화를 시도하고자 한다. 하지만 한 주제를 가지고 지속적으로 대화하거나, 오고가는 대화를 두 번 이상 지속하기가 힘들다.
	3세	• 언어습득 속도가 가장 빠른 시기이다. • 매일 새로운 단어를 배우며, 보통 200~300개의 어휘력을 가진다. • 의사소통하고 싶어 하고 만약 상대방이 자신의 말을 이해하지 못하면 좌절하는 모습을 보인다. • 낯선 성인들이 유아의 말을 점차적으로 이해할 수 있게 된다.
4단계 완전한 문장의 사용	4세	• 발음과 문법능력이 향상된다. • 1,400~1,600개의 어휘력을 가진다. • 유아는 제대로 이해하지 못한 것을 정확하게 알려고 노력한다. • 듣는 사람이 요구하는 정보에 맞게 말하기 시작한다. • 친구들과의 논쟁을 말로 풀고, 친구를 놀이에 초대하는 등 일상에서의 대화를 통해 언어를 발달시킨다.
	5~6세	• 복잡하고 문법적으로 정확한 문장을 구사한다. • 과거, 현재, 미래 시제동사를 쓰고 평균 한 문장에 6.8단어를 사용한다. • 약 2,500개의 단어를 사용하고 6,000개 단어의 의미를 이해한다. • 대화를 잘 조절할 수 있는 능력을 갖게 된다.
5단계 언어를 상징 적으로 사용: 읽기와 쓰기	6~7세	• 더 많은 부사로 복잡한 문장을 사용한다. • 조건절을 사용한다(만약 ~라면). • 한 문장에서 평균 7.6단어를 사용한다.
	7~8세	• 형용사절, 동명사, 종속절 등을 사용한다.

출처: Jalongo, M. R. (2006). *Early childhood language arts* (4th ed.). MA: Allyn & Bacon.

수 있는 단어를 사용할 수 있으며 그 단어를 통해 자신의 생각을 표현하게 된다. 하지만 단지 하나의 단어로 전체 문장을 표현하기에는 부족하므로 표정이나 몸 짓을 함께 사용하여 자신의 의사를 표현한다. 2세 정도가 되면 단어에서 구를 만들어 사용하게 된다. 이 시기에 영아는 2개 이상의 단어를 연결시켜 표현한 다. 두 단어 문장은 한 단어 문장보다는 정교하고 명료하며, 두 단어 중 강세를 어디에 두느냐에 따라 강조점이 달라지므로 보다 효율적인 의사소통을 이끌어 낼 수 있다. 이러한 전문체(telegraphic) 형태의 두 단어 시기가 지나고 나면 세 단어 이상을 이용하여 문장을 만들게 된다(정옥분, 2018a). 〈표 7-1〉에는 태어나 서 8세까지 정상적으로 발달하는 아동들이 성취하는 언어발달의 이정표가 제시 되어 있다.

4~6세가 되면 완전한 문장을 사용할 수 있게 된다. 유아들이 문법적 형태소 를 사용하기 시작하면서 말의 길이가 점점 길어진다. 이러한 이유로 유아기 동 안에는 말의 길이를 통해 유아의 언어능력을 평가하기도 한다. 아동들이 유치 원이나 학교에 들어갈 시기가 되면 언어의 규칙과 사용법을 익히게 되고, 구 어와 문어 사용 등 축적된 경험을 통해 주변의 환경 인쇄물(예: 간판, 과자 봉투 의 인쇄글, 도로표지 등)을 읽을 수 있게 되고, 읽는 것과 쓰는 것을 연관시킬 수 있고, 읽고 쓰는 것의 의미를 이해할 수 있게 된다(Early Childhood and Literacy Development Committee, 1985).

2. 표준보육과정의 의사소통영역

어린이집 표준보육과정에서 추구하는 의사소통영역의 구성 및 목적과 하위 영역별 내용 및 지도원리는 다음과 같다.

1) 의사소통영역의 구성 및 목적

개정된 제4차 표준보육과정에서 의사소통영역은 영아가 듣고 말하는 것을 즐 기며 읽기와 쓰기에 관련된 관심을 가지고, 책과 이야기에 관심을 가져 의사소 통능력과 상상력의 기초를 마련하는 데 초점을 둔다(보건복지부, 2020).

의사소통영역은 내용 듣기와 말하기, 읽기와 쓰기에 관심 가지기, 책과 이야기 즐기기 등의 세 가지 내용 범주로 구성된다(〈표 7-2〉 참조). 내용 듣기와 말하기에서는 0~1세 영아가 표정, 몸짓, 말과 주변의 소리에 관심을 가지고 들으며, 상대방의 이야기를 들으면서 말소리를 내고, 표정, 몸짓, 말소리로 의사를 표현하는 것에 초점을 둔다. 2세 영아의 경우, 영아가 표정, 몸짓, 말에 관심을 가지고 들으며 상대방의 이야기를 듣고 말하고, 표정, 몸짓, 단어로 의사를 표현하며, 자신의 요구와 느낌을 말하는 것에 초점을 둔다. 읽기와 쓰기에 관심 가지기에서는 0~1세 영아가 주변의 그림과 상징에 관심을 가지고, 끼적이기에 관심을 가지는 것에 초점을 둔다. 2세 영아의 경우, 영아가 주변의 그림과 상징, 글자에 관심을 가지고 끼적이며 표현하기를 즐기는 것에 초점을 둔다. 책과 이야기 즐기기에서는 0~1세 영아가 책에 관심을 가지고 이야기에 관심을 가지는 것에 초점을 둔다. 2세 영아의 경우, 영아가 책에 관심을 가지고 상상하며, 말놀이와 이야기에 재미를 느끼는 것에 초점을 둔다.

〈표 7-2〉 표준보육과정 의사소통영역의 내용 범주

내용 범주	내용	
	0~1세	2세
내용 듣기와 말하기	• 표정, 몸짓, 말과 주변의 소리에 관심을 갖고 듣는다. • 상대방의 이야기를 들으면서 말소리를 낸다. • 표정, 몸짓, 말소리로 의사를 표현한다.	• 표정, 몸짓, 말에 관심을 갖고 듣는다. • 상대방의 이야기를 듣고 말한다. • 표정, 몸짓, 단어로 의사를 표현한다. • 자신의 요구와 느낌을 말한다.
읽기와 쓰기에 관심 가지기	• 주변의 그림과 상징에 관심을 가진다. • 끼적이기에 관심을 가진다.	• 주변의 그림과 상징, 글자에 관심을 가진다. • 끼적이며 표현하기를 즐긴다.
책과 이야기 즐기기	• 책에 관심을 가진다. • 이야기에 관심을 가진다.	• 책에 관심을 가지고 상상한다. • 말놀이와 이야기에 재미를 느낀다.

2) 의사소통영역의 하위영역별 내용 및 지도원리

표준보육과정의 의사소통영역은 내용 듣기와 말하기, 읽기와 쓰기에 관심 가지기, 책과 이야기 즐기기 등의 세 가지 내용 범주로 구성된다. 연령이 높아질수록 의사소통의 내용은 점차 세분화되고 확장된다.

(1) 내용 듣기와 말하기

듣기는 구어를 의미 있는 메시지로 변형시키는 과정과 관계가 있다. 일반적으로 듣기(listening)는 단지 소리를 듣는 것(hearing) 이상으로, 주위 환경의 신호에 집중하고 주의하고 선택하는 지각활동(listening)뿐 아니라 듣고 있는 것에서 의미를 이해하고 평가하는 인지적 과정(comprehension)까지를 포함한다(De Stefano, Dole, & Marzano, 1989).

듣기는 의사소통의 초기 형태로, 듣기 감각은 출생 이전부터 기능을 한다. 실제로 유아들은 말하고, 읽고, 쓰기 훨씬 이전부터 듣는 경험을 한다. 일례로, 신생아들은 타인과 부모의 목소리를 구별해내며, 자궁 안에서 들었던 소리와 유사한 소리에 안정을 되찾고 다른 영아들이 우는 소리에 긴장한다. 단순히 듣기에서 끝나는 것이 아니라 듣기를 통해 정보를 수집하거나 다양한 종류의 학습이 이루어지기 때문에 듣기는 언어발달의 핵심이라고 해도 과언이 아니다. 〈표 7-3〉에는 정상적인 듣기발달의 이정표가 제시되어 있다. 만약 영유아가 해당 연령이 지났음에도 불구하고 기본적인 듣기발달이 정상적으로 이루어지지 않는다면, 청각장애나 다른 장애를 가지고 있을 수 있으므로 적절한 조치가 필요하다.

〈표 7-3〉 듣기발달의 이정표

연령	이정표
신생아~1세	• 크고 이상한 소리에 놀란다. • 소리가 나는 방향으로 고개를 돌린다. • 음악의 종류에 따라 다른 반응을 보인다. • 주변의 음악이나 다른 종류의 소리에 반응하여 스스로 소리를 낸다. • 화자를 응시한다. • 적절한 몸짓으로 함께 제시되는 언어를 이해하기 시작한다(위로 손을 들어올리는 손짓과 함께 '위로'라는 단어를 쓰면 단어를 이해한다).

1~2세	• 자신의 이름을 인식한다. • 행동과 말을 연결시킨다. • 친숙한 단어를 사용하는 간단한 지시문을 이해한다("책 가져오세요."). • 까꿍놀이와 같은 간단한 게임을 배울 수 있다. • "안 돼" "안녕" 등을 이해한다. • 기초적인 질문에 반응한다(예: 신체부위의 명칭을 듣고 제대로 가리킨다). • 자장가나 노래를 따라 부르려고 한다. • 들은 것을 완전히 이해하지 못하더라도 들은 것을 모방하려고 한다. • 정확하지는 않지만 색깔을 이해한다.
3~4세	• 자주 보아온 손동작을 이해한다. • 간단한 개념을 이해한다(작다, 크다 등). • 같은 이야기를 반복해서 듣는 것을 좋아한다. • 동물 이름을 들으면 동물을 가리킬 수 있다. • 이중 지시문을 이해한다("우선 외투를 입고 난 후에 모자를 써요."). • 대화 중에 적절히 질문에 반응한다. • 쓰임새에 따라 사물을 이해하고 정의한다. • 간단한 비교를 이해한다. • 가정과 실제를 이해한다. • 과거, 현재, 미래에 대한 말을 배운다. • 어른의 말을 흉내 낸다.
5~6세	• 기본적인 색과 모양을 구분한다. • 공간관계를 이해한 것을 단어(위, 아래, 가까이, 멀리 등)로 표현할 수 있다. • 복잡한 지시를 따를 수 있다. • 긴 이야기를 들을 수 있고 이야기의 등장인물을 구분한다. • 올바른 순서로 정보를 받아들이고 재인해 낼 수 있다.

출처: Jalongo, M. R. (2006). *Early childhood language arts* (4th ed.). MA: Allyn & Bacon.

수업 상황에서 영유아들만이 청자는 아니다. 교사도 영유아의 말을 집중해서 들어야 한다. 교사와 영유아, 영유아 상호 간에 서로의 말에 완전한 주의를 기울이지 않으면 소음만 난무할 뿐이다. 실제로 좋은 청자는 화자가 보내는 모든 신호—언어적 혹은 비언어적—에서 오는 의미를 적극적으로 해석한다. 또한 적극적인 청자는 자신이 듣고 있는 것에 인지적으로 그리고 감정적으로 관여한다(Jacobs, 1990). 이들은 말로 제공된 정보에 세심한 주의를 기울이며 적극적으로 정보를 처리하고 이에 적절한 평가를 하며 알맞은 질문을 하게 된다

(사진 참조). 따라서 좋은 청자와 이야기를 나누는 것은 즐겁다. 반대로 수동적인 청자와는 대화가 끊겨 의사소통이 원활하게 이루어지지 않는다. 이처럼 듣기는 일반적으로 생각하듯 자동적 혹은 수동적으로 일어나는 것이 아니라 듣기 기술이 학습되어야 하는 것이다.

듣기가 구어의 수용형태라면, 말하기(speaking)는 구어의 표현형태이다. 말하기는 구어로 옮기기 위한 도구(Lerner, Lowenthal, & Egan, 1998)이다. 이는 매우 간단한 작업이라고 생각될지 모르지만 실제로는 주목할 만한 성취이다. 유아는 우선 언어의 존재와 목적을 발견하고, 언어의 소리와 구조를 익히고, 마지막으로 단어를 구성하는 언어적 상징을 배워야만 구어를 사용할 수 있게 된다(Fields & Lee, 1995).

사진 설명 투호놀이를 하기 전에 교사는 유아에게 투호를 하는 방법에 대해 자세히 설명을 한다. 교사의 설명에 주의를 기울여 잘 듣고 이해한 아동은 놀이를 하는 규칙을 이해하지만 그렇지 못한 아동은 놀이를 즐기기가 어렵다.

일반적으로 12개월 정도가 되면 대부분의 유아는 특별한 지도 없이도 말을 하기 때문에, 말하기능력을 당연한 것으로 여기는 경우가 많다. 하지만 말하기능력이 제대로 발달하기 위해서는 기본적으로 운동산출능력(motor output capabilities), 즉 목소리뿐 아니라 입술과 혀의 움직임 간의 협응능력이 충분히 발달되어야 하고, 충분한 인지발달이 이루어져야 하며, 사회적 상호작용 능력과 동기가 충분해야 한다. 또한 이전의 다양한 경험과 풍요로운 물리적 환경은 말하기능력에 영향을 미친다. 양육자와의 적절한 언어적·비언어적 상호작용(예: 유아의 수준에 맞게 천천히 반복해서 이야기, 쉬운 용어의 사용 등)과 다양한 이야깃거리를 통한 대화는 유아의 말하기능력에 긍정적인 영향을 미친다. 영아의 듣기와 말하기를 지원하는 방법을 연령별로 살펴보면 다음과 같다.

① 0~1세 영아

1세 미만의 영아의 경우, 주변에서 들리는 사물의 소리와 말소리에 호기심을 느끼며 능동적으로 반응하고, 주변에서 들리는 다양한 소리와 소음 중에서 자신이 듣고자 하는 소리에 선택적으로 주의를 집중할 수 있게 하는 데 중점을 둔다. 이런 과정 속에서 점차 영아는 말소리와 말소리가 아닌 것을 구분하고, 주변에서 들리는 여러 사람의 말소리 중 익숙한 사람의 말소리를 구별하여 반응할 수 있게 된다.

또한 영아는 자신에게 들리는 말소리가 자신의 경험이나 행동 등과 연결된다는 것을 반복적으로 경험함에 따라 말소리의 의미를 이해하게 된다. 교사가 일상생활 속에서 구체적인 경험들에 대해 상세히 말로 표현하면(예: "자, 이제 바지를 갈아입어야지. 발을 쭉 뻗고, 엉덩이를 올리고, 다리를 들고, 와, 벗겨졌네. 그럼 다시 입어볼까" 등), 영아는 지금 하고 있는 자신의 경험이 말로 표현될 수 있다는 것을 이해하게 된다. 이처럼 자신의 이름과 익숙한 사물의 명칭을 알아듣는 과정을 통해 점차 말소리에는 의미가 포함되어 있다는 것을 깨닫게 된다. 그리고 영아는 단조롭고 차가운 목소리보다는 운율이 있는 반복적이고 짧은 말에 더 흥미를 보인다. 예를 들어, 단순히 "옷 갈아입자"라고 하는 것보다는 "즐겁게 옷~을 갈아입어 볼까요"로 간단한 노래에 맞춰 들려주면, 영아는 교사의 말소리에 주의를 기울이고 놀이행동에 보다 관심과 흥미를 보이게 된다. 이러한 과정을 통해 0~1세 영아는 일상생활에서의 다양한 소리와 말소리에 흥미를 느끼게 되며, 말하는 사람의 표정과 몸짓을 쳐다보게 된다. 따라서 보육교사는 영아가 듣고 이해할 수 있는 말로 반응함으로써 풍부한 언어적 자극을 제공해 주고 영아에게 바른 표정과 몸짓, 따뜻한 목소리로 말하는 것이 중요하다.

말하기와 관련하여, 0~1세 영아는 다양한 발성과 옹알이를 통해 소리를 내는 자체를 매우 즐거워하고, 소리를 내는 다양한 방법을 시도하고 탐색한다. 이 시기에 교사나 양육자가 영아의 소리에 민감하게 반응하고 격려해 주는 것은 영아의 언어발달에 중요한 요소가 된다. 교사는 영아가 내는 소리에 즉각적으로 반응하여 유아의 소리를 반복해서 강화시켜 주고, 영아가 교사의 말을 따라해 볼 수 있는 기회를 제공해 준다. 이러한 강화 과정을 통해 영아의 언어표현은 옹알이에서 말소리로 변화한다.

또한 이 시기 영아는 주변의 친숙한 사물들을 알아보고 지칭하려고 하고, 자신의 말소리 외에 몸짓과 표정을 통해 다른 사람의 반응을 이끌어 낼 수 있으며 자신이 표현하고자 하는 바를 전달할 수 있다는 것을 경험하게 된다. 따라서 교사는 일상생활 속에서 영아의 행동을 잘 관찰하여 영아가 의도하는 바를 잘 이해하려고 노력해야 하며 영아의 의사소통 시도에 적극적으로 반응하고 도와줄 수 있어야 한다. 이러한 과정을 통해 영아는 몸짓과 소리로 의사를 표현하여 주고받기를 즐길 수 있게 된다.

② 2세 영아

2세가 되면 발소리를 듣고 누구의 소리인지를 구별하고, 큰 소리, 작은 소리, 빠른 소리, 느린 소리, 높은 소리, 낮은 소리 등을 구별하며, 그 말소리에 담긴 감정을 이해할 수 있게 된다. 더 나아가서는 2~3단어로 이루어진 지시문을 듣고 이해한 후 지시에 맞게 따라할 수 있게 된다. 30개월 전후의 영아들은 어머니나 교사의 인정을 받고자 하는 욕구가 강하다. 따라서 교사는 일상생활에서 다양한 요구 활동(예: "식탁 위에 있는 컵을 가져오세요" "신발장에서 신발을 꺼내세요" "녹색 블록을 찾아보세요" 등)을 통해

사진 설명 교사가 유아에게 블록을 쌓아올리는 순서에 대해 설명한 후 따라해 보게 한다.

영아가 주의 깊게 이야기를 듣고 이해하는 능력을 키울 수 있는 기회를 제공해 주는 것이 바람직하다(사진 참조).

또한 2세 영아는 다른 사람의 이야기와 노래를 듣는 것을 좋아한다. 영아가 듣는 것을 즐기고 익숙해지면 들은 것을 따라 해 보게끔 하거나 친숙한 동요를 따라서 흥얼거리게 하는 것도 바람직하다. 원활한 의사소통을 위해서는 무엇보다 다른 사람의 말을 주의 깊게 듣는 태도가 중요하다. 영아가 말하는 사람의 표정, 몸짓, 억양 등을 살펴봄으로써 말하는 사람의 의도를 더 정확하게 파악할 수 있게 된다. 보육교사가 영아의 표정이나 몸짓 등을 주의 깊게 살펴봄으로써 영아의 듣기 모델이 되어주는 것도 좋은 방법 중 하나이다. 또한 보육교사는 영아가 이해하기 쉽게 간단명료하게 말해주거나, 자신이 하고 있는 일이나 생각을 영아에게 짧은 이야기로 들려주어 영아가 상황에 맞는 어휘와 표현을 익히도록 도와주는 것이 필요하다.

말하기와 관련하여, 2세 영아는 말을 많이 하려고는 하지만 성인들은 영아의 말을 제대로 이해하지 못하는 경우가 많다. 이 시기 영아는 생물학적으로 혀와 입천장의 구조가 완전히 발달하지 못해 발음이 부정확한 것이므로 영아의 잘못된 발음을 일일이 지적하여 훈련하는 것은 바람직하지 못하다. 그보다는 영아의 감정과 생각을 잘 파악하여 올바른 발음으로 다시 들려주고 즐겁게 따라 해 보는 경험을 갖는 것이 바람직하다.

한편, 이 시기는 놀라울 정도로 말이 증가하는 시기로, 자신의 요구나 느낌을

간단하게 표현할 수 있다. 교사는 영아가 사물에 대해 물을 때 그 이름을 바르게 알려주고 따라할 수 있게 유도하며, 영아가 말을 가지고 놀 수 있는 환경을 조성해준다. 또한 교사는 일상생활 속에서 영아가 하는 행동에 적절한 말을 해주고, 영아도 자신의 행동에 적절한 말을 표현할 수 있게 격려하고 기다려줌으로써 궁극적으로는 영아가 사회적 상황에 맞게 이야기할 수 있게 도와주는 것이 필요하다. 이러한 과정을 통해 영아는 상대방과 함께 자신의 생각과 느낌을 말로 주고받기를 즐길 수 있게 된다.

(2) 읽기와 쓰기에 관심가지기

글을 읽는다는 것은 단지 인쇄된 글자를 훑어보는 것과는 차원이 다르다. 글을 제대로 읽는다는 것은 문자언어를 유창하게 해독할 수 있어야 하고, 글이 전달하고자 하는 내용을 이해할 수 있어야 하며, 전에는 알지 못했던 새로운 내용의 글을 읽으면서 학습할 수 있어야 하며, 이해하고 학습한 내용을 자기의 언어로 요약 정리하여 기억할 수 있어야 한다(노명완, 1990). Gallas(1997)는 진정한 읽기란 글에 대한 이해와 통찰을 바탕으로 글과 경험을 통합하여 새롭게 세계를 이해하는 것이라고 하였다. 즉, 읽기라는 것은 글과 자신의 경험을 통합하여 의미를 구성하는 것이다.

쓰기는 상징적 도구를 이용하여 자신의 경험이나 생각 등을 조직화하여 다른 사람에게 전달하는 활동이다. 좁은 의미에서 쓰기는 남들이 알아볼 수 있는 문자형태의 상징을 사용하는 것이지만, 넓은 의미에서 쓰기는 추상화된 상징을 이용하여 자신의 경험을 조직하여 의미를 전달하는 것으로 여기에는 낙서, 그림과 쉽게 알아보기 힘든 문자 등도 모두 포함된다. 즉, 영유아의 쓰기는 무작위로 긁적거리는 낙서에서부터 시작하여 누구라도 정확하게 읽을 수 있는 문자형태의 상징으로 발전되어 나간다.

영아의 읽기와 쓰기를 지원하는 방법을 연령별로 살펴보면 다음과 같다.

① 0~1세 영아

읽기는 글자 모양에 흥미를 갖고 변별하는 데서 시작된다. 0~1세 영아의 경우, 영아가 그림책이나 주변의 환경 인쇄물에 관심을 가지도록 격려한다. 영아기는 아직 글자에 의미를 부여하기는 어려운 시기이므로 주변의 그림과 상징에 관심을 갖는 데 중점을 둔다.

쓰기와 관련하여, 0~1세 영아는 마음대로 손과 팔을 움직이며 종이에 끼적이는 것 자체를 즐기며 자신이 움직인 자리에 나타난 끼적이기에도 관심을 보인다. 또한, 사물을 보고 듣고 만지며 감각적으로 탐색하는 것을 즐기므로 보육교사는 영아의 주변에 다양한 쓰기 도구를 제공하여 자유롭게 탐색하고 마음껏 끼적일 수 있는 환경을 마련해 준다. 일례로, 신문지, 한지, 복사지, 색지 등 다양한 종류의 종이를 제공하여 영아가 마음대로 흔들고, 찢고, 구기고, 뭉치며 탐색해볼 수 있도록 격려해 준다.

② 2세 영아

읽기와 관련하여, 2세 정도가 되면 글자 모양에 대한 친숙감을 가지고 글자 모양을 구분할 수 있게 하는 데 중점을 둔다. 교사는 일상생활 속에서 유아에게 그림, 인쇄물, 과자 봉지, 책의 표지 등을 제공하여 유아가 자연스럽게 상징을 이해하고 글자를 접할 수 있는 환경을 구성하는 것이 필요하다(사진 참조).

2세 영아는 손가락 사용이 유연해지고 손목의 관절을 마음대로 움직일 수 있게 됨에 따라 다양한 쓰기 도구를 가지고 힘을 주어 끼적이는 것을 좋아한다. 발달수준에 따라서는 자신의 이름을 글자로 표현하기 위해

사진 설명 유아가 주변 환경을 통해 자연스럽게 글자를 접하고 있다.

끼적이기를 해 보기도 한다. 영아는 끼적이기 활동을 통해 자신만의 그림을 그리는 기쁨을 느끼고, 글자와 유사한 모양을 그려내기도 하고 그와 관련된 이야기를 꾸미기도 한다. 교사는 유아들이 다양한 쓰기 도구를 가지고 자유롭게 끼적이기를 할 수 있도록 일정한 장소를 마련해 주고, 글자 형태로 끼적일 때 정확한 글자를 옆에 다시 적어 주어 올바로 글을 쓰도록 격려해 준다. 또한 영아가 자신의 끼적이는 활동이 의미가 있다는 것을 느낄 수 있도록 영아가 끼적인 종이에 어떤 내용을 끼적였는지 적어 주고 영아의 이름을 써서 낮은 벽면에 게시하는 것도 도움이 된다.

(3) 책과 이야기 즐기기

그림책은 언어 영역의 가장 중요한 자료로, 영아가 일상생활 속에서 책에 관심을 보이고 이야기에 흥미를 갖게 하는 것이 바람직하다.

① 0~1세 영아

0~1세 영아의 경우, 책에 관심을 갖게 하는 것이 중요하다. 교사는 영아에게 선명한 그림이 있는 책, 여러 가지 감각을 탐색할 수 있는 헝겊책, 비닐책 등 다양한 종류의 책을 제공하고(사진 참조), 책을 읽을 수 있는 편안하고 안정된 공간을 조성해 준다.

0~1세의 영아는 리듬감 있게 들려주는 짧은 이야기를 즐겨 들으므로, 교사는 영아에게 간단한 말이 반복되는 짧은 이야기, 동시, 노랫말 등을 자주 읽어서 들려주는 것이 좋다. 교사가 읽어주는 말소리를 귀로 들으며, 그림과 글자가 있는 자료를 함께 보는 경험을 통해 영아는 그림책이나 이야기에 관심을 보이게 된다.

사진 설명 여러 가지 촉감을 느낄 수 있는 다양한 재질의 책

② 2세 영아

2세 영아는 성인이 읽어주는 책을 귀로 듣고, 삽화를 눈으로 보면서 나름대로 내용을 상상하고 이해하며 책에 흥미를 느낀다. 교사는 영아에게 짧은 동화나 동시, 사진 등 다양한 형태의 글을 읽어 줌으로써, 영아들이 이야기를 즐기도록 하는 데 중점을 둔다. 영아는 일상생활에서 알고 있는 것들을 그림책에서 발견하는 것을 즐기고, 책의 그림과 글이 연결되어 있다는 사실에도 관심을 갖는다. 따라서 교사는 유아에게 그림책을 읽어 줄 때 그림을 손가락으로 짚어가며 글을 읽어 줌

으로써 영아가 그림과 글을 연결하여 내용을 인식할 수 있도록 도와주어야 한다.

3. 누리과정의 의사소통영역

누리과정에서 추구하는 의사소통영역의 구성 및 목표와 하위영역별 내용 및 지도원리는 다음과 같다.

1) 의사소통영역의 구성 및 목적

누리과정의 의사소통영역은 듣기와 말하기, 읽기와 쓰기에 관심 가지기, 책과 이야기 즐기기의 세 가지 내용 범주로 구성되어 있다(〈표 7-4〉 참조). 의사소통영역의 목적은 일상생활에 필요한 의사소통 능력과 상상력을 기르는 것이다. 유아가 일상생활에서 듣고 말하기를 즐기고, 읽기와 쓰기에 관심을 가지며, 책이나 이야기를 통해 상상하기를 즐기게끔 하는 데 초점을 둔다.

〈표 7-4〉 누리과정 의사소통영역의 내용 범주

내용 범주	내용
듣기와 말하기	말이나 이야기를 관심 있게 듣는다.
	자신의 경험, 느낌, 생각을 말한다.
	상황에 적절한 단어를 사용하여 말한다.
	상대방이 하는 이야기를 듣고 관련해서 말한다.
	바른 태도로 듣고 말한다.
	고운 말을 사용한다.
읽기와 쓰기에 관심 가지기	말과 글의 관계에 관심을 가진다.
	주변의 상징, 글자 등의 읽기에 관심을 가진다.
	자신의 생각을 글자와 비슷한 형태로 표현한다.
책과 이야기 즐기기	책에 관심을 가지고 상상하기를 즐긴다.
	동화, 동시에서 말의 재미를 느낀다.
	말놀이와 이야기 짓기를 즐긴다.

들기와 말하기의 내용에서는 다른 사람의 말을 관심 있게 듣고 상황에 맞게 자신의 느낌과 생각을 말하는 능력을 기르는 데 초점을 둔다. 읽기와 쓰기에 관심가지기에서는 말과 글의 관계에 관심을 가지고 자신의 생각을 글로 표현하는 데 관심을 갖게 하는 것에 초점을 둔다. 책과 이야기 즐기기에서는 책에 관심을 가지고 상상하기를 즐기고 말놀이와 이야기 짓기를 즐기는 데 초점을 둔다. 이러한 유아의 듣기, 말하기, 읽기, 쓰기가 의사소통의 맥락과 의미 있는 상황 속에서 자연스럽게 통합되고 발전할 수 있도록 지원해야 한다.

2) 의사소통영역의 하위영역별 내용 및 지도원리

누리과정의 의사소통영역 또한 듣기와 말하기, 읽기와 쓰기에 관심 가지기, 책과 이야기 즐기기의 세 가지 내용 범주로 구성된다.

(1) 듣기와 말하기

듣기는 구두로 전달된 말소리의 상징을 의미로 바꾸는 활동으로, 단순히 정보를 수용하는 것 이상의 과정적 활동이다. 듣기에서 첫 단계는 들리는 소리를 정확하게 구별하고, 그 말소리의 의미를 구별하는 것이다. 말소리에 초점을 맞추어 집중함으로써 말소리가 어디서 시작되고 멈추는지, 그리고 전하고자 하는 바가 무엇인지를 정확하게 들어야 한다.

듣기의 가장 기본은 다른 사람의 이야기를 집중해서 듣는 것이다(사진 참조). 유아기에는 무엇보다도 상대방이 이야기하는 동안 자신의 몸을 움직이지 않고 말하는 사람의 눈과 입에 눈길을 고정하고 이야기를 끊거나 방해하지 않으며 끝까지 듣는 경험을 갖는 것이 중요하다. 유아의 올바른 듣기 태도형성에는 교사의 듣기 태도가 중요하다. 교사는 유아와 이야기할 때 무릎을 낮추고 유아의 눈을 주시하며 유아의 이야기를 적극적으로 들어주고, 유아의 말을 중간에 가로채지 않고 유아의 말이

사진 설명 유아들이 소방관으로부터 화재예방에 관한 이야기를 듣고 있는 모습이다. 유아가 이야기를 잘 이해하기 위해서는 집중해서 잘 듣는 것이 필요하며, 교사 또한 유아가 이해할 수 있는 어휘를 사용하여 설명하는 것이 필요하다.

끝난 후 듣고 있는 유아와 눈높이를 맞추고 이야기하는 것이 바람직하다. 이와 관련하여 유아가 소리에만 집중할 수 있도록 귓속말로 전달하거나 주변의 소리를 최대로 줄인 후에 소리를 들을 수 있도록 듣기 환경을 구성하는 것도 중요하다. 이러한 경험을 통해 유아는 다른 사람의 이야기를 주의 깊게 듣는 태도와 이해력을 기를 수 있게 된다.

3~5세 유아는 일상생활 속에 필요한 낱말이나 문자를 듣고, 무엇을 지칭하고 어떤 의미를 나타내는지를 이해할 수 있다. 따라서 교사가 유아가 하고 있는 행동이나 주변에서 일어나는 상황 등에 대해 다양한 어휘를 사용하여 부드러운 목소리로 분명하게 말해주는 것이 필요하다. 또한 유아가 놀이 상황에서나 일상생활 속에서 스스로 다양한 어휘를 이용하여 문장을 구사할 수 있는 기회를 제공해주는 것이 필요하다. 예를 들면, 유아와 함께 운율이 있는 낱말을 활용한 언어놀이, 낱말의 첫소리나 끝소리가 같은 낱말 연결하기 등과 같은 놀이를 하는 것도 도움이 된다. 또한 유아가 다양한 질문을 통해 자신의 사고를 확장시켜 나갈 수 있도록 교사는 유아의 질문에 집중해야 하며 유아가 궁금한 것을 자유롭게 물어볼 수 있는 개방적인 분위기를 조성해야 한다.

유아들의 말하기능력은 크게 비의사소통적 말하기와 의사소통적 말하기의 두 가지 범주로 나뉘고, 연령이 증가함에 따라 비의사소통적 말하기에서 의사소통적 말하기로 발전되어 간다. 비의사소통적 말하기는 대화가 불가능한 것을 의미하고, 의사소통적 말하기는 대화가 이루어질 수 있도록 청자에게 적절한 행동을 하는 것을 의미한다. 대부분의 유아들은 반복, 독백, 집단적 독백이라는 세 가지 형태의 비의사소통적 말하기를 주로 한다(Piaget, 1959).

의사소통적인 말하기는 사회화된 말하기이다. 유아가 이를 사용한다는 것은 청중의 관심을 얻고자 노력하고, 대화의 사회적 상호작용 측면을 파악했다는 것을 나타낸다. 의사소통적 말하기가 원활하게 이루어지기 위해서 화자는 언어적 행동뿐 아니라 비언어적 행동도 효과적으로 사용해야 하고, 대화의 주제에 맞게 이야기하거나 차례에 맞게 이야기하기 등 대화의 규칙에 익숙해져야 하며, 메시지를 해석할 수 있는 능력을 갖추어야 하고, 자신의 생각을 순서대로 정리해서 이야기할 수 있는 기술 및 능력 등을 갖추어야 한다. 보통 5~7세 정도가 되면 이러한 말하기능력이나 기술들을 습득하게 된다.

일상생활에서 유아의 의사소통능력을 키우는 데 도움이 되는 기본적인 교수원리를 살펴보면 다음과 같다(Faber & Mazlish, 1995). 첫째, 유아의 말에 집중하고, 유아의 감정을 부인하기보다는 유아의 감정을 수용해 준다. 유아의 감정을 수용하고 존중해 주어 유아가 자신의 감정을 말로 자연스럽게 표현할 수 있도록 도와준다. 둘째, 유아에게 잔소리를 하기보다는 정보를 제공해준다. 한 예로, "민제야, 책 찢지 말라고 했지, 넌 이제 책 못보겠다"가 아니라 "책은 모두 함께 보는 거라서 민제가 책을 찢고 나면 다른 사람이 보고 싶어도 볼 수가 없어. 책을 살살 넘기면 책이 찢어지지 않는단다"라고 이야기하는 것이 보다 효과적이다. 셋째, 유아에게 순서를 정해주기보다는 활동을 선택하게 한다. 어떤 것을 하게끔 순서를 정해주고 나면 유아들은 수동적으로 움직이게 된다. 유아들이 관심 있어 하거나 흥미 있어 하는 활동을 선정하게 하고, 그것을 어떻게 진행시킬 것인지에 대해 자발적으로 이야기해 보게 하면, 훨씬 적극적으로 활동에 참여한다. 넷째, 유아와 함께 문제를 해결해 보는 경험을 갖는다. 단순히 정답을 찾는 것이 아니라 개방형 질문 등을 통해 문제를 해결할 수 있는 다양한 방법들을 모색해 봄으로써, 유아는 보다 확장된 대화에 참여할 수 있는 기회를 갖게 된다. 이러한 과정을 통해 유아는 자신의 느낌, 생각, 경험을 말로 표현하는 능력과 바르게 말하는 태도를 기르고, 주위의 사람들과 대화하고 서로 의견을 주고받을 수 있게 된다.

(2) 읽기와 쓰기에 관심 가지기

유아의 읽기는 몇 가지 단계를 거치며 발달한다(Doake, 1986; Jalongo, 2006). 먼저, 가장 초기 단계는 책이 무엇인지를 이해하는 것이다. 유아는 책과 놀잇감을 구별하여 책 속의 선명하고 단순하게 표현된 그림을 보고 펼쳤다 접었다 하는 행동을 자주 한다. 2단계는 2.5~3세경 반으로, 유아는 어떻게 책을 사용하는지에 대해 배우기 시작한다. 유아는 책을 바른 방향으로 잡기, 페이지 넘기기, 다른 물건들과 다르게 취급하기 등과 같은 것을 배우기 시작한다. 3단계는 4~5세경으로, 유아는 부모나 교사가 읽어주는 책의 내용을 집중해서 들으면서 책의 내용에 대해 좀 더 이야기하고 싶어 한다. 이 시기 유아들은 같은 이야기를 반복해서 들으려고 하며, 특정 단어나 구절을 반복해서 외우기도 한다. 4단계에서 유아는 그림을 단서로 친숙한 이야기를 반복해서 말하기도 한다. 즉, 그림에 따라 이야기를 구성하게 된다. 5단계에서 유아는 인쇄물과 그것의 의미, 이야기

지식 등에 초점을 두게 된다. 유아는 그림과 글이 어느 정도 연관이 있어야 한다는 것을 깨닫고 친숙한 책의 문맥 속에서 생소한 단어를 접하면 자신이 이해할 수 있는 단어로 대체하여 사용하기도 한다. 6단계는 6세경으로, 자신이 알고 있는 글자 단어, 소리를 사용하여 정확한 단어 읽기를 시도한다. 이 시기는 독해나 의미에 대해 생각해 보기보다는 단어 공부에 초점이 맞추어진다. 보통 소리내어 읽기도 하고 소리내지 않고 읽기도 한다. 독립적인 읽기가 가능해진다. 7단계는 보통 초등학교 1, 2학년에 나타나는 것으로 기존의 지식과 이야기를 조화시킬 수 있는 능력이 발달하게 된다. 이 시기에는 자신이 축적한 모든 경험을 토대로 책이나 인쇄물을 읽어내기 시작하고 의미를 읽어 나가려고 노력한다.

일상생활에서 유아의 읽기능력을 신장시키기 위한 교수원리는 다음과 같다 (Bloome, 1983; IRA & NAEYC, 1998). 첫째, 유아와 일상생활에서 책을 자주 접하고 읽기에 대한 의욕이 생길 수 있는 분위기를 조성한다. 유아와 책을 읽는 시간을 따로 마련하고, 책을 읽으면서 책의 내용이 유아의 일상생활과 상당히 관련되어 있다는 것을 깨닫게 해주어 유아가 책에 대한 흥미나 관심을 가지도록 격려한다. 둘째, 풍부한 문식성 환경을 만들어준다. 유아가 일상생활에서 쉽게 인쇄물이나 책을 읽고 쓸 수 있는 환경을 조성한다. 한 예로, 교실에 있는 사물에 이름을 써 붙이고 새로운 이름도 지어 보게 한다. 그리고 유아가 사용하는 색연필, 스케치북에도 유아의 이름을 적어 두어 유아가 수시로 글자에 친숙해지고 글자가 갖는 의미에 대해 생각해 보게 하는 것도 바람직하다. 셋째, 유아에게 친숙한 정보와 배경지식을 중심으로 전개하여 의미 있는 학습 과정이 되게 한다. 읽기에서는 유아가 가진 배경지식이나 흥미도에 따라 상당한 차이가 나타난다. 유아가 관심 있어 하거나 유아에게 친숙한 주제를 가지고 읽기를 진행하게 되면, 유아는 새로운 의미를 구성하는 데 익숙해질 것이다. 넷째, 유아들이 좋아하는 책을 반복해서 자주 읽어 준다. 좋아하는 책을 되풀이해서 읽어주는 것은 읽기 규칙을 습득하는 데 도움이 될 뿐 아니라 읽기에 대한 흥미와 자신감을 키워주는 데도 도움이 된다.

쓰기는 상징적 도구를 이용하여 자신의 경험이나 생각 등을 조직화하여 다른 사람에게 전달하는 활동이다. 좁은 의미에서 쓰기는 남들이 알아볼 수 있는 문자형태의 상징을 사용하는 것이지만, 넓은 의미에서 쓰기는 추상화된 상징을 이용하여 자신의 경험을 조직하여 의미를 전달하는 것으로 여기에는 낙서, 그림과 쉽게 알아보기 힘든 문자 등도 모두 포함된다. 즉, 유아의 쓰기는 무작위적으로 긁적거리는 낙서에서부터 시작하여 누구라도 정확하게 읽을 수 있는 문자형태의 상징으로 발전해 나간다.

일상생활에서 유아의 쓰기능력 향상에 도움이 되는 기본적인 교수원리를 살펴보면 다음과 같다. 첫째, 유아의 개별성을 인정하고, 개개 유아가 충분히 계획하고 반복·수정할 수 있는 시간을 제공해 준다. 쓰기능력은 인지능력뿐 아니라 소근육운동능력, 눈과 손의 협응능력 등 신체능력의 발달과도 밀접히 관련된다. 유아마다 신체발달수준, 인지발달수준이나 쓰기에 대한 흥미도에서 차이가 있을 수 있음을 명심해야 한다. 따라서 유아들이 빨리 잘 쓰도록 재촉하기보다는 충분한 시간을 두고 연습할 수 있도록 격려해 준다. 둘째, 쓰기는 유아에게 의미 있는 방법으로 지도해야 한다. 쓰기를 위한 쓰기교육은 유아에게 전혀 도움이 되지 않는다. 유아들이 그리기나 쓰기의 주제를 직접 선택할 수 있게 하는 것도 도움이 된다. 한 예로, 유아가 좋아하는 과자 봉지나 아이스크림 봉지를 선택하게 하여 따라 그려 보도록 하는 것도 도움이 된다. 셋째, 유아들이 모델링할 수 있도록 다양한 인쇄물이나 그림, 글자 등을 유아들이 쉽게 볼 수 있는 곳에 비치해 둔다. 또한 한 벽면에 전지나 보드판을 부착하여 유아들이 원할 때 언제든지 연습해 볼 수 있는 공간을 마련해 둔다. 즉, 유아가 일상생활 속에서 자연스럽게 쓰기를 배울 수 있는 환경을 조성한다. 넷째, 유아의 노력에 민감하게 반응한다. 비록 유아가 실수를 하더라도 유아가 배우고 있는 과정이라는 점을 명심하고 유아의 노력을 격려해 주어야 한다. 유아에게 비판이나 비난과 같은 부정적인 메시지가 누적되면 유아는 그리기나 쓰기에 흥미를 잃어 발전하기 어렵다. 다섯째, 쓰기는 통합적인 방법으로 지도해야 한다. 쓰기를 듣기, 말하기, 읽기 등 다른 언어영역과 연결하여 가르치고, 다른 교육활동과도 연결하여 가르치는 것이 바람직하다. 한 예로, '여름'이라는 주제로 수업을 할 때, 태풍소리를 듣고 태풍소리의 움직임을 신체로 자유롭게 표현하게 한 후(신체영역), 그 느낌을 그림이나 글로 표현(쓰기영역)해 보도록 할 수 있다.

(3) 책과 이야기 즐기기

동요, 동시, 동화는 언어 영역의 가장 중요한 자료로, 유아가 일상생활 속에서 다양한 종류의 책을 접하게 하는 것이 바람직하다. 유아는 일상생활에서 동요,

동시, 동화 등을 듣고, 들었던 것을 기억하여 말하고, 듣는 과정 중에 느꼈던 감정을 이야기해 보며, 관련된 생각이나 이미지를 표현해 볼 수 있다. 일례로, 언어영역에 손인형과 손가락인형 등을 제공하여 유아가 동화를 읽은 후 동화의 내용을 인형극이나 동극으로 표현해 볼 수 있게 한다. 뿐만 아니라 이러한 동화의 내용을 일부분 변형해서 새롭게 각색할 수도 있다. 이러한 과정 중에 유아의 듣기, 말하기, 읽기, 쓰기의 능력이 향상될 뿐 아니라 상상력이 발휘되고 창의성이 증진될 수 있다.

일상생활에서 유아와 함께 책을 읽거나 독후 활동을 할 때 고려해야 할 점은 다음과 같다. 첫째, 동시, 동요, 동화는 유아들이 재미있게 즐길 수 있는 것으로, 교사는 다양한 종류의 동요나 동시, 다양한 장르의 동화를 소집단이나 대집단을 대상으로 자주 읽어줌으로써 유아가 그것을 읽고 그 내용을 말로 표현하는 것에 흥미를 가지도록 격려한다. 유아와 함께 동시를 읽으면서, 유아가 반복되는 운율을 느끼게끔 한다든지, 동화에 나오는 재미있는 단어들을 반복해서 표현할 수 있게끔 격려해 준다. 둘째, 교사는 유아가 읽어주는 글을 이해하고 글의 내용에 관심을 갖도록 유아의 발달수준에 맞는 흥미로운 소재나 내용을 다룬 이야기를 중심으로 선택하여 읽어 주는 것이 필요하다. 너무 어려운 내용의 책은 오히려 유아의 책에 대한 흥미를 떨어뜨릴 수 있음을 주의해야 한다. 셋째, 유아가 책의 내용에 흥미를 보이면, 읽은 책의 내용과 관련하여 이야기를 짓거나 다양한 활동을 구성해 볼 수도 있다(사진 참조). 유아는 이러한 과정을 통해 글과 글자에 친숙해지고 책에 관심을 갖게 된다. 그리고 유아들이 책이란 즐거움을 줄 뿐 아

공간 구성하기 책 만들기

사진 설명 책을 읽고 난 후, 책의 내용과 관련하여 다양한 활동을 구성해 볼 수 있다. 왼쪽은 『집 짓는 암소무』라는 책을 읽은 후 직접 집을 지어 본 것이고, 오른쪽은 『데이지』라는 책을 읽은 후, 가장 인상적이었던 장면을 다양한 재료를 이용하여 다시 표현해 보는 활동을 한 것이다.

니라 여러 가지 사실 및 개념, 그리고 필요한 정보를 제공하여 우리 생활에 도움을 주는 존재임을 깨달을 수 있게 해주고, 유아가 자발적으로 그림책을 읽고 자신의 지적 호기심을 해결할 수 있도록 도와준다.

4. 의사소통영역의 환경구성

유아들은 일상생활을 하는 가운데 수많은 단어를 접하면서 단어에 대한 이해력을 키워나가게 된다. 무엇보다 교사는 유아와의 일상적인 상호작용 속에서 유아에게 민감하게 반응하고 유아와 이야기하고자 노력하며, 유아의 이야기를 들어주고, 유아에게 질문하며, 유아가 한 말에 덧붙여 이야기해줌으로써 유아가 더 많은 단어를 습득할 수 있도록 도와주어야 한다. 따라서 언어영역은 책을 읽는 것뿐만 아니라 말하기, 듣기, 쓰기를 모두 고르게 경험해 볼 수 있도록 마련되어야 한다.

언어영역의 환경구성 시 유의해야 할 점을 살펴보면 다음과 같다. 첫째, 언어영역을 조용하고 밝은 곳에 배치한다. 책 보기 영역이 너무 넓으면 산만해질 수 있으므로 너무 넓지 않게 설계하고(2세 영아의 경우, 한 번에 2~5명의 영아가 함께 책을 볼 수 있을 정도의 면적), 낮은 책상과 카펫, 소파, 쿠션을 비치하여 안정적인 느낌을 주도록 한다(사진 참조).

둘째, 유아에게 이야기해 줄 책과 함께 유아가 이미 알고 있는 그림들도 준비해놓는다. 유아가 책의 표지를 볼 수 있도록 배치하고 주기적으로 책을 바꾸어 유아가 다양한 책에 관심을 가질 수 있도록 격려한다.

셋째, 책 보기 영역은 조직화되어 있어야 하고, 보관된 책의 상태가 양호해야 한다. 이렇게 해야 유아들이 책을 아끼는 습관을 갖게 된다. 참고로 유아들이 책에 흠집을 내지 않고 볼 수 있을 때까지는 두꺼운 종이의 책을 먼저 제시해주는 것이 바람직하다.

넷째, 그림책을 스스로 정리할 수 있도록 낮

사진 설명 언어영역은 조용하고 밝은 곳에 위치하는 것이 바람직하다.

은 책꽂이에 여러 가지 재질, 다양한 내용의 그림책을 준비해 준다. 책 이외에도 다양한 책보기 영역 자료를 비치해 놓는다. 여러 가지 그림책 외에 사진 책, 포스터, 동시판, 팸플릿 등을 준비해 두어 문자와 그림을 보고 내용을 읽을 수 있게 한다. 손가락인형이나 손인형, 유아가 여러 모양을 바꿔 가며 부착할 수 있는 융판, 유아의 눈높이에 맞추어 벽에 걸어 놓을 그림 혹은 그림카드를 준비한다. 이를 통해 단순히 책을 보는 것에서 끝나는 것이 아니라 책을 통해 느낀 것들을 역할극으로 표현해 보거나 관련 있는 것들과 연결시킬 수 있는 경험을 가지게 된다(사진 참조). 언어영역에서 유용하게 사용될 수 있는 자료들이 〈표 7-5〉에 제시되어 있다.

다섯째, 언어영역의 벽면에는 커다란 전지나 보드판을 붙이고 컬러펜, 크레용, 색연필 등을 준비해 두어 유아들이 쓰기활동을 할 수 있게 격려한다. 카세트 플레이어와 카세트테이프를 준비하여 자신의 말을 녹음하고 들어보게 한다.

〈표 7-5〉 언어영역의 자료

- 소파나 쿠션, 러그
- 긁적거리기 판
- 카세트, 카세트테이프, CD 플레이어와 이야기 CD
- 슬라이드, 프로젝터
- 손인형 융판과 그림, 친숙한 물건
- 여러 가지 그림책
- 다양한 유형의 책(예: 헝겊책, 촉감책, 입체책, 직접 만든 책 등)
- 각종 동화책(예: 창작그림책, 전래동화, 글 없는 그림책, 과학동화, 생활동화 등)
- 동요, 동시집, 어린이용 잡지나 카탈로그
- 유아가 직접 만든 이야기 책
- 환경 인쇄물 글자, 각종 글자 모양과 글자퍼즐
- 다양한 형태의 모양 종이
- 필기도구
- 글자 도장, 스탬프나 잉크 같은 찍기 도구, 오래된 타자기 등

5. 의사소통영역의 실제 활동

개정된 보육과정 및 누리과정에서는 유아 스스로 놀이를 발견하고 그 놀이를 확장해나갈 수 있도록 교사가 영유아의 놀이를 면밀히 관찰하고 지원하는 것이

중요함을 강조하고 있다. 의사소통영역의 실제 활동에서는 유아의 놀이가 어떻게 시작되고, 어떻게 놀이가 계획 및 실행되어 가는지, 어떻게 놀이가 확장되어 가는지, 이러한 놀이의 흐름 속에서 교사는 어떻게 지원하는지에 초점을 두고 제시하였다.

1) 표준보육과정의 실제 활동: 몸으로 전하는 메시지

교사의 기대	언어적 의사소통이 원활하지 않은 영아들이 비언어적인 메시지 전달 방법을 습득함으로써, 자신의 요구를 표현할 수 있다. 영아가 자신의 욕구와 느낌을 간단한 몸짓이나 말로 표현하는 방법을 익힘으로써, 교사 및 또래와의 의사소통이 증진될 수 있을 것으로 기대된다.
의사소통	내용 듣기와 말하기 - 말소리와 몸짓으로 의사표현 하기 - 경험과 관련된 말의 의미 알기 읽기와 쓰기에 관심 가지기 - 그림카드에 흥미 가지기
놀이의 시작 〈활동선정이유〉	블록을 가지고 놀이하던 영아가 장난감을 가지고 멈춰 서 있다. 그리고 선생님을 보고 울음을 터뜨린다. "화장실에 가고 싶었구나" 선생님은 놀란 영아를 진정시키며 언어로 영아의 마음을 읽어 준다. 놀이에 몰입한 영아가 화장실에 가고 싶었던 것을 표현하지 못해 실수를 하였다. 교사는 영아에게 화장실가고 싶을 때는 "손가락으로 화장실을 이렇게 가리켜 볼까(검지손가락 하나를 펴고 화장실을 가리키며)"라고 알려 준다. 영아도 검지손가락을 펴며 화장실을 가리킨다. 영아는 재미를 느끼고 계속해서 손으로 화장실을 가리키며 메시지를 보낸다. 교사는 재미있는 몸짓을 활용한 메시지를 통해 영아들이 자신감을 가지고 의사표현을 할 수 있도록 몸짓 놀이 놀이활동을 계획하였다.
계획 및 실행 몸으로 전하는 메시지	■ 계획 ① 주제에 맞는 메시지 카드를 보여 준다. (그림카드 제시-기본생활 관련, 동물, 식물, 가족 등 주제에 맞게 다양하게 제시) ② [수준1] 그림카드를 보며 교사가 메시지를 몸으로 표현한다(예: 배가 고파요, 물 마시고 싶어요, 나가고 싶어요 등). 영아가 교사의 메시지를 보고 따라 한다. 이때, 교사는 언어적 표현과 비언어적 표현을 함께 제공하고, 영아가 반복적으로 따라 해보게끔 한다. ③ [수준2] 영아가 그림카드를 보며, 메시지를 상상하여 만든 후, 창의적으로 표현해 본다. 이때, 교사는 유아의 비언어적 표현을 잘 관찰하고, 유아가 다양한 방법으로 표현할 때 격려해 준다. 교사는

영아의 비언어적 메시지를 보고 따라 하며, 언어적으로 표현해 준다(응, 나는 배가 고파요~).

■ 실행
① 영아가 집중할 수 있도록 마주보고 앉는다.
② 그림자료를 흥미유발과 집중을 위해 다양한 교수매체를 활용하여 제시해 준다.
③ 해당 카드의 그림과 어울리는 소리, 경험과 연상을 통해 흥겹게 표현할 수 있도록 잔잔한 음악을 틀어 준다.
④ 신체를 활용해 음악에 맞춰 흥겹게 몸으로 다양하게 표현하며 메시지를 전달해 본다.

• 놀이의 확장 및 변화
　- 놀이 초기 소극적인 몸짓표현을 보였으나 시간이 지남에 따라 반복적인 놀이에 흥미를 보이고, 적극적이며, 역동적인 몸짓표현을 보였다.
　- 영아들이 반복해서 몸으로 표현하는 놀이를 통해서 쉽게 따라 할 수 있음에 재미를 느끼며, 교사와만 교감하며 놀이하던 영아들이 또래 친구들과도 마주보며 몸으로 표현하고 메시지를 주고받는 과정을 통해서 또래관계증진에 긍정적 영향을 함께 보였음을 확인할 수 있다.
　- 영아들이 만든 메시지를 친구들에게 릴레이식으로 전달하는 게임으로 이어갈 수 있다.

교사 놀이 지원	- 교사는 영아가 반복적인 몸짓 표현에 관심을 가지고 활동할 수 있도록 다양한 그림카드를 제공해 주었다. - 의사소통영역의 발달이 고루 형성될 수 있도록 반복적으로 소리내어 주고 보고, 듣고, 경험한 것을 이해하며 즐겁게 표현할 수 있도록 도왔다. - 몸짓표현을 하는 데 제약이 없도록 안전한 공간에서 일정 간격을 두고 모여 앉아 활동하였다.

2) 누리과정의 실제 활동: 편지로 마음 주고받기

교사의 기대	유아들 간에 편지에 대한 경험이 흥미롭고 의미 있게 이루어지고 있음에 주목했다. 연속성 있는 경험 안에서 영아는 또래와 교사 간에 어떻게 관계를 맺어가고, 경험의 깊이를 더해 갈지 기대해 본다.
의사소통	듣기와 말하기 - 말과 글의 관계에 관심을 가진다. - 자신의 생각을 글자와 비슷한 형태로 표현한다. 읽기와 쓰기에 관심 가지기 - 자신의 경험, 느낌, 생각을 말한다. - 상황에 적절한 단어를 사용하여 말한다.
놀이의 시작 〈활동선정이유〉	유아가 '아침에 우리집 우체통에 편지가 들어 있었어요', '저도 편지 쓰고 싶어요'라고 이야기한다. 교사는 그럼 우리도 편지쓰기 놀이를 해 볼까?라고 제안한다. 교실의 한 부분에 편지를 담을 수 있는 개인 편지함과 함께 종이와 여러 가지 자료들을 마련해 주었고, 유아들은 메시지 공간에서 끼적거리고 편지를 읽어보며 기다리는 놀이를 시작하였다.
계획 및 실행 편지로 마음 주고 받기	■ 계획 ① 유아가 편지를 담을 수 있는 개인편지함, 종이, 끼적거릴 수 있는 필기구 등이 갖추어진 공간을 마련한다. ② 유아들이 메시지 공간에서 자유롭게 자신의 이야기를 끼적거리며 놀 수 있게 한다. ③ 유아들이 자신의 생각이나 감정을 글이나 그림으로 표현한다. ④ 친구들과 함께 편지를 주고받으며 친밀해질 수 있게 한다. ■ 실행 ① 교사가 교실의 일정 장소에 편지를 담을 수 있는 개인 편지함, 끼적거릴 수 있는 필기구 등을 제공한다. ② 유아가 자신의 마음을 표현하는 매개체로 필기구를 활용하여 놀이를 진행한다.

③ 유아들이 사전경험을 통한 놀잇감의 의미 변화
  - 유아들이 편지를 주고받으며, 집 앞까지 가져다주던 우체부의
    경험을 살려 우체부가 되어 편지를 직접 전달하는 집배원 놀이
    로 이어간다.
④ 집배원 놀이로 전환되어 놀이가 진행된다.
⑤ 집배원 놀이를 통한 사고확장에 이어 물건을 배송하는 택배기사
  놀이로 전환된다.
⑥ 택배기사 및 고객으로 나누어 역할극놀이로 이어간다.
⑦ 역할극 놀이를 통해 유아들의 사회관계가 증진된다.

• 놀이의 확장 및 변화
  - 유아들은 집배원 놀이를 통해서 이전 경험을 떠올렸고, 이전 경험
    에대해서 이야기 나누며 놀이는 확장되어 택배기사 놀이로 이어
    갔다.
  - 택배 놀이에 맞춰 택배기사 및 고객으로 나누어 역할극 놀이로 확
    장되었다. 서로 역할을 나누어 진행되는 역할극 놀이를 통해서 유
    아들의 의사소통능력 및 사회성발달을 기대해 볼 수 있었다.
  - 유아들은 놀이에 맞는 새로운 규칙을 스스로 정하고 놀이를 구성
    하였다.
  - 교사는 놀이 전환에 맞는 다양한 소품과 환경들을 구성해 주었으
    며, 유아들이 원할 시 적절히 놀이에 참여해 놀이를 확장시켜 나
    갔다.

교사 놀이 지원	- 유아와 유아 간, 교사와 유아 간 상호작용과 놀이 관찰을 통해, 상황에 맞는 놀이소품들(편지지, 종이, 필기구, 상자, 장난감 자동차 등)을 제공해 주었다. - 영역을 구분 짓지 않고, 유아들의 요구도에 따라 영역의 배치와 역할을 다르게 이용할 수 있도록 해줌으로써 공간의 제약이 없이 놀이가 다양하게 확장될 수 있었다. - 유아들의 의견에 따라 놀이가 전환될 수 있게끔 유아의 의견을 존중해 주었다.

출처: 교육부, 보건복지부(2020). 「2019 개정 누리과정」 놀이운영사례집. 만들어가는 놀이 중심 유아교육. 일부 내용 및 사진 발췌 및 변형.

제8장 • 자연탐구영역

인간의 발달 과정에는 일정한 순서가 있다. 영유아가 일상생활 속에서 탐구하는 과정을 즐기고, 자연과 더불어 살아가는 태도를 가지는 것도 자연스러운 발달 과정 중 하나이며 본능이다. 특히 영유아기는 자연과 공존하면서 자연을 알아가고자 하는 인간의 바람직한 본성을 개발할 수 있는 가장 적절한 시기이다. 따라서 인간발달의 초기인 영유아기에 자연에 대한 긍정적인 태도를 키워나가는 것이 중요하며, 영유아들이 직접적으로 자연을 경험할 수 있는 기회를 많이 제공해야 한다. 인간이 주변 사물과 환경의 특징을 발견하고 자연을 알아가는 과정은 탐구능력을 키우는 것과 밀접히 관련된다.

영유아 중심, 놀이 중심의 보육과정을 통해 자율성, 창의성을 높이는 것을 목적으로 개정된 표준보육과정과 누리과정의 자연탐구영역은 영유아들이 다양한 감각과 호기심으로 일상 속에서 놀이를 통해 주변 사물을 탐구하는 과정을 즐기면서 자연과 더불어 살아가는 태도를 기르는 영역이다. 이를 위해 영유아가 일상생활에서 다양한 경험을 통해 자연의 변화를 느끼고 즐길 수 있도록 탐색할 기회를 충분히 제공하고, 교사와 보호자가 섣불리 개입하기보다는 기다려주는 자세를 가지고 있어야 한다.

이 장에서는 자연탐구영역의 이론적 기초를 살펴보고, 개정된 표준보육과정과 누리과정으로 나누어 자연탐구영역의 구성 및 목적, 각 하위영역별 내용을 알아보고자 한다. 그리고 자연환경영역의 환경구성, 실제 활동을 제시하였다.

1. 자연탐구영역의 이론적 기초

개정된 표준보육과정과 누리과정에서의 자연탐구영역은 탐구과정 즐기기, 생활 속에서 탐구하기, 자연과 더불어 살기의 세 가지 내용 범주로 구성된다. 여기에서는 표준보육과정과 누리과정의 내용 범주를 모두 아우르는 이론적인 기초배경에 대해 알아보고자 한다.

1) 자연환경의 중요성

자연은 우리 자신을 포함하여 외부에 존재하는 모든 것을 의미한다. 우리는 모두 본능적으로 자연 안에서 우리가 맡은 역할이 무엇인지를 이해할 수 있기를 원하며, 이러한 특성은 특히 영유아기 때 자발적으로 나타나게 된다(Marburger, 2004). 영유아는 주변의 사물과 자연현상에 대하여 관심을 가지고 보고 듣고 느끼고 궁금해하며, 끊임없이 알아가고자 하는 태도를 보인다. 그러므로 영유아가 자연과 환경을 탐구해나가면서 자연과 인간이 어떻게 연결되어 있는지 이해하도록 돕는 것이 중요하다.

영유아기는 자연환경을 효과적으로 배울 수 있는 중요한 시기이다(사진 참조). 그러나 오늘날 유아들이 자연과 접하는 시간은 상당히 제한되어 있다. 유아들은 많은 시간을 구조화된 실내장소에서 보내거나 자연과는 상관없는 활동으로 보낸다. 어린이집의 프로그램들도 바깥에서 이루어지는 활동보다는 대부분 실내활동 위주로 이루어지고 있다. 특히 미세먼지 농도가 높은 날이면 영유아들은 온종일 보육실에서만 지내게 된다. 그 결과, 자연에 대해서 긍정적인 태도나 감정을 발달시키지 못하는 경우가 많다. 유아들은 친숙하거나 편안한 것에 애착을 형성하기 때문에 자연과의 정서적 애착관계를 가지려면 자연환

사진 설명 영유아기에 자연과 접하면서 긍정적인 태도를 가지게 된다.

경을 긍정적으로 경험할 기회가 있어야 한다.

자연과 접할 수 있는 기회와 교감이 자연탐구에 있어서 가장 근본적인 부분이므로(Wilson, 1996), 영유아기의 자연탐구교육은 주로 자연에 대한 탐구와 발견의 즐거움에 중점을 둘 수 있다. 이처럼 자연환경의 중요성에 대한 관심이 점차 증가함에 따라 아동을 대상으로 한 교육 프로그램들이 개발되어 왔다. 이처럼 영유아를 대상으로 한 자연환경 교육프로그램들이 고려해야 하는 몇 가지 사항은 다음과 같다(Wilson, 1996).

첫째, 자연과의 단순한 경험부터 시작해야 한다. 앞서 살펴보았듯이, 영유아는 이미 친숙하거나 안정감을 주는 경험을 통해 가장 잘 배울 수 있다. 따라서 자연과 접할 수 있는 가장 좋은 장소는 영유아가 이미 알고 있는 것과 유사한 환경이다. 주변에서 쉽게 접할 수 있는 자연물을 일정 기간 다양한 방법으로 접하고 놀이하며 탐구하는 경험이 중요하다(조형숙, 이기범, 홍은주, 김현주, 2007). 예를 들어, 어린이집의 실외놀이터에서 자주 볼 수 있는 풀이나 나뭇잎, 흙, 나무, 꽃, 곤충, 물, 바람, 하늘 등도 하나의 훌륭한 환경이 될 수 있다.

둘째, 자연환경과의 긍정적인 경험을 자주 제공한다. 자연에 대해 배우기 위해서는 자연과 자주 접하여 친숙해지는 기회를 갖는 것이 필요하다. 자연과 친해진다는 것은 우리 주변에 널려 있는 자연을 우리의 감각 안으로, 인식 안으로 들여오기 위해 감각으로 받아들이는 과정이다(조형숙 외, 2007). 이러한 기회는 매일매일 지속되는 것이 좋다. 한 번의 나들이로는 영유아에게 제한된 기회를 줄 수밖에 없다. 집이나 어린이집 가까이에 있는 나무나 풀, 곤충과의 간단하면서도 지속적인 경험이 유아들이 거의 가 보지 않았던 친숙하지 않은 장소로 견학을 가는 것보다 훨씬 더 도움이 된다. 성인이 보기에 이미 친숙한 환경이라도 영유아에게는 날마다 새롭고 흥미진진한 장소가 될 수 있다(사진 참조). 개정된 표준보육과정과 누리과정에서도 특수한 상황에서 나타나는 특별한 놀이보다는 보육기관의 교실이나 바깥놀이터에서 흔히 볼 수 있는 놀이에 주목하였다. 여기에

사진 설명 나뭇가지와 흙을 가지고 즐겁게 놀고 있는 영유아들의 모습

자연을 경험하고 탐험할 수 있도록 몇 가지 도구를 함께 제공한다면 더욱 좋을 것이다.

셋째, 교사가 가르치기보다는 영유아가 직접 경험할 수 있도록 한다. 영유아는 직접 만지는 등 감각을 통해 경험하고, 자기주도적인 탐색을 통하여 학습한다. 따라서 교사나 성인은 가르치기보다는 촉진자(facilitator)로서의 역할을 해야 한다. 특히 교사의 생각이나 계획에 맞추어 지도해야 한다는 생각을 버리고 영유아가 자연을 적극적으로 경험함으로써 탐구가 이루어지도록 격려하는 것이 좋다. 특히 2019년 개정된 표준보육과정과 누리과정의 핵심은 유아중심·놀이중심의 교육과정을 추구하는 데 중점을 두고 있으므로, 주체성과 능동성을 바탕으로 한 유아가 의미 있는 경험을 통해 스스로 배운다는 경험중심의 교육과정을 추구할 필요가 있다.

넷째, 성인이나 교사가 먼저 자연환경에 관심을 보이고 즐거움을 나타내야 한다. 교사가 자연에 대해 흥미와 즐거움을 표현하는 것은 영유아에게 매우 중요하다. 교사가 호기심을 보임으로써 영유아로부터 자연에 대한 관심을 이끌어 낼 수 있고, 이러한 관심은 과학적 경험으로 이어지기도 한다(Marian & Jackson, 2017). 영유아에게 자연세계를 접할 수 있도록 알려줄 때 과학적인 사실로 설명하기보다는 풍부한 감정으로 표현하는 것이 중요하며, 이러한 의사소통 과정을 통해 영유아는 세상에 대한 지식을 획득할 수 있게 된다. 특히 초기 발달단계인 영유아 시기는 부모와 같은 친숙한 성인들과의 상호작용을 통해 상당한 어휘력을 습득하는 것으로 나타났다(Lloyd et al., 2017).

다섯째, 성인이 자연환경을 보호하고 존경하는 역할모델이 되어야 한다. 자연환경을 잘 보존해야 한다고 말로 하는 것보다는 간단하더라도 행동으로 보여주는 것이 훨씬 더 효과적이다. 식물이나 동물을 키우는 과정에서 부드럽게 대하는 태도를 보여주는 것도 하나의 역할모델이 될 수 있다. 이외에도 성인은 외부에 있는 이름 모를 꽃이나 풀 등을 어떻게 다루는지, 쓰레기를 처리하거나 재활용은 어떻게 해야 하는지 등에 대해서도 모범을 보여야 한다.

2) 탐구과정

Piaget(1954)는 인지발달단계에서 영아기를 감각운동기라고 명명하였다. 감각운동기의 영아는 자신이 직접 보고, 듣고, 느끼고, 행동하는 것에 의존한다. 즉, 감각기관을 통해 받아들인 정보가 인지발달의 중요한 내용이 된다는 것이다. 따라서 영아가 주변에서 자주 접하는 물체의 다양한 모양을 지각하고 만져 보는 경험을 통하여 사물의 속성을 감각을 통해 지각하고 알아가는 탐색 과정이 필요하다. 이 과정에서 부모와 교사는 영아가 일상생활에서 친숙한 물체나 대상의 수량을 세고 이름을 말하는 경험을 제공해주고, 모양과 관련된 어휘, 예를 들어 네모, 동그라미, 세모 등의 어휘를 자주 들을 수 있도록 해준다. 그리고 영아가 사물의 여러 가지 속성을 탐색하고 비교하도록 하기 위해서는 탐색할 수 있는 시간을 충분하게 제공하고 지켜봐 주는 분위기를 조성해주어야 한다.

유아기는 Piaget의 인지발달의 네 단계 중 두 번째 단계에 해당한다. 이 단계는 논리적인 조작이 불가능하기 때문에 전조작기라 부른다. 이 시기의 유아는 더 이상 자신의 행동이나 감각에 의존하지 않는다. 대신 정신적 표상, 지연모방, 상징놀이 등이 가능해진다. 그 결과 가상적인 사물이나 상황을 실제 사물이나 상황으로 상징화하는 가상놀이를 할 수 있다. 예를 들어, 소꿉놀이, 병원놀이, 학교놀이 등을 많이 하게 되고, 연령이 높아지면서 가상놀이는 점점 더 복잡해진다(Rubin, Fein, & Vandenberg, 1983).

유아기는 수 세기, 분류, 모양 만들기, 패턴 찾기, 측정, 추측 등의 활동에 관심을 갖고 탐구하기에 좋은 시기이다. 단순히 수학적 지식을 주입하려는 것보다 유아가 자신의 관심과 흥미에 따라 주도적, 자발적으로 놀이를 하면서 물체의 수량에 관심을 가지고 규칙성을 경험할 수 있도록 하는 것이 더욱 좋다(Clements, 2001). 누구 접시에 있는 과자가 더 많은지, 가장 큰 수는 무엇인지 등 아동의 놀이에서는 수학의 역할이 차지하는 비중이 크다. 이렇게 생활에서 자연스럽게 경험하는 수학을 '일상적인 수학(Everyday Mathematics)'이라 부른다(Ginsburg, 2006). 일상적인 수학은 전통적이고 형식적인 형태가 아니라 친구와 서로 키를 비교해보며 누구의 키가 더 큰지 알아보거나 각자가 가진 놀잇감의 수를 비교하여 누가 더 많이 가지고 있는지를 판단하는 것과 같이 놀이를 통한 활동을 의미한다. 따라서 영유아가 일상생활에서 수량과 공간을 인식하고 비교

사진 설명 영아가 흙을 손으로 만지며 탐색하고 있다.

하며 규칙성을 인식하는 등 구체적인 경험과 조작활동으로 탐구하는 능력을 기르는 것이다. 최근 탐구교육은 일상생활에서 구체적인 경험을 통해 유아의 호기심을 높이고 창의적인 사고를 돕는 방향으로 전개되고 있다. 따라서 형식적이고 기계적인 방법을 지양하고, 일상생활적인 경험에 토대를 둔 비형식적인 방법, 구체적인 조작물의 사용과 협동학습, 토론, 질문 등 다양한 접근방법을 활용하는 것이 좋다(김숙령, 2004).

한편, 영아는 주변의 사물, 생명체, 자연현상에 대하여 관심을 가지고 능동적이고 적극적으로 탐색하는 과정에서 과학적 기초지식을 습득하게 된다. 영유아는 걷거나 말하기를 자연스럽게 배우는 것처럼, 자신을 둘러싸고 있는 자연환경에 대해 알아보는 욕구도 자연스럽게 가지고 있다(Conezio & French, 2002). 이렇게 환경과 자연을 탐구하면서 자연과 인간이 어떻게 연결되어 있는지, 어떻게 더불어 살아가는지 이해하게 된다. 또한 영유아는 직접적이고 구체적인 경험을 통하여 가장 잘 배우기 때문에 책이나 사진보다도 자연과 직접 접촉하는 것이 더 효과적이다(사진 참조). 실제로 자연체험 활동이 유아의 탐구능력과 창의성에 미치는 영향을 알아본 연구(이인원, 2008)에 따르면, 자연에서 활동하는 것이 탐구능력의 하위요인 중 관찰능력, 분류능력, 측정능력, 토의능력을 향상시켰다. 또한 창의성에도 긍정적인 영향을 미쳤는데, 특히 확산적 사고와 호기심을 향상시키는 것으로 나타났다. 이러한 결과는 유아들이 자연을 체험할 수 있는 놀이활동을 통하여 다양한 사물과 접하면서 본능적으로 가지고 있는 호기심을 더 키울 수 있다는 것을 보여준다. 또한 유아들이 호기심에서 시작된 탐구심을 가지고 사물의 속성을 파악하고, 이러한 관계를 근거로 논리적인 지각을 해봄으로써 사고의 폭을 넓혔기 때문으로 보인다.

이와 같이 생활 속에서 탐구하기는 영유아가 주변의 사물, 생명체, 자연현상에 대하여 관심을 가지고 능동적이고 적극적으로 탐색하면서 과학의 기초지식을 습득하는 과정이다. 유아는 놀이하면서 호기심을 가지고 상상한 것을 창의적으로 탐구한다. 상상은 유아가 세상에 대한 호기심을 나타내는 방식이면서 세상을 알아가는 방식이 되기도 한다. 교사는 먼저 유아가 가지고 있는 생각들

이 무엇인지 잘 이해하고, 이러한 생각들을 어떻게 과학
적인 놀이로 적절하게 연결시킬 수 있을지 고민해야 한
다(Glasgow, Cheyne, & Yerrick, 2010). 또한 유아는 경험을
통한 학습(learning-through-experience)을 통해 더 잘 이
해할 수 있으므로(Bardapurkar, 2006), 되도록 직접 경험할
수 있는 기회를 많이 제공한다. 특히 요리활동은 유아에
게 탐구과정을 즐길 수 있는 기회를 제공해 준다(사진 참
조). 요리활동에서 유아는 직접 감각을 통해 조작할 수 있
다. 즉, 다섯 가지 감각을 사용하여 재료의 크기, 모양, 색
깔, 맛, 촉감, 냄새 등 여러 가지 지식을 얻을 수 있으며,
반죽하거나 혼합하기, 가열하여 변하는 과정 등을 통하
여 여러 가지 과학적 지식도 얻을 수 있다. 따라서 요리활

사진 설명 식빵을 이용하여 자신의 얼굴을 만
들어봄으로써 신체구조를 탐색할 수
있다.

동은 탐색활동을 위한 학습의 기회가 된다(정연희, 2006). 특히 교사는 유아가 놀
이경험의 의미를 발견해 나가는 자율적인 존재라는 것을 고려하며 유아의 놀이
를 지원할 필요가 있다.

2. 표준보육과정의 자연탐구영역

표준보육과정에서 추구하는 자연탐구영역의 구성 및 목적과 하위영역별 내
용 및 지도원리는 다음과 같다.

1) 자연탐구영역의 구성 및 목적

영아는 다양한 감각과 호기심으로 주변 사물과 자연환경의 특징을 지각하고
탐색한다. 자연탐구영역은 이러한 과정에서 발생하는 의문점을 해결하는 데 필
요한 기초능력과 태도를 기르기 위한 것이다. 영유아기는 주변 사물과 환경에
적응하고 익숙해지기 위하여 부단히 노력하고, 그 결과 다양한 감각능력과 사
고기술을 습득하는 시기이다. 이 시기는 자연과 공존하면서 자연을 알아가고자
하는 인간의 바람직한 본성을 개발할 수 있는 가장 적절한 시기이기도 하다. 또

한 영아는 기쁨을 주는 특정 사물에 초점을 맞추면서 환경을 적극적으로 탐색하는데, 이러한 긍정적인 감정과 내적 자극이 영유아를 건강하게 성장하도록 만든다. 이에 따라 자연탐구영역은 탐구과정 즐기기, 생활 속에서 탐구하기, 자연과 더불어 살기의 세 가지 영역으로 구성된다(〈표 8-1〉 참조).

탐구과정 즐기기는 영아가 주변의 세계와 자연에 대하여 관심을 가지고 보고 듣고 느끼고 궁금해하며, 탐색을 시도하는 경험을 하는 것을 의미한다. 생활 속에서 탐구하기는 영아가 일상생활에서 감각을 통해 수량과 공간에 관심을 가지고 인식하며 사물의 차이에 관심을 가지고 구분하는 등 수학적, 과학적 기초지식을 습득하도록 하는 것이다. 자연과 더불어 살기는 영아가 동식물에 대하여 관심을 가지며, 날씨와 계절의 변화를 감각적으로 느끼는 것이다.

〈표 8-1〉 표준보육과정 자연탐구영역의 내용 범주

내용 범주	0~1세 영아	2세 영아
탐구과정 즐기기	• 주변 세계와 자연에 대해 호기심을 가진다. • 사물과 자연 탐색하기를 즐긴다.	• 주변 세계와 자연에 대해 호기심을 가진다. • 사물과 자연을 반복하여 탐색하기를 즐긴다.
생활 속에서 탐구하기	• 친숙한 물체를 감각으로 탐색한다. • 물체의 수량에 관심을 가진다. • 주변 공간과 모양을 탐색한다. • 규칙성을 경험한다.	• 친숙한 물체의 특성과 변화를 감각으로 탐색한다. • 물체의 수량에 관심을 가진다. • 주변 공간과 모양을 탐색한다. • 규칙성에 관심을 가진다. • 주변 사물을 같고 다름에 따라 구분한다. • 생활 도구에 관심을 가진다.
자연과 더불어 살기	• 주변의 동식물에 관심을 가진다. • 날씨의 변화를 감각으로 느낀다.	• 주변의 동식물에 관심을 가진다. • 날씨와 계절의 변화를 감각으로 느낀다.

2) 자연탐구영역의 하위영역별 내용 및 지도원리

표준보육과정에서 자연탐구영역은 탐구과정 즐기기, 생활 속에서 탐구하기, 자연과 더불어 살기의 세 가지 내용 범주로 구성된다.

(1) 탐구과정 즐기기

영유아는 세상에 대해 배우고자 하는 준비가 되어 있기 때문에 어린 영아도 탐구할 수 있는 기회가 주어진다면 매우 적극적으로 참여한다(Conezio & French, 2002). 영유아는 자신을 둘러싸고 있는 주변 환경에 대해 관찰하기 시작하면서 여러 가지 사물이나 현상에 대해 관심을 갖고 반복하여 탐색한다. 특히 걷기 시작하면 새로운 경험을 할 수 있는 가능성이 크게 증가한다(사진 참조). 이 시기의 영아는 매우 적극적이고 목적 지향적이며 시행착오적으로 탐색한다. 시행착오 학습의 결과, 영아는 새로운 대상이 제시되면 그 대상을 다각도로 탐색해보고, 정해진 목표를 달성하기 위해 전 단계와는 다른 새로운 수단을 발견할 수 있다(정옥분, 2018b).

사진 설명 | 호기심 많은 영아가 가구 위로 올라가려고 하고 있다.

표준보육과정에 제시된 내용을 보면, 0~1세 영아 및 2세 영아를 위한 탐구과정 즐기기의 목표는 일상에서 탐색을 즐기고, 주변 환경에 관심을 가지고 탐색하며, 생명과 자연에 관심을 갖는 것이다.

① 0~1세 영아

0~1세 영아의 탐구과정 즐기기는 주변 세계와 자연에 호기심을 가지고 사물과 자연을 탐색하기를 즐기는 것으로 구성되어 있다(〈표 8-1〉 참조). 이 연령의 영아들의 주변에 대한 관심은 일상에서 경험하는 다양한 사물과 환경적 자극에 시각, 청각, 촉각 등의 감각을 집중하는 형태로 나타난다. 이러한 감각적인 주의 집중은 출생 직후부터 시작된다. 영아는 단순히 소리의 크기나 음조뿐만 아니라 말소리도 구분할 수 있다. 생후 2주경에는 사람의 목소리와 다른 소리를 구분할 수 있으며, 3주경에는 낯선 사람이나 아버지의 목소리보다 어머니의 목소리에 민감하게 반응한다(정옥분, 2018a). 또한 어머니의 젖을 묻힌 손수건과 다른 젖을 묻힌 손수건을 영아에게 제시하면 어머니 젖이 묻힌 손수건 쪽으로 고개를 돌리는 등 어머니의 젖 냄새를 구별한다(MacFarlane, 1975).

영아가 탐구과정을 즐기기 위해서는 시각적·청각적·후각적·촉각적 자극이 필요하며, 특히 언어적 상호작용이 매우 중요한 역할을 한다. 따라서 영아가 주변의 사물과 환경에 갖는 관심이 확장될 수 있도록 교사가 표정, 몸짓, 의성어와 의태어가 섞인 언어표현을 써서 영아와 감각적·조작적 경험을 공유할 수 있도록 한다. 또한 반복적으로 탐색하는 것은 영아가 지속적으로 탐구하는 태도를 갖게 하기 위한 기초요소로서 매우 중요하다는 것을 유념해 두도록 한다.

② 2세 영아

2세 영아의 탐구과정 즐기기는 주변의 세계와 자연에 호기심을 가지고 반복적으로 탐색하기를 즐기는 것으로 구성된다(〈표 8-1〉 참조). 이 시기에 감각을 기초로 한 다양한 탐색 및 자연을 느낄 수 있는 풍부한 경험은 자연에 대한 이해와 논리, 수학적 및 과학적 지식 형성의 기초가 되므로 중요하다. 이 시기에는 신체, 언어, 인지, 사회, 정서 등의 발달이 통합적으로 이루어진다. 특히 영아의 경우 감각과 지각을 중심으로 한 탐색활동을 통하여 자연에 대해 이해할 뿐 아니라 폭넓게 사고를 확장해 나간다. 따라서 영아를 대상으로 하는 내용에는 감각적 경험을 충분히 할 수 있도록 구체적인 사물을 제시하는 것이 좋다.

교사는 영아들의 질문에 성실하게 대답하여 영아들의 호기심을 자극하고, 영아의 관심을 다른 곳으로 돌리기보다는 한 가지에 지속적으로 반응함으로써 호기심과 문제해결 의지를 북돋우면서 놀이로 발달될 수 있도록 격려한다.

(2) 생활 속에서 탐구하기

생활 속에서 탐구하기는 영아가 일상생활 속에서 감각을 통해 수량과 공간, 모양에 관심을 가지고 인식하며 사물의 차이에 관심을 가지고 구분하는 등 수학적 및 과학적 기초를 탐색하는 것이다. 모든 아동은 일상생활에서 다양한 수학적, 과학적인 경험을 하는데, 이러한 경험은 영유아에게는 기어다니는 것만큼이나 자연스러운 것이다(Ginsburg & Seo, 1999). 예를 들어, 장난감 자동차가 의자 밑에 있는지 의자 위에 있는지, 블록의 모양은 네모인데 공의 모양은 둥글다든지, 바깥놀이터에서 한 친구가 그네 앞에 있고 다른 친구는 그네 뒤에 있다든지 등의 경험은 수 세기, 모양 분별, 위치 등에 관한 여러 가지 속성을 제공해준다. 이러한 과정 속에서 영아는 일상생활 속에서 일어나는 여러 가지 사건이나 사물을 대상으로 수학적 및 과학적인 경험을 할 수 있다.

① 0~1세 영아

0~1세 영아의 생활 속에서 탐구하기는 물체를 감각적으로 탐색하기, 수량에 관심 가지기, 주변 모양과 공간을 탐색하기, 규칙성을 경험하기로 구성되어 주로 수학적 사고를 촉진하는 것으로 구성되어 있다(〈표 8-1〉 참조).

영아는 특정한 수학적 개념을 타고나며(Gelman, 2000), 이미 더하기와 빼기의 개념을 알고 있다. 어린 영아에게 눈앞에서 인형 1개를 보여준 후 천으로 가리고 다른 인형을 그 천에 같이 넣으면 2개가 된다. 하지만 영아 몰래 1개를 다시 빼고 1개만 있는 것을 보여주었을 때, 영아는 2개가 아니고 1개인 것에 당황하는 모습을 보인다. 뺄셈에 대한 실험(EBS, 2001)에서도 이와 마찬가지로 영아 자신이 생각한 대로 결과가 나타나지 않으면 당황하기도 한다. 이러한 실험 결과를 보면, 영아라고 수학적 개념이 아예 없는 것으로 생각하기보다는 Gelman(2000)이 주장한 대로 모든 영유아는 이미 숫자와 관련된 정신구조(number-relevant mental structure)를 가지고 태어난다고 볼 수 있다. 따라서 모든 영아가 가지고 태어나는 이러한 능력을 더욱 키워나갈 수 있는 환경이 필요하다. 그리고 이 시기는 특히 감각적 경험이 중요하므로 영아가 직접 만지고 보고 듣고 느낄 수 있도록 배려해야 한다.

교사는 일상생활 속에서 '하나, 둘' '있다, 없다' '많다, 적다' 등의 어휘를 사용함으로써 영아들이 수학적 용어를 자주 접할 수 있도록 한다. 또한 까꿍놀이, 숨기기 놀이, 짝짜꿍, 잼잼, 도리도리 등의 놀이를 통해 다양한 수학적 경험을 할 수 있도록 격려한다.

② 2세 영아

2세 영아의 생활 속에서 탐구하기는 친숙한 물체의 특성과 변화를 감각적으로 탐색하기, 물체의 수량에 관심 갖기, 공간과 모양을 탐색하기, 규칙성에 관심을 갖기, 사물의 같고 다름에 따라 구분하기, 생활도구에 관심을 갖는 등 0~1세 영아와 마찬가지로 일상생활에서 영아의 수학적 사고를 촉진하는 것으로 구성된다(〈표 8-1〉 참조).

생활 속에서 탐구한다는 말은 일상적인 수학의 개념을 잘 활용한다고 할 수 있다. 생활에서의 수학적 경험은 바로 영아가 접할 수 있는 동요에서 시작될 수도 있다. 예를 들어, 〈곰 세 마리〉 노래를 통하여 영아는 아빠곰이 엄마곰보다 크고, 엄마곰은 아기곰보다 크다는 비교 개념과 셋이라는 수의 개념을 이해할 수 있다. 나아가 이러한 수학적 탐구가 확장되면 곰의 크기가 옷의 크기와도 관련이 있다는 것을 알 수 있게 된다. 교사는 일상생활에서 영아가 수학적 어휘를 적절하게 사용해보도록 격려하며, 간단한 수학적 놀이를 통해 영아가 수학적 사고를 할 수 있는 기회를 제공한다.

영아는 정리시간을 통해서도 자연스럽게 수학적 경험을 할 수 있다. 자유시간에 놀았던 놀잇감을 정리하는 과정에서 블록은 블록끼리, 레고는 레고끼리, 소꿉놀잇감은 소꿉장에 정리하는 등 자연스럽게 같은 속성에 따라 구분을 하게 된다. 또한 식사시간 등 기본생활습관을 형성하는 과정에서 준비가 먼저 끝난 친구들이 차례로 줄을 서는 행동을 통해 자연스럽게 순서를 인식할 수 있다.

(3) 자연과 더불어 살기

자연과 더불어 살기는 영아가 주변의 생명과 자연에 대하여 관심을 가지는 것이다. 이 시기에 바깥놀이가 매우 중요한데, 영아는 생활 주변의 자연물을 감각적으로 느끼기 때문이다. 영아는 주변 생명체에 관심을 보이다가 더 나아가 생명체의 외적 특성을 아는 데까지 발달한다. 즉, 주변의 작은 곤충이나 애완동물의 특성을 지각하다가 점차 익숙한 동물의 소리나 생김새, 움직임을 구별할 수 있게 된다. 또한 식물에 대한 호기심도 많아지는 시기이다. 그러므로 구조화된 실내에 있기보다는 되도록 바깥놀이나 산책을 통해 주변 환경을 둘러보고 관찰하는 활동이 적합하다.

① 0~1세 영아

0~1세 영아의 자연과 더불어 살기는 주변의 동식물에 관심 가지기, 날씨의 변화를 감각적으로 느끼기 등으로 구성된다(〈표 8-1〉 참조).

영아기의 사고는 언어나 추상적인 개념을 내포하지 않는다. 영아가 이해하고 기억하는 것은 자신이 직접 보고, 듣고, 느끼고, 행동하는 것에 의존한다. 즉, 감각기관을 통해 받아들인 정보가 인지발달의 중요한 내용이 되는 것이다(정옥분, 2018a). 따라서 실내활동도 중요하지만 자연스럽게 자연환경을 경험할 수 있도록 바깥놀이를 자주 하는 것이 도움이 된다. 길가에 핀 꽃이나 나뭇잎들이 영아들에겐 훌륭한 탐구대상이 될 수 있다. 또한 날씨의 변화도 직접 체험할 수 있도

록 외부로 나가서 눈이나 비, 흙 등도 직접 만
져보고, 느낄 수 있도록 하는 것이 좋다(사진
참조).

사진 설명 비 오는 날의 산책을 즐기는 영아들

② 2세 영아

2세 영아의 자연과 더불어 살기는 주변의
동식물에 관심 가지기, 날씨와 계절의 변화
를 감각적으로 느끼기 등으로 구성된다(〈표
8-1〉 참조).

교사는 이 시기의 영아가 욕구도 다양해지고 대·소
근육을 움직이는 것도 쉬워짐에 따라 호기심을 가지고
의도적인 탐구를 시작하는 시기임을 인식해야 한다. 영
아는 여러 가지 사물에 대해 적극적으로 탐색하고 단순
한 기계와 시설 등을 만지면서 조작해보기도 한다(사진
참조). 그러나 영아의 탐색반경이 커지고 때때로 위험한
탐구를 시도할 수 있으므로 교사의 각별한 주의가 필요
하다.

사진 설명 리모콘과 같은 생활도구에 관심을
보이는 영아

영아는 애완동물이나 곤충 등에 관심이 많다. 기어 다
니는 개미, 비가 오면 나오는 지렁이, 날아다니는 나비 등
움직이는 모든 것에 관심이 많다. 한편 2세 영아는 대부분 친구들의 특징도 알
고 있다. 따라서 이 시기에 친구와 관련된 주제를 가지고 신체에 대한 탐구와 사
회적 관계, 의사소통, 신체접촉 등 다양한 영역에 통합적으로 접근할 수 있다.
그 밖에 그림자, 해와 같은 주제가 확장되어 낮과 밤, 계절의 변화 등 여러 가지
자연현상으로 이어질 수도 있다.

3. 누리과정의 자연탐구영역

누리과정에서 추구하는 자연탐구영역의 목표와 내용 범주 및 지도원리는 다
음과 같다.

1) 자연탐구영역의 목표

누리과정에서 자연탐구영역의 목표는 탐구하는 과정을 즐기고, 자연과 더불어 살아가는 태도를 지니는 것이다. 이에 따른 세부목표는 일상에서 호기심을 가지고 탐구하는 과정을 즐기고, 생활 속의 문제를 수학적, 과학적으로 탐구하며, 생명과 자연을 존중하는 것이다.

자연탐구영역에서는 궁극적으로 인간이 자연과 더불어 조화롭게 살아가도록 하기 위하여 영아기 때부터 주변의 사물과 자연환경에 대해 관심을 가지고 논리적으로 사고하고 탐구하며 문제를 해결해나가도록 한다.

2) 자연탐구영역의 하위영역별 내용 및 지도원리

개정된 누리과정에서 자연탐구영역은 탐구과정 즐기기, 생활 속에서 탐구하기, 자연과 더불어 살기의 세 가지 내용 범주로 구성된다(〈표 8-2〉 참조).

〈표 8-2〉 누리과정 자연탐구영역의 구성

내용 범주	내용
탐구과정 즐기기	• 주변 세계와 자연에 대해 지속적으로 호기심을 가진다. • 궁금한 것을 탐구하는 과정에 즐겁게 참여한다. • 탐구과정에서 서로 다른 생각에 관심을 가진다.
생활 속에서 탐구하기	• 물체의 특성과 변화를 여러 가지 방법으로 탐색한다. • 물체를 세어 수량을 알아본다. • 물체의 위치와 방향, 모양을 알고 구별한다. • 일상에서 길이, 무게 등의 속성을 비교한다. • 주변에서 반복되는 규칙을 찾는다. • 일상에서 모은 자료를 기준에 따라 분류한다. • 도구와 기계에 대해 관심을 갖는다.
자연과 더불어 살기	• 주변의 동식물에 관심을 가진다. • 생명과 자연환경을 소중히 여긴다. • 날씨와 계절의 변화를 생활과 관련짓는다.

(1) 탐구과정 즐기기

탐구과정 즐기기는 유아가 주변 세계와 자연에 대해 지속적으로 호기심을 가지고, 궁금한 것을 탐구하는 과정에 즐겁게 참여하며, 탐구과정에서 서로 다른 생각에 관심을 갖는 내용이다.

유아는 세상에 대해 호기심과 의문을 가지고 있다. 따라서 유아가 사물과 자연환경에 대하여 일회적인 관심이 아니라 지속적으로 호기심을 갖고 탐구하는 마음으로 그 과정에 즐겁게 참여하는 것에 중점을 둔다. 이를 위해 자연스럽게 주변의 사물과 자연환경에 관심을 가질 수 있도록 기회를 자주 제공하는 것이 좋다. 나무 한 그루, 풀 한 포기, 돌멩이 하나 등 이 모두가 아이들에게는 신기한 세계이다. 유아는 자연환경과 상호작용함으로써 환경에 대해 배워 나간다. 따라서 성인은 유아발달 초기에 자연환경과 양질의 상호작용을 할 수 있는 기회를 제공해 줄 필요가 있다(Wilson, 1996).

교사는 유아가 궁금해하는 내용을 스스로 탐색할 시간을 충분히 주어야 하며, 단순히 지식을 알려주는 목적으로 상호작용하지 않도록 유의한다. 유아가 궁금한 것을 알아보기 위해 관찰, 비교, 분류, 예측, 실험 등의 다양한 탐구과정을 자발적으로 즐길 수 있도록 다양한 실험도구를 포함한 물리적 환경을 구성해 줌으로써 유아는 자신의 호기심을 유지, 확장시켜 나갈 수 있다. 유아가 탐구하는 놀이과정에서 자신의 생각을 또래나 교사와 함께 공유하고, 서로 다른 생각에 관심을 가지도록 함으로써 타인의 의견을 존중하는 법을 배우게 된다.

(2) 생활 속에서 탐구하기

생활 속에서 탐구하기는 일상의 문제를 수학적·과학적 방식으로 탐구하는 유아의 경험을 반영한 것이다. 유아가 물체의 특성과 변화를 여러 가지 방법으로 탐색하고, 물체를 세어 수량을 알아보며, 물체의 위치와 방향, 모양을 알고 구별한다. 또한 일상에서 길이와 무게 등의 속성을 비교해 보고, 반복되는 규칙을 찾으며, 기준에 따라 분류하고, 도구와 기계에 대해 관심을 가지고 생활 속의 문제를 다양하게 탐구하는 내용이다.

성인이 평상시에 당연하다고 생각하고 그냥 지나쳤던 모든 것들이 유아에게는 과학적·수학적 탐구대상이 된다. 흔히 과학이라고 하면 어떤 사실이나 공식만을 생각하기 쉽지만, 실제로 이러한 사실과 공식은 새로운 것이 등장하면

사진 설명 파란색과 노란색을 섞으면 초록색이 된다는 것을 발견한 유아

바뀌기 마련이다. 마찬가지로 영유아도 자신이 발견한 사실을 다른 사람이 발견한 것과 비교해 보고, 예전의 표상과도 연결하면서 새로운 개념으로 전환하기도 한다. 예를 들어, 이전엔 색이름을 노란색과 파란색으로 알았는데, 우연히 이 두 가지 색을 섞으면 초록색이 나오는 사실을 발견하면서 혼합색에 대한 자신만의 가설을 세울 기회를 가지게 되는 것이다(사진 참조). 또는 산책 나가서 바람에 낙엽이 떨어지는 것을 보고, 예전에는 그냥 떨어진 낙엽 자체에 관심을 보이다가 점점 왜 나뭇잎이 떨어지게 되는지 의문을 가지기도 한다. 그래서 관련 책도 찾아보기도 하고, 나뭇잎을 주워와서 그림을 그리기도 하며, 같은 모양의 나뭇잎끼리 분류도 해 보고, 돋보기로 관찰하거나 떨어지는 낙엽을 신체를 이용하여 표현해 보기도 한다.

어린 시기부터 유아는 수학적인 관심을 보인다. 놀이를 하거나 일상생활에서 수를 세고, 수를 이용하며(너는 나보다 1개가 더 많아), 사물을 비교하고(내가 너보다 더 커), 분류하고(모두 내 거야, 내 건 다 둥글어), 순서를 정한다(작은 차를 앞에 가게 하고, 그다음에 큰 차를 가게 하는 거야). 이처럼 유아들은 자신의 세상에 대해 자연스런 호기심이 있으므로 수학적 개념을 탐색하여 패턴과 순서에 대해 이해하게 된다(김숙령, 2004). 유아는 형식적 수학능력을 이미 가지고 있고 이러한 능력을 사용하는 것을 좋아한다(Clements, 2001). 따라서 이 시기에는 단순히 '많다' '적다'의 개념이 아니라 조금 더 확장된 모습을 보인다. 간식시간, 점심시간, 낮잠시간 등 어린이집에서의 일상생활시간을 통하여 시간이라는 개념을 확립시키고, 그 시간을 예측하기도 한다. 자신이 알고 있는 수 세기로 사물을 세어 보기도 한다. 예를 들어, 산책길에 들고 온 나뭇잎을 서로 비교해 보면서 같은 나뭇잎끼리 짝을 짓기도 하고, 잎이 뾰족한 모양과 넓은 모양을 고려하여 분류하기도 한다. 이와 같이 유아는 일상생활에서 흥미와 관심에 따라 필요한 자료를 다양한 방법으로 모으고, 수집한 자료의 공통점과 차이점을 탐색하며 이를 하나 또는 그 이상의 다양한 기준(예: 모양, 크기, 색깔 등)에 따라 정리하고 조직하는 방법을 스스로 터득하게 되는 것이다.

유아가 간혹 영아처럼 "구슬이 많이 있다"라고 말하기보다는 자신이 알고 있는 숫자인 "100개"라고 말하기도 한다. 유아가 100개라고 말한다고 해서 100이 주는 크기나 양을 정확하게 안다고는 할 수 없지만, 이러한 표현은 많다 적다의 개념이 확장된 것으로 볼 수 있다. 또한 아동은 성인의 지도 없이도 자기 나름대로 더하는 방법을 고안해내기도 한다(Groen & Resnick, 1977). 예를 들어, 한 유아는 사과를 2개 가지고 있고, 다른 유아는 사과를 3개 가지고 있다고 생각해보자. 두 유아가 가진 사과의 개수는 5개로 처음엔 모든 사과를 "하나, 둘, 셋, 넷, 다섯"으로 세었을 것이다. 그러나 나중에는 내가 이미 사과를 3개 가지고 있으니 처음부터 셀 필요가 없이 내 사과의 수에 다른 유아의 사과를 더하여 "셋, 넷, 다섯"으로 셀 수 있게 되는 것이다. 이는 유아 스스로 반복되는 배열에 숨어있는 규칙을 발견하여 다음에 올 것이 무엇인지 예측하는 모습을 보여준다.

Glasgow와 Cheyne, Yerrick(2010)에 따르면, 유아가 가진 과학적 사고를 확장하기 위해서 교사는 유아와 사전에 대화를 통하여 알아내야 할 것이 있다. 먼저 유아가 그 주제에 대해 어떠한 지식을 가지고 있는지 알아야 한다. 그런 후에 유아가 가진 사전지식을 과학적인 놀이로 연결시킬 수 있는 방법을 모색한다. 이때 도움이 될 만한 사건이나 증거들을 찾는다. 그러나 모든 현상이나 사물을 과학적인 방법으로 설명해야 한다는 부담감을 가질 필요는 없다. 그 주제에 대해 가르친다기보다는 유아가 가지고 있는 생각을 증명하는 과정으로 생각한다. 틀리다고 해서 유아의 생각을 바꾸려 하거나 올바른 대답만을 강요하지 말아야 한다.

(3) 자연과 더불어 살기

자연과 더불어 살기는 유아가 생명과 자연환경의 소중함을 경험하는 내용으로 새롭게 편성한 것이다. 기존 누리과정에서 사회관계 영역의 세부내용인 '자연과 자원을 아끼는 습관을 기른다'와 자연탐구영역의 내용인 '생명체와 자연환경 알아보기'와 '자연현상 알아보기'의 세부내용들을 종합하여, 지속가능한 사회를 위한 삶의 태도를 형성하는 내용으로 구성되었다. 유아가 주변의 동식물에 관심을 가지고, 생명과 자연환경을 소중히 여기며, 날씨와 계절의 변화를 생활과 관련짓는 내용이다.

연령을 초월하여 아동은 동물과의 관계에서 정서적인 안정감을 갖는다. 어린 유아는 동물에 대해 본질적인 이끌림과 호기심을 가지고 있다. 유아는 동물을 관찰하고, 만지고, 말을 걸고, 질문하는 것을 좋아한다(Meadan & Jegatheesan, 2010). 보육실에서 키우는 애완동물은 유아의 책임감과 동정심의 발달에 기여할 수 있고, 또래와 성인과의 사회적 상호작용을 촉진하며, 자존감의 발달, 자신과 타인의 정서를 인식하는 것을 격려할 수도 있다(Jegatheesan & Meadan, 2006). 유아는 이 시기에 다양한 애완동물이나 곤충을 키워 보면서 이들의 성장에 필요한 여러 가지 자연조건을 자연스럽게 이해하게 된다. 예를 들어, 지렁이에 관심이 많은 유아가 바깥놀이를 하다가 지렁이 한 마리를 가져와서 키우게 되었다고 가정해 보자. 유아가 지렁이가 사는 데 필요한 흙을 충분히 가져오지 않은 바람에 지렁이가 점차 말라가는 것을 보면서 여러 궁리 끝에 지렁이가 살 수 있도록 흙을 더 가져오는 방안을 찾게 될 것이다. 또한 지렁이를 충분히 관찰하고 난 후 다시 흙으로 돌려 주는 과정을 통하여 생명체를 소중히 여기는 마음도 갖게 될 것이다. 또한 양파나 고구마 같은 식물을 컵에 담가 키우는 과정에서 싹이 나고 자라는 것을 보면서 식물의 성장에 관심을 가지게 된다. 특히 콩나물을 키워 보면서 자신이 키운 콩나물의 변화에 놀라워 하기도 하고(사진 참조), 관찰이 다 끝난 콩나물은 조금씩 나누어 집으로 가져가 가족들에게 자랑을 하면서 뿌듯해하기도 한다.

사진 설명 자신들이 키우는 콩나물에 물을 주는 모습

유아는 생명의 소중함과 관련하여 자신의 출생과 성장에 관심이 많기 때문에 그 과정을 알아보기도 하고(사진 참조), 친구들과의 비교를 통하여 자신과 같은 점과 다른 점을 느끼고 이야기할 수도 있다. 이렇듯 자연에 대한 자연스러운 관심은 언어와 문해기술을 발달시킬 수 있는 기반이 될 뿐 아니라(Conezio & French, 2002), 사회적, 정서적 발달도 이끌어 나갈 수 있다(Marian & Jackson, 2017).

유아가 계절의 변화를 충분히 느낄 수 있도록 자주 바깥놀이나 산책을 하는 것이 좋다. 철마다 달리 피는 꽃이나 날씨 변화를 통해 유아는 봄, 여름, 가을, 겨울을 온몸

사진 설명 유아들이 자신의 출생에 대해 관심을 갖고 부모님의 결혼식 장면을 흉내 내 보는 모습

으로 느끼게 된다. 날씨와 계절의 변화를 통해 유아는 물이 얼어서 얼음이 되고 다시 녹으면 물이 되는 등 주변의 여러 가지 물질의 상태 변화에 관심을 갖고 비교하기도 한다. 그리고 이러한 날씨와 계절의 변화가 자신의 옷차림, 놀이, 일상생활과 관련이 있다는 것을 이해하면서 적절하게 대처할 수 있다. 따라서 유아가 생활 속에서 동식물을 접하고 생명과 자연을 소중히 여기면서 날씨와 계절의 변화를 느낄 수 있도록 바깥놀이나 산책의 기회를 자주 제공하는 것이 유아의 자연탐구 능력을 향상하는 데 도움이 될 것이다.

4. 자연탐구영역의 환경구성

교사는 기관의 교육철학, 물리적 구조, 유아의 연령과 흥미 등에 따라 자율성을 가지고 교실 공간을 구성할 수 있다. 교실에 기본적인 영역이 구성되어 있다고 하더라도 원아의 수, 성비, 놀이성향 등을 고려하여 적합한지 판단해 보고 유아의 놀이를 지원할 수 있도록 구성해야 한다.

자연탐구영역에서는 유아를 둘러싼 모든 환경이 탐구대상이다. 모든 외부환경이나 사물이 관심의 대상이 될 수 있다. 실내환경일 경우 크게는 수학영역, 조작영역, 과학영역, 미술영역 등으로 나누어 볼 수 있다.

수학영역은 일반적으로 블록처럼 교구를 조작할 수 있고 세기, 분류하기 등과 같은 수학적 사고를 할 수 있는 교구들로 구성된다. 만약 예산이 제한되어 한 가지 교구만 선택해야 하는 상황이라면 많은 교사가 블록세트를 구입한다고 한다(Click, 1996). 그 이유는 블록의 쓰임새가 매우 다양하기 때문이다. 블록세트는 여러 가지 방법으로 사용될 수 있고, 가지고 놀 수 있는 연령층도 다양하다(사진 참조). 블록놀이를 통해서 균형, 공간관계, 크기, 모양 등 수학적 개념을 이해할 수 있다(Clements, 2001; Essa, 1996; Estes, 2004). 뿐만 아니라 여러 명이 블록을 가지고 함께 놀 수 있으므로 다양한 사회적 기술을 습득할 수 있는 기회가 되기도 한

사진 설명 블록으로 다양한 놀이를 하고 있는 유아들

다. 블록놀이를 촉진하기 위해서는 여러 명의 유아가 함께 놀 수 있을 만큼 충분한 블록과 공간이 필요하다. 이 영역은 유아가 만들기를 할 때 지나다니는 다른 유아들 때문에 방해받지 않도록 동선을 고려하여 배치한다. 블록의 색도 다양하게 준비하고, 모양도 단순한 사각블록 외에 둥근 블록, 나무블록, 동물블록, 사람블록 등 여러 가지로 마련하는 것이 좋다. 놀고 난 후에는 블록을 잘 저장할 수 있는 저장공간도 충분해야 한다.

과학영역은 유아에게 자신이 가진 지식이나 기술을 시험해보고 탐색할 수 있는 기회를 제공하는 곳이다. 이곳에서 물리적인 환경에 대해 배울 수 있고, 살아 있는 생물을 기를 수도 있다(Click, 1996). 이 영역에서는 여러 명의 유아들이 같은 작업을 할 수도 있고 유아 개인이 혼자 탐구할 수도 있다. 이때 중요한 것은 소음이나 다른 유아들의 활동으로 방해받지 않아야 한다는 것이다. 돋보기, 계

사진 설명 직접 기르고 있는 달팽이를 신기한 듯 관찰하고 있는 영아들의 모습

량컵, 저울, 온도계, 자석 등의 도구뿐 아니라 주제와 관련된 관찰 가능한 식물이나 곤충을 키우는 것도 과학영역에 포함된다(사진 참조).

미술영역은 창문을 통해 들어오는 자연빛의 양에 영향을 받을 수 있다. 특히 창문 가까이에 미술영역을 구성하면 자연빛을 받아 공간이 더욱 밝아지므로 바람직하다(Essa, 1996). 만약 자연빛이 가능하지 않다면 전기빛이라도 충분하게 제공해야 한다. 미술영역 가까이에서 물을 이용할 수 있다면 더욱 좋다. 다양한 크기의 붓과 종이, 물감 및 크레파스와 같은 여러 가지 그림도구, 가위, 자, 풀, 테이프, 잡지책, 휴지 등과 함께 유아가 자신의 모습을 볼 수 있도록 거울을 가까이에 설치해 주면 자아 이미지 향상에 도움이 될 수 있고(사진 참조), 다양한 놀이로 확장될 수도 있다.

어린이집에서의 요리영역은 실제로 요리활동을 하는 곳이라기보다는 역할놀이영역이나 소꿉영역으로 구성되어 놀이를 할 수 있는 곳

사진 설명 그림을 그리면서 자신의 모습을 거울에 비춰 볼 수 있다.

이다. 진짜 요리가 가능한 영역이 따로 구성되어 있는 경우는
드물다. 보통 평상시엔 구분하지 않고 있다가 요리실습을 하
는 날에 마련하는 경우가 대부분이다. 유아들은 직접 실물을
가지고 자신의 간식을 준비하는 것을 좋아한다(Click, 1996).
장난감을 가지고 하는 요리가 아니라 실제 주방기구들을 다루
고 실제 음식을 마련함으로써 그동안 관찰하고 생각해왔던 것
을 표현한다. 요리활동은 감각적인 활동으로 이루어져 있고
물질이 다른 상황에서 어떻게 변하는지 볼 수 있는 기회를 제
공해준다(사진 참조). 따라서 요리영역과 과학영역을 같이 구
성할 수도 있다. 유아들은 평상시에 먹지 않았던 음식이라도
자신이 직접 만든 음식은 남기지 않고 먹는 모습을 보이기도
한다.

사진 설명 계란을 삶는 요리활동을 통해
서 계란이 액체상태에서 고
체상태로 변한다는 것을 알
수 있다.

　이와 같이 유아의 활동과 놀이에 따라 넓은 공간 혹은 분리
된 작은 공간 등 다양한 공간이 필요하기도 하므로 영역의 크기를 무조건 넓게
하는 것이 아니라 유아의 흥미와 놀이 흐름에 따라 조정하도록 한다. 학기 초에
는 놀이자료를 구분하기 위한 기본적인 자연탐구 영역을 구분하되, 한번 정한
영역을 계속 고정하기보다는 놀이에 따라 재배치 해주려는 융통성이 필요하다.

5. 자연탐구영역의 실제 활동

　개정된 표준보육과정과 누리과정에서 교사는 영유아가 만들고 이어가는 놀
이를 따라가며 그 경험을 이해하려고 노력해야 한다. 이 부분에서는 유아의 놀
이가 어떻게 시작되고, 어떻게 놀이가 계획 및 실행되어 가는지, 어떻게 놀이가
확장되어 가는지, 이러한 놀이의 흐름 속에서 교사는 어떻게 지원하는지에 초점
을 두고 제시하였다.

1) 표준보육과정의 실제 활동: 나무와 꽃은 내 친구

교사의 기대	주변에 있는 식물을 관찰하면서 나무와 자신을 비교해 보고, 말린 식물을 이용하여 자신만의 꽃을 다양하게 만들어 보면서 자연의 소중함을 깨우친다.
자연탐구	탐구과정 즐기기 - 사물과 자연을 반복하여 탐색하기를 즐긴다. 자연과 더불어 살기 - 주변의 동식물에 관심을 가진다.
놀이의 시작	영아들이 자신의 얼굴을 관찰하면서 눈, 코, 입과 같은 감각기관의 명칭과 역할을 익히는 노래를 부르면서 놀이한다. 보육실에 있는 종이찰흙을 가지고 눈, 코, 입도 만들면서 이야기를 나눈다. 산책 나가서 접하는 나무들을 관찰하면서 나무에는 눈, 코, 입이 왜 없는지 의문을 가지기 시작한다. 다음날 자신이 종이찰흙으로 만든 눈, 코, 입을 가지고 산책을 가서 나무에게 얼굴을 꾸며주는 놀이를 한다. 바깥놀이에서 다양한 꽃들을 살펴본 영아들은 자신이 알고 있는 꽃 이름을 말하며 이야기를 나누기 시작한다. 꽃 이름을 잘 알지 못하는 영아는 색깔별로 꽃을 구분하기도 하면서 즐거워한다. 꽃에 관심이 생긴 영아들은 자신이 직접 꽃의 얼굴과 몸을 만들어 주고 친구가 되고 싶어 하는 모습을 보인다.
계획 및 실행 친구들과 노래부르며 신체기관을 익히고 바깥놀이터에서 다양한 꽃들을 관찰	■ 계획 ① 종이찰흙과 다양한 꽃 사진을 준비한다. ② 얼굴의 감각기관(눈, 코, 입)의 명칭과 역할을 노래를 통해 배울 수 있도록 한다. - 눈은 어디 있나…여기. 코는 어디 있나…여기 ③ 말린 꽃잎과 나뭇잎(가지)을 준비한다. ■ 실행 ① 영아들이 모여서 노래를 부르며 이야기를 나눌 수 있는 공간을 확보한다. ② 교사는 영아들과 같이 노래를 부르면서 놀이에 참여한다. ③ 영아는 자신의 얼굴을 관찰하면서 종이찰흙을 이용하여 눈, 코, 입을 만든다. ④ 산책길에 나무를 관찰하면서 자신과 다른 점을 발견한다. ⑤ 나무에 대한 애정으로 자신과 같은 신체기관을 만들어 붙여 준다. ⑥ 바깥놀이에서 다양한 꽃을 보면서 꽃도 자신처럼 얼굴과 몸을 만들어 주고 싶어 한다. ⑦ 말린 꽃잎과 나뭇잎을 이용하여 꽃의 얼굴과 몸을 만들어서 친구들과 비교한다.

교사 놀이 지원	- 교사는 영아가 만든 나무 얼굴을 보면서 서로 소중한 친구라고 말해 줌으로써 영아가 자연환경을 소중히 여길 수 있도록 도와준다. - 꽃의 얼굴을 꾸미기 위해 산책 시 교사가 식물들에게 미안하다고 말하고 필요한 만큼만 가지고 와서 말리는 모습을 보임으로써 자연을 소중히 여기는 역할모델이 될 수 있도록 한다.

2) 누리과정의 실제 활동: 누가 누가 더 클까? 나무의 둘레(키) 재기

교사의 기대	산책 중에 시작된 자연에 대한 호기심을 유아만의 관찰방식으로 탐구하는 과정에 즐겁게 참여한다.
자연탐구	**탐구과정 즐기기** - 궁금한 것을 탐구하는 과정에 즐겁게 참여한다. **생활 속에서 탐구하기** - 일상에서 길이, 무게 등의 속성을 비교한다.
놀이의 시작	산책하는 길에 다양한 나무와 풀을 보고 자신의 키와 비교하기 시작하면서 유아는 다양한 도구로 나무와 풀의 둘레와 키를 재어 자신의 신체와 비교하고 싶어 하는 모습을 보인다.
계획 및 실행 친구와 협력하여 나무둘레 측정	■ 계획 ① 유아가 줄자를 이용하여 자신과 친구들의 키와 허리둘레를 재어 본다. ② 줄자가 하나밖에 없어서 여러 친구들이 동시에 사용하기 어려우면 다른 도구를 생각해 본다. ③ 병원이나 집에서 키와 몸무게를 측정했던 경험을 이야기 나누며 놀이한다. ④ 산책 나가서 나무와 풀을 보다가 유아와 비교하면서 논다. ⑤ 각자 가장 둘레가 큰 나무를 찾아서 둘레를 재어 서로 비교하면서 놀이한다.
	■ 실행 ① 교실 한편에 있는 키재기 도구를 이용하여 유아들이 놀이를 진행한다. ② 교사가 교실에 있는 줄자도 함께 제공한다. ③ 산책을 나가서 많은 나무와 풀이 있는 것을 보고 유아가 자신의 키와 비슷한 나무와 풀을 찾기 시작한다. ④ 교실에 있는 키 재는 도구가 바깥에는 없기 때문에 털실이나 끈을 이용하여 나무의 둘레와 키를 측정하기 시작한다. ⑤ 처음에는 자신의 키와 비슷한 나무를 찾다가 나중에는 누가 더 크고 굵은 나무를 찾아내는지 놀이로 진행된다. ⑥ 친구들과 각자 측정한 길이를 비교하면서 의사소통이 활발히 이루어진다. ⑦ 다양한 방법으로 길이를 측정할 수 있다는 것을 깨닫게 된다.

교사 놀이 지원	- 산책길에서 유아들이 나무의 키와 둘레 재는 놀이에 필요한 털실과 끈을 제공해 주고, 나무가 너무 커서 측정에 어려움이 있어서 유아가 요청할 경우 교사가 끈을 잡아 주면서 측정에 도움을 준다. - 다음에도 같은 장소로 산책을 나가 유아가 측정했던 나무와 풀을 그동안 얼마나 더 자랐는지를 비교하며 이야기를 나눈다.

제9장 ● ● **예술경험영역**

　태어나면서부터 영아는 자신의 생각을 표현하고자 하는 기본적 욕구를 지니고 있다. 그러나 아직 자신의 생각과 느낌을 언어로 표현하는 데 능숙하지 못하기 때문에 언어보다는 조금 더 쉬운 소리, 음악, 몸의 움직임, 춤, 그리기 등을 통해서 자신을 표현하고자 한다. 영아기의 예술경험은 자기표현의 중요한 수단이 된다. 그러나 영아에게 있어 이러한 표현이 처음부터 즉흥적으로 가능한 것은 아니다. 영유아는 표현에 앞서 자신이 표현하고자 했던 것들에 대해 끊임없이 탐색하는 과정을 거친다.

　영아는 처음에는 무의식적이고 비체계적으로 예술적 요소를 탐색하다가 점차 의식적이고 체계적으로 탐색하게 된다. 즉, 예술적 요소들을 탐색할 때 초기에는 소리, 움직임, 형태를 호기심 있게 살펴보다가 점차 한두 가지 요소에 집중하여 관찰하게 된다. 이처럼 무작위적인 탐색행동에서 더욱 발전하여 체계적으로 표현을 시도하는 단계까지 이르게 되는 것이다. 따라서 영아에게 일상생활 속에서 자연스럽게 심미적 탐색과 예술적 경험을 할 수 있는 기회를 제공하는 것이 바람직하다. 인지적으로 좀 더 성장한 유아기에는 자신이 표현하거나 탐색한 경험을 다른 유아들과 나누는 기회를 마련해 주는 것이 좋다.

　개정된 표준보육과정, 누리과정에서 예술경험영역은 아름다움 찾아보기, 예술적 표현하기, 예술 감상하기의 세 가지 내용 범주로 구성된다. 아름다움 찾아보기에서는 영유아가 주변의 친근한 자연이나 생활환경에서 음악적·동작적·가작적·미술적 요소에 관련된 현상이나 사물을 홍미롭게 보며 집중하여 탐색하도록 한다. 예술적 표현하기에서는 영유아가 음악, 움직임, 모방, 미술경험을 마음껏 시도하고 표현하며 자유롭게 즐기도록 한다. 예술 감상하기에서는 친근한 소리나 노래, 아름다운 사물이나 환경, 춤, 미술작품을 즐기며 생활 속에서 예술에 대해 지속적으로 홍미를 갖도록 한다.

이 장에서는 예술경험영역의 기반이 되는 영유아기 예술발달의 이론적 기초, 표준보육과정과 누리과정의 예술경험영역의 구성 및 목적, 하위영역별 내용 및 지도원리, 예술경험영역과 관련된 환경구성 및 실제 활동 예를 살펴보고자 한다.

1. 예술경험영역의 이론적 기초

과거에는 예술을 성인의 전유물로 생각하거나 예술적 능력을 타고난 재능으로 여기는 경향이 강했다. 하지만 최근 들어서는 예술적 재능이나 자질이 경험이나 교육에 의해 형성된다는 의견이 지배적이다. 이는 개인이 가진 예술적 능력이 교사, 부모, 또래 등의 환경이나 교육에 의해 발달될 수 있다는 것을 의미한다. 따라서 영유아기 예술적 행동이 성장함에 따라 어떻게 발달하는지를 살펴본 후 음악, 무용, 연극 등과 같은 예술매체에 따른 표상의 발달을 살펴보고, 다양한 예술교육이론들을 통해 유아기 예술교육을 위한 교수·학습방법에 대해 알아보고자 한다.

1) 예술교육의 의미

미술, 음악, 무용, 문학 등의 활동영역에서 역사적으로 높은 가치를 지닌 결과물을 예술작품이라고 한다. 예술작품의 세계가 심오하고 다양하며 변하지 않는 가치를 제공한다고 하여도 모든 사람이 이러한 가치를 즐길 수 있는 것은 아니다. 자신의 느낌을 예술작품으로 표현하고 이를 감상하는 능력은 성인이 되어서 예술에 대한 공부를 시작한다고 해서 소유할 수 있는 능력도 아니다. 이러한 능력은 지식의 세계에 완전히 속하는 것이 아니라 본질적으로 감수성의 세계에 걸쳐 있기 때문이다.

과거에는 예술적 능력을 타고난 재능으로 여기는 경향이 많았으나, 최근의 학자들은 예술적 능력이나 자질은 타고난 것이 아니라 특정한 예술적 경험이나 교육에 의해 형성되는 것이라고 주장한다(Hargreaves, 1989; Herberholz & Hanson, 1995; Schirrmacher, 1996). 다시 말해, 예술적 능력이나 자질은 상황에 따라 변하는 것으로 교사, 부모, 또래, 물리적 환경에 따라 예술적 잠재능력이 표출될 수 있다는 것이다. 이러한 주장을 뒷받침하듯이 수년간의 피아노 학습이 음악적 이해에 중요한 청각적 능력을 증진시켰고, 정식 미술교육을 받은 집단이 미술적 속성(선, 색채, 공간 등)을 인식하는 능력이 뛰어났으며, 간단한 박물관 견학도 미적 경험 함양에 중요하다는 연구 결과들이 있다(유혜경, 2000, 재인용).

또한 Vygotsky의 이론에 의하면 발달은 모든 아동에게 똑같은 단계를 거쳐서 고정적으로 일어나기보다 맥락에 따라 유동적으로 일어난다. 이는 곧 선천적인 예술가란 없으며, 아동의 예술적 능력을 높이기 위해서는 아동이 어떤 구체적인 영역에서 지속적으로 학습하고 발달할 수 있도록 도와주어야 함을 의미한다. Vygotsky의 이론에 근거하여 예술교육을 지지하는 학자들은 예술적 행동이 나타나게 되는 것은 연령의 차이, 생물학적 잠재력, 성숙뿐 아니라 경험, 기회, 흥미, 가족, 동료, 사회 · 문화적 맥락에 의한 것임을 강조함으로써(Welch, 1997) 교수와 학습의 중요성을 시사하였다. 즉, 유아예술교육에 대한 최근의 관점은 학습기회가 향후 예술적 능력 발달에 영향을 미친다는 것이며, 따라서 예술적 능력을 향상시키기 위해 교수 · 학습방법이 강조되고 있다.

2) 예술교육의 이론적 접근

예술교육은 음악, 미술, 춤, 연극 등 다양한 매체를 포함하며 이들 각 매체마다 변화, 발전되어온 과정이 상이하다. 따라서 각 매체를 종합해서 예술교육의 동향을 논하기는 힘들다. 때문에 인간이 정보를 받아들이는 지각 중에서 80%를 차지하는 시각 예술을 중심으로 그 교육의 변화를 살펴보고자 한다. 시각 예술의 흐름을 한마디로 요약하면 '표현 중심의 교육 → 창의성 중심의 교육 → 이해 중심의 교육'으로 변화, 발전되어 왔다는 것이다.

표현 중심의 교육은 16~19세기에 걸쳐 오랜 세월 지속되었던 미술교육의 흐름이다. 표현 중심의 교육에서는 주로 정확한 시각교육에 주력하여 미술의 기본 요소 및 원리, 구조를 파악하는 실기 지도를 강조한다. 또한 대상이 누구이든 반복 훈련을 통해 배울 수 있다고 보며, 창의성을 천부적인 재능이라 여기고, 표현 의식보다는 표현 기능을 우선으로 한다. 오랫동안 지속되어 온 표현 중심의 교육은 오늘날 미술교육이 표현영역에 편중하게 된 배경이 되었다(이현숙, 2000).

두 번째 사조인 창의성 중심 교육은 1940년대에 접어들면서 강조된 미술교육의 기본 관점이다. 이 관점에서는 적절한 환경만 조성되면 자아가 표출될 수 있는 것으로 보며, 최소한의 지식을 가진 교사들도 미술을 가르칠 수 있다고 본다. 따라서 미술의 기초 기능 및 제작 기법의 체계적인 습득을 소홀히 하였고, 성인이나 교사의 지도, 개입을 어른의 간섭으로만 여겼다. 이러한 창의성 중심 교육은 아동이 작품을 역사적·문화적 맥락에서 이해하고 평가하는 능력을 신장시키지 못했다.

최근 예술교육의 흐름이라고 볼 수 있는 이해 중심의 교육은 1960년대 들어 창의성 중심 교육에 의문을 제기하면서 시작되었다. 이에는 학문 중심 예술교육, 미적 교육, 사회 중심 미술교육, 다문화 예술교육 등이 포함된다. 이해 중심의 교육은 지식의 구조와 개념, 원리 등을 중시하는 학문 중심 교육과정의 영향으로 비롯되었으며, 이로 인해 예술을 지식의 체계로 보는 시각이 생겨나게 되었다. 이해 중심의 교육은 또한 아동의 지각능력이 학습을 통해 발달하고 경험에 의해 영향을 받는다는 지각심리학에 근거하며 현대미술 조류의 다양성을 적극적으로 수용한다. 여기서는 표현뿐만 아니라 감상의 영역을 강조하고, 문서화된 예술교육과정, 교사의 적극성과 체계적인 지도, 아동의 성취를 중시한다.

앞서 살펴본 바와 같이 예술교육의 동향 및 이론은 시대의 흐름에 따라 변화를 거쳐왔다. 이러한 인식의 변화에서 엿볼 수 있듯이, 교육현장에서도 창의성이나 자기표현의 의미를 '학습될 수 있고 증진될 수 있는 것'이라고 인식을 전환할 필요가 있다. 나아가 예술작품 제작만이 예술활동이라는 편중된 시각에서 벗어나 작품감상과 비평 등을 통해 미적 형식, 표현주제와 기법, 재료 등에 대한 미적 지각력을 증진시켜야 할 것이다. 현대사회에서는 이러한 의미와 해석에 근거해 다(多)가치를 추구하는 포스트모더니즘이 강조되고 있다. 이는 교수와 학습에 대한 새로운 가치 정립과 대안을 요구하고 있으며, 예술 영역에서도 사회문화적 · 경제적 · 정치적 특성을 반영하는 심미적 측면을 강조하고 있다(Neperud, 1995). 따라서 유아 개개인의 다양한 관점과 해석이 존중되고, 개개인의 작품에 대한 감상 및 비평의 기회를 폭넓게 제공할 필요가 있다.

Ronald W. Neperud

3) 예술행동의 발달

영유아기의 예술적 행동은 어떻게 발달하는가? 발달심리학자들에 따르면 아동에게는 예술에 대해 생각하는 독특한 방법이 있다. 또한 아동의 예술적 행동은 연령의 변화와 관련이 있는데, 7세를 전후하여 예술의 창작자, 실행자, 관객으로 참여하는 데 필요한 발달적 요소를 갖게 된다(Hargreaves, 1989, 재인용). 예술적 행동의 기초는 미적 상징을 이해하고 사용할 수 있는 예술적 지각과 반응능력을 키우는 것이다. 즉, 미적 지각력이 가장 기초가 된다. 아동은 예술작품의 제작자(maker), 인식자(perceiver), 반영적인 탐구자(reflective inquirer)로서 심미적인 경험을 쌓게 된다. 결국 예술교육의 근원은 심미적인 이해이며, 이는 교육에 의해 향상될 수 있는 능력으로 볼 수 있다.

특히 유아의 예술적 능력에 대해 인지적으로 접근한 Gardner와 Davis(1993)는 유아들의 그림이 간단하면서도 의미를 효과적으로 전달하며 생명력이 있다고 하였다. 학령 전 아동의 자유로운 그림들은 흔히 예술가들이 추구하는 것과 비슷해서 유아기를 아이디어나 감정에 있어 창조의 황금기로 비유한다. 이는 일반적으로 예술적 발달 경로가 U자형을 띠는 것과 일치한다. 1단계에서는 높은 수준의 예술적 행동이 나타나다가, 2단계 아동 중기에는 자유롭고 은유적인 그림이 관습적이고 사실적인 모습으로 재현됨에 따라 낮은 수준으로 내려온다. 3단계에서는 미술을 취미로 하거나 전문적인 사람들만 다시 높은 수준의 예술적 행동을 보이게 된다. 〈그림 9-1〉은 그림의 형태가 발달단계별로 변화하는 것을 보여 준다.

특히 Vygotsky는 아동이 상징적인 도구를 사용하여 자신의 사고를 내면화하고 표현할 수 있다는 점에 관심을 가졌다. 그는 아동의

Howard Gardner

〈그림 9-1〉 그림의 발달단계

1. 끼적거리기 단계(scribing stage: 2~4세)
2. 전도식 단계(preschematic stage: 4~7세)
3. 도식단계(schematic stage: 7~9세)
4. 놀이 집단 단계(group age stage: 9~11세)
5. 의사 사실적 단계(pseudo-naturalistic stage: 11~13세)

낙서를 '첫 번째 질서 상징'이라고 하였고, 아동이 쓴 단어를 '두 번째 질서 상징'이라고 하였다. 2~3세 영유아의 낙서는 의미를 나누고 원하는 사물을 지칭하는 가상놀이에서의 상징과 같다. 낙서는 2~3세 영유아가 이미 상징의 의미를 이해한 것이며, 혼돈기라든가 신체적인 불충분함의 표현이 아니라, 현재 내면적으로 이해한 것을 성공적으로 외형화한 것으로 보아야 한다는 것이다. 따라서 영유아는 자신이 경험하고 느낀 바를 예술매체라는 표상형식을 통해 표현하고, 예술적 행동은 전표상단계에서 표상단계로 상징화 흐름을 거쳐 발달해나간다.

각 예술매체들(음악, 춤, 드라마, 미술)의 표상체계는 각기 다른 상징을 갖고 있다. 각 표상체계는 독특한 해석방식을 요구하므로 예술매체에 따라 표상이 어떻게 발달되어가고 각 표상을 어떻게 해석해야 하는지를 살펴볼 필요가 있다. 여기에서는 음악, 무용, 연극, 미술영역에서의 표상발달에 대해 알아보고자 한다.

(1) 음악표상의 발달

음악적 이해란 유아가 음악의 구성요소를 듣고, 비교하고, 분석하고, 해석하는 과정에서 의미를 부여하는 지각과정이다(김민정, 2000, 재인용). 유아기에는 다양한 음악적 경험들 중에서 유아가 자발적으로 음을 가지고 놀고 비구조적으로 소리를 조직해 보며 음을 탐색해 보는 것이 중요하다(Welch, 1997). 이러한 탐색을 시작으로 유아는 소리의 길이와 관련된 음의 지속성을 깨닫게 되고, 지각된 소리의 특징을 적극적으로 해석하면서 자신이 창안한 소리들을 형상화시키는 단계(음을 상징화하는 단계)로 발전해 간다. 예를 들면, 아주 빠르고 경쾌한 노래 및 느리고 엄숙한 노래를 듣고 따라 부르는 과정을 통해 어떤 상황에서는 어떤 음과 박자가 어울리는지를 생각하게 되고 나아가 또래와 놀이를 하는 동안 이를 반영하게 된다.

(2) 무용표상의 발달

춤을 흔히 움직임이라고 생각하기 쉬운데, 춤(dance)과 동작(movement)의 차이를 구별할 필요가 있다(Stinson, 1990). 동작이 그저 왔다갔다하는 것이라면, 춤은 마술의 상태가 되어 어떤 대상이나 생각을 인식하는 것뿐 아니라 그 대상의 느낌을 경험하는 것이라 하였다. 따라서 유아가 '움직인다'는 것은 앉고 일어서는 등의 간단한 동작을 탐색하는 것을 말하며, '춤을 춘다'는 것은 내적 감각을 강조하여 내면적인 것에 집중하는 것을 말한다. 즉, 유아로 하여금 댄서(dancer)로서의 경험을 하도록 하는 것이 춤이요, 무용인 것이다. 유아가 자신의 느낌과 생각을 신체를 통해 춤(기본무용, 창작무용, 민속무용 등)으로 표현하려면 작품 구성을 위한 사고 과정이 필요하며, '~처럼 되어보기'와 같은 극적인 접근 및 상상력이 필요하다.

(3) 연극표상의 발달

동극이란 유아가 가상이라는 정신적 세계를 도입하여 자신의 느낌이나 생각을 표현하는 것으로 동극 자체가 의식적 행동이다. 동극은 유아가 의식과 언어와의 관계를 이해하는 데 도움이 되며, 그 속에는 긴장과 유머가 공존하고, 유아들의 뛰어난 상상력, 자제력, 협상능력을 발달시키는 예술매체라 할 수 있다(Bolton, 1989). 동극을 진행할 때 유아들을 연출가 유형, 연기자 유형, 관람객 유형으로 나눌 수 있다. 특히 이 중 연출가 유형이나 연기자 유형의 유아들은 극의 대사를 수정하거나 의사를 개진하면서 실제 상황을 상상하는 능력을 발달시킬 수 있다. 유아는 동극을 통해 대사와 행위에 변화를 주고 극의 내용을 더욱 풍부하게 함으로써 미적 지각력을 발달시킨다.

(4) 미술표상의 발달

미술활동은 개개인의 내면화된 사고를 외현적으로 나타내는 과정이라고 할 수 있다. 따라서 그림 상징을 통해 유아들의 표상발달을 엿볼 수 있다. 그림에 나타나는 선, 균형, 구성 등은 유아들의 미적 인지력과 깊은 관련이 있다. 미술에서의 선은 항상 모양, 방향, 폭과 같은 특징을 갖고 있어 질적으로 설명될 수 있는 상징이다(정미경, 1999). 균형은 대칭 혹은 비대칭으로 이루어짐으로써 표현에 영향을 주고, 구성은 그림의 구조를 정리하는 체계이다(Gardner & Davis, 1993). 유아들이 그려놓은 선, 형태, 균형 등은 독특한 상징적 진술로 다른 상징체계(예를 들면, 글자나 기호)로 쉽게 번역될 수 없다. 글이나 기호로 그림 상징의 독특한 의미를 대치해버린다면 유아가 그린 그림의 구성이 중요하지 않다고 말하는 것과 같다. 그러므로 유아들의 그림 그리기활동에서는 그림의 구성, 느낌, 강조, 균형 등을 강조하는데, 이러한 과정을 통해 유아의 미적인 표상능력을 발달시키게 된다.

2. 표준보육과정의 예술경험영역

어린이집 표준보육과정에서 추구하는 예술경험영역의 구성 및 목적과 하위영역별 내용 및 지도원리는 다음과 같다.

1) 예술경험영역의 구성 및 목적

예술경험영역은 아름다움 찾아보기, 창의적으로 표현하기의 두 가지 내용 범주로 구성된다(〈표 9-1〉 참조). 0~1세 영아는 아름다움 찾아보기에서 자연과 생활에서 아름다움을 느끼고, 아름다움에 관심을 가지도록 한다. 다음으로 창의적으로 표현하기에서는 소리와 리듬, 노래로 표현하고, 감각을 통해 미술을 경험하며, 모방 행동을 즐기도록 한다. 2세 영아는 아름다움 찾아보기에서 자연과 생활에서 아름다움을 느끼고 즐기며, 아름다움에 관심을 갖고 찾아보도록 한다. 창의적으로 표현하기에서는 익숙한 노래와 리듬을 표현하고, 움직임과 춤으로 자유롭게 표현한다. 그리고 미술 재료와 도구로 표현해 보고, 일상생활 경험을 상상놀이로 표현한다.

이와 같이 표준보육과정에서 예술경험영역에서 0~1세 영아의 목적은 '아름다움을 느끼고 경험한다'로 자연과 생활에서 아름다움에 관심을 가지고, 예술적 경험을 표현하는 것이다. 2세 영아의 예술경험영역의 목적은 '아름다움을 느끼고 즐긴다'로 자연과 생활에서 아름다움을 느끼고 관심을 가지며, 예술을 통해 자유롭게 표현하는 것이다.

아름다움 찾아보기에서는 영아가 주변의 친근한 자연이나 생활환경에서 음악적·동작적·가작적·미술적 요소와 관련된 현상이나 사물을 흥미롭게 보며 집중하여 탐색하도록 한다. 창의적으로 표현하기에서는 영아가 음악, 움직임, 모방, 미술경험을 마음껏 시도하고 표현하며 자유롭게 즐기도록 한다. 주변의 친근한 환경과 생활 속에서 예술적 요소에 관심을 보이고 흥미롭게 경험하고 즐김으로써 창의성과 감성을 기르는 것이다. 따라서 예술경험영역은 주변 생활에서 발견한 단순한 예술적 요소에서부터 점차 다양한 요소까지 아름다움에 관심을 보이고 탐색하고, 자신의 생각과 느낌을 음악, 움직임과 춤, 극놀이, 미술활동으로 표현하는 것을 즐기며 점차 다양하게 창의적으로 표현할 뿐 아니라 생활에서 자연, 사물, 예술작품을 보고 즐기는 내용으로 구성된다.

〈표 9-1〉 제4차 표준보육과정 예술경험영역의 구성

내용 범주	내용	
	0~1세	2세
아름다움 찾아보기	• 자연과 생활에서 아름다움을 느낀다. • 아름다움에 관심을 가진다.	• 자연과 생활에서 아름다움을 느끼고 즐긴다. • 아름다움에 관심을 갖고 찾아본다.
창의적으로 표현하기	• 소리와 리듬, 노래로 표현한다. • 감각을 통해 미술을 경험한다. • 모방 행동을 즐긴다.	• 익숙한 노래와 리듬을 표현한다. • 움직임과 춤으로 자유롭게 표현한다. • 미술 재료와 도구로 표현해 본다. • 일상생활 경험을 상상놀이로 표현한다.

2) 예술경험영역의 하위영역별 내용 및 지도원리

예술경험영역은 아름다움 찾아보기, 창의적으로 표현하기의 두 가지 내용 범주로 구성된다. 표준보육과정에서 추구하는 예술경험영역의 내용 및 지도원리를 살펴보면 다음과 같다.

(1) 아름다움 찾아보기

예술활동을 이해하고 참여할 수 있는 능력을 갖추도록 도와주기 위해 보육환경을 어떻게 조성해야 하는가? 예술작품을 자주 접하여 감상의 기회를 갖는 일, 예술적 표현활동을 장려하여 극놀이를 하거나 그림을 그리고 노래를 부르는 일, 아름다움에 대한 탐색활동을 장려하는 일 등이 있다. 그 가운데에서도 탐색활동은 표현활동과 감상활동의 기반이 될 수 있을 뿐만 아니라 적극적인 예술경험을 향한 첫걸음이 된다(〈그림 9-2〉 참조). 탐색활동은 예술세계를 구성하는 요소들, 즉 시각적 아름다움, 청각적 아름다움, 동작의 아름다움 등에 관심을 갖고 주변에서 예술의 요소들을 일상의 요소와 구별하며 나아가 각각의 요소에 대한 깊이 있는 이해에 이르기까지 흥미를 갖고 다가서는 일련의 과정을 일컫는다.

비 오는 날이면, 올리비아는 미술관에 가는 걸 좋아해요.

올리비아는 곧장 가장 좋아하는 그림 앞에 가서 멈춰 서지요.

올리비아는 그 그림을 오랫동안 쳐다보아요. 올리비아가 지금 무슨 생각을 하고 있을까요?

〈그림 9-2〉 그림책 『엄마는 그래도 너를 사랑한단다』 중에서
유아를 위한 예술작품을 감상하고 있는 올리비아

예술세계는 단일한 것이 아니라 여러 가지 매체로 구성되는 다면적인 세계이다. 오페라처럼 여러 가지 요소가 모두 만나는 종합예술의 세계도 있고, 미술, 음악, 무용 등 각각 독립적인 예술세계도 있다. 따라서 미술 감상을 할 수 있다고 해서 음악적 능력이 높아지는 것이 아니며, 무용에 조예가 깊다고 해서 다른 요소에 대한 경험능력이 보장되는 것은 아니다. 즉, 예술적 경험에 대한 탐색은 각각 독립적인 요소에 대한 탐색일 때 의미가 있다.

영아가 색이나 모양, 그림 등에 관심을 갖도록 하는 것은 미술세계를 경험하는 능력을 키우기 위한 씨앗을 심는 일이다. 레오나르도 다빈치의 명화나 현대의 추상화를 감상하고 본질을 이해하는 역량은 어느 날 갑자기 생기는 것이 아니기 때문이다. 소리나 침묵, 음악 등에 대하여 호기심을 보이는 것은 음악세계를 향해 걸음마를 내딛는 일과 같다. 베토벤의 교향곡을 아름답다고 느끼게 되는 것은 언어를 배우는 과정처럼 오랜 시간이 걸리는 작업이기 때문이다.

그렇다면 각기 독립적인 예술경험의 영역을 고루 탐색하기 위하여 무엇을 격려하고 어떤 것에 유의해야 할 것인가? 탐색활동에 몰입하게 하려면 어떤 요소가 영유아의 탐색활동인지 먼저 파악해야 한다. 탐색은 음악, 미술, 무용에 관련된 각각의 요소에 대하여 갖는 모든 형태의 자발적인 관심과 관심의 지속행위로 정의할 수 있다. 나아가 각 요소를 탐구하고 그 속에 빠져드는 현상도 탐색으로 볼 수 있다(사진 참조).

탐색활동 시 영아는 처음에는 조심스럽게 행동하지만 점차 활동에 빠져듦에 따라 적극성을 띠게 된다. 관찰하고 만져보며 듣고 움직이면서 낯설었던 대상을 친근한 것으로 변화시키는 즐거움을 누린다. 문제를 발견하고 그 문제를 해결하는 노하우를 축적하기도 하고 얼굴이 상기되어 옆에서 무슨 일이 일어나는지 모를 정도로 집중력을 발휘하기도 한다. 탐색은 이처럼 의미 있는 활동이며

사진 설명 소리에 대해 탐색 중인 영아들

자발적일 뿐 아니라 스스로 관심을 가질 때 생겨나고 호기심으로 촉발된다. 탐색은 경계심을 갖고 조심스레 시작되는 섬세한 작업이므로 양육자나 교사 등 성인이 영아에게 탐색을 제안하거나 자연스럽게 탐색으로 안내해야 한다.

교사와 놀고 싶은 영아는 탐색활동에 빠져들 수 없다. 예술의 개별요소에 대한 관심 속으로 영아를 이끌기 위해서는 교사가 관심의 대상이 되어서는 안 된다. 따라서 탐색으로 이끄는 교사나 양육자, 보호자는 마치 투명인간처럼 보이지도 느껴지지도 않아야 더 바람직하다. 교사가 부각되지 않되 영아의 호기심과 관심이 소리와 빛, 동작에 집중할 수 있도록 환경을 조성하는 일이 탐색활동을 제안하는 기술의 핵심이다. 이때 교사는 영아가 귀 기울여 듣게 하고 예리하게 보게 하고 여러 동작을 시도하도록 장려하는 기술이 필요하다.

탐색활동에 빠져들게 하려면 영아들을 잘 관찰할 수 있어야 한다. 영아들의 상태가 편안한지 불편한지 특정한 욕구나 불만이 있는 상태는 아닌지 파악하고 있어야 한다. 탐색은 평정상태에서 이루어지는 예민한 작업이기 때문이다. 영아들이 자신의 상태를 인식하고 표현하는 능력이 아직 없거나 부족하기 때문에 교사는 영아들을 더욱 잘 관찰해야 한다. 일단 탐색활동이 시작되었다면 절대로 방해하지 말고 보호해주어야 하며 섣부른 칭찬이나 개입은 탐색활동을 장려하는 것이 아니라 방해한다는 사실을 명심해야 한다. 교사는 영아가 한 발 한 발 대상에 몰입할 수 있도록 도와주어야 한다. 따라서 교사는 각 예술영역별 탐색행위에 대한 기준을 잘 세워야 한다.

특정한 색깔을 보고 아름답다고 느끼는 영아의 작은 호감이나 특정한 모양을 인식하고 그로부터 구체적인 물체를 유추하는 장난도 미술세계에 빠져드는 탐색활동이다. 자연현상이나 일상생활 속에서 형태, 색, 선, 색채 등의 요소에 대하여 들여다보고 뜯어보고 만져보고 좋아하게 되는 행위가 미술에 대한 탐색이다.

장난감에서 나는 소리를 듣고 싶어 반복하고 이 소리와 저 소리가 다른 것에 신기해하며 소리가 갑자기 사라지는 현상을 알아차리는 행위는 분명 음악적 탐색활동에서 이루어진다. 실로폰을 채로 아무렇게나 내리치면서 큰 소리를 내는 것은 음악에 대한 탐색활동이라고 할 수는 없다. 오히려 이는 실로폰과 실로폰채가 신체활동의 기회를 제공한 셈이 된다. 조심조심 쳐보고 듣고 비교하며 다시 돌아가서 쳐보고 하나를 쳤다가 둘을 쳤다가 드르륵 쳤다가 하면서 마치 탐구하는 사람처럼 소리, 음높이, 선율, 리듬, 음색 등 음악적 요소를 놓고 진지하게 호기심을 채우는 일이 음악적 탐색이다.

자신의 손가락 모양을 이리저리 뒤집어보며 관찰하는 놀이는 자신의 신체를 발견하는 기쁨으로 여길 수도 있지만 무용의 세계에 들어서는 동작의 탐색행위로도 의미를 갖는다. 흥분한 영아가 커다란 동작으로 방 안을 오가는 행위는 동작 자체에 관심을 갖고 있는 상태라고 보기는 어렵다. 거울 속에서 엉덩이를 이렇게 저렇게 실룩거리며 찬찬히 들여다보는 경우에 영아는 몸짓이 만들어 내는 선과 형체, 공간의 변화에 대하여 흥미를 갖는 것이다. 따라서 이러한 것은 무용에 대한 탐색이라고 볼 수 있다. 이처럼 탐색은 영아의 지속적인 관심과 집중된 노력을 통해 이루어지기 때문에 영아가 자발적으로 탐색할 수 있는 안정되고 개방적인 환경을 조성해 주는 것이 필요하다.

① 0~1세 영아

0~1세 영아의 아름다움 찾아보기의 내용은 자연과 생활에서 아름다움을 느낀다와 아름다움에 관심을 가진다의 내용으로 구성되어 있다. 0~1세 영아들은 자신의 신체에 대해 호기심을 가지고 탐색하기 시작하며, 주위에서 들려오는 다양한 소리나 움직임, 시각적 자료나 사물에 관심을 보이기 시작한다. 이 시기에 여러 가지 다양한 감각적 경험을 가지고 이를 아름답다고 느끼는 것은 좀 더 성장한 후 새롭고 개성이 강한 창조적인 자기표현을 할 수 있는 기초가 될 수 있다. 이러한 인식의 대상은 자연물, 사물, 자신이나 다른 사람의 작품을 포함한다. 또한 주변의 다양한 맛, 소리, 모양, 색, 촉감, 냄새 등을 경험하는 것뿐 아니라 각각의 맛, 소리, 모양, 색, 촉감, 냄새 등을 구별하고 그에 대한 자신의 느낌을 가지는 것이 중요하다. 이와 같이 사물에 대해 자신의 느낌을 가지게 됨으로써 한걸음 더 나아가서 다양한 감각적 경험에 대하여 흥미를 느끼게 된다.

② 2세 영아

2세 영아의 아름다움 찾아보기의 내용은 자연과 생활에서 아름다움을 느끼고 즐긴다와 아름다움에 관심을 갖고 찾아본다의 내용으로 구성되어 있다. 이 시기 영아는 점차 주변 사물과 환경 및 자연의 소리, 움직임, 형태, 색, 질감 등 예술적 요소들을 탐색하기 시작하고 이를 즐겨보거나 듣는다. 주변에 관한 호기

심이 많이 생기며 이 호기심의 대상은 물리적인 것이나 눈에 보이는 것에서 추
상적인 것에 이르기까지 다양하다.

　따라서 주변의 다양한 사물을 경험할 수 있는 기회를 제공함으로써 영아가
능동적으로 사물에 흥미를 느끼고 탐색하도록 격려해 주는 것이 필요하다. 또
한 이 시기에는 영아의 신체가 빠르게 발달하면서 활동의 범위가 실내에서 실외
까지로 확장되므로, 교사는 일상생활에서 실외환경을 적극적으로 탐색하게 하
고 자연과 어울릴 수 있게 해 주는 것이 좋다.

(2) 창의적으로 표현하기

사진 설명 수묵화를 그리고 있는 유아들

　예술표현의 첫 단계는 영아기에 모방을 시
도하는 단계에서 비롯된다. 이 시기는 자기
모방과 타인 모방의 차이점을 깨닫게 되며, 그
대가로 정교히 모방할 수 있는 능력이 형성되
는 과정을 거쳐 다양한 표현활동의 세계에 몰
입하게 된다(사진 참조). 물론 개인에 따라서
여전히 정교한 모방의 단계에 있거나, 그 이
전 단계, 즉 모방이 잘 되지 않는 절망감의 단
계에 있을 수도 있으므로 교사는 영아 개개인
을 세밀히 관찰해야 한다. 아직 모방의 단계에 있는 영아에게 자유로운 표현을

사진 설명 예술적 표현활동을 즐기는 영유아

이끌어낸다는 교수목표는 영아의 입장에서 보면 강요처럼 여겨질 수 있기 때문이다.

영아들의 표현활동은 예술적 경험을 누리는 예술 감수성의 매우 성숙한 형태이다. 느끼고 모방하고 이해하는 경험을 넘어서 자신이 가지고 있는 모든 능력을 동원해서 새로운 형식이나 새로운 형태를 찾아내려고 노력하는 데에서 표현활동이 생겨나기 때문이다(사진 참조). 생각이나 느낌, 막연한 감정 등 자신에게 내재되어 있는 무엇인가를 끄집어 내어 자신이 알고 있는 것보다 더 나은 모양새의 무엇인가를 만들어 내려고 애쓰는 것이다(〈그림 9-3〉 참조). 그러나 영아들의 표현활동의 결과는 성인이 기대하는 것과는 모습도 수준도 많이 다르다. 영아의 표현활동은 또한 예상하지 못한 곳에서 예상하지 못한 형태로 표현되기도 한다. 그렇기 때문에 영아들이 지극한 정성으로 만들고 빚어 낸 그들 나름의 작품은 평가절하되는 경우가 많다. 표현의 기술은 영아 개인마다 차이가 있고 자발적인 연습에 따라 달라지므로 영아의 표현을 평가절하하면 영아의 표현능력을 퇴보시키게 된다. 따라서 영아의 기발하고 예측이 불가능할 만큼 다양한 표현을 수용하고 이를 격려해 주는 것이 바람직하다.

올리비아는 집으로 돌아오자마자 그림을
그려 보기로 해요.

〈그림 9-3〉 그림책 『엄마는 그래도 너를 사랑한단다』 중에서
자신의 세계를 표현한 올리비아의 창작세계

① 0~1세 영아

0~1세 영아의 창의적으로 표현하기의 내용은 소리와 리듬, 노래로 표현한다와 감각을 통해 미술을 경험한다, 그리고 모방행동을 즐긴다의 내용으로 구성되어 있다. 이 시기 영아는 모방행동을 즐기며 소리와 몸 움직임으로 반응하고 단순한 미술경험을 할 수 있다. 영아가 자신의 느낌을 몸의 움직임, 목소리 등을 사용하여 재현해 봄으로써 다양한 경험을 좀 더 명확하게 인식할 수 있다. 따라서 교사는 영아가 다양한 방법으로 이를 재현해 볼 수 있는 기회를 충분히 제공해야 한다.

또한 이 시기의 영아는 이제 자신의 감정을 여러 가지 방법을 통하여 자연스럽게 표현할 수 있는 능력을 가지게 되기 때문에 교사는 영아에게 감정 표현의 기회를 많이 제공해야 한다. 영아는 간단한 노래를 배우고 성인이 하는 대로 간단한 동작을 따라할 수 있으므로 일상생활 속에서 노래를 즐기고 몸을 스스로 움직여보고 그 움직임을 즐기는 경험을 제공해 주는 것이 바람직하다. 그리고 그림을 그릴 수 있는 다양한 느낌의 도구를 경험하도록 해 주는 것이 좋다. 크레파스, 크레용, 색연필, 사인펜, 물감이나 분필, 손가락 풀그림 등을 이용하여 충분히 탐색할 기회를 주고 자신의 경험을 여러 가지 도구를 사용하여 재현해 보고 표현하도록 유도하는 것이 중요하다. 또한 영아가 경험한 것을 기억하였다가 모방하고 재현하는 것은 영아의 인지발달에서 필수적인 부분이며 정신적으로 성숙해지고 있다는 것을 의미한다. 따라서 교사는 영아가 음식 먹기, 목욕하기, 잠자기, 씻기와 같이 익숙한 과제들을 가지고 가작화 놀이를 할 수 있도록 격려해주고 영아의 놀이가 확장될 수 있도록 도와주어야 한다.

② 2세 영아

2세 영아의 창의적으로 표현하기의 내용에는 익숙한 노래와 리듬을 표현한다, 움직임과 춤으로 자유롭게 표현한다, 미술 재료와 도구로 표현해 본다, 그리고 일상생활 경험을 상상놀이로 표현한다의 내용으로 구성되어 있다. 이 시기 영아들은 신체운동적 기능이 발달하면서 자신의 몸동작이나 모방행동, 노래 등을 통해 자신의 느낌을 표현하고 단순한 미술활동을 즐기게 된다. 교사는 영아가 탐색이나 경험을 통해 얻은 생각이나 정서를 다양하게 표현하기 위한 놀이나 구성활동에 적극적으로 참여하도록 유도해야 한다. 또한 교사는 영아의 자

유로운 표현활동을 격려하기 위해서 허용적이고 개방적인 환경을 조성하는 것
이 필요하다. 영아가 무엇을 만들었는가 하는 결과를 중시하기보다는 활동해
나가는 과정을 인정해 주고 격려해 주는 것이 중요하다.

3. 누리과정의 예술경험영역

누리과정에서 추구하는 예술경험영역의 구성 및 목표와 하위영역별 내용 및
지도원리는 다음과 같다.

1) 예술경험영역의 구성 및 목적

예술경험 영역의 목표와 내용 범주는 유아가 자연, 생활, 예술에서 아름다움
을 느끼고, 음악, 움직임과 춤, 미술, 극놀이 등의 예술에서 자신의 느낌과 생각
을 창의적으로 표현하는 과정을 즐기며, 다양한 예술 작품을 감상하며 다른 사
람의 예술 표현을 존중하는 내용으로 구성되어 있다(교육부, 보건복지부, 2019b).
구체적으로 예술경험영역은 아름다움 찾아보기, 창의적으로 표현하기, 예술 감
상하기의 세 가지 내용 범주로 구성된다(〈표 9-2〉 참조). 아름다움 찾아보기에
서는 유아가 자연이나 주변 환경에서 자연스럽게 접할 수 있는 소리, 음악, 움직

〈표 9-2〉 누리과정 예술경험영역의 구성

내용 범주	내용
아름다움 찾아보기	• 자연과 생활에서 아름다움을 느끼고 즐긴다. • 예술적 요소에 관심을 갖고 찾아본다.
창의적으로 표현하기	• 노래를 즐겨 부른다. • 신체, 사물, 악기로 간단한 소리와 리듬을 만들어 본다. • 신체나 도구를 활용하여 움직임과 춤으로 자유롭게 표현한다. • 다양한 미술 재료나 도구로 자신의 생각과 느낌을 표현한다. • 극놀이로 경험이나 이야기를 표현한다.
예술 감상하기	• 다양한 예술을 감상하며 상상하기를 즐긴다. • 서로 다른 예술 표현을 존중한다. • 우리나라 전통 예술에 관심을 갖고 친숙해진다.

임, 춤, 극놀이, 조형물 등에서 아름다움을 구성하고 표현하는 기본적인 요소를 찾아보고 경험하고 아름다움과 예술적 요소에 관심을 갖고 적극적으로 탐색하도록 한다. 창의적으로 표현하기에서는 유아가 자신의 생각과 느낌을 자발적이고 창의적으로 표현하는 과정을 경험하고 즐기도록 한다. 예술 감상하기에서는 유아가 자연과 다양한 예술작품을 감상하며, 자연과 주변 환경을 비롯하여 음악, 움직임, 춤, 미술, 극놀이 등 자신과 다른 사람의 예술작품을 보고, 듣고, 즐기며 생활 속에서 예술에 대해 지속적으로 흥미를 가지도록 한다.

따라서 예술경험영역은 주변 생활에서 발견한 단순한 예술적 요소에서부터 점차 다양한 요소까지 아름다움을 찾고 표현하며 감상하고, 자신의 생각과 느낌을 음악, 움직임과 춤, 극놀이, 미술활동으로 표현하는 것을 즐기며 점차 다양하게 창의적으로 표현할 뿐 아니라 일상생활 속에서 예술매체를 통해 아름다움을 찾고 표현하며 감상하는 내용으로 구성된다.

2) 예술경험영역의 하위영역별 내용 및 지도원리

누리과정의 예술경험영역 하위내용은 연령 구분 없이 다음과 같이 제시되어 있다.

(1) 아름다움 찾아보기

3~5세 유아의 아름다움 찾아보기의 목표는 자연과 생활 및 예술에서 아름다움을 느끼는 것이다. 내용에는 자연과 생활에서 아름다움을 느끼고 즐긴다, 예술적 요소에 관심을 갖고 찾아본다의 내용으로 구성되어 있다. 아름다움 찾아보기는 유아가 자연과 생활에서 아름다움을 느끼며 예술적 요소에 관심을 가지고 찾아보는 내용이다(교육부, 보건복지부, 2019b).

이 시기 유아들은 영아기의 예술적 요소에 대한 자유로운 탐색과 반응, 자연과 사물을 보고 즐기는 반복적인 경험을 토대로 창의적이고 독창적인 표현능력을 확장시켜 나가며 좀 더 세분화된 경험을 즐기고 활동에 집중함으로써 심미감 및 예술성을 기른다. 따라서 이 시기에는 유아들이 관심 있어 하는 극놀이, 동작, 음악, 미술활동을 통해 나타난 결과를 강조하기보다는 적극적으로 탐색하는 과정에서 즐거움을 느끼고 다양한 방법으로 생각과 느낌을 표현하는 활동을 격려하여야 한다.

이 시기 유아에게 다양한 소리, 형태, 색, 움직임 등을 경험하게 하는 것은 창의적 표현력을 기르기 위한 기본 조건이 된다. 다양한 경험을 기반으로 유아는 차츰 소리, 형태, 색, 움직임 등에 대해 분석하고 그 공통점과 차이점을 인식하게 된다. 이러한 탐색은 새로운 표현을 위한 필수적인 요소이다. 또한 이러한 탐색을 통해서만 사물에 대해 새로운 흥미를 느낄 수 있으며 진정으로 의미 있는 경험을 할 수 있게 된다. 따라서 교사는 아동이 실내외에서 주변 환경에 대한 다양한 경험 및 탐색을 해볼 수 있도록 격려해야 한다.

일례로, 아름다움 찾아보기 범주의 미술적 요소 탐색하기 내용을 지도할 경우, 3, 4세 유아는 자연과 사물을 직접 보고 만지는 등의 경험을 통하여 미술적 요소에 관심을 갖고 발견하도록 하며, 자연과 사물에서 색, 모양, 질감, 공간 등 미술적 요소에 다양한 관심을 가지도록 한다. 5세 유아는 자연과 사물에서 발견한 미적인 요소들을 좀 더 자유롭게 실험하고 비교하고 조합하며, 색, 모양, 질감, 공감 등의 한 가지 요소의 다양함을 탐색하도록 한다. 이처럼 유아와 함께 자연과 사물에 깃들어 있는 미술적 아름다움을 발견하기 위해서는 교사가 먼저 미술적 요소에 대해 이해해야 한다.

(2) 창의적으로 표현하기

3~5세 유아의 창의적으로 표현하기의 목표는 예술을 통해 창의적으로 표현하는 과정을 즐기는 것이다. 구체적인 내용은 노래를 즐겨 부른다, 신체·사물·악기로 간단한 소리와 리듬을 만들어 본다, 신체나 도구를 활용하여 움직임과 춤으로 자유롭게 표현한다, 다양한 미술 재료와 도구로 자신의 생각과 느낌을 표현한다, 극놀이로 경험이나 이야기를 표현한다로 구성되어 있다. 창의적으로 표현하기는 유아가 노래를 즐겨 부르고, 간단한 소리와 리듬을 만들어 보며, 자유롭게 움직이며 춤추고, 다양한 미술 재료와 도구를 활용하여 표현하며, 경험과 이야기를 극놀이로 표현하는 내용이다(교육부, 보건복지부, 2019b).

유아는 이제 좀 더 능동적으로 탐색하며 새로운 표현활동에 참여하고 이를 통해 기쁨을 느끼게 된다. 그러나 아직은 유아 스스로 적극적인 의사결정을 한다거나 계획을 세운 후 이를 꾸준히 수행하는 등의 능력은 부족하기 때문에 교사는 유아에게 표현활동을 강요해서는 안 된다. 유아가 쉽게 다룰 수 있는, 발달에 맞는 적절한 자료와 도구를 준비하고 각 연령과 홍미에 따라 활동을 선택하도록 해야 한다. 주변 환경에 대한 탐색을 한 후 그 탐색의 결과와 느낌 등을 다양한 방법으로 표현해볼 수 있는 기회를 제공하는 것이 바람직하다. 이를 위해서는 자연스러운 분위기 속에서 다양한 표현의 방법(음악, 미술, 무용, 극놀이 등)과 도구(신체, 악기, 그림 도구, 자연물 등)들을 탐색할 수 있는 경험을 제공해야 하며, 어떤 규칙이나 과제를 부여하지 않고 자유롭게 느낌을 표현할 수 있도록 해야 한다.

창의적으로 표현하기 범주의 미술활동으로 표현하기 내용을 지도할 경우, 찰흙, 점토, 구슬, 돌, 실, 단추 등의 다양한 입체적 재료를 사용한 입체 미술활동과 직조짜기, 염색하기, 자연물 공예, 빨대, 철사 등을 활용한 선 공예, 골판지 공예 등 다양한 방법과 재료를 활용한 만들기와 꾸미기를 경험하도록 한다. 또한 미술활동에 필요한 재료와 도구에 관심을 가지고 다양하게 사용하도록 하기 위해 여러 가지 재료와 도구를 비치하여 호기심을 유발하고 자유롭게 탐색하며 사용해볼 수 있도록 한다.

⑶ 예술 감상하기

3~5세 유아의 예술 감상하기의 목표는 다양한 예술 표현을 존중하는 것이다. 구체적인 내용은 다양한 예술을 감상하며, 상상하기를 즐긴다, 서로 다른 예술 표현을 존중한다, 우리나라 전통 예술에 관심을 갖고 친숙해진다로 구성되어 있다. 예술 감상하기는 유아가 자신과 또래의 작품뿐만 아니라 다양한 예술을 감상하며 상상하기를 즐기고, 서로 다른 예술 표현을 존중하며, 우리 고유의 전통 예술에 친숙해지는 내용이다.

이 시기 유아들은 예술적 요소에 대한 탐색과 반응, 자연과 사물을 보고 즐기는 경험을 토대로 창의적 활동에 집중함으로써 심미감 및 예술성을 기르게 된다. 유아들은 음악, 춤, 극놀이나 미술작품을 듣고 보는 것을 즐기며 그로부터 아름다움을 느끼게 된다. 아름다운 음악, 조형물, 춤을 감상하는 활동은 유아의 심미감을 발달시키고 정서를 순화시킬 수 있다. 유아들은 자연을 탐색하고 다른 사람의 작품을 감상함으로써 아름다움을 인식하고 느끼고 이해할 수 있다. 따라서 다양한 도구를 사용하여 자신의 느낌과 감정을 표현한 여러 사람의 작품을 감상하는 일은 매우 중요하다.

특히 다른 사람의 작품을 감상하는 것은 창작에 대한 개념과 심미적 판단 능력을 형성하는 데 중요한 기초가 되며 자신이나 다른 사람들의 작품을 비교하고 평가하는 과정에서 미적 기준을 형성할 수 있다. 또한 같은 주제에 대해 또래의 친구들이 어떻게 느끼는지, 그리고 그러한 느낌을 어떠한 방법으로 표현할 수 있는지 등을 알게 함으로써 창의적인 생각을 할 수 있도록 도움을 주는 것이 필요하다. 이와 더불어 자신의 표현에 대해 다른 사람들에게 설명하는 기회를 제공하는 것이 바람직하다. 이러한 과정을 통하여 주변 유아들은 발표하는 유아의 느낌과 표현을 좀 더 잘 이해할 수 있게 된다. 또한 발표하는 유아는 자신의 느낌을 좀 더 명확히 인식할 수 있다.

예술 감상하기 범주의 다양한 예술 감상하기 내용을 지도할 경우, 유아가 일상생활에서 다양한 음악, 움직임과 춤, 미술작품, 극놀이 등을 자연스럽게 접할 수 있는 기회와 환경을 제공한다. 그리고 유아가 예술작품에 대한 묘사, 분석, 이야기를 끌어낼 수 있도록 질문하고, 색, 형태, 선, 공간 등의 미술 요소와 관련된 발문을 기초로 감상하며 즐기게 한다. 또한, 유아가 또래나 다른 사람과 예술 표현의 차이가 있음을 알고, 각자의 개성과 예술 표현을 존중하여 소중하게 생각하고 다루도록 한다.

4. 예술경험영역의 환경구성

설명에 앞서 느끼고, 이성에 앞서 감정을 말하고, 이해에 앞서 사랑하는 감수성은 설명과 이성과 이해로 인하여 더욱 견고해질 수는 있지만, 이들로 대체될 수는 없다. 예술을 감상할 수 있는 능력의 기초를 형성하는 감수성은 대체로 유아기에 형성된다. 예술의 여러 요소와 자연이나 사물의 아름다움을 마음에 새기고 관찰하며 즐기는 태도와 흥미를 통해 형태나 색채, 소리의 여러 성질과 질서 등을 섬세하고 예민하게 구분할 수 있는 능력이 서서히 자라게 되는데, 이 같은 능력을 감수성이라고 부른다.

그렇다면 예술에 대한 감수성을 높이기 위해 어떤 보육환경을 조성해야 하는가? 예술활동을 이해하고 거기에 참여하는 능력은 예술작품을 자주 접하고 감상하는 기회를 갖는 일에서 출발한다. 예를 들어, 그림책에 나온 삽화를 모은 전시회에 가서 매일 보던 그림책의 그림을 붓의 터치가 느껴지는 원화로 본다면, 매우 구체적이고 손에 닿는 기분으로 화가의 그림을 느낄 수 있을 것이다. '내가 가진 그림책의 시작이 바로 이 그림이었구나.' '그림책을 만드는 동화작가의 일은 멋진 일이구나.' 생각하면서 그림에 대한 꿈을 품게 될 수도 있다.

영유아의 예술적·심미적 능력을 높이기 위해서는 일상생활 속에서 자주 예술작품을 접하여 감상의 기회를 갖는 일, 예술적 표현활동을 장려하여 극놀이를 하거나 그림을 그리고 노래를 부르는 일 그리고 주변 환경의 아름다움을 탐색하는 활동을 격려해야 한다. 이처럼 예술 표현능력과 예술 감상능력의 토대가 되는 예술적 탐색은 유아의 지속적인 관심과 집중된 노력을 통해 이루어지기 때문에 유아가 자발적으로 탐색할 수 있는 안정되고 개방적인 환경을 조성해주는 것이 필요하다. 여기서는 예술경험영역의 활동을 촉진할 수 있는 환경구성에 대해 살펴볼 것이다.

예술경험영역에서 음악활동영역은 반드시 이렇게 만들어져야 한다는 규정이 있는 것은 아니므로 교실의 공간적 조건에 따라 음악활동영역을 다양하게 구성할 수 있다. 영유아의 창의적 음악교육을 위해서 1.5~2세부터는 실내에 영유아만의 공간을 마련해야 한다.

유아를 위한 음악적 환경은 여러 가지 사물, 리듬악기, 오디오, 음반, CD, TV, 피아노와 악기 등 연주기능을 기르고 소리를 경험할 수 있는 물리적인 것과 유아에게 지원과 격려 그리고 창작적인 자유를 부여하는 심리적인 것으로 나눌 수 있다. 어린이집에서 유아 스스로 음악을 선택하여 들을 수 있는 분위기를 마련해주는 것이 좋으며, 여러 문화의 음악을 자연스럽게 접하게 도와주는 것이 중요하다. 음악활동을 위한 공간은 반드시 넓어야 하는 것은 아니다. 음악적 경험이 자발적으로 일어날 수 있는 개방된 공간이면 충분하다. 예를 들면, 텐트나 부풀릴 수 있는 천으로 텐트 모양을 만들어서 유아가 들어가는 구멍을 터놓을 수도 있고, 소리를 듣고 느껴 볼 수 있도록 다양한 소리벽을 넣은 정육면체의 소리상자를 만들어 보는 방법 등이 있을 수 있다. 유아를 위한 음악적 공간에는 혼자 조작할 수 있는 음향기, 악기, 다양한 소리가 나는 물건과 창의적 움직임을 자극할 수 있는 자료를 마련해 둔다(사진 참조). 정서적인 분위기를 만들어 주는 인적(人的) 음악환경도 중요하다. 안정된 음악적 분위기를 만들어주고 유아가 물리적 환경과 음악공간을 잘 활용해서 새로운 소리를 실험하도록 용기를 북돋아

주며 창의력이 형성되도록 도와줄 수 있는 인적 음악환경이 제공되어야 한다. 다양한 음악환경을 제공해 주는 것은 유아의 음악능력을 최대한 신장시킬 수 있는 중요한 요소가 된다(김명희, 2000; 이소희, 1998; 이자희, 1995; 한정미, 2002).

한편, 예술경험영역 안에서 미술활동을 위한 공간은 다음과 같이 준비한다(김혜금, 1999). 첫째, 작업을 위한 넉넉한 공간과 작업대가 있어야 한다. 이는 유아가 공동으로 작업할 때 꼭 필요하다. 보통 유아용 책상을 서로 붙여서 4~8명이 앉을 수

사진 설명 영아가 모형피아노를 이용하여 소리를 탐색하고 있다.

있는 작업대로 활용할 수 있다. 둘째, 작품을 전시하고 보관할 수 있는 공간이 필요하다. 대체로 낮은 곳이나 선반을 이용해서 입체작품을 전시하고 게시판이나 벽면은 평면작품을 위한 전시공간으로 활용할 수 있다. 셋째, 창작공예활동에는 여러 가지 재료가 사용되기 때문에 이를 보관할 수 있는 공간이 별도로 요구된다. 보육공간의 형편에 따라 개별적인 자료함을 갖기 어려우면 4명이 한 조가 되어 1개의 자료함(예: 플라스틱 바구니)을 사용하게 한다. 넷째, 유아들의 작품을 말릴 수 있는 공간이 있어야 하고, 말린 후 작품을 보관할 수 있는 공간이 필요하다.

사진 설명 유아가 자신의 손으로 물감을 이용해서 그림을 그리고 있다.

사진 설명 바닥에 비닐을 깔고 몸을 이용해서 흙으로 그림을 그리고 있는 유아들

다음은 예술경험영역 안에서 음악활동을 위한 공간을 구성할 때 유의할 점을 정리한 것이다.

▷ 2~3주마다 음악활동영역의 악기를 바꾸어 놓는다.
▷ 다양한 종류의 충분한 수량의 악기와 음반, 녹음테이프, CD 등을 비치한다.
▷ 악기류를 정리한다: 음악활동영역의 탁자나 선반 위에 두꺼운 종이를 한 겹 씌운 후 탁자 위에 놓을 악기의 형태를 그려놓아 악기를 사용하지 않을 때는 탁자나 선반 위에 그려진 그림에 맞게 악기를 정리해 놓아야 함을 유아에게 주지시킨다.
▷ 집단 음악활동을 할 때에는 작은 융단이나 색 테이프로 원을 표시해서 붙여 주어 유아들이 원형 또는 반원형으로 앉을 수 있게 자신이 앉아야 할 위치를 미리 알려 준다.

다음은 예술경험영역 안에서 미술활동을 위한 공간을 구성할 때 고려해야 할 점이다.

▷ 미술활동영역은 그리기, 오리기, 붙이기, 구성하기 등의 정적 활동이 이루어 지는 곳이므로 출입구에서 가까운 곳이나 음악활동영역과 분리하여 배치하는 것이 바람직하다.
▷ 미술활동은 물이 사용되는 경우가 많으므로 수도 가까이에 배치한다.
▷ 인공조명을 하는 경우 그림자가 생기므로 자연채광이 드는 충분히 밝은 곳으로 선정한다.
▷ 미술활동을 할 때 바닥에 물이나 물감이 떨어져도 청소가 용이하도록 비닐 등을 미리 깔아 둔다.

5. 예술경험영역의 실제 활동

개정 누리과정(2019) 및 표준보육과정(2000)에서는 유아가 자연, 생활, 예술에서 아름다움을 느끼고, 음악, 움직임과 춤, 미술, 극놀이 등의 예술에서 자신의 느낌과 생각을 창의적으로 표현하는 과정을 즐기며, 다양한 예술 작품을 감상하고 다른 사람의 예술 표현을 존중하는 내용으로 구성되어 있다. 다음에 제시한 예술경험영역의 실제 활동에서는 영아와 유아의 놀이가 어떻게 예술경험이 되고, 놀이로 시작되어 실제 현장에서 실천되는지 교사의 놀이 지원과 함께 제시하였다.

1) 표준보육과정의 실제 활동: 쓱쓱 싹싹

교사의 기대	다양한 도구로 물감 놀이를 즐기고 표현해보기를 기대한다.
예술경험	아름다움 찾아보기 - 자연과 생활에서 아름다움을 느끼고 즐긴다. 창의적으로 표현하기 - 미술 재료와 도구로 표현해 본다.
놀이의 시작	영아가 물감이 묻은 칫솔을 보고 관심을 가졌다. 영아는 칫솔로 그림을 그려도 되는지 교사에게 물어보았다.
계획 및 실행 다양한 빙법으로 물감으로 놀기	■ 계획 ① 교실 벽면에 커다란 흰 종이를 붙여 준다. ② 물감놀이를 할 수 있는 칫솔과 물감을 준비한다. ③ 영아가 자유롭게 칫솔로 자유롭게 물감놀이를 한다. ■ 실행 ① 영아들은 벽면에 붙은 흰 종이에 그림을 그려보고 싶어 한다. ② 영아들은 흰 종이 앞에 있는 물감 묻은 칫솔을 보고 관심을 가지고, 칫솔로 그림을 그려 보려고 한다. ③ 칫솔에 물감이 묻지 않자, 영아들은 교사에게 물감을 요청한다. ④ 교사가 물감을 주자 영아들은 칫솔에 원하는 색의 물감을 묻힌 후, 찍어보거나 선을 그어보며 자유롭게 그림을 그린다. • 놀이의 확장 및 변화 - 영아는 벽면에 그린 물감 놀이를 조금 떨어져서 바라보며 자신이 그린 그림과 흔적을 감상한다.

	– 영아들은 물페인트의 흔적, 물감색이 섞여 나타나는 것을 경험하며 물체의 변화를 감각으로 탐색한다. – 교사는 실외놀이터에도 페인트 붓을 제공하여 다양한 공간에서 물감 놀이를 즐기도록 한다.

교사 놀이 지원	– 교사는 페인트 붓을 끼적이는 공간을 한정지어 안내하지 않고, 영아가 마음껏 물감 놀이를 할 수 있도록 지원해 준다. – 교사는 커다란 전지를 벽면에 제시해 준다. – 교사는 물감을 표현하는 도구로 영아에게 익숙하고 조절이 쉬운 칫솔을 준비해 준다. – 교사는 실외놀이터 등 다양한 공간에서 물감 놀이를 할 수 있도록 공간을 마련해 준다. – 교사는 영아가 칫솔에 물감을 묻혀 표현하는 동안 입에 넣지 않도록 지켜보며 지속적으로 안내해 준다.

출처: 제4차 어린이집 표준보육과정 해설서.

2) 누리과정의 실제 활동: 간질간질 에헤헤 물감으로 놀기

교사의 기대	다양한 방법으로 물감 놀이를 즐기고 표현해보며, 아름다움을 자연스럽게 느끼기를 기대한다.
예술경험	아름다움 찾아보기 – 자연과 생활에서 아름다움을 느끼고 즐긴다. 창의적으로 표현하기 – 다양한 미술 재료나 도구로 자신의 생각과 느낌을 표현한다. 예술 감상하기 – 서로 다른 예술 표현을 존중한다.
놀이의 시작	3월부터 유아는 이야기를 책으로 만드는 놀이를 하거나 올챙이가 개구리가 되는 과정을 관찰하며 그림을 그리는 놀이, 레고 블록으로 비행기 만드는 놀이, 의자를 이어 지하철을 만드는 놀이를 하고 있었다. 어느 날 유아가 물감 놀이를 하고 싶다는 요청을 하였다.
계획 및 실행 다양한 방법으로 물감으로 놀기	■ 계획 ① 물감 놀이 책상에 다양한 색깔의 물감, 두께가 다른 붓, 팔레트, 다양한 크기의 도화지 등을 비치해 준다. ② 유아는 자신이 원하는 방식으로 놀이를 한다.

■ 실행

① 유아들은 물감 놀이 책상에 비치된 빈 종이에 붓으로 물감 놀이를 자유롭게 한다.

② 유아들이 다양한 환경에서 물감 놀이를 할 수 있도록 이젤을 비치하자, 유아들은 다른 놀이를 하다가도 이젤 앞에 서서 물감 놀이를 한다.

③ 한 친구가 손에 물감을 묻혀 종이에 묻히며 놀자 다른 친구들도 즐거워하다가 함께 해 본다.

④ 유아는 붓이 손에 닿는 감촉을 느끼며 손바닥에 여러 가지 색을 덧칠해 본다.

• 놀이의 확장 및 변화

- 유아는 마구마구 물감 놀이를 하며 손뿐 아니라 온몸으로 붓, 물감과 교감한다.

- 유아는 손에 물감을 묻힌 후, 물감을 묻힌 또 다른 친구와 손을 맞잡아 비비며 색이 달라지는 것을 발견한다.

- 물감 놀이를 하는 유아에게 벽화를 그려보자는 아이디어를 제안하고, 유아들은 붓과 손으로 벽화를 그려 본다.

| 교사 놀이 지원 | - 교사는 물감 놀이를 하고 싶다는 유아에게 물감 공간을 마련해 준다.
- 교사는 유아가 마음대로 물감을 섞고 놀이할 수 있는 충분한 시간과 여러 크기의 종이 등을 제공한다.
- 교사도 유아와 함께 물감 놀이를 즐겨보며, 유아가 좋아하는 놀이를 이해하려고 한다. |

출처: 2019 개정 누리과정 놀이이해자료.

제3부
보육과정의 운영

　보육의 개념이 보호와 교육을 의미하는 것으로 확대됨에 따라 보육과정 또한 영유아를 돌보고 양육하는 것에서 영유아의 전인 발달을 위한 교육까지를 포함하기에 이르렀다. 최근 보육전문가들은 보육과정을 효율적으로 운영하기 위해서는 보육활동이 영유아의 연령에 적합한 것이어야 하고, 영유아의 개별적인 특수성을 고려한 것이어야 하며, 영유아의 주도성을 존중해야한다는 점에 의견이 일치하고 있다. 영유아는 연령에 따른 발달수준에서 큰 차이를 보이며, 개인별 성장 속도가 다르고, 자신이 속한 문화적 환경과 상호작용하며 발달하므로 보육과정 운영 시 이러한 측면을 고려하여야 한다.

　한편 보육과정을 보다 아동중심적으로 운영하기 위해서는 영유아의 발달에 적합한 계획을 수립하고 이를 실천하며 제대로 수행하였는지 점검하는 것이 필요하다. 다시 말해서, 영유아 개인의 발달수준에 부합하는 운영계획을 세우고 실행하며 검토하는 것이 요구된다. 특히 보육과정을 평가하는 것은 보육의 질적 서비스를 점검하여 양질의 보육서비스를 제공하고자 하는 데 목적이 있다. 따라서 보육평가와 관련하여 어린이집에서는 평가인증제를 도입하여 평가를 받아 왔고 평가인증제는 평가제로 전환되어 운영되고 있다. 평가지표에는 보육과정 및 상호작용, 보육환경 및 운영관리, 건강 · 안전, 교직원 등의 평가영역이 있다. 평가지표를 기준으로 한 보육평가를 통해 어린이집에서는 현재의 운영실태를 파악하고 미흡한 부분을 보완함으로써 영유아의 전인발달을 위한 질 높은 수준의 보육환경을 마련해주기 위해 노력하고 있다.

　제3부에서는 보육과정의 실제적인 측면을 중심으로 보육과정을 계획하고 운영하는 것에 대하여 소개하고, 평가와 관련한 보육평가방법에 대해 살펴보며, 부모 및 지역사회와의 연계를 통한 보육과정의 운영에 대해 알아볼 것이다.

제10장 ● → ● 보육과정의 계획과 운영

  신생아는 일과의 대부분을 먹고 자는 등의 생리적 욕구를 충족시키는 데 보내는데 이러한 과정의 많은 부분을 양육자에게 전적으로 의존할 수밖에 없다. 그러나 생후 3년 정도가 되면 상당히 독립적인 존재로 성장하게 된다. 예를 들어, 스스로 먹고 움직이며 언어적 측면에서 주어, 술어, 목적어 등을 갖춘 문장을 사용할 수 있고, 인지적 측면에서 창의적으로 문제를 해결할 수 있게 된다. 뿐만 아니라 그림을 그릴 수 있을 만큼 소근육 조절능력이 발달하고, 현재 눈앞에 없는 대상과 사건을 생각할 수 있게 되며, 다른 사람의 생각과 느낌에도 관심을 가질 수 있게 된다.

  그러나 이러한 발달은 저절로 이루어지는 것이 아니다. 일차적으로 부모 등 주양육자의 돌봄에 영향을 많이 받게 된다. 최근에는 여성 취업률뿐만 아니라 가족구조가 다양해지면서 어린이집을 많이 이용하게 됨으로써 주양육자 못지않게 보육교사의 영향을 받으며, 어린이집에서 운영되는 보육과정의 영향도 받게 된다. 영유아는 어린이집의 안전한 물리적 환경에서 생활하며 호기심을 충족시키고 적극적으로 주변을 탐색하며, 심리적으로 안정되어 영유아의 욕구에 민감한 교사가 제공하는 보육과정을 경험하면서 성장해 나간다. 따라서 보육과정을 계획하고 운영하는 것은 궁극적으로 영유아의 복지, 자조능력, 의사소통기술, 사회적 능력 및 자존감을 향상시키기 위한 것이다. 그러므로 보육과정을 아

동 중심적으로 계획하고 융통성있게 운영하는 것은 보육서비스에서 무엇보다
도 중요하다.

이 장에서는 먼저 보육과정 계획과 운영의 필요성에 대해 살펴보고자 한다.
다음으로 보육과정 계획 및 운영 시 고려할 사항을 알아보고, 0세부터 5세까지
영유아의 보육과정 계획 및 운영의 실제를 소개할 것이다. 이를 위하여 0~2세
는 어린이집 표준보육과정 그리고 3~5세는 2019 개정 누리과정에 기초한 보육
과정의 계획과 운영에 대하여 소개할 것이다. 마지막으로 혼합연령학급의 보육
과정 계획과 운영에 대하여 소개할 것이다.

1. 보육과정 계획과 운영의 필요성

영유아를 돌보는 과정이 부모 혹은 주양육자의 양육관에 따라 다를 수 있으
므로 이들을 돌보고 교육하는 방법은 다양하다. 예를 들어, 서구사회의 부모는
자녀가 독립적이기를 원하므로 이러한 특성을 강화하는 방식으로 자녀를 키운
다. 그러나 동양사회의 부모는 자녀들이 가족 중심적인 성향을 습득하기를 원
하여 이를 강화시키고 자녀들이 성공하여 가족의 명예를 높여 주기를 바란다
(Kail, 2007). 이처럼 모든 사회와 문화에는 바람직한 인성 특성에 대한 신념이
있다. 물론 같은 문화 내에서도 부모 개인의 가치관에 따라서 다양한 양육관이
존재한다. 예를 들어, 자녀교육에서 사교적인 인성을 바람직하게 여기며 강조
할 수도 있고 혹은 강한 의지를 바람직하게 여겨 이를 강조할 수도 있다.

같은 맥락으로 보육과정을 계획하거나 운영하는 방식에도 단 한 가지의 정답
은 없다. 이는 부모의 양육관이 성장하는 영유아에게 영향을 미치듯이, 각 어린
이집이 지향하는 여러 보육철학 및 신념이 보육과정을 계획하고 운영할 때 영향
을 미치기 때문이다. 특히, 교사는 보육과정을 직접 수행하므로 보육과정의 계
획과 운영에 있어 핵심적인 역할을 한다. 예를 들어, 보육교사는 어린이집에서
영유아들이 언제 놀고 휴식을 취하는 것인지, 언제 간식을 먹일 것인지, 어떤 놀
잇감을 제공할 것인지, 무엇을 가르칠 것인지에 대한 대강의 계획을 가지고 있
다. 뿐만 아니라 교사는 영유아들이 보고 배우며 모방하는 존재이며, 영유아들
과 정서적 유대감을 형성하는 존재이다.

특히 어린이집 교사는 가정에서와 달리 다수의 영유아를 한 곳에서 동시에 돌보아야 하므로 계획과 운영 시의 조직성과 융통성, 영유아의 개별적 특성에 대한 민감성 등이 요구된다. 아무런 계획 없이 여러 명의 영유아를 한꺼번에 돌본다면 예측하기 어려운 상황이 생기기 쉽다. 교사는 각 영유아의 개별적 특성을 이해하고 이들을 위한 활동을 미리 계획해야 한다. 계획된 보육과정을 융통성 있게 수행한다면, 영유아의 개별적 특성을 고려하여 이들의 잠재능력을 이끌어낼 수 있다. 따라서 보육과정의 계획과 운영은 영유아의 전인적 발달을 효율적으로 촉진시키기 위해 필요하다. 또한 보육교사 자신도 사전계획을 통해 보육과정을 숙지하고, 일과에서 생길 수 있는 여러 가지 역동적 상호작용을 예측해 봄으로써 자신

사진 설명 교사와 영아의 일대일 상호작용: 영유아가 교실에서 무엇을 어떻게 경험하느냐는 것은 상당 부분 교사에게 달려 있다.

감을 갖고 영유아를 대할 수 있다. 그리고 일일·주간·월간·연간 보육과정을 구성함으로써 영유아발달을 지원하기 위한 단기적인 목표 및 장기적인 목적을 위해 일관성 있게 노력할 수 있다. 나아가 보육과정을 사전에 계획하여 운영함으로써 보육과정을 실시한 후 그 장점 및 단점과 실시의 효과를 평가하고, 평가 결과를 바탕으로 이후의 보육과정을 개선하는 것이 가능하다.

2. 보육과정 계획 및 운영 시 고려할 사항

보육과정을 계획하고 운영할 때 고려해야 할 요소는 영유아 및 보육교사의 개별적 특성, 다양한 형태의 상호작용, 교직원의 활용방법, 보육실의 조직 및 물품 관리, 부모의 요구사항, 훈육방법 등이다.

1) 영유아 및 교사의 개별적 특성

효과적인 보육과정을 계획하고 실행하는 데 있어 가장 중요한 것은 영유아의 개별적 차이를 민감하게 고려하여 활동을 계획하는 것이다. 이를 위하여 먼저

사진 설명 천천히 밥 먹는 유아: 보육실의 활동과 경험은 영유아의 생리적 리듬과 속도 혹은 기질 등이 존중되어 운영되어야 한다.

교사들은 각 영유아의 신체 리듬 혹은 생리적 특징을 파악하여야 한다. 어떤 영아는 무슨 일에든 대체로 반응이 빠른 반면, 어떤 영아는 반응이 느릴 수 있다. 따라서 보육교사는 각 영유아의 독특한 리듬과 특성에 맞추어 영유아와 상호작용할 수 있어야 한다.

영유아마다 사물이나 사람을 대하는 방식에 차이가 있다. 어떤 영유아는 다른 사람과 잘 어울리지만 어떤 영유아는 가까운 몇몇 사람과 함께 있는 것을 선호하여 혼자 있는 것을 좋아하고 자신이 신뢰하는 특정 교사와 활동을 하려 한다. 교사들 역시 개인적인 성격적 특성을 지니고 있어 활동적인 영유아를 좋아하는 교사가 있는가 하면 이런 특성의 영유아를 힘들어하는 교사도 있다. 따라서 영유아와 교사의 특성이 서로 잘 조화를 이루는 것은 매우 중요하다. 이를 위해 학기 초에 영유아가 어린이집에 적응할 수 있는 시간을 충분히 주고 영유아와 교사가 서로 이해하고 서로 알아가는 시간을 배려하는 것이 좋다. 특히 영아가 어릴수록 영아뿐만 아니라 교사에게도 적응 시간을 주고, 교사와 영아의 만남이 서로에게 만족스러울 수 있도록 도와주어야 한다.

2) 다양한 형태의 상호작용

사진 설명 영아를 교사의 무릎에 앉혀 하는 일대일 상호작용

여러 명의 영유아가 있는 보육실에서 교사가 한 명의 영유아와 일대일로 상호작용할 시간과 활동을 확보하는 것이 그리 쉽지는 않다. 그러나 교사와 영유아의 일대일 상호작용은 영유아의 발달에 매우 중요하다(사진 참조). 따라서 영유아가 어릴수록 보육과정을 계획할 때, 모든 아동이 교사와 일대일로 상호작용할 수 있는 일과를 반드시 포함한다. 또한 음률, 모래놀이, 물놀이, 바깥놀이, 운동, 게임

처럼 또래들과 함께 하는 집단활동 역시 중요하다. 영유아는 집단활동을 통해 새로운 기술과 다른 사람을 신뢰하고 관계 맺는 것, 함께 생활하고 협동하는 것을 배우게 된다. 따라서 보육과정을 계획할 때 교사와의 일대일 상호작용뿐만 아니라 집단활동도 반드시 포함한다. 그러나 어린 영아일수록 교사 개인과 상호작용할 때보다는 집단활동을 할 때 덜 집중하는 경향이 있으므로 주의한다.

그 밖에 보육실의 일과 중 영유아는 교사 혹은 또래와의 상호작용 이외에 다른 사람의 활동을 관찰하거나, 놀잇감을 가지고 혼자 놀이하는 시간도 필요하다. 이러한 활동을 통해 영유아는 자신의 생각을 조직하고 사물의 특성과 작동방법을 익히며 다른 사람의 감정을 이해할 수 있다.

3) 교직원

보육과정을 진행할 때 교사와 영유아 모두에게 만족스러운 날이 있는 반면, 유난히 힘든 날도 있다. 이러한 어려움은 어린이집에서 활용할 수 있는 교직원의 수와 관계가 있다. 교사와 보조인력이 충분히 확보되지 않으면 보육활동을 만족스럽게 진행하기 힘들다. 예를 들어, 바깥놀이를 준비할 때, 교사와 보조인력이 부족하면 준비시간이 길어진다. 영유아가 어릴수록 기다리는 것에 대한 참을성이 적어 아이들은 줄 서는 과정에서 다툼이 일어나기도 한다. 따라서 보육활동 계획 시 영유아를 돌보기에 충분한 교직원을 확보하는 것이 중요하다. 또한 정규교사를 대신하는 대리교사 및 보조인력이 사전에 충분히 교육을 받지 않거나 경험이 없다면 교실에서 교사의 통제력이 미숙하여 영유아들이 혼란스러워할 수 있음을 인식하고 보육활동을 계획한다.

매일 운영되는 보육활동 중 등원, 점심시간 전, 현장 견학을 가기 전과 마치고 돌아온 시간, 낮잠 준비시간, 귀가시간 등은 특히 스트레스가 집중되는 시간이다. 이런 시간대에는 보조인력을 활용할 수 있도록 계획하고, 교사와 영유아가 스트레스를 해소할 수 있도록 휴식시간을 안배하는 것도 바람직하다. 낮잠, 조용한 휴식, 음악 감상, 점토를 이용한 조형활동 등은 영유아가 일과 중의 스트레스를 해소하고 마음을 안정시키는 데 도움이 되는 방법이다.

4) 보육실의 조직 및 물품 관리

보육과정을 계획하고 운영할 때에는 보육실의 조직 및 물품 관리도 고려해야 한다. 영아반의 기저귀를 갈아주는 영역에는 기저귀, 물휴지, 베이비파우더, 여벌의 옷 등이 교사의 손에 닿는 곳에 비치되어 있어야 한다. 또한 보육실에서는 휴지, 물수건, 옷걸이 등을 충분히 구비해야 한다. 교사가 영유아를 돌보는 데 필요한 것들이 충분히 구비되어 있지 않으면 교사와 영유아에게 불편을 주게 된다. 따라서 보육과정 계획에는 영유아들이 참여하는 활동에 대한 계획만큼 보육실의 환경조직 및 필요 물품을 잘 구비하고 관리하는 것이 중요하다.

사진 설명 조용하게 혼자 쉴 수 있는 공간: 영유아가 혼자서 조용히 지낼 수 있는 공간을 배려하는 것도 보육과정의 필수 부분이다.

공간에 대한 고려도 중요하다(사진 참조). 영유아가 혼자 있을 수 있는 공간 혹은 여럿이 놀 수 있는 공간이 충분한지, 놀잇감이 영역별로 정리되어 있거나 개수가 충분한지 등에 대해 보육교사와 운영자들은 사전에 계획을 수립하고 정해진 규칙을 준수해야 한다.

5) 부모의 요구사항

보육과정과 일과를 계획하고 운영할 때 부모의 요구사항을 고려한다. 특히 영아의 일과는 가정 내 생활습관과 영아에 대한 부모의 요구를 반영하여 계획한다. 또한 어린이집에서 제공되는 보육경험이나 일과에 변화가 있을 경우, 교사는 부모에게 이를 알려야 한다.

사진 설명 등원 시 영아, 부모 및 교사의 인사: 등원 혹은 귀가 시 부모와 교사는 가정과 보육실에서의 영유아의 활동과 기분 등에 대하여 이야기를 나눌 수 있다.

6) 훈육방법

영유아를 위해 일과를 운영하거나 특정 상황에서 이들의 행동을 제한할 때 가장 중요한 것은 일관성이다. 어린 영아들도 상황이나 장소에 따라서 해야 할 행동과 하지 말아야 할 행동에 대해 기본적인 개념을 습득할 수 있다. 그러나 교사가 영유아에게 요구하는 것이 때나 상황에 따라서 일관적이지 못하면, 영유아는 문제행동을 보일 수 있다.

어린이집에서 일관된 훈육을 하기 위해서는 다음과 같은 사항이 고려되어야 한다. 첫째, 훈육에 대한 합의이다. 일관적 훈육을 실천하는 것은 일반 가정보다 여러 명의 교사가 함께 일하는 어린이집에서 더 복잡할 수 있다. 가정에서는 한두 사람의 합의로 자녀의 행동에 대한 규제를 결정할 수 있다. 그러나 어린이집에는 여러 명의 교사가 있으므로, 교사들은 특정 행동을 금할 것인지 그리고 이것이 영유아의 연령에 따라서 어떻게 적용될 것인지 사전에 합의해야 한다. 영유아의 행동을 규제하거나 훈육하는 데 있어 여러 교사의 합의가 쉽지 않은 경우도 있다. 이때 한 가지 방법은 규제해야 하는 행동의 목록을 최소화하는 것이다. 즉, 통제해야 할 행동 목록을 최소화하여 교사들 간 합의를 하고 이 규칙을 교사들이 일관성 있게 적용하는 것이다.

둘째, 가시 범위에 대한 것이다. 어린이집과 같이 여러 영유아가 함께 보육실에 있는 동안 영유아 각각이 어떤 행동을 하는지 교사가 모두 관찰하는 것은 불가능하다. 그런데 이러한 점이 일관적 훈육을 힘들게 하는 요인이 될 수 있다. 따라서 이런 경우에는 보이는 행동, 즉 관찰 가능한 행동에만 훈육을 적용한다는 원칙을 세우는 것이 좋다.

셋째, 훈육은 장기적으로는 긍정적 행동을 강화하는 방향으로 진행되어야 한다. 즉, 문제행동의 제거는 궁극적으로 긍정적 행동을 강화하기 위한 것임을 기억해야 한다. 즉, 한 영아가 다른 영아를 계속 무는 행동을 할 경우, 그 행동을 바로 그 순간에 제지한다. 그러나 행동을 금지하는 것만으로 훈육이 끝나서는 안 된다. 이 영아가 왜 무는 행동을 하는지, 관심을 끌려고 하는 것인지, 가정에서도 같은 행동을 보이는지, 부모들의 생각은 어떠한지 등에 대해 알아보아야 한다. 또한 문제행동을 놓고 동료 교사와 의논하고 서로의 생각을 나눈다. 그리고 행동을 대체할 수 있는 다른 긍정적 행동을 유도한다. 문제행동에 대한 적절

한 전략과 훈육을 통한 노력은 장기적으로는 영유아의 행동을 긍정적으로 변화
시키게 된다.

7) 기타

앞서 설명한 것 외에도 보육과정을 계획할 때에는 다음과 같은 구체적 사항
을 고려하여야 한다(Illinois Dept. of Children & Family Services, 1998).

- 모든 영유아는 성별, 능력의 차이, 활동의 선호도, 문화, 인종 혹은 종교에
  상관없이 하나의 독립적 존재로서 존중해야 한다.
- 보육과정에서는 각 영유아들이 자신의 흥미에 따라서 활동을 선택할 수 있
  도록 하며, 단독 혹은 자신이 함께하고 싶은 또래들과 활동할 수 있도록 허
  용해야 한다.
- 보육과정에는 영유아의 연령과 발달수준에 적절한 활동이 포함되어야 하
  고, 어린이집에서는 일과활동을 교사, 영유아, 부모 및 방문객이 볼 수 있도
  록 게시해야 한다.
- 간식, 점심, 낮잠 그리고 화장실 가기 등과 같은 일과는 영유아 개인의 요구
  를 존중할 수 있도록 융통성이 있어야 한다.
- 보육과정에 매일 동적인 놀이와 정적인 놀이를 포함하고 이들 간 균형을
  이루도록 계획해야 한다.

사진 설명 소방서 견학: 영유아들은 지역사회의 기관을 방문
하여 자신의 지역 환경에 대한 이해를 넓히는 기회
를 가져야 한다.

- 매일 실내놀이와 실외놀이를 할 수 있도
  록 계획해야 한다. 실외놀이를 통하여 대
  근육을 사용하며, 실내놀이를 통하여 소
  근육을 발달시킬 수 있다.
- 지역사회의 기관과 시설을 정기적으로 견
  학할 수 있는 활동을 계획해야 한다(사진
  참조).
- 종일반 영유아들에게는 낮잠과 같은 휴
  식시간을 제공해야 한다.

- 보육활동에 필요한 재료와 교구들을 영유아의 수에 맞게 충분히 준비해서 영유아들 간 과도한 경쟁을 막고 기다리는 시간이 너무 길지 않도록 해야 한다.
- 한 활동에서 다음 활동으로 전환할 때, 모든 영유아가 일괄적으로 함께 전환하지 않도록 한다.
- 한 활동에서 다른 활동으로 전환할 때 영유아가 앉아서 혹은 서서 기다려야 하는 시간이 지나치게 길지 않도록 운영해야 한다.
- 영유아가 쉽게 접근할 수 있는 작고 조용한 영역이 어린이집에 배치되도록 해야 한다.
- TV, 영화 혹은 비디오테이프와 같은 영상자료들은 영유아의 발달에 적합한 프로그램이어야 하며, 이 활동들 이외에 선택할 수 있는 다른 활동이 함께 제시되어야 한다. 특히 영상매체는 특별한 날이나 반드시 필요할 때 사용되어야 하며, 정규 일과로 운영되어서는 안 된다.
- 어린이집의 활동영역, 자료 및 도구들은 교사가 영유아의 활동과 소재를 쉽게 파악할 수 있도록 배치해야 한다.
- 영유아들이 쉽게 다양한 활동을 보고 선택할 수 있도록 어린이집의 흥미영역과 물품을 조직적으로 배치해야 한다.
- 영유아 개인의 적응이나 문제행동 조정 등에 의해 특정한 보육활동이 계획되는 경우 사전에 부모와 상의해야 한다.

3. 보육과정 계획과 운영의 실제

보육과정의 계획 및 운영은 보육대상 집단의 연령과 발달수준, 집단의 크기, 교사 대 영유아의 비율, 실내·외 공간의 면적 및 배치, 교재·교구의 다양성, 보육 인력의 수와 질적 수준, 영유아의 가정환경 그리고 어린이집이 속해 있는 지역사회의 특성 등에 의해 영향을 받는다.

보육교사가 보육활동을 계획할 때는 어떤 종류의 활동을 어느 시간, 이느 영역에서 어떤 자원을 이용해 어떻게 할 것인지를 결정하게 된다. 어떤 종류의 활동을 제공할 것인가는 보육목표와 밀접하게 관련되어 있다. 또한 보육활동을

보육계획 수립

어린이집에서는 보육과정의 영역별 목표와 내용에 따라 연령별 보육계획을 편성하고 운영한다. 연간·월간·주간 보육계획을 수립하되 계절이나 지역 내 특별 행사 또는 어린이집의 환경 등을 고려한다. 0세에서 2세까지의 보육계획은 4차 어린이집 표준보육과정, 3세부터 5세까지의 보육계획은 개정 누리과정에 근거하여 계획한다.

보육과정 편성

영유아의 개인차(연령, 발달수준, 흥미, 장애)와 가정환경, 어린이집과 지역사회의 특성을 고려한다. 표준보육과정은 0~1세 보육과정, 2세 보육과정, 개정 누리과정은 3~5세로 구성되어 있으므로, 같은 연령대 내에서도 개인차를 고려하여 구성한다. 그리고 표준보육과정과 개정 누리과정 및 초등교육과정이 서로 연계될 수 있도록 한다.

가정 및 지역사회와의 협력

어린이집은 보육과정의 목표와 내용을 부모와 지역사회에 다양한 방법으로 알리고, 보육과정 운영 시 부모가 적극적으로 참여할 기회를 제공하여 가정과 지역사회로부터 긴밀한 협조를 얻는다.

보육과정 실시

연안, 월안, 주안, 일안의 내용이 연계되고 보육목표와 보육내용이 일치하도록 보육과정을 실시한다. 영유아의 발달특성상 대근육이 먼저 발달하므로 대근육활동과 바깥놀이가 매일 실시되도록 한다. 또한 집단의 크기(개별/소집단/대집단)와 정적인 활동 및 동적인 활동이 균형 있게 제공되어야 한다. 이 과정을 통하여 영유아의 창의적 표현력과 자율성이 자랄 수 있도록 돕는다.

보육과정 운영 평가

어린이집은 보육계획을 문서화하여 보육내용의 선정과 실시 과정이 적절하였는지를 정기적으로 평가한다.

〈그림 10-1〉 보육과정 편성 및 운영 절차

실시한 후, 이를 평가하여 다음 계획에 반영한다. 보육시설은 영유아의 발달목표를 달성하기 위하여 〈그림 10-1〉과 같은 절차에 의하여 보육과정을 편성·운영할 수 있다.

이러한 보육계획, 편성, 실시 및 평가의 과정은 대체로 연령별로 구분되어 운영된다. 이는 영아와 유아의 발달상 특징에 큰 차이가 있기 때문이다. 0~2세는 어린이집 표준보육과정, 3~5세는 2019 개정 누리과정에 기초하여 보육을 계획할 수 있다. 또한 보통 연간계획, 월간계획, 주간계획 그리고 일일계획으로 구분하여 구성한다.

1) 영아를 위한 보육과정 계획 및 운영

영아를 위한 보육과정은 영아의 발달특성과 요구를 바탕으로 계획한다. 영아들은 주변 세상을 적극적으로 탐색하고 받아들이므로 보육계획 시 일상의 경험이 보육과정의 모든 부분으로 통합될 수 있다. 다음의 예는 4개월 된 영아와 교사의 활동이 어떻게 일상의 경험 속에서 통합적 보육과정으로 경험되는가를 보여주고 있다.

> 교사가 4개월 된 영아를 안아주면서 영아에게 노래하고, 말하고 있다. 영아가 우유를 먹으며, 교사의 블라우스에 붙어 있는 꽃을 두드리고, 꽃, 단추, 교사의 손, 얼굴을 쳐다본다. 영아는 먹는 것을 멈추고, 교사에게 미소를 보내고 다시 먹기 시작하고, 두드리고 쳐다보고 다시 듣는다.

이상에서 기술된 영아와 교사의 행동은 단순히 우유를 먹고 먹이는 행동으로 비쳐질 수 있다. 하지만 이를 각 발달영역별 행동으로 분석해보면 영아가 우유를 먹는 행동 외에도 인지, 언어, 사회 및 정서 행동이 교사와의 상호작용 속에서 일어나고 있음을 알 수 있다. 이를 분석한 내용은 〈표 10-1〉에 제시되어 있다.

〈표 10-1〉 영아와 교사의 행동 분석

영아행동		교사행동	비고
신체	초점 맞추기, 시선 바꾸기, 주의를 끄는 사물 보기, 자신과 교사 목소리 듣기, 숨소리 듣기	관찰하기 안아주기 먹이기 흔들기 말하기 노래하기 듣기 반응하기	매일의 경험 속에서 통합적으로 운영한다.
인지	하나의 대상에 관심을 갖고 난 뒤 다른 것으로 옮기기		
언어	듣기, 옹알이, 다른 사람 말이나 노래에 반응하기		
사회	다른 사람 인식, 친숙한 관계, 미소, 타인과 상호작용		
정서	자아만족, 만지기, 친밀감 형성		

출처: Watson, L. D., Watson, M. A., & Wilson, L. C. (2003). *Infants and toddlers: Curriculum and teaching* (5th ed.). Clifton Park, NY: Thompson Learning, Inc.

영아기는 발달이 급격히 진행되고 개인차도 매우 큰 시기이다. 감각운동적 경험이나 활동이 반복적 연습과 모방을 통해 이루어진다. 걸음마를 시작하기 이전의 영아는 이동성이 적어 수동적이라고 생각할 수 있으나, 영아의 신체적인 변화 과정은 매우 빠르게 진행된다. 또한 적극적으로 주변을 탐색해가면서 자신의 주변 세계에 대한 이해를 발달시켜 나간다.

특히 이 시기는 양육 활동과 교육 활동을 구분하는 것이 어려우므로 두 가지 활동이 통합적으로 이루어질 수 있도록 하고, 각 영아의 월령과 개인적 특성, 기관에 온 시기 등을 고려하여 보육계획을 수립한다. 영아의 성장과 발달을 돕는 질적인 보호와 교육을 실행하기 위해서 고려해야 할 점은 다음과 같다.

- 영아 개인의 생체 리듬과 욕구를 토대로 일과를 진행하고 일과 속에서 보육활동이 영아의 흥미를 중심으로 자연스럽게 전개되도록 한다.
- 영아기의 발달특성 및 영아 개인에 대해 잘 파악하여 이에 적절한 놀이나 활동이 개별적으로 진행될 수 있도록 운영한다.
- 일과계획은 연간 · 월간 · 주간 · 일일 보육계획에 기초하여 일관성 있게 사전에 계획하여 진행하되, 영아의 흥미와 요구 및 여러 가지 상황에 따라 융통성 있게 조절한다.
- 영아반의 일과계획과 운영에 있어서, 정적인 활동과 동적인 활동, 실내 놀

이 및 실외 놀이 그리고 사람, 자연 및 사물과 상호작용하는 놀이 등이 균형을 이루는 다양한 활동을 시도한다.

(1) 영아를 위한 연간 보육계획 및 운영

학기 초에는 처음 어린이집에 적응하면서 모든 것이 낯설다. 따라서 영아가 새로운 환경에 조금씩 익숙해질 수 있도록 적응기간이 필요하다. 연간 보육계획의 주제를 선정할 때 가장 먼저 고려해야 할 점은 영아가 새로운 환경에 잘 적응하도록 돕는 일이다. 따라서 3, 4월의 주제는 어린이집에 적응하는 과정에 중점을 두어야 한다. 부모와의 헤어짐, 교사와의 애착형성, 인사하기, 낮잠자기, 급·간식하기, 놀이하기 등 어린이집에서의 생활에 적응해가는 과정을 도와주는 주제를 선정한다.

그 밖의 주제들은 이 시기 영아의 발달과업인 일상생활에서의 자조능력을 기를 수 있는 주제와 계절이나 영아의 흥미를 중심으로 한 주제, 놀잇감, 인형, 그림책, 다양한 감각적 경험을 할 수 있는 활동, 자신의 몸을 중심으로 자아인식을 돕는 내용과 영아와 밀접한 관계를 맺고 있는 친구 등의 주제를 선정할 수 있다. 영아는 개월 수에 따라 발달적 차이가 크므로 사전에 계획된 보육계획안이라 할지라도 영아의 생활 리듬이나 기질에 따라 융통성 있게 보육계획을 조절하고 변화시킬 수 있어야 한다.

0세 영아는 영아의 신체적·생리적 욕구를 충족시키면서 이를 교육적으로 의미 있게 진행하도록 구성한다. 또한 영아가 보육교사를 신뢰할 수 있도록 영아와 교사가 서로를 신뢰하고 애정을 느낄 수 있는 활동을 계획한다. 1세 영아는 일상생활과 관련된 잠자기, 먹기, 씻기, 기저귀갈아주기, 배변훈련, 옷 입고 벗기 등이 활동으로 연결되도록 한다. 이 시기의 영아는 흥미 있는 활동을 반복하기를 즐기므로 보육계획을 할 때 새로운 활동보다는 영아가 즐기는 활동을 반복적으로 할 수 있도록 배려하는 것이 바람직하다. 또한 이 시기의 영아는 무엇이든 마음대로 하고자 하고 다른 영아와 함께 놀이하거나 물건을 나누지 못한다. 따라서 교사가 새로운 활동을 제안하기보다는 영아가 하고 있는 활동을 확장해주거나 반응해주는 것이 보다 바람직하며 영아 수에 맞추어 충분한 놀잇감을 준비한다. 2세 영아를 위한 연간 보육계획에서는 계절의 변화와 영아의 흥미를 고려하여 계획한다. 학기 초에는 새로운 환경에 적응하는 것과 관련된 주제에서 점차적으로 자신과 가족에 대하여 알아가기, 영아에게 친숙한 사물이나 계절에 관계된 것, 친구 및 우리 동네와 같이 주변 세계에 관심을 갖는 주제들을 선정할 수 있다. 영아를 위한 연령별 연간 보육계획안은 〈표 10-2〉에 제시하였다.

〈표 10-2〉 영아를 위한 연령별 연간 보육계획안

월	0세	1세	2세
3월	적응 여기가 어딜까?	편안한 1세 반	어린이집에 왔어요
4월	선생님 품은 따뜻해요	재미있는 놀잇감	놀잇감 탐색, 신나는 바깥놀이
5월	어디 있나? 까꿍!	예쁜 내 모습	봄나들이 가요
6월	내 몸이 움직여요	활발한 움직임	나
7월	조물조물 첨벙첨벙	첨벙첨벙 물놀이	더워요
8월	무슨 소리일까?	알고 싶어요	동물
9월	재미있는 놀잇감	즐거운 인형놀이	가족
10월	내 주변은 재미있어요	바깥세상	내가 만나는 사람들
11월	옹알옹알 말해요	그림책	탈것
12월	이게 뭘까?	추워요	추워요
1월	요리조리 흉내놀이	궁금한 것이 많아요	재미있는 색깔놀이, 모양놀이
2월	내가 해볼래요	친구가 있어요	형, 언니가 되어요

출처: 서울특별시육아종합지원센터(2013). http://seoul.childcare.go.kr

한편 보건복지부(2020)는 어린이집 표준보육과정 제4차 개정에 따라 영아기 발달에 적합한 프로그램을 개발하여 영아를 위한 양육과 활동을 0~1세, 2세로 6개의 영역을 제시하였다. 보건복지부가 개발한 4차 표준보육과정은 보건복지부 홈페이지에서 다운받아 어린이집에서 사용할 수 있도록 하였다. 2019 개정 누리과정이 놀이중심, 아동중심, 현장 자율성 확대의 방향으로 개정되었고, 0~2세를 위한 어린이집 표준보육과정이 4차로 개정되었다. 따라서 보육과정의 계획과 운영의 방향이 간략화 혹은 대강화 되었다.

(2) 영아를 위한 월간 보육계획 및 운영

월간 보육계획안은 연간 교육주제에서 선정된 기본생활 및 놀이 주제와 전년도 월간 보육계획안의 실행 결과에 대한 평가를 기초로 계획을 수립하며 관련된 활동들을 한눈에 볼 수 있도록 구성한다. 영아를 위한 보육계획과 운영은 이 시기 영아의 보편적인 발달적 특성과 요구에 맞는 활동을 중심으로 계획한다. 예를 들어, 0~1세는 기본생활에서 배변의사를 표현하고 2세는 건강한 배변습관을 갖도록 한다.

월간 보육계획은 영아의 개인적 요구, 영아 집단의 요구, 교사의 목표, 어린이집의 특성을 반영하여 정적 활동과 동적 활동, 실내놀이와 실외놀이가 균형 있게 이루어지도록 한다. 또한 일상생활, 놀이시간, 정리정돈, 점심 및 간식, 실외놀이 등을 포함하여 영아 개인에게 맞게 융통성 있게 계획한다. 즉, 보육활동과 일상생활을 구분하지 않고 일상생활 속에서 자연스럽게 놀이 중심으로 활동을 운영하며 교사와 영아, 영아와 영아, 영아와 교구 등 다양한 유형의 상호작용이 일어날 수 있도록 한다. 영아를 위한 월간 보육주제의 예는 〈표 10-3〉, 〈표 10-4〉, 〈표 10-5〉와 같다.

〈표 10-3〉 0세 월간 보육계획안

주제	내가 해볼래요		일시	2월
목표	영아들이 성장함에 따라 영아의 발달수준에 적절한 환경 속에서 영아가 자신의 의도를 자유롭게 시도해보고 탐색해볼 수 있도록 한다. 영아들은 점차 스스로 해볼 수 있는 것들이 많아지고, 스스로 도전해보는 경험들 속에서 자신에 대한 유능감과 긍정적인 자아를 형성할 수 있다.			
구분	1주	2주	3주	4주
등원 및 맞이하기	내 신발을 정리해요			
일상생활 — 수유 및 이유식	두 손으로 컵 들고 마셔보아요		이유식 먹기 전후에 손 씻기	
일상생활 — 낮잠 및 휴식	기분 좋게 일어나기		내 베개예요	
일상생활 — 기저귀갈기	쉬, 응가 표현하기		변기에 앉아보기	
놀이활동 — 신체 움직임	목도리 줄다리기 악어 떼 놀이 양말을 벗어요		문 놀이 다리 건너기 가방 놀이	
놀이활동 — 의사소통 사회관계	이건 내 거예요 예, 대답놀이 응가했어요 내가 가져올래요		인형 어부바 보들보들 로션 바르기 여기 있다 내 신발	
놀이활동 — 탐색 표현	내 서랍에 넣어요 쏘옥 끼우기 찰찰찰 흔들어요		공이 왔다갔다 재미있는 소꿉놀이 형님 반에 가봐요	
귀가 및 가정과의 연계	친구와 인사하고 헤어지기 (영아의 하루 일과 및 기분 상태 전달하기)			

출처: 서울특별시육아종합지원센터(2013). http://seoul.childcare.go.kr

〈표 10-4〉 1세 월간 보육계획안

나는 할 수 있어요(총 6주)

활동 \ 주 / 소주제		1주	2주	3주	4주	5주	6주
		즐겁게 할 수 있어요		말할 수 있어요		찾을 수 있어요	
등원 및 맞이하기		도움 받아 내 신발장 찾기				도움 받아 신발장에 신발을 정리하기	
기본생활 및 안전		도움 받아 이를 닦아요				먹을 수 있는 것만 먹어요	
일상생활	점심 및 간식	꼭꼭 씹고 삼켜요				음식 먹고 입을 닦아요	
	낮잠	선생님이 불러주는 전래동요 들으며 잠을 자요				선생님이 그려주는 손바닥 그림	
	기저귀 갈이/ 배변활동	아기 인형이 응가해요				팬티를 입어보아요	
실내자유놀이	신체	내 몸을 크게 작게	엉덩이 걸음마	낮은 골대에 공을 넣어요	네 발로 걸어요	내 서랍장에 스티커를 붙여요	왕밤을 주워요
	언어	"쉬, 응가" 말소리를 들어요	배변 그림책을 보아요	내 목소리를 녹음하여 들어요	〈어디까지 왔니?〉 전래동요를 들어요	비밀상자 속 물건 소리를 들어요	놀잇감 이름을 듣고 담아요
	감각·탐색	동물 응가까꿍 놀이	촉감 기저귀를 만져보아요	한지에 색물을 뿌려요	양말 손인형으로 놀아요	크기대로 놓아요	계란판에 스티로폼 공을 쏙쏙~!
	역할·쌓기	밀가루 반죽으로 응가 놀이를 해요	인형을 변기에 앉혀요	보글보글 음식을 끓여요	음식 먹는 흉내를 내요	놀잇감 그림 블록쌓기놀이 해요	바구니 들고 물건 사러 가요
실외놀이		소리나는 통놀이		울림통 놀이		비닐 가방에 자연물을 담아요	
귀가 및 가정과의 연계		배변훈련을 위한 가정과의 연계에 대해 알려주기				내 물건을 함께 찾아 갖고 가요	
비고		이 주제는 배변훈련의 과정과 다양한 발달영역에서 자신감과 성취감을 가질 수 있는 놀이의 기회를 제공하며 격려해 주도록 한다.					

출처: 중앙육아종합지원센터(2013). http://central.childcare.go.kr

〈표 10-5〉 2세 월간 보육계획안

진행 단계	씨앗 뿌리기		대주제	나
목표	나는 소중한 존재라는 것을 알 수 있다.			
월간 주제	나		기간	20○○년 4월 1일(월)~ 20○○년 4월 26일(금)
목표	• 나 자신에 대해 다양하게 표현할 수 있다. • 내 몸이 느낄 수 있는 오감을 알고 여러 가지 방법으로 표현할 수 있다. • 신체를 사용하여 다양한 동작(소리)을 할 수 있다. • 내가 좋아하는 것을 말과 행동으로 표현할 수 있다.			
영역 ＼ 소주제	1주 나는 ○○이에요	2주 나는 느껴요	3주 내 몸을 움직여서 ○○할 수 있어요	4주 내가 좋아하는 것이 있어요 II
기본생활	내 옷장에 옷을 넣을 수 있어요	내 이불과 베개를 사용해요	[안전교육] 먹을 수 있는 약과 먹을 수 없는 약	[안전교육] 낯선 사람을 조심해요
신체운동	에어매트를 걸어 느껴보아요	노래를 듣고 느낌을 방울막대로 표현해요	〈나처럼 해봐요〉 노래에 맞춰 따라 해요	좋아하는 색깔 종이 떨어트리고 잡아요
의사소통	나에 대해 말해요	기분이 어때? 이야기 나눠요	손동작 사진 보며 무엇인지 이야기 나눠요	나는 ○○이가 좋아요
사회관계	내가 하는 놀이 함께해요	로션 발라요	친구 손과 내 손으로 손뼉을 쳐요	친구야 사랑해 인사해요
예술경험	얼굴 모양 종이에 그림 그려요	쪼글쪼글 동글동글 공을 만들어요	난타를 해요	내가 좋아하는 모양 붙여 비닐 풍선 만들어요
자연탐구	거울 보며 다양한 표정을 지어요	양말 속에 무엇이 들었을까?	몸으로 다양한 소리를 내요	[N.I.E] 신문에서 내가 좋아하는 것 찾아 붙여요
행사	• 식목일 행사: 모종심기(고추, 상추, 방울토마토…) • 1학기 학부모 개별상담 • 현장견학			

출처: 고려대학교 안암병원 어린이집(2013).

(3) 영아를 위한 주간 보육계획 및 운영

주간 보육계획안은 월간 보육계획안에 기초하여 1주간의 활동으로 구성된다. 일과 진행 후 교사는 주간 보육계획안을 토대로 매일 실시된 활동과 진행된 활동의 평가를 기록한다. 이러한 기록은 영아의 흥미, 활동의 성취도, 적절성, 문제점 등을 파악하게 하며 다음 활동에 활용할 수 있도록 한다.

0세 영아를 위한 주간계획안은 하루 일과를 중심으로 등원 및 맞이하기, 자유선택활동, 소집단활동과 기본생활습관으로 구분하여 일과별로 각각의 활동을 계획한다. 등원 및 맞이하기의 경우 영아, 부모와 교사가 편안한 마음으로 일과를 시작할 수 있도록 간단한 인사와 일상적인 이야기나 활동 등으로 계획한다. 자유선택활동은 의사소통, 자연탐구, 신체활동, 예술경험, 사회관계 및 실외활동 등의 영역으로 나누어 각 영역에 적합한 활동을 계획한다. 기본생활습관은 수유 및 이유, 낮잠 및 휴식, 기저귀갈이로 구분하여 구체적 활동을 제시한다. 0세 영아를 위한 주간 보육계획안의 예는 〈표 10-6〉과 같다.

1, 2세 영아는 먼저 교실을 탐색한 이후에 놀이를 한다. 그러므로 교사는 영아에게 새로운 사물이나 환경을 제시한 후 충분히 탐색할 시간을 제공하고 영아가 주도적이며 독립적으로 놀이를 할 수 있도록 배려해준다. 영아가 활발하게 탐색과 놀이를 할 수 있도록 주간계획에 선정된 활동을 확장해주거나 영아에게 반응하면서 다음날의 계획에 반영하도록 한다. 또한 1세와 2세는 배변의사를 표현하며 스스로 대소변을 가리고 손을 씻고 양치질을 하는 것과 같은 일상생활 기술을 점차 습득해야 하는 시기이다. 기본생활습관은 연간계획을 통해 지속적으로 지도하는데, 이때 가정과 연계될 수 있도록 부모의 협조와 참여를 유도한다. 2세 영아를 위한 주간 보육계획안의 예는 〈표 10-7〉에 제시하였다.

〈표 10-6〉 0세 주간 보육계획안

주제 1		낯설어요		추정기간	3월 1주
교사의 준비 및 보육실 점검		보육실 환기하기	보육실 청결 및 세팅		수유용품 및 물 준비
		위생용품 준비	영아의 개별소지품 확인하여 체크하기		일일보고서 작성 준비하기
		보육용품이나 비품의 모서리 보호대 점검하기			
맞이하기 및 가정과의 연계		집에서의 영아의 상태나 특이사항에 대해 이야기 나누기			
		영아의 컨디션 시진하기, 열 재보기		투약의뢰 살피기	
일상 생활	수유 및 이유	손 씻기	우유나 이유식 준비하기		이유 테이블 닦기
		수건, 휴지 등 위생용품 준비하기			
		선생님께 안겨서 먹어요		이유식을 시작해요	
	낮잠	보육실 환기하기	잠자리 매트 깔기	커튼을 치거나 조도 낮추기	기저귀 확인하기
		○○야, 매트에 누워보자		선생님의 토닥임을 느껴보아요	
	기저귀 갈이	교사 손 씻기	기저귀갈이 매트 소독하기		기저귀갈이 후 교사의 손 씻기
		물휴지, 소독액 등의 위생용품 준비하기		자는 아기 수시로 살펴보기	
		선생님 품에 안겨 기저귀 가는 곳으로 가보아요		기저귀가는 곳으로 기어가보아요	
실내 자유 놀이	신체	영차, 영차, 엄마에게로		엄마와 함께 모빌을 만져봐요	
	언어	누구 목소리일까?		내 이름은?	
	탐색	까꿍! 우리 가족들			
실외놀이		엄마와 어린이집 오는 길 둘러보기			
귀가 및 가정과의 연계		수유 및 이유 상황 전달하기		영아의 건강 및 안전의 특이사항 전달하기	
		영아의 개별용품 점검 후 요청하기		어린이집에서 영아의 활동 간략히 전달하기	
비고					

출처: 중앙육아종합지원센터(2013). http://central.childcare.go.kr

〈표 10-7〉 2세 주간 보육계획안

진행 단계	씨앗 뿌리기		대주제	나	
목표	나는 소중한 존재라는 것을 알 수 있다.				
월간 주제	나와 어린이집		기간	4월 1주 4월 1일(월)~4월 5일(금)	
주별 소주제	나는 ○○이에요				
목표	나 자신에 대해 다양하게 표현할 수 있다.				
소주제 영역	월	화	수	목	금
기본생활	내 옷장에 옷을 넣을 수 있어요				
신체운동	체육	에어매트를 걸어 느껴보아요		발자국 놀이를 해요	
의사소통	동화 〈재미있는 내 얼굴〉			가정연계 나에 대해 말해요	
사회관계	내가 하는 놀이 함께해요			내 이름을 알려줘요	
예술경험	새 노래 〈머리 어깨 무릎 발〉			얼굴 모양 종이에 그림 그려요	
자연탐구	거울 보며 다양한 표정을 지어요		내 얼굴을 관찰해요	나의 키를 재어보아요	
알려드려요	〈산책〉				

출처: 고려대학교 안암병원 어린이집(2013).

(4) 영아를 위한 일일 보육계획 및 운영

일일 보육계획안은 주간 보육계획안에서 선정한 활동과 영아들의 흥미와 활동에 대한 반응 등을 고려하여 영아들과 하루를 어떻게 보낼 것인지를 계획하는 것이다. 일일 보육계획안에 매일 반복되는 일이나 순서를 포함시켜 영아가 스스로 하루를 어떻게 보내게 될지를 예상하게 하여 심리적인 안정감을 가질 수 있도록 한다. 실행 후에는 실제 진행된 활동 및 일과를 함께 기록하여 다음 보육계획에 반영한다.

0세 영아의 일과는 영아 각자의 생리적 시간표와 요구에 맞게 진행되어야 하는 원칙에 충실하면서도 영아의 하루 일과를 어느 정도 예측할 수 있는 일과표를 계획하고 운영한다. 0세 영아의 일일 보육계획은 주간 보육계획에 기초하여 하루 일과 속에 등원, 교사와의 일대일 상호작용, 일상생활습관 등을 계획한다. 특히 0세는 개월 수에 따라서 발달적 차이가 크고, 아직 어린 나이라서 주간 보육에서 계획된 모든 영역의 활동이 매일 진행되기 어려울 수 있다. 따라서 일일 계획에서 하루에 무리하지 않으며 일주일을 기준으로 각 영역의 활동이 고르게 진행되도록 한다. 0세 영아를 위한 일일 보육계획안과 일지의 예는 〈표 10-8〉과 같다.

1세 영아를 위한 일일 보육계획안은 주간계획안에서 선정한 영역별 활동과 현재 영아들의 흥미를 반영하여 계획한다. 등원하는 시간에는 영아가 엄마와 헤어져 보육실에서 안정감을 느낄 수 있는 활동을 계획하거나 놀이실에 있는 놀잇감이나 준비된 활동에 흥미를 갖도록 환경을 구성한다. 자유놀이시간은 영아의 놀이나 탐색활동이 활발히 일어날 수 있도록 계획하고 영아의 행동을 관찰하여 일일 보육계획안에 반영하도록 한다. 1세 영아는 놀이나 활동에 참여하는 시간이 길지 않고 다른 영아의 놀이를 보고 따라하려는 욕구가 크므로 놀이실에서 진행된 활동은 계획보다 훨씬 더 다양하게 진행될 수 있다. 간식과 정리정돈, 대소변 가리는 시간은 각 영아의 개별적 욕구와 수준에 맞게 지도한다. 산책 및 실외놀이시간은 영아의 움직임이 더욱 커질 수 있고, 실내보다 위험한 상황이 많으므로 이러한 점에 유념하여 활동을 계획한다. 오후 자유놀이시간의 활동은 오전 시간에 비해 덜 역동적인 활동을 계획하며 어린이집에 여유 공간이 있으면 놀이실을 바꿔서 활동하는 것도 좋다. 귀가시간에는 놀이실이 자칫 산만해지기 쉬우므로 남아 있는 영아를 배려할 수 있도록 주의한다.

〈표 10-8〉 0세 영아를 위한 일일 보육계획안 및 일지

날짜	5월 10일 수요일 날씨 맑음		작성자		○○○	결재		담임	원장
주제	움직여요/낯설어요		정원	3	결석 0				

교사의 준비 및 환경점검	보육실 환기	○	교실과 놀잇감의 청결	○	개선사항		
	보육용품과 비품 정리	○	기저귀 개인용품 준비	△	홍○○: 기저귀와 여벌옷 준비 부탁함		
	비품 모서리 안전 장치	○	수건, 휴지 등 위생용품	○			
	전기 콘센트 플러그 정비	○	수유 준비	○			

구분	활동내용		실행기록 및 평가
	0~6개월(전기)	7~12개월(후기)	
7:30~9:00 등원 및 맞이하기	• 교사 및 친구들과 반갑게 인사한다. • 영아의 기분과 건강상태를 살핀다.		통합보육실 문 앞에서 부모님과 손 흔들며 인사해보았다. 컨디션이 좋은 영아들은 손을 흔들거나 고개를 까딱 움직이며 인사했지만 그렇지 않은 영아들은 울음을 터뜨려 교사의 품에서 진정한 후 놀이하였다.
9:00~9:30 이유식 및 기저귀갈기/ 씻기	• 손 닦고 턱받이하고 교사의 도움을 받아 간식 먹기 • 음식에 관심을 갖고 즐겁게 이유식 먹어보기 • 세면과 입 닦기, 기저귀 살피기 ※ 간식 메뉴: 개별 수유 및 이유식(브로콜리죽)		기저귀를 갈 때 영아들이 몸을 비틀고 다른 곳을 보려고 해 놀잇감 등을 준비해 영아가 몸을 돌리지 않고 기저귀갈기에 즐겁게 참여하도록 하였다.
9:30~10:10 놀이활동	[신체] 아이 간지러워 • 영아 근처에서 교사가 생쥐 모양 손인형을 끼우고 살금살금 걸어가는 흉내를 내본다. • 영아가 움직이는 생쥐 손인형에 관심을 보이면 영아에게로 다가간 후 언어적 상호작용을 해주며 간지럽혀준다.	• 영아에게 손가락 생쥐 장갑을 끼워주고 교사나 친구들을 간질여보도록 한다.	어린 월령의 영아들도 생쥐인형에 흥미를 길게 보이며 간지럽혀주니 좋아하며 활짝 웃으며 반응하였다. 신입원아(○○○)로 들어온 영아도 월령은 높으나 적응기간이라 낯설어하고 힘들어보였는데 생쥐인형으로 상호작용하며 교사와 조금 더 친숙해진 것 같다. 다음에는 다른 종류의 인형도 만들어서 활동해 보아야겠다.
	[언어] 똑똑똑 문 열어주세요. 곤지곤지 잼잼 • 영아 사진 앨범책을 읽어보자는 신호로 책을 똑똑 두드리는 소리를 내며 영아의 관심을 유도한다. • 문 그림을 열고 안에 사진을 보며 누구인지 영아와 이야기한다.	• 영아가 문 앨범책에 관심을 가지고 탐색하거나 두드리면 교사가 다가가 상호작용한다. • 영아를 도와 책의 문을 열고 사진을 함께본다.	영아들이 사진 앨범책에 관심을 보였다. 엄마 얼굴에 익숙해지면 다음 주 정도에는 교사나 친구 얼굴로 바꾸어서 활동을 진행해보아야겠다. 그러나 앨범책을 입에 넣으려는 영아들이 있어 청결에 더욱 신경을 써야겠다.

	[탐색] 보들보들 촉감길		
9:30~10:10 놀이활동	• 다양한 촉감판을 길게 이어 붙여 영아의 관심을 유도한다. • 영아가 촉감판을 만져보게 한다. • 촉감을 나타내는 다양한 표현을 들려주며 감촉을 느껴보게 한다.	• 다양한 촉감판을 교실에 놓아 영아가 손으로 만져보게 한다. • 촉감판을 길처럼 이어서 영아가 기어가거나 교사의 손을 잡고 걸어보도록 한다. • 영아가 익숙해지면 배열을 다르게 하여 이동해보도록 한다.	어린 월령의 영아들은 촉감판에 관심을 보이지 않아서 교사가 영아의 손을 잡고 한 번씩 만져볼 수 있도록 하였다. 높은 월령의 영아들은 기어가보도록 했더니 반대쪽 교사에게 기어가는 모습을 보였다. 오후에는 촉감길을 건너갈 때 음악을 들려주어 더 신나게 건너갈 수 있도록 하였다.
10:10~10:30 (10:10~10:45) 실외활동	• 유모차에 달린 바람개비를 살펴봐요 - 영아용 유모차에 바람개비를 달아주고 앞뒤로 밀어주어 바람개비가 돌아가는 것을 살펴본다.		바람개비를 유모차에 달아주었더니 바람개비가 돌아가는 모습에 집중하여 쳐다보았다. 바람이 불지 않고 햇볕이 따뜻하고 날이 좋아 영아들이 기분 좋아하여서 놀이시간을 연장하였다.
10:30~12:00 수유 및 낮잠	• 조용한 음악을 들으며 편안한 수유시간 갖기 • 개별 매트와 이불에 누워 낮잠 준비하기 • 자장가 들으며 편안하게 낮잠자기		햇볕을 쐬며 열심히 걸음마 연습을 해서 그런지 교사가 옆에서 토닥토닥 해주니 금방 잠이 들었다.
12:00~13:00 수유 및 점심식사/ 이 닦기	• 수유 및 이유식 • 기저귀갈기/씻기/ 이 닦기	• 점심식사(이유식 · 점심식사) • 기저귀갈기/씻기/ 이 닦기	높은 월령의 영아들이 오늘 처음으로 죽 대신 진밥을 먹었다. 밥이 아직 익숙지 않아서인지 잘 먹으려 하지 않아 죽을 조금 넣어서 진밥의 농도를 조절하니 영아들이 잘 먹는 모습을 보였다. 다음에는 조리실에 이야기해서 진밥의 농도를 조절해야겠다.
	• 교사와 눈 맞추며 수유 또는 이유식 먹기 • 세면과 영아용 손가락 칫솔로 이와 잇몸 닦기 • 기저귀 살피기		
13:00~14:30 놀이활동	[신체] 아이 간지러워 [언어] 똑똑똑 문 열어주세요 [탐색] 보들보들 촉감길		음악을 틀어놓고 촉감길 위를 이동해보았다. 음악을 틀어놓으니 더 재미있어하며 촉감길을 지나갔다. 촉감길을 지나갈 때 방향 때문에 영아들 간 충돌 위험이 있어서 교사가 방향을 안내해주었다.
14:30~15:30 오후수유 및 오후낮잠	• 조용한 음악을 들으며 휴식 취하기 • 교사와 눈 맞추며 수유하기		오후낮잠을 자기 힘들어 하는 영아는 매트 위에서 조용히 쉴 수 있도록 하였다.
15:30~16:00 실외산책	• 유모차 타고 산책 다녀오기 - 유모차 타고 주변 산책하기 - 유모차에 달린 바람개비 관찰하기		영아들이 바람개비를 보느라 산책이 충분히 이루어지지는 않았다. 바람개비의 눈높이를 조금 조절하여 바람개비 관찰을 보다 편안하게 할 수 있도록 해야겠다.

시간	활동	관찰
16:00~16:30 기저귀갈기/ 손, 발 닦기/ 이유식	• 손, 발 닦고 기저귀 살피기 • 손 닦고 턱받이하며 이유식/오후간식 먹기 • 얼굴과 손 닦기	오후가 되면서 몇몇 영아들이 컨디션이 좋지 않아 식탁의자에 안기를 거부하고 앞가리개를 빼려 하며 울음을 터뜨렸다. 몸이 좋지 않은 영아는 교사의 품에 안겨 먹을 수 있도록 했다. 음식의 이름, 색깔을 들으며 먹어보았다.
16:30~17:30 놀이활동	[신체] 아이 간지러워 [언어] 똑똑똑 문 열어주세요 [탐색] 보들보들 촉감길(+책 까꿍놀이)	영아들은 눈앞에 있으면 문 열고 닫는 것에 흥미로워하지만 눈앞에 없으면 크게 관심을 가지지 않았다. 그래서 교사는 영아 앞으로 책을 가지고 가서 〈똑똑똑 누구십니까?〉 노래를 부르면서 문을 열고 닫았더니 영아들이 관심을 가지고 쳐다보았다. 책을 이용해 까꿍놀이를 하니 ○○○은 반응하고 웃음을 계속 보였다.
17:30~18:30 수유 및 낮잠	• 조용한 음악을 들으며 편안한 수유시간 갖기 • 영아용 개별 침대에 누워 낮잠 준비하기 • 자장가를 들으며 편안하게 낮잠자기	컨디션이 좋지 않은 영아들이 쉴 수 있게 조용한 분위기를 만들어주었다. 영아들이 피곤했는지 금세 잠이 들었다. 컨디션이 좋지 않은 영아들을 어떻게 배려할 것인지에 관해 고민해 보아야겠다.
18:30~19:30 세면 및 귀가 지도	• 낮잠에서 일어나 세면 후 로션 바르기, 겉옷 입기 • 부모님이 오시는 대로 부모와 영아에 대해 이야기하고 귀가 인사 나누기	부모들에게 금요일이라 매트를 가지고 갈 수 있도록 안내해 드렸다.

일과평가

금요일이라 그런지 영아들이 피곤해하는 모습을 보였다. 새로 등원을 시작한 지 2주가 채 되지 않아서 적응기간인 영아도 있고 환절기라 몸이 좋지 않은 영아도 있었다. ○○○에 대한 지속적인 관찰과 세심한 접근이 필요하다. 영아들에게 처음 제시한 보들보들 촉감길 활동에 흥미를 갖고 지속적으로 놀이하는 모습을 볼 수 있었다. 놀이가 익숙해지면 다양한 재질의 촉감판을 조금 더 길게 확장해주어야겠다. 놀이 중간중간 교사가 노래를 부르며 신체 움직임을 보여주었더니 영아들이 평소보다 더 많이 반응을 보이고 신체활동을 활발히 하였다.

날짜	월 일 요일		영아 이름(월령)	홍○○ (개월)	김▲▲ (개월)	박●● (개월)

영아 이름	영아상태					
	기분			건강			체온		평가 및 기록

영아 이름	좋음	보통	나쁨	좋음	보통	나쁨	체크	특이사항	평가 및 기록
홍○○	○				○		36.9	수유 후에도 보챔 열 체크 정상	기침과 콧물이 어제보다 완화됨
김▲▲	○				○		36.5	없음	컨디션, 건강상태는 좋으나 오후에 자꾸 보채고 움
박●●		○		○			36.5		

영아 이름	수유( ) 및 식사, 이유식( )													평가 및 특이사항
	8시	9시	10시	11시	12시	13시	14시	15시	16시	17시	18시	19시	20시	
홍○○			○1	△		○2	○3		△	150ml-180ml-150ml				가져온 이유식 오전에 먹음/오후 사과주스 50ml 먹음
김▲▲				○1	김밥			△	○2	180ml-야채진밥-180ml				수유 양이 많은 편이며 진밥도 잘 먹음
박●●		○1		△		○2		○3	△	○4	150ml-150ml-150ml-150ml			규칙적으로 수유하고 150ml 양만 먹음/사과주스 잘 먹음

영아 이름	낮잠 및 휴식													평가 및 기록
	8시	9시	10시	11시	12시	13시	14시	15시	16시	17시	18시	19시	20시	
홍○○									오후 깊이 잠들지 않고 뒹굶					일찍 와서 잠을 잔 후 활동을 함. 오후 2시간 정도 깊이 잠
김▲▲														짧게 자고 자주 깸. 자면서 뒤척임이 많아 안정적으로 토닥임
박●●														규칙적으로 깊이 잠듦

출처: 보건복지부(2012). 표준보육과정(자료발간번호 2012-표준-001), pp. 132-135.

〈표 10-9〉 1세 영아를 위한 일일 보육계획안 및 일지

20○○년 3월 26일(화)　　날씨: 맑음

결재	담임	원장

주제	나와 어린이집	소주제	어린이집에 대해 알아보아요.
목표	튼튼반 이외에도 여러 활동을 하는 장소를 알아본다.		
시간	활동계획	준비물	실행 및 소평가
07:00~ 09:00	• 오전 보육 -내 물건 정리하기(신발, 가방, 옷) -손 씻기 및 열 재기		
09:00~ 09:30	• 조용한 놀이(교실) -각 영역별 자유선택활동		자유선택활동을 하면서 아이들이 양말을 벗어서 다시 신고 오전간식 먹으러 이동할 수 있도록 지도함.
09:30~ 10:20	• 오전간식 및 거실놀이 -놀잇감 정리하기 -오전간식	북어살 애호박죽	산책을 나가자고 이야기하며, 부지런히 먹을 수 있도록 지도함.
10:20~ 11:20	• 주제통합 사전활동 및 자유선택활동 -인사하기 및 날씨 알아보기 -출석 부르고 내 이름에 대답하기 -화장실 다녀오기 • 산책활동 -모자 쓰기, 외투 입기 -산책 장소로 이동하기 -놀이 후 먼지 털기 -어린이집으로 올라오기 -모자 정리하기 -화장실 다녀오기/손 씻기	출석부, 비눗방울, 여벌옷, 각 영역별 놀잇감 등	자신의 모자를 꺼내서 쓸 수 있도록 하였는데, ○○이와 ○○, ○○는 모자가 없어서 쓰지 못함. 외투에 달린 모자를 쓸 수 있도록 함. ○○는 산책 준비를 하다가 거실에 나가서 다른 반과 놀이를 하다가 들어오기도 함. 신발을 스스로 신을 수 있는 아동들이 적어 교사가 도와줌. 산책 후 계단 난간을 잡아서 손이 까매져서 비누로 씻어주었는데도 잘 지워지지 않아 여러 번 씻어줌.
11:20~ 11:30	• 정리정돈 -놀잇감 정리 -점심 먹을 준비: 손 씻기		손을 씻은 후에 정적인 활동으로 책을 볼 수 있도록 지도하였는데, 교사가 읽어주는 책을 유심히 듣거나 벽에 붙여준 게시물을 보기도 함.
11:30~ 12:30	• 점심식사 -점심식사하기 -개인 간식	현미밥 게살탕국 찹쌀탕수육 숙주나물무침 배추김치	탕수육을 맛있어하여 밥과 함께 먹을 수 있도록 지도함. ○○이는 입맛이 많이 없어함.

12:30~13:00	• 낮잠 준비 -양치하기 -화장실 다녀오기 -자기 이불 자리에 놓기	수건, 칫솔, 양치 컵, 치약, 이불 등	□□이가 대변을 보고 이야기하지 않고 앉아 있어서 기저귀 밖으로 대변이 흐름. 대소변 의사표현을 할 수 있도록 아이들에게도 지도함.
13:00~15:00	• 낮잠 -자신의 이불 덮고 자기	클래식 CD CD player	□□이와 ○○이가 누워서 장난을 쳐서 조금 떨어뜨려 놓음. 산책 후 피곤한지 일찍 잠이 듦.
15:00~16:20	• 잠깨기 및 정리정돈 • 오후간식 -거실 놀이	절편과 두유	
16:20~17:20	• 자유놀이 및 주제통합 사후활동 -동생반과 형님반 방문해보기 사진으로 보았던 다른 반의 모습을 직접 방문해보고, 어느 반인지 이야기해봄. -각 영역별 자유선택활동	각 영역별 놀잇감 등	쑥쑥반에 들어가서는 놀잇감을 만지는 등 친근한 모습을 보임.
17:20~17:50	• 개별 간식 먹기 및 귀가 준비	개별 간식	
17:50~19:00	• 오후 통합 보육		

보육실 내 환경점검	내역	세부내역	점검 결과	비고		
	환경점검	조명시설/온도/습도/영역 환경 정리 등	상 중 하	18.9℃, 30%		
	위생점검	보육실 청소 여부	○ ×			
		놀잇감 일일 세척 여부 (입에 넣기 쉬운 놀잇감)	○ ×			
		침구 세탁 여부	-	주 1회 (금요일 진행)		

일일평가	스스로 신발을 신거나 식사할 때 밥을 스스로 떠서 먹는 등의 기본생활습관이 아직 부족하여 교사의 도움이 많이 필요함.	현원	출석	결석
		11	11	0

산책활동	
장소	어린이집 옥상
활동내용	• 계단 손잡이 잡고 오르내리기(산책 연습) • 옥상에서 비눗방울 놀이해보기
결과	튼튼반에 등반하여 처음으로 외부로 나가서 아이들이 너무 좋아하였음. 달리기를 하다가 마주 오는 친구들과 비켜가지 못하고 걸려 넘어지는 경우가 많이 발생함. 비눗방울을 서로 잡으려고 뛰어다님.
평가	볕이 따뜻하기는 하였으나 콧물이 나오는 아이들이 많아서 오래 놀이하지 못함. 내려가자는 교사의 제안에 거부반응을 보이기도 하였음. 옥상 놀이 후 따뜻한 물과 과자 간식을 먹으며 잠시 숨을 돌리고 내려옴.

출처: 고려대학교 안암병원 어린이집(2013).

또한 보육계획안과 보육계획안을 실행한 일지는 별도로 작성할 수도 있지만 보육계획안과 일지가 함께 작성될 수도 있다(〈표 10-8〉〈표 10-9〉 참조). 〈표 10-9〉는 1세 영아를 위한 일일 보육계획안과 일지의 예이다.

2세 영아는 정적/동적 활동, 실내/실외 놀이, 개별/소집단 활동, 영아주도/교사주도 활동 등이 골고루 포함되도록 계획한다. 이 시기는 영아의 자율성이 급속하게 발달하는 시기로 영아는 무엇이든 혼자 하는 것을 좋아한다. 영아가 주도적으로 활동을 시작하고 진행할 수 있도록 교사는 자연스럽게 도와주고, 나아가 영아의 활동을 새로운 방향으로 자극하여 활동을 확장시켜준다. 또한 영아주도의 개별적 활동을 지원할 수 있도록 교사는 영아의 흥미와 관심을 관찰하고 필요한 물품과 환경을 준비한다.

2) 유아를 위한 보육과정 계획 및 운영

유아는 신체적 발달이 왕성하고 활동적이며 안정적인 또래관계를 형성하기 시작한다. 이 때는 독립적이며 자기주장이 두드러지는 시기이다. 따라서 교사는 유아가 여러 가지 일상적인 활동을 스스로 해결하도록 하여 독립성과 자율성을 함양하도록 도와준다. 이 시기 유아는 인지발달과 언어발달이 급속히 이루어져 타인에게 자기의 경험에 대해 이야기할 수 있으므로 극놀이를 활용하는 것도 좋다. 유아들이 성인이나 또래들과 긍정적이고 건설적인 관계를 형성할 수 있도록 도움을 주어 초보적인 우정 관계를 맺을 수 있도록 도와준다. 또한 유아들이 주도적이고 활동적으로 사물을 탐색할 수 있도록 보육환경을 구성한다.

유아를 위한 보육계획 수립 시 개별적인 활동, 소집단활동, 대집단활동, 움직임이 활발한 활동과 조용한 활동을 골고루 계획한다. 개정 누리과정은 바깥놀이를 포함하여 유아의 놀이가 충분히 이루어질 수 있도록 하는 것을 강조하고 있다. 교사가 적극적으로 상호작용해야 하는 활동에는 주제가 있는 극놀이, 대집단 이야기 나누기 및 음률활동 등이 있다. 교사의 도움이 필요한 활동에는 만들기, 감각놀이, 반죽놀이 등이 있다. 유아 스스로의 탐색과 조작으로 충분히 놀이할 수 있는 것에는 간단한 퍼즐, 조작 놀잇감 혹은 게임판 등이 있다. 이처럼 교사의 도움 혹은 간단한 안내로 쉽게 놀이가 진행되는 활동과 유아 스스로 가능한 활동이 골고루 배열되도록 한다.

3세부터 5세까지의 유아를 위한 보육계획은 2019 개정 누리과정에 기초하여 지역사회와 어린이집의 특성에 맞게 구성한다. 특히 2019 개정 누리과정에서는 개별 유아의 다양한 특성을 고려하고 유아의 자유놀이를 확대하며 보육시설이 자율적으로 보육계획을 하도록 강조하고 있다. 따라서 유아를 위한 보육과정은 유아가 중심이 되고 놀이가 살아나는 유아중심, 놀이중심의 개정 누리과정에 기초하여 유아 주도적인 놀이가 충분히 보장될 수 있도록 운영한다. 또한 신체운동·건강, 안전, 표현, 예술, 탐구, 의사소통 및 사회 영역의 발달이 골고루 그리고 통합적으로 이루어지도록 보육계획을 한다.

(1) 유아를 위한 연간 보육계획 및 운영

유아를 위한 연간 보육계획은 새 학기가 시작되기 전에 전년도 연간 보육과정 실행 결과에 대해 총괄적인 평가를 한 후 새 학기에 반영할 사항을 토대로 하여 계획한다. 연간계획을 세움으로써 보육내용과 전체적인 흐름을 쉽게 파악할 수 있다. 연간 보육계획에는 연령별로 다루어야 할 주제, 유아가 경험할 내용, 행사 일정 등을 포함할 수 있다.

한편 보건복지부와 교육부(2019b)는 3~5세 개정 누리과정에서 유아 및 놀이 중심을 강조하고 있다. 개정 누리과정에서는 3~5세를 위한 보육과정은 계획보다는 유아의 주도적인 놀이를 관찰하고 교사가 놀이에 참여하며 지원하는 것에 강조점을 두고 있다. 2012년에 고시된 3~5세 연령별 누리과정에서는 연령별 생활주제 및 연간주제 등이 제시되어 있었으나 2019 개정 누리과정에서는 3~5세 유아가 일반적으로 경험할 수 있는 내용으로 구성되어 있고 생활주제가 아닌 놀이 주제로 연간계획을 세우도록 한다. 따라서 보육시설은 기관의 보육철학에 근거하여 계절, 입학, 적응과 졸업, 여러 기념일 그리고 일상생활의 맥락, 지역사회의 축제 등에서 유아의 흥미를 존중하는 보육활동을 계획하고 운영할 수 있다. 놀이 주제를 중심으로 한 연간 보육계획을 예시하면 다음의 〈표 10-10〉과 같다. 이는 놀이주제의 예시이므로 보육기관의 유아들이 주도하는 놀이에 따라 주제는 융통성 있게 구성될 수 있다.

〈표 10-10〉 3~5세 개정 누리과정 놀이주제 및 주제

월	주	놀이주제	주제	월	주	놀이주제	주제
3	1	어린이집	새로움	9	22	이웃	직업
	2		공간		23		만나는 장소
	3		친구		24		갈등
	4		선생님		25		나눔
	5		놀이		26		함께해요
4	6	봄	날씨	10	27	가을	가을동물
	7		동식물		28		가을열매
	8		색깔		29		가을색
	9		소리		30		쌀
5	10		냄새		31		낙엽
	11		느낌	11	32	우리나라	상징
	12	가족	구성원		33		놀이
	13		일		34		음식
6	14		사랑		35		인물
	15		예절	12	36	겨울	날씨
	16		기념일		37		겨울준비
7	17	여름	날씨		38		옷차림
	18		동식물	2	39		음식
	19		음식		40		수료 및 졸업
	20		건강				
	21		방학				

(2) 유아를 위한 월간 보육계획 및 운영

유아를 위한 월간 보육계획안은 연간 계획에서 선정된 놀이주제를 중심으로 유아의 흥미와 경험을 기초로 작성한다. 또한 유아의 개별적 발달수준과 학급 전체의 흥미와 경험 그리고 어린이집과 지역사회의 실정에 따라서 월간 보육계획을 구상해본다. 2019 개정 누리과정은 유아의 경험을 중심으로 한 유아의 놀이가 배움으로 연결되는 것이 강조되고 있다. 또한 보육계획이 조직적, 체계적

〈표 10-11〉 5세 월간 보육계획안(3월)

	1주 새로 만난 우리 반	2주 새로 꾸민 우리 반	3주 어린이집 탐험	4주 사이좋은 친구
기본생활	• 소지품 사물함에 넣기	• 신발 벗어 제자리에 넣기	• 실내에서 걸어다니기	• 놀잇감 사용 후 제자리에 정리하기
등원	• 선생님께 반갑게 인사하기	• 친구에게 인사하기	• 어린이집 어른들께 인사하기	• 친구 이름 부르며 반갑게 인사하기
쌓기놀이 영역	• 블록 탐색하고 자유롭게 구성하기	• 블록으로 우리 반 구성하기	• 블록으로 어린이집 구성하기	• 우정의 집 구성하기
역할놀이 영역	• 가족놀이 역할극	• 우리 반 도우미 놀이	• 어린이집 놀이	• 친구 흉내하여 생일잔치하기
미술영역	• 이름표 꾸미기 • 우리 교실 그리기 • 〈나를 소개해요〉 책 만들기	• 영역 표지판 꾸미기 • 내 사물함 꾸미기	• 다양한 재료로 어린이집 모형 입체작품 만들기 • 트레이싱지로 어린이집 도면 따라 그리기	• 친구와 사진 찍어 액자 만들기 • 물감과 붓으로 친구 얼굴 그리기
언어영역	• 암호를 풀어라 • 신문에서 어린이집 이름 찾기	• 우리 반 사인 만들기 • 어떤 영역일까?	• 원장 선생님 인터뷰 목록 만들기 • OHP 카드로 단어 만들기	• 친구 인터뷰하기 • 글자도장으로 친구 이름 만들기
수 · 과학 영역	• 수 　– 우리 반 성씨 그래프 　– 걸음으로 교실 재기 • 과학: 확대경으로 교실 놀잇감 살펴보기	• 수 　– 우리 반 하루 일과 과즙 　– 내가 좋아하는 영역 그래프 • 과학: 양팔저울로 교실 물건 재기	• 수 　– 어린이집에서 사용하는 물건 분류 • 과학: 교실 틀린 곳 찾기	• 수 　– 우정의 집 설계하기 　– 우정의 집 탐험하기 • 과학: 친구의 반쪽 얼굴을 찾아라!
음률영역	• 우리 반 악기로 원가 연주하기	• 우리 반 노래 만들기 • 함께 만드는 리듬놀이	• 보물찾기 대모험	• 〈친한 사이 왈츠〉 감상하기

자유선택활동

구분				
대·소집단 활동	• 이야기 나누기 - 우리 반 선생님을 소개해요 - 우리 반의 약속 • 동시: 〈마음은 담은 꽃〉 • 동화: 『어린이집에 처음 가는 날』 • 음악: 우리 반 노래 부르기 • 미술: 영역 약속판 만들기 • 과학: 교실에서 자석에 붙는 물건 찾아보기 • 음악: 〈어린이집〉의 정정 감상하기	• 이야기 나누기 - 우리 반에는 ○○이 있어요 • 언어: 우리 반 환경 인쇄물 퍼즐 • 음악: 우리 반 노래 부르기 • 미술: 영역 약속판 만들기 • 과학: 교실에서 자석에 붙는 물건 찾아보기	• 이야기 나누기 - 어린이집을 살펴보았어요 - 어린이집 배치도를 만들면 • 동화&동화『보물찾기』대모험 • 음악: 〈보물〉 아기 연주하기 • 미술: 어린이집 배치도 그리기 • 조사: 어린이집 여기저기 • 개임: 어린이집에 숨겨진 보물 찾기	• 이야기 나누기 - 우정이 나라에서 온 편지 - 우정이 나라에 온 편지 - 우정이 집을 함께 만들어요 - 어떤 일이 일어났을까? • 음악: 내 친구 • 신체: 친구와 한몸이 되어요 • 요리: 친구와 샌드위치 만들어 나누어 먹기
실외활동	• 놀이터 탐색하며 자유롭게 놀기 • 화대정으로 햇빛 모으기	• 친구와 이어달리기 해 보기 • 무궁화 꽃이 피었습니다	• 어린이집 실외놀이터 관찰하고 사진 찍기 • 모래놀이터에 숨겨진 보물찾기	• 친구의 그림자 찾기 • 실외놀이터 약속 지켜 놀이하기
점심 및 휴식	• 즐겁게 식사하기 • 내가 가지고 온 책 읽기	• 친구와 이야기하며 점심 먹기	• 순서표 보고 이 닦기	• 음식 골고루 먹기
오후 자유놀이	• 부모님의 진급 축하 메시지 읽어보기 • 신문에서 우리 반 이름 찾기(확장) • 인가 활동 만들기(확장)	• 실외: 친구와 함께 자전거 타기 • 줄자로 우리 반 놀이감 크기 재기	• 트레이싱지에 어린이집 그리기(확장) • 원장선생님 인터뷰하기(확장) • 실외: 바깥놀이터에 관찰하기(확장)	• 친구 인터뷰로 우리 반 친구 책 만들기 • 〈신한 사이 윷즈〉에 맞춰 친구와 춤추기
귀가 및 가정과의 연계	• 신하기 준비물 확인하기 • 부모님의 진급 축하 메시지 받기	• 어린이집 주변 신체하기	• 가정에서 어린이집 생활에 관심 가지고 긍정적으로 이야기해 주기	• 친구와 함께 놀 수 있는 기회를 마련해주기
비고	『유치원에 처음 가는 날』(로린 드 베스 글/나탈리 쉬 그림) 『보물찾기 대모험』(헤드리크 요나스 글) 『온 세상에 친구가 가득』(오시마 다에코, 신자와 도시히코 글)		『나랑 친구할래?』(브라타 비젠트 글) 『우리 친구하자』(에시니 브라운 글) 『진짜 친구가 되는 날』(하라다 유코 글) 『선생님은 우리만 사랑한대요』(나탈리 넬루바 글/오엘리 블란즈 그림)	

출처: 중앙육아종합지원센터(2013). http://central.childcare.go.kr

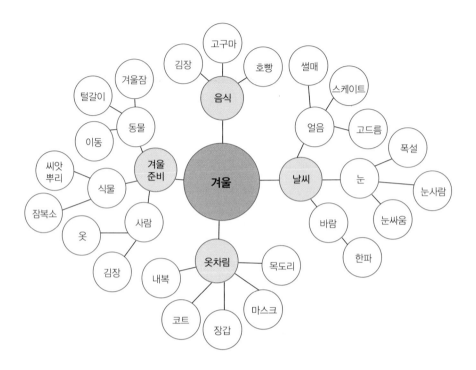

〈그림 10-1〉 겨울 놀이주제에 따른 주제 예시

으로 사전에 결정되는 것이 아니라 교사가 유아가 경험할 만한 것을 미리 그려 보는 것으로 이해할 수 있다. 〈표 10-11〉에는 유아를 위한 월간 보육계획의 예 가 제시되어 있다. 〈그림 10-1〉은 겨울 놀이주제에 따라서 연결될 수 있는 주제 를 예시로 제시하였다. 이는 월간 보육계획안 중 오전과 오후 자유놀이 그리고 실내와 실외놀이에서 특정 놀이주제와 연결될 수 있는 주제에 대한 예시이다.

(3) 유아를 위한 주간 보육계획 및 운영

교사는 주간 보육계획을 수립하여 주간 활동을 생각하고 미리 계획할 수 있 다. 주간 보육계획을 통해 각 요일별 활동이 유아의 일상생활, 놀이 그리고 활 동이 균형 있게 그려졌는지 검토해볼 수 있다. 개정 누리과정은 유아중심과 놀 이중심을 강조하고 있으므로 사전 놀이를 계획하는 것보다는 이미 진행된 놀이 를 교사가 돌아보면서 앞으로 진행될 놀이를 구상하고 예측해 보는 것이 강조된 다. 교사는 놀이의 의미를 유아의 관점에서 찾아보고 놀이의 확장을 위한 지원 계획을 할 수 있다.

놀이를 지원하고자 할 때 대집단 및 소집단 활동이 균형적으로 이루어질 수

3. 보육과정 계획과 운영의 실제 ·············· 313

있도록 하고 유아가 주도하는 놀이와 교사의 안내에 의한 놀이 등이 균형을 이
룰 수 있도록 작성한다. 연령별로 각 활동의 난이도나 활동의 수가 적절한지도
검토한다. 보육과정 운영에서 돌봄활동도 중요하므로 휴식과 놀이가 적절히 안
배되며 일상생활습관 지도와 안전교육을 유념하여 계획할 수 있다. 실내외 놀
이 및 자유선택활동을 안배하며 휴식시간도 충분하게 안배한다. 〈표 10-12〉는
4세 유아를 위한 주간 보육계획안의 예이다.

〈표 10-12〉 4세 주간 보육계획안

놀이 주제	어린이집과 친구		주제	어린이집에서 만난 친구		실시기간	3월 3주
구분		월	화	수	목	금	토
기본생활		실내에서 걸어다니기					
등원		선생님들과 친구들에게 '반갑다' 인사하기					
오전 자유 놀이	쌓기놀이 영역	블록으로 친구 탑 쌓기					
	역할놀이 영역	우리는 쌍둥이 친구　　　나와 내 친구의 생일을 축하해요					
	미술영역	로션 판화로 만든 친구 손　친구 머리 꾸며주기　스펀지 막대로 물감을 찍어요 내 손					
	언어영역	친구 얼굴 막대 인형 놀이　　친구의 이름에서 모양 찾기　　우리는 친구					
	수 · 과학 조작영역	조작: 남자친구 여자친구　조작: 친구 얼굴 찾기　과학: 거울로 친구 얼굴 완성하기					
	음률영역	친구를 따라 움직여요　　우리우리 친구　　친구와 함께 연주하고 녹음해요					
대 · 소집단 활동		이야기 나누기: 친구와 함께 놀이하고싶어요	게임: 어떤 친구일까요?	동화: 『내 친 구 예슬이』	음악: 친구 와 함께 율 동을 해요	신체: 우리 함께 힘을 모아요	
실외활동		친구와 함께 훌라후프 놀이해요					
점심 및 낮잠		숟가락과 포크로 밥과 반찬 먹기					
오후 자유놀이		친구와 함께 그림책 보기　친구에게 공 전달하기　친구와 함께 거울 보고 표정 짓기					
귀가 및 가정과의 연계		남아 있는 친구, 선생님과 인사하고 헤어지기					
비고		이야기 나누기: 우리는 사이 좋은 친구					

출처: 강릉시육아종합지원센터(2013). http://www.kneducare.or.kr

(4) 유아를 위한 일일 보육계획 및 운영

유아를 위한 일일 보육계획안은 주간 보육계획에서 선정한 주제 및 활동과 유아들의 흥미와 활동에 대한 반응 등을 고려하여 작성한다. 또한 유아들의 관심과 활동의 특징을 바탕으로 필요에 따라 융통성 있게 조정한다. 누리과정 1일 운영 시간은 4~5시간이므로 기관의 필요에 따라서 종일로 확장하여 운영할 수 있다. 하루 일과가 끝나면 교사는 실시된 활동을 되돌아보면서 활동내용을 평가하고 다음날 일일 보육계획에 참고한다.

하루 일과에 정적 놀이와 동적 놀이, 실내 · 실외 놀이, 개별활동과 소집단 활동, 유아가 주도하는 활동과 교사가 주도하는 활동 등이 균형 있게 포함되도록 계획한다. 교사는 유아가 놀이를 하고 있을 때 자연스럽게 참여하여 유아의 활동을 지지해주거나 제안을 통해 유아의 활동에 자극을 주어 활동을 확장시켜줄 수 있다. 유아의 활동을 지원해주기 위해서 교사는 사전에 유아의 놀이와 흥미를 관찰하여 자료와 공간을 준비한다. 유아의 놀이에 교사가 참여하여 유아의 시선에서 놀이를 이해하고 함께 의미를 만들어 간다.

일과 진행 후 교사는 주간 보육계획안을 토대로 매일 실시된 활동을 평가하여 유아들에게 신체/사회 · 정서/언어/인지발달을 위한 활동이 적절히 안배될 수 있도록 한다. 이러한 평가와 기록 과정은 균형 있는 보육활동을 진행할 수 있도록 돕는다. 개별 유아의 활동 성취도, 적절성과 문제점 등도 파악하여 다음 활동 및 유아에 대한 참고 자료로 활용할 수 있다. 4세 유아를 위한 일일 보육계획안과 일지의 예는 〈표 10-13〉과 같다.

〈표 10-13〉 4세 일일 보육계획안 및 일지

결재	담임	원장

20○○년 4월 3일(수)   날씨: 맑음

놀이 주제	봄	주제	봄의 날씨
목표	• 봄의 날씨와 여러 가지 환경의 변화를 안다. • 날씨의 변화에 따라 함께 변화하는 우리의 생활과 자연환경을 관찰하고 알아간다.		
시간	활동계획	준비물	실행 및 소평가
07:00~ 09:00	• 오전 보육 - 내 물건 정리하기(신발, 가방, 옷) - 손 씻기 및 열 재기		
09:00~ 09:30	• 조용한 놀이(교실) - 각 영역별 자유선택활동		
09:30~ 10:20	• 오전간식 및 거실놀이 - 놀잇감 정리하기 - 오전간식	새우살 주먹밥	○○이와 ○○, ○○이만 주먹밥을 1개만 달라고 하였으며 나머지 유아들은 주먹밥을 2개씩 먹었음.
10:20~ 11:20	• 주제통합 사전활동 및 자유놀이 - 인사하기 및 날씨 알아보기 - 출석 부르고 내 이름에 대답하기 - 도우미 소개하기 - [신체] 색 스카프로 봄바람 표현하기 - 손 씻기 - 자유선택활동	출석부, 도우미 목걸이, 도우미 판, 달력, 달력 날짜 표시, 동요가사판, 색 스카프, 각 영역별 놀잇감 등	어제 배웠던 '식물의 성'과 〈네잎클로버〉 노래를 유아들이 잘 기억하고 따라 불렀음. 노래를 부를 때 ○○와 ○○만 율동을 따라하지 않았음. ○○이는 율동을 하며 잘 따라 부르다가 교사와 눈이 마주치자 수줍어하며 다른 곳으로 시선을 돌렸음. ○○이가 어제 등원하지 않아 노래를 처음 들었을 텐데 금방 따라 부르며 즐거워하였음. 산책을 나가 색 스카프로 봄바람 표현하기 활동에 대해 설명하며 스카프가 길기 때문에 밟아서 넘어질 수도 있다는 것을 유아들에게 미리 알려주었음. 활동 중 안전사고 없이 잘 진행되었지만 야외이다보니 땅이 고르지 않아 뛰다가 넘어지는 유아들이 있었음.
11:20~ 11:30	• 정리정돈 - 놀잇감 정리 - 점심 먹을 준비: 화장실 다녀오기/ 손 씻기		

시간	활동	준비물	비고
11:30~ 12:30	• 점심식사 – 점심식사하기 – 거실 놀이 – 개인 간식	차조밥 바지락된장국 두부양념찜 유채나물무침 배추김치	○○이가 나물을 잘 먹지 못하고 씹다가 뱉어버렸음. ○○이가 오늘도 밥을 늦게 먹었음. ○○는 스스로 밥을 잘 먹었으며 ○○이는 교사가 도와주어야 했음. 오늘은 밥을 두 번 먹은 유아가 없었음.
12:30~ 13:00	• 낮잠 준비 – 양치하기 – 화장실 다녀오기 – 자기 이불 자리에 놓기	수건, 칫솔, 양치 컵, 치약, 이불 등	
13:00~ 15:00	• 낮잠 – 자신의 이불 덮고 자기	클래식CD CD player	
15:00~ 16:20	• 잠깨기 및 정리정돈 • 오후간식 • 영어활동	삶은 달걀과 감귤주스	○○이가 달걀 노른자는 먹기 싫어하여 흰자만 주었음. ○○이와 ○○, ○○, ○○이가 더 달라고 하였음. 이번 주부터 영어활동이 매주 수요일로 변경되었음.
16:20~ 17:20	• 자유놀이 및 주제통합 사후활동 – 각 영역별 자유선택활동	각 영역별 놀잇감 등	
17:20~17:50	• 개별 간식 먹기 및 귀가 준비	개별 간식	
17:50~19:00	• 오후 통합 보육		

	내역	세부내역	점검 결과	비고	
보육실 내 환경점검	환경점검	조명시설/온도 · 습도/영역 환경 정리 등	상 중 하	온도 20°C, 습도 27%	
	위생점검	보육실 청소 여부	○ ×		
		놀잇감 일일 세척 여부 (입에 넣기 쉬운 놀잇감)	○ ×		
		침구 세탁 여부	–	주 1회 (금요일 진행)	

		현원	출석	결석
일일평가	○○가 수요일부터 금요일 동안 가족여행을 가서 등원하지 않음. ○○, ○○, ○○, ○○이가 점심 후 약을 먹었음. ○○와 ○○이의 콧물이 여전히 심하며 ○○이는 뚜렷한 감기 증상이 관찰되지 않음. ○○가 어제보다는 식사를 할 때 입을 잘 벌리며 아파하지 않았음.	13	12	1 (○○○)

산책활동	
장소	인촌기념관 앞 공터
활동내용	봄바람이 불어요(색 스카프로 봄바람 표현하기)
결과	• 색 스카프를 흔들어보며 자유롭게 봄바람을 표현해보았음. 바람이 불어 유아들이 스카프를 흔들지 않아도 움직여 제자리에 서서 스카프를 들고 봄바람을 느껴보았음. • ○○이와 ○○, ○○이는 스카프를 바람에 날려보냈으며 ○○는 스카프를 빙빙 돌렸음. • ○○와 ○○, ○○이 등 나머지 유아들은 스카프를 어깨에 매고 뛰어다니며 스카프를 움직여 보았음. • 스카프를 흔들며 활동하다가 유아들 스스로 모여 달리기 시합도 하고 얼음땡 놀이도 즐겁게 하였음.
평가	인촌기념관 앞 공터가 넓어 아이들이 장소에 구애받지 않고 마음껏 색 스카프를 움직여보며 봄바람을 표현해볼 수 있었음. 다만 땅이 고르지 않고 돌멩이가 많아 뛰다가 유아들이 쉽게 넘어졌음. 다행히 크게 다친 유아 없이 활동을 잘 마무리하였음.

출처: 고려대학교 안암병원 어린이집(2013).

3) 일과의 운영

영유아의 하루 일과는 정해진 시간을 보다 적절하게 활용할 수 있는 기본 틀을 제시해준다. 하루 일과가 잘 계획되어 있을 경우 영유아는 보다 다양하고 질 높은 경험을 할 수 있다. 일과를 어느 정도 예측할 수 있는 시간표에 의하여 운영하되 영유아 개개인의 요구를 고려하여 융통성 있게 조절하도록 한다. 하루 일과를 통해 따뜻한 보호와 교육이 동시에 이루어져야 한다. 하루 일과는 등원시간, 실내·실외 자유놀이시간, 활동 전환시간, 간식 및 식사 시간, 낮잠시간, 귀가시간 등으로 구성된다.

(1) 등원시간

등원시간은 교사가 영유아를 만나는 첫 시간이다. 영유아, 부모와 교사 모두에게 즐겁고 안전한 하루를 위해서 등원시간을 기분 좋게 보내는 것이 중요하다. 등원 직후 부모와 떨어지기 어려워하는 영아를 위해 교사가 몇 분 동안 안아주어 안락함과 수용적인 분위기를 제공하고, 아침잠이 부족한 영아를 위해 조용히 잘 수 있는 공간을 제공해 준다. 교사는 부모와 간단한 면담을 통해 간밤의 상태에 대해 정보를 얻고 영아의 건강을 점검해 본다. 일일 보고서 등 정보 교환

사진 설명 등원시간을 기분 좋게 맞이하도록 교사는 영유아에게 안락하고 수용적 분위기를 제공한다.

용지를 이용하여 수면시간, 식사의 양, 기분이나 건강상태 등을 파악하여 영아에게 적절한 보살핌을 제공해야 한다. 만약 영유아에게 약을 먹여야 하는 경우 부모로 하여금 투약의뢰서를 작성하도록 한다.

영아가 매일 아침 부모와 헤어질 때 인사를 할 수 있도록 도와준다. 영아가 심하게 우는 경우에는 잠시 시간을 갖고 기다려 부모로 하여금 영아가 안정된 후 떠날 수 있도록 한다. 이때 교사는 영아를 안아주고, 쓰다듬어 주면서 영아가 사랑과 보호를 받고 있다는 확신을 갖도록 도와준다. 영아의 얼굴 모습이나 옷차림에 대해서 이야기를 하거나 영아가 선호하는 놀잇감을 소개하여 영아가 어린이집에 관심을 가질 수 있도록 한다. 또한 영아의 사진이 붙어 있는 신발장과 사물함 등을 함께 찾아보거나 게시된 가족사진 등을 보여 주면서 부모와의 분리불안을 감소시켜 줄 수 있다.

유아반 교사는 등원하는 유아를 따뜻하게 반기는 자세로 맞이하며 유아 스스로 출석부에 도장을 찍거나 겉옷을 벗고 개인 짐을 정리하도록 돕는다. 실내자유놀이활동으로 준비된 새로운 교구나 놀잇감을 유아에게 소개하거나 유아가 즐겨하는 활동으로 유아를 안내한다.

(2) 오전 실내 자유놀이시간

사진 설명 실내환경을 흥미에 따라 영역별로 배치해 영유아가 자율적 놀이활동을 할 수 있도록 한다.

영아기에는 개인차가 크기 때문에 교사는 영아의 개별적인 특성이나 욕구를 고려하여 활동을 제안하거나 반응해 주어야 한다. 교사는 영아들이 등원하기 전 계획한 활동에 필요한 자료 및 준비물을 점검한다. 활동에 필요한 놀잇감과 자료를 각 영역에 배치하고 충분한 공간이 확보되어 있는지 점검한다. 영아가 피곤해하거나 기분이 좋지 않으면 영아가 편안해질 수 있도록 돕는 게 우선이다. 영아는 끊임없이 움직이고 쉽게 지치므로 움직임이 많은 대근육활동을 진행한 뒤에는 책 보기 등 정적인 활동으로 휴식을 취할 수 있도록 한다.

교사는 영아가 선택한 활동을 살피면서 스스로 할 수 있도록 격려해 주고 도움을 준다. 영아가 울거나 도움을 요청할 경우 즉각적으로 반응해 준다. 영아는 새로운 사물을 보면 먼저 탐색하고 익숙해진 후에 놀이를 하게 된다. 따라서 영아에게 새로운 사물이나 놀잇감 등을 제공할 때에는 영아에게 탐색할 수 있는 시간을 충분히 준다. 교사는 놀잇감이나 활동을 제시한 후 영아의 탐색과 놀이 과정을 관찰하면서 필요에 따라 점진적으로 도움을 준다.

자유놀이시간은 하루 일과의 많은 부분을 차지한다. 이 시간은 교육적으로도 매우 중요하므로, 교사는 실내 환경을 흥미영역별로 구분하여 적합한 활동을 할 수 있는 환경을 조성해 주고 유아 스스로 놀이를 선택할 수 있도록 배려한다.

(3) 정리하기 및 활동 전이시간

교사는 자유놀이시간이 끝나면 다음 활동으로 자연스럽게 전환되도록 하여야 한다. 이때 급하게 놀이를 중단시키거나 다음 활동을 위해 영아가 오래 기다리지 않도록 한다. 교사는 활동을 진행하면서도 놀잇감을 치우며 뒷정리를 해 주어 영아가 놀잇감에 걸려 넘어지지 않도록 배려해 준다.

영아반은 정리할 때 교사의 모델링이 중요하므로 천천히 한 가지씩 놀잇감을 제자리에 놓는 모습을 지속적으로 보여 준다. 영아가 놀잇감을 제자리에 놓을 수 있도록 선반이나 바구니에 놀잇감의 그림이나 사진을 붙여 놓는다. 놀잇감 정리 시 영아들에게 너무 많은 물건을 치우도록 강요하면 포기하므로 한두 가지 정도만 잘 치울 수 있도록 지도한다. 영아들이 흥미를 가질 수 있도록 정리할 때 놀잇감을 큰 자동차에 실어 운반하거나 가방에 넣어서 바구니에 넣는 등 정리하는 활동을 놀이화할 수도 있다.

정리를 마친 후 다음 활동을 위해서 혹은 다른 장소로 옮기기 위해 영아를 모이도록 할 때 짧은 노래, 손유희, 율동 등의 간단한 활동

사진 설명 자유놀이시간이 끝나고 다음 활동으로 자연스럽게 전환될 수 있도록 정리를 유도한다.

을 하면서 영아의 관심을 유도한다. 다음 장소로 이동할 때 시간 간격을 두어 영아들이 한꺼번에 몰리지 않도록 하며 너무 오래 기다려서 지치지 않도록 주의한다. 이동 전후 반드시 영아의 수를 확인하고 필요시 개별적으로 적절한 도움을 준다. 유아반도 자유놀이시간을 끝낼 때 급하게 놀이를 중단시키지 말고, 음악을 틀어주거나 시간을 알려주어 유아들 스스로가 다음 활동으로 전환하는 것을 준비하도록 한다. 또한 다음 활동을 위해 유아가 오래 기다리지 않도록 한다.

(4) 기저귀갈기 및 화장실 다녀오기

기저귀갈기 및 화장실 다녀오기는 영아에게 반복되는 중요한 일과이다. 이때 교사는 안전한 환경에서 영아가 안정감, 즐거움과 편안함을 느낄 수 있도록 배려해주어야 한다. 이러한 일과를 통해 자연스럽게 일상생활습관이 형성될 수 있다.

교사는 자주 기저귀를 점검하고 갈아준다. 기저귀를 가는 시간이 교사와 영아 모두에게 즐거운 시간이 되도록 영아의 눈을 마주보고 이야기를 하고, 노래도 들려주며 영아와 개별적 상호작용을 하는 시간이 되도록 한다(사진 참조). 기저귀를 갈아줄 때에는 물휴지 등으로 깨끗이 닦아 주어야 하며, 대변을 본 경우에는 물을 이용하여 닦아 준다. 교사는 영아의 기저귀를 갈아 주기 전·후 그리고 대소변 보는 것을 도와준 전·후에 반드시 비누로 손을 씻도록 한다. 영아의 건강상태가 좋지 않은 경우는 물론이고 평상시에도 기저귀를 간 횟수와 대변의 상태 등을 기록하여 귀가 시 부모에게 알려 준다.

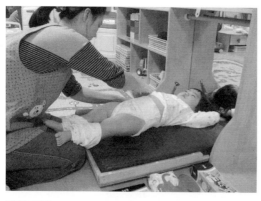

사진 설명 | 기저귀를 가는 곳은 일정한 장소에 배치하고, 이 시간을 교사와 영아가 일대일 상호작용을 하는 기회로 활용한다.

배변훈련은 영아가 준비가 되었을 때 시작하되, 부모와 보조를 맞추어 진행한다. 배변훈련은 생리적으로 방광과 대장을 조절할 수 있는 나이가 되기 전까지는 사실상 불가능하다. 그러므로 신경근육이 성숙하여 배변욕구를 알아차리고 그것을 조절할 수 있는 능력이 갖추어진 후에 시도해야 한다. 교사는 배변훈련 중에 있는 영아에게는 특별히 주의하고, 특히 집에서 부모가 너무 강압적으로 대소변훈련을 시키지 않도록 한다. 식사나 낮잠 후, 놀이할 때 영아의 주의를 환기시켜 주어 대소변 가리기를 도와줄 수 있다.

화장실에서 스스로 옷을 내리고 올리도록 격려해 주고 도움이 필요한 경우 적절한 도움을 주며, 입고 벗기 쉬운 옷을 입히도록 부모에게 사전에 요청한다. 또한 영아가 스스로 대소변을 보고 나면 결과에 관계없이 칭찬해 주며, 배변 이후에는 교사와 영아가 함께 손을 씻는다. 영아가 화장실을 이용할 수 있게 되면 두려움 없이 변기를 사용할 수 있도록 안내하고 필요한 도움을 준다. 영아의 생리적 욕구에 따라 화장실에 데리고 가도록 하며, 실수한 경우에도 꾸짖거나 창피를 주지 않도록 한다.

(5) 실외자유놀이시간

영유아는 개방된 공간 속에서 보다 적극적인 신체활동을 할 수 있으며 이는 영아의 긴장감을 완화시키고 즐거움을 제공해 준다. 실외자유놀이는 실내놀이보다 마음껏 뛰어놀 수 있으므로 하루에 한 번은 실외놀이를 할 수 있도록 계획한다. 실외놀이는 날씨 및 계절의 변화를 감각적으로 경험하고 관찰하여 유아들의 과학적 지식과 탐구능력을 기를 수 있는 좋은 기회가 된다(사진 참조). 따라서 실외놀이를 통하여 변화와 생활의 활기를 갖도록 실외놀이 기회를 규칙적으로 갖는 것이 좋다.

사진 설명 규칙적이고 충분한 실외놀이는 유아들의 탐구능력을 기를 수 있는 좋은 기회가 된다.

실외놀이를 나가기 전에 영아의 기저귀 상태를 확인하고 대소변 가리기가 가능한 영아는 화장실에 미리 다녀오게 한다. 실외놀이 준비에 필요한 옷 입기, 신발 신기는 일상생활습관을 자연스럽게 습득할 수 있는 좋은 기회로 활용한다. 계절에 따라 적절한 시간대에 실외놀이를 실시할 수 있도록 온도, 햇볕, 바람 등을 고려하여 시간대를 조절한다.

교사는 실외놀이 전에 놀이터에 위험요소가 없는지 점검하여 안전하게 놀 수 있도록 준비한다. 영유아들이 다니는 길과 모래놀이터에 위험한 물체가 놓여 있지 않은지, 파손된 놀이기구가 있는지, 출입문이 잠겨 있는지 등을 점검하여 안전사고를 예방하여야 한다. 오르기, 미끄럼틀이나 그네 등 사고의 위험이 따르는 곳에는 다른 교사와 분담하여 상주하면서 영유아가 안전하게 놀이할 수 있도록 한다. 또한 어린 영아와 몸 움직임이 크고 활발한 유아들의 놀이 공간을 분리해주는 것이 안전하다.

기어 올라가기, 달리기, 여러 공간 통과하기, 도구 조작활동 등 다양한 신체활동을 통해 영유아의 신체발달을 도울 수 있다. 물·모래놀이를 통해 감각적인 경험을 할 수 있도록 필요한 도구를 준비해 준다. 나무, 꽃, 채소, 동물 등 자연환경을 직접 탐색하고 관찰할 수 있는 경험을 제공한다. 물감 표현, 동화 듣기, 밀가루 반죽놀이 등의 정적인 활동도 실외놀이에서 경험할 수 있도록 하고 영유아들이 언제든지 휴식할 수 있는 공간도 마련해 준다. 실내에서 경험하기 부담되는 물풀놀이, 물감을 이용한 활동 등을 제공하여 즐겁게 놀이에 열중할 수 있도록 해 준다.

(6) 간식 및 식사시간

어린이집에서는 간식 및 식사시간에 영유아에게 충분한 영양을 제공해야 한다. 영아는 활동량이 많으므로 하루 필요한 열량을 고려하여 식단을 계획하고 균형 잡힌 간식과 식사를 제공해야 한다. 간식시간과 식사시간을 통하여 스스로 음식을 먹고 치우는 것이 즐거운 경험이 되도록 한다. 부모와 사전에 협의하여 음식의 종류, 먹이는 양, 시간, 간격 등을 영아의 발달상태나 요구에 따라 융통성 있게 조절한다. 식사시간 전에 영아들에게 휴식시간을 주는데, 이는 몹시 피곤하면 영아의 식욕이 감소되기 때문이다.

영아를 위한 오전간식의 경우 등원 시 부모가 기록한 일일보고서나 대화 내용을 참고하여 조절한다. 우유를 먹일 때 교사는 팔로 영아를 똑바로 안으며, 영아에게 우유병을 물린 채 침대에 두지 않는다. 영아의 배에 공기가 들어가는 것을 최소화하기 위해 항상 젖병의 꼭지까지 우유가 차도록 충분히 기울여서 먹인다. 우유를 먹인 후에는 반드시 트림을 시키도록 한다. 교사는 영아를 어깨 위에 안거나 무릎을 약간 앞으로 굽혀 그 위에 영아를 앉히고, 영아의 등을 위로 쓸어 올린다.

딱딱한 음식을 먹을 수 있는 영유아의 경우 간식 및 식사시간을 스스로 먹기, 손 씻기, 정리하기 등과 같은 일상생활습관을 학습하는 기회가 되도록 활용한다(사진 참조). 간식과 식사는 영유아가 먹기 쉽고 영양섭취에 도움이 되는 것을 제공하며, 식사 도구는 사용하기 쉬운 것을 제공한다. 간식과 식사는 미리 준비하여 영유아들이 오래 기다리는 일이 없도록 한다. 음식은 먹기 쉬운 형태와 크기로 준비하고, 교사가 함께 앉아 먹으면서 모델이 되도록 한다. 간식이나 식사가 끝난 후에 정리하는 방법을 알려주고, 사용한 식기를 정해진 공간에 놓도록 도와준다.

24개월 이전에는 간혹 손으로 먹거나 음식을 가지고 장난하는 경우가 있는데, 이것은 버릇이 나빠서가 아니라 성장 과정의 한 단계로 이해해야 한다. 영아가 음식을 먹을 때 도구를 사용하다 음식을 흘리더라도 너그럽게 봐주고 점차 식사 도구 사용에 익숙해지도록 기

사진 설명 식사시간을 스스로 먹기, 손 씻기 및 정리하기 등의 일상생활습관을 학습하는 기회로 이용할 수 있다.

다린다. 음식은 적절한 온도로 제공해 주고, 식사 후에는 양치질 지도를 하고 식후 투약 의뢰가 있는 영유아에게는 투약한다. 투약 보고서에 시간 및 용량을 기록하여 보관했다가 귀가 시 부모에게 전달한다. 수유 및 간식, 식사 후에는 먹은 양, 시간, 특이사항 등을 일일보고서에 기록하거나 귀가 시 부모가 참고할 수 있도록 구두로 알린다.

(7) 낮잠시간

낮잠시간은 휴식을 위한 일상적인 활동으로 신체적인 피로를 회복하고 정서적으로 안정감을 주는 일과 중 하나이다. 대부분 점심시간 이후로 계획하지만 영유아의 개별적인 상황에 따라 융통성 있게 적용할 수 있다. 낮잠시간은 영유아의 월령에 따라 다르고 잠을 자는 형태도 다양하므로 개인차를 고려해 정한다. 부모와 정보를 교환해 수면습관, 수면시간, 깨어난 후의 정서상태 등을 파악하여 낮잠시간을 계획한다.

낮잠시간에 조용하고 아늑한 분위기를 조성해주어 영유아들이 편안함과 안정감을 느낄 수 있도록 한다(사진 참조). 낮잠을 자기 전에 자기 위한 복장으로 갈아입히고 기저귀를 갈거나 화장실에 다녀오도록 한다. 영유아가 편안하게 휴식을 취할 수 있도록 자장가를 들려주거나

사진 설명 낮잠시간의 분위기는 조용하고 아늑하게 조성해주어 영유아가 신체적 피로를 회복하고 정서적으로 안정감을 갖도록 한다.

등을 토닥여 준다. 영유아가 좋아하는 애착물(담요, 인형, 베개 등)을 어린이집에 가지고 와서 낮잠을 잘 수 있도록 할 수 있다. 영유아가 좋아하는 반복되는 운율이 있는 자장가나 이야기를 들려주거나 그림책을 읽어줄 수 있다. 낮잠용 침구는 가능한 한 매일 같은 위치에 준비하여 영유아가 자신의 잠자리를 알게 하고 다른 영유아들을 방해하지 않도록 침구 간 간격을 둔다. 침구(이불, 깔개, 베개)는 가볍고 간편하여야 한다.

낮잠시간에는 교사가 반드시 교실에 상주하여 영유아가 자는 것을 점검하고 보살펴야 한다. 영아의 경우 한 번에 2시간 정도 푹 자도록 습관을 들이고, 먼저 깨어나는 영아들이 계속 자는 영아를 방해하지 않도록 조용한 활동을 제공한다. 영아가 천천히 여유 있게 잠에서 깨어나도록 부드럽고 긍정적인 목소리로 영아를 반겨준다. 잠투정하는 예민한 영아는 옆에서 안아주고 영아의 기분이 편안해질 때까지 기다려 준다.

교사는 깰 때쯤 커튼을 걷어 밝게 한 후 창문을 열어 환기를 시켜준다. 영아가 깨어나면 활동복으로 갈아입도록 도와주고 침구를 정리할 때 베개 등 가벼운 것은 영아가 정리를 돕도록 한다. 영아가 잠이 깨면 기저귀를 갈아주고 수유가 필요한 영아에게는 수유를 한다. 영아가 낮잠을 잔 횟수와 시간을 기록하여 귀가 시 부모에게 알린다. 유아는 자신의 침구를 스스로 정리할 수 있도록 격려한다.

(8) 오후 실내 · 실외 놀이시간

낮잠시간 이후 자유놀이시간에는 과도한 자극을 줄이고 오전에 계획된 활동을 반복하거나 교실 이외에 실외, 옥상 혹은 유희실 등으로 장소를 옮겨 활동함으로써 영유아들의 기분을 전환시켜 준다(사진 참조).

(9) 귀가시간

귀가시간은 교사와 부모 간에 영유아에 대한 정보와 의견을 나누는 귀중한 시간이다. 교사는 아침 등원 때와 다른 특별한 변화가 없었는지 영아의 상태를 살핀다. 일일 보고서에 하루 일과 중 특별한 일이나 음식 섭취량, 수면시간, 투약 여부, 건강상태와 기분상태에 대하여 기록

사진 설명 오후에는 실외놀이로 영유아들의 기분을 변화시켜 준다.

하여 부모에게 알려 준다.

영유아가 부모와 기분 좋은 상태로 귀가하도록 도와준다. 부모에게만 알려 주어야 할 사항은 영유아가 듣지 않도록 전달하고, 영유아의 소지품을 챙긴 후 인사하고 귀가를 지도한다. 영유아들을 반드시 직접 부모에게 인계하고 그 외의 보호자가 올 때는 미리 확인을 하도록 한다.

사진 설명 영유아가 하루의 생활을 마치고 부모와 귀가할 때 교사는 온화한 모습으로 마무리 인사를 한다.

4. 누리과정 혼합연령학급의 운영

혼합연령학급이 일반적인 반 구성 형태는 아니지만 최근 지방의 중소도시와 농어촌에서 어린이집과 유치원의 여건상 단일연령반이 아닌 혼합연령반으로 운영하는 사례가 증가하고 있다. 따라서 누리과정에도 혼합연령학급에 대한 내용이 포함되어 있다. 이 절에서는 혼합연령학급의 필요성, 일과 운영, 환경구성 등에 대해 살펴보고자 한다.

1) 혼합연령학급의 필요성

혼합연령학급(또는 복식학급)은 연령 범위가 12개월 이상 차이가 있으며, 경험, 지식, 능력 및 기술에 있어서도 다양한 수준을 보이는 유아들로 편성된다. 최근 사회적 변화와 맞물려 어린이집과 유치원에서 혼합연령학급의 필요성에 대한 요구도가 높아지고 있다. 육아정책연구소(2012)에 따르면 2012년 5세 누리과정이 도입된 후 전국의 어린이집과 유치원에서 단일연령으로 편성한 반의 비율이 75%, 혼합연령으로 편성한 비율이 25%로 나타났다. 즉, 농·산·어촌은 지역 및 지리적 특성으로 인해 단일연령반을 구성할 수 있을 만큼 유아 수가 충분하지 않아 3~4세 반, 4~5세 반, 3~5세 반의 혼합연령학급이 운영되고 있다. 또한 오전에는 각각 동일연령학급에서 지내다가 오후에 종일반의 요구가 있는 유아들을 혼합연령학급으로 재편성하여 운영하는 경우도 있다.

Jaipaul L. Roopnarine

그러나 이러한 현실적인 이유 외에도 혼합연령학급이 단일연령
학급과 비교하였을 때 더 효과적이라는 연구 결과들도 있다. 연구
들에 따르면 혼합연령학급은 단일연령학급에 비해 유아들의 언어
발달, 사회·정서발달, 인지발달 등에서 더 긍정적인 효과를 보이
는 것으로 나타났다(김명자, 2003; 부은영, 2000; 이석순, 1996; 한금희,
1997; Blasco, Bailey, & Burchinal, 1993; Brownell, 1990; Roopnarine &
Johnson, 2000). 이를 구체적으로 살펴보면 다음과 같다. 첫째, 혼합
연령학급의 유아는 다양한 연령과의 상호작용을 통해 언어의 확장
이 이루어진다. 또한 연령이 높은 유아들은 어린 유아들의 말을 명
료화하도록 요구함으로써 자기중심적 언어가 감소되고, 어린 유아들은 어휘력
향상, 문장이해능력 등에서 긍정적인 결과를 보였다. 둘째, 여러 연령의 유아들
과 적응해가면서 사회적 기술이 증진되며 놀이상대에 맞는 사회참여 패턴에 적
응할 수 있는 능력이 생겨난다. 구체적으로 높은 연령 유아들은 동생들의 행동
에 대해서 인내하기·돌보기·배려하기를, 낮은 연령 유아들은 함께하기·나
누기·친사회적 행동 등의 사회성발달이 촉진된다. 셋째, 혼합연령학급에서 인
지적 성숙수준이 다른 유아들 간에 갈등이 발생하는데, 이 과정에서 유아들은
조절과 동화의 과정을 거쳐 인지적 성장이 촉진된다. 큰 아이들은 그들이 이미
배워서 아는 것들을 작은 아이에게 보여주거나 가르쳐주는 행위를 통해서 배우
는 것과 가르치는 것의 차이점을 깨닫게 되고, 나이가 어린 아이들은 자기보다
나이가 더 많은 아이들의 행동을 유심히 관찰하고 모방함으로써 인지능력이 향
상된다.

2) 혼합연령학급의 일과 운영

혼합연령학급은 연령에 기초한 획일성을 지양하고 개개인의 발달특성과 흥
미를 고려한 통합적인 발달을 추구하는데, 여기서 교사는 개별 유아의 수준과
장점을 정확하게 파악하여 유아가 자율적으로 활동에 참여하도록 격려해야 한
다. 혼합연령학급 일과 운영에서 교사가 유의해야 할 점은 다음과 같다.

첫째, 유아들의 발달특성을 이해하고, 이에 적합한 교육·보육과정을 계획하
는 것이 필요하다. 특히 3~5세 유아가 혼합되어 반을 구성하고 있는 경우에는

연령별로 폭넓은 발달특성에 대한 이해가 요구된다. 둘째, 소집단활동은 대집단활동에 비해 연령 차이에서 오는 유아들의 발달수준과 능력, 주의집중 시간의 차이 등을 극복하는 데 유리하다. 따라서 자유놀이를 운영함에 있어 흥미별 혹은 연령별 소집단활동을 지원하는 것이 바람직하다. 셋째, 혼합연령학급의 최대 장점은 형, 동생이 함께 활동하면서 서로에게 긍정적인 영향을 줄 수 있다는 점이다. 형은 동생에게 도움을 주면서 자신감과 배려심을, 동생은 형으로부터 새로운 자극과 보살핌을 받을 수 있다. 교사는 유아-유아 간 상호작용을 최대한 활용한다. 넷째, 일과 운영 시 개별 유아의 발달수준을 최대한 배려한다. 특히 배식의 양, 낮잠시간, 화장실 이용, 이 닦기 등에서 연령별 특성이 두드러지므로 교사의 세심한 지도가 필요하다(정은주, 2012).

구체적으로 혼합연령 학급의 하루 일과별 구체적 운영 및 유의해야 할 점을 살펴보면 다음과 같다(교육과학기술부, 보건복지부, 2012).

(1) 등원

등원시간은 유아와 첫 대면이 이루어지는 시간으로, 혼합연령(복식)반이라고 해서 특별하게 진행되지 않는다. 유아가 환영받는 느낌을 받을 수 있도록 교사는 유아들이 등원할 때 이름을 부르며 반갑게 맞이하고 동시에 유아의 기분과 건강상태에 주의를 기울인다. 경우에 따라 부모와 헤어지는 것을 어려워하는 낮은 연령의 유아를 돕기 위해 높은 연령의 유아들은 교사를 도와 자연스럽게 놀이를 유도하면서 부모와의 분리를 도울 수 있다.

(2) 자유놀이

자유놀이 시간은 유아가 놀이에 대한 본능적 욕구를 학습으로 연결시킬 수 있는 시간으로, 개별 유아들이 자발적으로 관심과 흥미에 따라 놀이를 하는 시간이다. 따라서 교사는 각 연령에 맞는 놀잇감이나 활동자료를 충분히 제공해 주고, 발달수준에 맞추어 상호작용하는 것이 필요하다. 또한 오전·오후, 실내·실외 자유놀이의 연계 혹은 확장하는 등의 융통성 있는 운영이 요구된다. 예를 들면, 어린 유아가 오전에 완성하지 못한 활동이 있다면 오후자유놀이 시간에 새로운 활동을 시작하기보다는 오전과 연계된 활동을 진행하도록 장려해 준다. 반면에 연령이 높은 유아는 보다 심화된 활동을 계획하고 이를 전개하도록 돕는다. 자유놀이 시 자칫 연령이 높은 5세 유아가 놀잇감을 독점하는 경우가 있는데, 이 경우에도 동생과 형이 배려하며 나누어 쓸 수 있는 기회로 삼는다.

(3) 정리정돈

자신이 사용한 놀잇감과 활동자료 등을 제자리에 정리하는 시간에도 유아들 간에 차이가 발생한다. 따라서 교사는 연령 간 차이를 이해하고 전체 유아들이 서로 협력하여 정리할 수 있도록 도와야 한다. 예를 들면, 10여 분 전에 미리 공지하여 새로운 놀이를 시작하지 않도록 하거나, 활동자료를 수준별로 구분하여 배치한다.

(4) 대집단활동

일반적으로 유아들은 대집단활동보다 소집단활동이 바람직하지만, 현실적으로 모든 일과를 소집단활동으로만 진행할 수는 없다. 대집단활동은 집단구성원으로서 모두가 알아야 할 내용을 공유하는 활동으로, 예를 들어 이야기나누기, 음률, 게임 등의 활동을 통해 소속감과 일체감을 느끼도록 구성해야 한다. 대집단활동 시 제시되는 자료나 교사를 주목하기 쉽도록 연령이 낮은 유아가 앞에 앉고 연령이 높은 유아가 의자를 가지고 뒤쪽에 앉도록 한다. 그리고 유아들의 집중시간을 고려하여 15분 이상을 넘기지 않도록 한다.

(5) 소집단활동

혼합연령학급의 경우 유아들의 연령과 수준이 다르고 주의집중시간, 이해도 등에서 차이가 있어 소집단활동이 훨씬 효과적이다. 소집단활동 시 유아와 유아 간 또는 교사와 유아 간의 상호작용이 활발해지고, 각 연령의 발달수준에 적합한 활동을 계획하여 운영할 수 있다. 소집단활동은 같은 시간대에 이루어지므로 자유선택활동시간에 흥미영역 중 한 곳을 이용하도록 한다. 이때 교사는 집단의 수준을 고려하여 활동을 전개하되, 3~4세 유아에게는 보다 구체적인 활동자료를 제공하고 언어보다는 신체를 움직이는 활동을 하게 한다. 반면에 5세 유아의 경우 좀 더 복잡한 방법이나 추상적인 주제를 가지고 활동을 진행할 수 있다. 교사는 소집단활동에 참여하지 않는 유아를 위해 자유로운 활동을 할 수 있도록 배려한다.

(6) 실외놀이

유아들은 시기나 계절, 날씨 등에 따라 하루 중 한 번 또는 두 번 정도 실외놀이를 계획하여 운영할 수 있다. 실외놀이에서 가장 유의해야 할 사항은 무엇보다 안전에 관한 것이다. 따라서 교사는 항상 유아들의 활동을 관찰한다. 또한 혼합연령학급 유아들의 수준을 고려하여 실외놀이를 계획하되, 필요시 연령별로 구분해서 실시할 수도 있다. 실외놀이에서는 물이나 햇빛 등을 사용하는 활동, 다양한 과학실험 등과 같이 실내에서 실행하기 어려운 다양한 경험을 해 볼 수 있다.

(7) 간식 및 점심

교사는 모든 유아가 오전 · 오후 간식, 점심으로 균형 있는 영양의 섭취가 이루어지도록 계획한다. 간식 제공 시 5세 유아의 경우에는 원하는 만큼 담아 먹도록 할 수 있고, 3~4세 유아는 담아 먹기 쉬운 단위로 구분해놓아 스스로 덜어 먹는 것을 격려할 수 있다. 점심을 배식할 때, 3~4세 유아는 아직 소근육발달이 충분하지 않으므로, 연령이 높은 유아가 도우미 역할을 할 수 있다. 또한 올바른 식습관을 지도할 때에도 연령이 높은 유아가 어린 유아의 모델링이 되도록 하여 어린 유아의 사회적 기술을 발달시킨다.

(8) 낮잠과 휴식

일정한 시간대의 낮잠과 휴식은 유아의 신체적인 피로감과 정서적인 긴장감 해소에 중요한 역할을 한다. 낮잠시간과 휴식시간은 연령대별로 욕구가 매우 다양하므로 유아의 연령과 계절, 오늘의 날씨, 일과, 활동량, 건강상태 등에 따라 융통성 있게 운영한다. 개별적 침구나 친근한 인형 등을 준비하여 편안하게 휴식하도록 하며, 3~4세 유아의 경우 낮잠을 재우고 5세 유아는 낮잠 대신 조용한 활동을 하면서 휴식을 취하게 한다.

(9) 화장실 다녀오기

유아들은 일과 중 대 · 소집단활동 및 자유선택활동 등을 마친 후, 낮잠 후, 실외활동 후, 간식 및 점심시간 전과 후 등에 손을 씻거나 용변을 보기 위하여 화장실에 다녀오게 된다. 3세 유아의 경우 스스로 능숙하게 용변을 보지 못하거나 놀이를 하다가 잊어버리는 경우가 있으므로 교사는 일과 운영을 하면서 의도적으로 유아가 화장실에 가도록 한다. 손 씻기를 할 때에는 4~5세 유아는 스스로 손을 씻도록 지도하며, 3세 유아에게는 씻는 모습을 보여주면서 도움이 필요한 경우 도와준다.

(10) 귀가 및 가정과의 연계

교사는 유아들이 귀가하기 전에 하루 일과를 정리하고 편안하고 즐거운 마음으로 보호자를 만날 수 있도록 배려한다. 또한 부모에게 유아의 식사량, 낮잠 여부, 친구와의 관계 등 하루 일과를 이야기하며 가정과의 연계를 도모해야 한다. 유아마다 귀가시간의 차이가 있고 자칫 긴장이 풀어질 수 있는 시간이므로 교사는 유아 모두가 귀가할 때까지 안전하게 지낼 수 있도록 주의를 기울인다. 특히 3세 유아는 귀가하는 과정에서 혼자 어린이집 외부로 나가거나 위험한 행동을 하지 않도록 주의 깊게 살펴보아야 한다.

3) 혼합연령학급의 환경구성

혼합연령학급은 단일연령반에 비해 유아들의 수준과 요구가 보다 더 다양하므로 반을 구성하고 있는 유아들의 개별적 흥미와 수준, 욕구를 더욱 정확하게 파악하여야 한다. 즉, 발달수준이 조금씩 다른 유아들의 인원구성, 발달특성, 흥미와 욕구, 일과, 활동의 형태, 이동경로, 상호작용 등을 상세하게 파악하고, 이를 고려하여 유아들의 직접적이고 자율적인 탐색 및 긍정적이고 협력적인 상호작용이 가능하도록 환경을 구성해야 유아의 발달적 잠재성을 일깨울 수 있다.

혼합연령반은 일반적으로 모든 일과를 함께 운영하지만, 5세 유아는 휴식을 취하고, 3~4세 유아는 낮잠을 자는 경우와 같이 일부 서로 다른 일과 운영을 고려하여 공간을 구성한다. 5세 유아들이 많은 경우에는 조용한 활동을 하여도 3~4세 유아들의 수면에 방해가 될 수 있으므로 5세 유아의 일과활동을 미리 조정하여 계획하는 것이 필요하다. 그러나 교사 1인이 반을 운영할 경우에는 별도의 공간이 있어도 활동을 계획하기 어려우므로 낮잠을 자는 다른 반의 보육실에 3~4세 유아를 재울 수 있다.

보육실은 유아들이 자유롭게 활동을 선택할 수 있도록 흥미영역을 구성하는 데, 보육실의 크기와 유아들의 수에 기초하여 흥미영역의 개수를 정한다. 또한 흥미영역의 위치나 내용을 고정하기보다는 유아들의 흥미나 수준에 따라, 계절이나 주제에 따라 조금씩 변화시켜 구성한다. 특히 혼합연령반에서는 구성된 연령이나 인원분포, 수준에 따라 시기적으로 교실의 흥미영역 배치를 조정할 수 있다. 보육실이 넓지 않을 때에는 다양한 연령의 요구가 반영되어야 하므로 유사한 영역을 통합하여 구성한다. 특히 가정어린이집과 같이 공간이 협소한 어린이집에서는 보육실 한 곳에 모든 영역을 구성하기보다 어린이집 전체 보육실을 고려하여 구성할 수 있다. 즉, 움직임이 많은 대근육·소근육 발달을 위한 교구는 거실에 배치하되, 방별로 정적 활동, 동적 활동 등을 운영할 수 있도록 영역을 구성하는 것도 하나의 방법이다.

흥미영역을 구성할 때에는 연령에 적합하고 흥미 있는 교재교구를 준비한다. 혼합연령대가 함께 사용할 수 있는 기본적인 놀잇감을 배치한 후, 시기에 따라 주제 관련 활동자료를 준비하고 발달수준의 차이가 큰 일부 영역의 경우에는 활동에 따라 자료를 수준별로 유아 수에 맞추어 충분히 준비하도록 한다. 예를 들면, 언어영역 또는 수·과학영역 등과 같이 연령별로 수준 차이가 많이 나는 경우에는 교구의 수준을 좀 더 세분화할 필요가 있다. 또한 영역에 상관없이 사전 경험 등에 의해 수준별 자료 준비가 필요한 활동이 있을 수 있으므로 교사는 주의 깊게 관찰하여 미리 자료를 준비한다. 또한 3~4세 유아의 경우에는 대근육 활동이나 감각활동을 위한 자료를, 5세 유아는 보다 정교하고 탐구할 수 있는 자료와 초등학교 연계를 위한 활동자료를 제공한다. 같은 영역에서 수준이 다른 교구를 제공할 때에는 교구 이름에 색깔로 표시할 수 있다(예: 3세 노란색, 4세 주황색, 5세 파란색 등). 이렇게 교구를 색깔로 연령 구분을 하되, 유아들의 흥미나 수준에 따라 누구든지 선택하여 사용할 수 있도록 한다.

제11장 • ➔ 보육과정 평가

영유아보육법 제29조 제1항에 따르면 보육과정은 영유아의 신체·정서·언어·사회·인지발달을 도모할 수 있는 내용을 포함해야 한다. 보육과정에 따라 보육이 진행될 경우 영유아는 전인적으로 성장하고 발달하며 민주시민으로서의 자질을 갖추고 건강하고 조화로운 사회구성원으로 자랄 수 있다. 어린이집은 영유아보육법에서 명시한 보육과정에 따라 교육을 실시하고 또한 보육과정의 목적이 어느 정도 달성되었는지에 대해 정기적이고 객관적으로 검토해야 한다. 보육평가는 어린이집에서 실제로 수행하고 있는 보육활동이 영유아의 성장과 발달을 돕기 위해 적절한지, 본래 의도한 목표가 어느 정도 실현되고 달성되었는지 등의 전반적인 부분에 관해 필요한 정보를 수집하고 분석하는 과정을 일컫는다. 이러한 과정은 추후의 보육과정 계획에 반영되어 보육의 질적 수준을 향상시킬 수 있고 효율적인 보육활동을 실시하는 데 반드시 필요하다.

따라서 이 장에서는 먼저 보육과정을 잘 계획하고, 효율적으로 수행했는지를 평가하는 보육과정 평가의 개념과 목적을 살펴보고, 다음으로 보육과정 평가의 내용과 어린이집 평가제에 대해 살펴보고자 한다.

1. 보육과정 평가의 개념 및 목적

　미국, 호주, 영국 등에서 영유아교육기관에 대한 평가인증제도가 실시되었고 그 효과가 괄목할 만한 것으로 보고되었다. 이에 우리나라에서도 2004년 개정된 영유아보육법 제30조에 평가를 실시할 수 있는 법적 근거를 만들어 전국적으로 어린이집에 대한 평가인증을 하였고, 2019년부터는 어린이집 평가제를 시행하고 있다. 여기서는 보육과정 평가의 개념과 평가의 목적에 대해 자세히 알아볼 것이다.

1) 보육과정 평가의 개념

　일반적으로 평가는 사물의 가치나 수준을 따지는 것을 말하는데, 보육과정에서의 평가는 보다 포괄적인 개념이다. 평가에 대한 Tyler(1949)의 정의에 의하면 평가란 본질적으로 교육과정 또는 교육프로그램에 의해 교육목표가 얼마나 잘 실현되었는가를 밝히는 과정이다. 그러나 평가에 대한 개념은 Tyler의 정의에서 점차 확대되었다. 즉, 평가를 가치판단에 한정해서 정의하는 것에서 나아가 의사결정과 연관지어 정의하려는 움직임이 나타났다. Cronbach(1984)는 교육평가란 교육프로그램에 관한 의사결정을 내리는 데 필요한 정보를 수집하고 사용하는 과정이라고 정의하였다(이은해, 재인용, 2002). 교육평가에 대한 개념과 함께 교육과정에 대한 정의를 살펴보면 교육과정은 아동이 성인이 되어가는 과정에서 성장하고 성숙해나가는 경험과 행동 과정을 의미한다.

　평가와 교육과정에 대한 정의를 바탕으로, 보육과정 평가의 개념을 다음과 같이 정의할 수 있다. 보육과정 평가는 어린이집에서 영유아의 전인적인 성장을 돕기 위해 계획한 보육과정 전반에 대한 실현 정도와 보육과정을 계획하기 위해 필요한 정보를 수집하고 가치판단을 하는 모든 과정이라고 할 수 있다. 보육과정 평가란 보육과정을 구성하고, 그 구성된 보육과정을 실제에 운영해보고, 그 운영 결과를 확인해보는 일련의 과정이다. 따라서 객관적인 자료를 분석하고, 보육활동 중 무엇을 평가하는가가 평가에서 중요한 요인이 된다.

　이를 위해 최근 실시되는 보육과정 평가는 교육 전반에 걸쳐 자료를 수집하고, 영유아들의 실제 능력을 실제 상황에서 측정한다. 동시에 과정 중심의 평가를 지향하고, 평가를 위해 다양한 평가기법 또는 전략을 사용한다. 보육목표의 달성 정도, 보육내용과 교수·학습방법의 적절성 등에 대한 정보를 제공하며, 영유아의 발달과 성취수준을 알려 주는 일련의 과정인 보육과정 평가가 적절히 실행된다면, 영유아들에게 질적 수준이 높은 보육서비스를 제공해 줄 수 있을 것이다.

2) 보육과정 평가의 목적

보육과정 평가의 목적은 평가를 통해 현재의 상태를 진단하고 계획했던 보육과정이 어느 정도 잘 수행되었는지를 확인하여, 추후 보육과정에 적용함으로써 궁극적으로 영유아에게 제공되는 보육의 질을 향상시키는 것이다. 즉, 평가는 영유아를 보다 더 잘 이해하고 프로그램의 개선을 도모하며 보육의 효과를 검증하고 부모와 교사가 영유아를 올바르게 이해할 수 있도록 도와 보육의 효과를 극대화한다.

미국과 호주, 일본, 우리나라에서 시행 중인 보육과정 평가의 목적은 다음과 같다. 먼저 미국은 행정에 있어서 지방자치·규제탈피 등을 강조하는 체제로 각 주의 보육정책은 주정부 책임하에 실시되고 있기 때문에 지역별로 어린이집에 적용하고 있는 인가기준 및 규정 그리고 어린이집에 대한 지도·감독의 수준 등이 일정하지 않다. 일부 지역에서는 어린이집 관련 기준이 낮거나 지도·감독이 소홀하여 질 높은 보육서비스를 기대하기 어려운 경우도 있다. 따라서 이런 문제점을 해결하기 위해서 미국유아교육협회(National Association for Education of Young Children: NAEYC)를 선두로 전국가정보육협회(National Association for Family Child Care Foundation: NAFCCF), 전국취학아동보육연합(National School Age Care Alliances: NSACA) 등의 민간단체에서 평가인증을 도입하게 되었다. 민간단체의 노력으로 평가인증이 확산되면서 보육의 질적 수준 향상과 평가인증 간에 긍정적인 관계가 있다는 연구가 보고되자, 미국의 지방정부에서는 인증 준비 중인 어린이집을 지원하거나 인증의 확산을 위해 인증시설과 비인증시설의 아동보육료 지원을 차등화하는 등의 지원을 하고 있다.

미국유아교육협회(NAEYC)에서는 영유아기가 전생애의 건강과 발달에 미치는 영향이 매우 크다는 것을 강조하고 있다. 평가인증은 부모들이 영유아를 위해 질 높은 프로그램을 선택하도록 돕는 역할을 하므로, '자녀를 위한 가장 올바른 선택'이 평가인증의 주요한 역할이다.

미국유아교육협회(NAEYC)에 의하면 평가인증의 주요 목적은 크게 두 가지이다. 첫째, 평가인증은 영유아에게 제공되는 프로그램이 잘 진행되고 있는지를 알게 해주어야 한다. 즉, 평가인증을 통해서 프로그램을 점검하고 개선하여, 프로그램 관계자들이 영유아의 발달과 학습에 적절하고 실제적인 프로그램을 운영하도록 돕는 것이 평가인증의 목적이다. 평가인증의 두 번째 목적은 우수한 질의 프로그램을 운영하고 있는 기관의 보육과정을 객관적으로 평가해 질적 수준을 인정해주고, 지속적으로 전문적인 프로그램을 운영하도록 지원해주는 것이다(www.naeyc.org).

호주의 평가인증제도는 국가의 위탁을 받은 단체인 NCAC(National Child care Accreditation)에서 주관하기 시작해서, 1994년부터 종일제 어린이집에 대한 인증을 실시하였고, 2001년에는 가정보육 인증제도를, 2003년에는 방과 후 보육 인증제도를 도입하였다. 그러나 어린이집의 2/3가 민간어린이집이며 이 중 1/4이 영리로 운영되어, 정부지원기관과의 질적 수준 차이가 크게 나타나 국가가 직접 평가인증에 참여해야 할 필요성이 대두되었다.

이에 2012년 1월 1일부터 NCAC를 대신해 ACECQA(Australian Children's Education and Care Quality Authority)가 평가인증을 실시하였고, 국가기관이 평가인증을 실시하면서 어린이집뿐 아니라 유치원, 초등학교 방과 후 교실까지도 평가하고 있다.

호주의 ACECQA는 어린이집 평가인증과 질 관리를 위해 평가인증 결과를 호주 정부가 지원하고 있는 영유아 보육지원금(Child Care Benefit: CCB) 정책과 연계시켜 운영하고 있다. 즉, 영유아는 인증받은 어린이집에 다니는 경우에만 양육비 지원을 받을 수 있다(ACECQA, 2013). 보육지원금(CCB) 지원 대상에 해당하는 보육서비스 유형은 인증보육서비스(approved child care)와 등록보육서비스(registered child care)의 두 가지로 나누어진다. 인증보육서비스는 종일보육(long day care), 가정보육(family day care), 방과 후 보육(outside school hours care), 일시 보육(occasional care), 재가서비스(in home care) 등이고 등록보육서비스는 조부모나 친인척, 친구, 보모 등이 제공하는 서비스이다. 인증보육서비스는 평가인증을 통해 일정수준의 서비스의 질과 운영조건을 갖추면 보육지원금(CCB)을 지원하고, 등록보육서비스는 가족지원국(Family Assistance Office)에 등록되어야 일정금액을 지원하고 있다.

ACECQA는 영유아 교육 및 보육을 위한 국가품질체계(The National Quality Framework: NQF)를 도입하여 교육프로그램, 영유아의 건강 및 안전, 물리적 환경, 보육교직원, 영유아와의 상호관계, 가족 및 지역사회와의 연계, 리더십 등 7개 영역 35개 항목을 평가하며, 5단계의 평가 결과는 ACECQA와 MyChild 홈페이지에 공개한다. 평가 결과를 공개하는 것은 영유아 보육·교육기관에 대해 투명하고 포괄적인 정보를 부모에게 제공하여 부모가 자녀를 위한 최상의 서비스를 선택할 수 있도록 돕고자 함에 있다.

일본 보육서비스의 질에 관한 공정하고 중립적인 평가는 2004년부터 시작되었다. 일본의 경우, 지방자치단체별로 평가인증기구가 있고 이곳에서 다시 평가업체에 시설평가를 맡겨 평가인증을 실시한다. 외부 시설에 의해 평가를 받기는 하지만 일본의 평가인증제는 어린이집이 자체적으로 상황을 진단하여 문제점을 파악하고 서비스의 질을 향상시키는 노력을 더 중요시한다.

우리나라의 경우 한국보육진흥원 평가인증국에서 보육과정 평가를 담당하고 있는데, 평가인증 여부보다는 자발적으로 시행하는 평가의 준비 과정에 초점을 두고 있다. 즉, 평가 과정을 통해 보육교직원, 학부모, 지역사회, 영유아들이 적절하게 상호작용하여 보육서비스의 질이 개선되도록 하는 것이다. 보건복지부에서도 어린이집 평가인증제도에 대해 부모에게 어린이집 선택에 필요한 정보를 제공하기 위한 제도라고 홍보하고 있다. 따라서 평가인증제도의 목적은 무엇보다 보육서비스의 질적 수준을 높이는 것이다. 〈표 11-1〉에는 영유아와 부모, 보육교직원, 정부의 입장에 따른 우리나라 평가인증사업의 목적이 제시되어 있다.

〈표 11-1〉 우리나라 평가인증제도의 목적

- 효과적인 어린이집 질 관리 시스템을 통해 보육서비스의 질적 수준 향상
- 영유아에게 쾌적하고 안전한 보육환경을 조성하여 건강한 성장과 발달 촉진
- 평가인증 과정을 통해 어린이집 교직원의 전문성 증진
- 부모에게 어린이집 선택의 합리적인 기준과 정보 제공, 양질의 보육서비스를 통한 자녀양육 지원
- 영유아를 위한 정부예산의 합리적인 집행, 효율적인 지원 및 관리 기능

출처: 한국보육진흥원(2015).

우리나라와 미국, 호주, 일본 등의 평가인증의 목적을 살펴본 결과, 보육과정 평가의 목적은 어린이집 원장 및 보육교사가 평가를 통해 스스로 어린이집의 서비스를 일정한 기준에 도달하게 하고 이 수준을 유지할 수 있도록 자율적으로 노력하게 하는 데 있다. 이러한 과정은 궁극적으로 보육과정의 질적 수준을 높이는 동시에 자연스럽게 영유아의 건강한 성장을 위한 최소한의 환경과 운영체계, 기본 프로그램을 제공해주고, 영유아의 학습·발달 증진을 위한 교수·학습과정을 개선할 수 있게 한다(사진 참조).

사진 설명 평가인증에 대한 한국보육진흥원의 소개 "어린이집 평가에 대한 오해와 진실" 중 일부
출처: 한국보육진흥원 kce.kcpi.or.kr

2. 보육과정 평가의 내용

보육과정 평가는 보육목표의 달성 정도, 보육내용과 교수·학습방법의 적절성 등에 대한 정보를 제공하며, 영유아의 발달과 성취수준을 알려 주는 일련의 과정을 의미한다. 따라서 보육과정 평가에는 영유아를 둘러싸고 있는 보육환경과 영유아의 발달에 대한 것이 포함되어야 된다. 그리고 영유아를 둘러싼 보육환경에는 어린이집에서 제공되는 프로그램, 어린이집의 물리적 환경, 보육서비스 제공자인 보육교사와 원장 등이 포함된다. 여기서는 보육과정 평가의 내용을 보육프로그램 평가, 물리적 환경 평가, 어린이집 보육교사·원장 평가, 영유아발달 평가의 순으로 자세히 살펴보고자 한다.

1) 보육프로그램 평가

보육프로그램에 대한 평가는 영유아의 발달 수준, 흥미, 요구에 적합한 경험 및 학습을 촉진할 수 있는 다양한 교수·학습방법이 적절하게 계획되고, 실행되었는지를 객관적으로 평가하는 것이다. 보육프로그램 평가의 내용은 보육프로그램 운영 과정, 영유아의 변화된 모습, 교사의 교수방법 등을 전반적으로 포함한다. 평가 결과를 통해 보육교직원의 역할과 교수방법을 스스로 점검하게 함으로써 교사의 전문성을 높이고 자질을 향상시키게 된다. 또한 다음 연도의 보육프로그램 수립에 반영될 수 있어야 한다.

보육프로그램 평가는 평가의 시기, 방식, 목적에 따라 다양하게 구분된다. 평가가 실시되는 시기에 따라 진단평가(과정 초기에 실시), 형성평가(프로그램이 운영되는 과정에 실시), 총괄평가(프로그램 운영 후 실시)로 나누어진다. 평가방식에 따라 양적 평가(보육목표 달성여부를 수량화하여 평가)와 질적 평가(교사나 영유아가 보여주는 학습 상황에서의 반응을 관찰, 면접 등을 통해 평가)로 나누어진다. 평가 형식에 따라 형식적인 평가(구체적이고 제한된 범위의 아동행동을 일정한 틀에 맞추어 정기적으로 평가)와 비형식적인 평가(비정기적으로 정해진 형식이 없이 실시되는 평가)로 나누어진다.

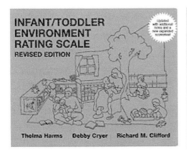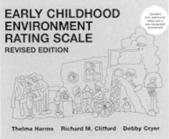

사진 설명 | ECERS-R 척도, ITERS-R 척도, FDCRS 척도 표지

우리나라의 모든 어린이집에서는 영유아보육법[1]에 의해 2007년부터 표준보
육과정을 적용한 프로그램을 운영하고 있다. 따라서 표준보육과정에서 제시하
고 있는 각 영역의 목표를 달성하고 있는지를 평가하는 것은 보육프로그램 평가
의 기본적인 과정이다.

우리나라에 소개된 국내외의 보육프로그램 평가척도들은 프로그램을 평가
하기보다는 시설의 물리적 환경, 교사와의 상호작용, 프로그램 등을 포괄적으
로 평가하고 있다. 그래서 이러한 평가척도들을 프로그램 평가척도라고 소개
하기에는 다소 무리가 있지만 대부분의 척도들이 프로그램 평가척도를 포함
하고 있으므로 여기서 간략히 살펴보고자 한다. 현재 흔히 사용되는 척도는
Harms와 Clifford(1997)의 유아교육환경평가척도(ECERS-R)와 Harms와 동료들
(2004)이 개발한 영아/걸음마기 아동환경평정척도(ITERS-R) 그리고 Harms와
Clifford(1992)의 가정보육환경평정척도(FDCRS)가 있다.

ECERS-R은 영유아(2.5~5세)의 양육 및 교육환경에 대한 전반적인 질을 측정
하기 위한 척도로 7개 영역(43문항)으로 구성되어 있다. 7개 영역은 공간 및 설
비, 일상적 양육, 언어·추리, 학습활동, 상호작용, 프로그램 구성, 부모와 교직
원 등이다. ITERS-R은 30개월 미만의 영아를 대상으로 하고 있는 교육기관을
평가하기 위한 척도로, 7개 영역(35문항)으로 구성되어 있다. FDCRS는 5명 이내
의 영유아를 대상으로 가정에서 제공되는 보육의 질적 수준을 평가하는 척도로,
6개 영역(34문항)으로 구성되어 있다.

국내에서 개발된 척도로는 이순형, 최일섭, 신영화와 이옥경(1998)의 어린이

---

1) 보건복지부 장관은 표준보육과정을 개발·보급(제29조 제2항)해야 하고, 어린이집은 표준보육과정
에 따라 영유아를 보육하도록 노력하여야 한다(제29조 제3항).

  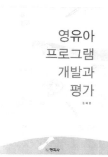 

사진 설명 │ 유아 보육과 관련된 프로그램 개발과 평가 절차와 항목에 대한 소개가 되어 있는 도서 표지

집의 환경운영관리 및 프로그램 평가척도, 이은해(2002)의 어린이집 운영관리
평가척도, 어린이집 영아반 평가척도(1~2세용), 어린이집 유아반 평가척도(3~5
세용), 어린이집 프로그램 관찰척도, 부모용 평가설문지 등이 있다.

2) 물리적 환경 평가

어린이집의 물리적 환경은 가능한 한 가정과 유사하고 영유아에게 안전해야
한다. 영유아가 가정과 같은 편안한 분위기를 느끼고 자신만의 공간이라는 소
속감을 가질 수 있으며 연령에 적합한 놀잇감이 제공되어야 한다. 물리적 환경
의 중요성은 영유아보육법에도 반영되어 있다. 2004년 개정된 영유아보육법에
의하면, 영유아 1인당 보육실의 면적이 종전에 비해 늘어났고, 어린이집이 1층
에 위치해야 하며, 보육실에는 적절한 환기, 채광, 조명, 온도, 습도 등이 제공되
어야 한다고 명시되어 있다. 아울러 비상 상황에 대비하여 어린이집 시공 시 불
연재료나 준불연재 사용을 명시하였다. 또한 소화용 기구 비치, 비상구 설치, 비
상약품비치, 영유아안전장치 보완 등을 엄격히 제시하고 있다. 이러한 물리적
환경에 대한 평가 준거는 어린이집 평가인증지표를 통해서 살펴볼 수 있다(〈표
11-2〉 참조).

어린이집의 물리적 환경에 대한 기준은 우리나라뿐 아니라 영국, 일본, 스웨
덴 등 서구에서도 매우 엄격하다. 예를 들어, 스웨덴의 어린이집에서는 채광과
신선한 공기의 활용을 중요하게 생각하고, 가정과 같은 환경을 유지하기 위해서
크기가 작은 방 여러 개로 환경을 구성한다. 동시에 편안한 분위기를 제공하기
위해 재료와 색채를 규제하고, 변화무쌍한 기후에 대처하기 위해 실내 환경을

〈표 11-2〉 어린이집 평가제 지표 보육 환경 · 안전 관련 지표

2-1. 실내공간 구성 및 운영	1. 보육실 내 놀이영역은 영유아의 연령 및 발달특성을 고려하여 영유아의 놀이와 연계하여 구성한다. 2. 실내 시설 및 설비가 영유아의 발달수준에 적합하다. 3. 영유아의 요구를 충족하는 보육실 이외의 별도의 공간을 마련하고 있다. 4. 비품과 활동자료를 보관하는 별도의 공간이 있고 체계적으로 정리하고 있다.
2-2. 실외공간 구성 및 운영	1. 옥외놀이터 등을 구비하고 있다. 2. 영유아의 발달을 지원하는 다양한 놀이 및 활동자료가 준비되어 있다. 3. 영유아의 발달에 적합한 다양한 바깥놀이 및 활동이 이루어진다
3-1. 실내외 공간의 청결 및 안전	1. 실내외 공간을 청결하고 쾌적하게 관리한다. 2. 실내외 공간과 설비를 위험요인 없이 안전하게 관리한다. 3. 실내외 공간의 놀잇감 및 활동자료와 위험한 물건을 안전하게 관리한다.

출처: 한국보육진흥원(2020). 어린이집 평가 매뉴얼(어린이집용).

중점적으로 관리한다. 영유아 중심의 물리적 환경을 위해서 우리나라의 어린이집도 영유아보육법에 명시되어 있는 설비 규정을 준수하고, 물리적 환경구성에 대한 평가를 정기적으로 진행하는 등 지속적인 노력을 해야 할 것이다.

사진 설명 어린이집 세면대가 아이들의 키에 맞게 설치되어 있다.

3) 보육교사·원장 평가

어린이집에서 보육의 질을 결정하는 요인 중 가장 중요한 것은 보육교사와 원장 등 보육인력의 질적 수준이라고 해도 과언이 아니다. 특히 보육과정 운영에 있어 보육교사의 결정권이 크고, 보육교사의 전문적인 능력과 인성은 영유아의 발달 및 학습에 상당한 영향을 미치므로 보육교사에 대한 평가는 매우 중요하다. 동시에 원장의 효율적인 시설 운영, 교직원관리, 재정관리, 보육정책에 대한 전문적 지식 등도 보육의 질적 수준과 관련된다.

교사 평가 방법에는 수업에 대한 교사의 자기평가, 동료나 외부관찰자 평가, 시험제도, 유아의 수행능력 측정, 전문가의 참관 또는 학부모 조사 등이 있다. 이들 방법들 중 자기평가는 교사들이 가장 바람직한 방법으로 인식하는 것이다. 교사에 의한 자기평가는 일정한 평가양식을 통해 자신의 강점과 약점을 인식함으로써 스스로의 수행을 발전시킬 수 있고 또 그 결과를 다시 보육과정 계획에 반영시킴으로써 보육과정의 운영이 보다 효율적으로 이루어지게 할 수 있다는 장점이 있다(최혜진, 황해익, 2005).

최근 교사의 자기평가에 많이 사용되는 도구의 예로 황해익, 최혜진과 김남희(2003)의 교사자기평가척도를 들 수 있다. 이 척도는 교사의 자질을 일반적 특성과 전문적 특성으로 구분한 5점 리커트식 척도이다. 일반적 특성은 신체, 인성, 교양 및 지적 영역 등을 포함하고 있고, 전문적 특성은 교직에 대한 태도, 교육기술, 전문적 지식 등을 포함하고 있다. 추후에도 보육교사의 자질 및 전문성을 객관적으로 평가할 수 있는 평가 도구가 지속적으로 개발되어 보육인력의 전문성이 제고되고 나아가 보육의 질적 수준도 향상시켜야 한다.

4) 영유아발달 평가

영유아발달에 대한 평가는 영유아의 전반적인 발달특성을 살펴보며, 성장 변화를 총체적으로 평가하는 것이다. 영유아를 평가하는 방법은 매우 다양하다. 일반적으로 영유아 관찰, 작품 분석, 영유아와의 면접, 표준화된 검사, 부모 면담 등의 방법이 사용된다. 이러한 평가방법은 평가를 적용하는 절차와 방법에 따라 형식적 평가와 비형식적 평가로 나누어진다. 형식적 평가는 지능검사, 사회성숙도검사, 언어능력검사처럼 표준화된 검사 도구를 사용하여 구체적이고 제한된 범위의 행동을 평가하는 것이다. 반면, 비형식적 평가는 관찰, 조사, 면접을 통해 표준화되지 않은 도구를 이용하는 것이다. 상황에 따라 이들 두 가지 방법이 통합적으로 함께 사용되기도 한다.

영유아발달 평가의 목적은 영유아의 발달수준을 파악하고 평가 결과 발달에 문제가 있는 영유아가 있는 경우, 전문적인 기관과 연계하여 영유아의 건전한 발달을 도모하는 것이다. 이와 함께 평가를 통해 영유아에게 적용한 프로그램이 영유아의 발달에 미친 영향을 알아보고, 파악된 정보를 학부모와 공유하면서, 영유아의 발달수준에 적절한 프로그램을 계획하고 활용하는 것도 평가의 목적이 될 수 있다.

여기서는 영유아발달 평가방법인 영유아 관찰, 포트폴리오 평가, 표준화된 검사, 면접법에 대해 자세히 살펴볼 것이다.

(1) 영유아 관찰

영유아 관찰에 의한 평가는 자연스러운 상황에서 대상 영유아의 언어나 행동을 관찰하여 영유아에 대한 정보를 수집하는 방법이다. 영유아기는 발달 속도가 빠르고 언어적 의사소통에 어려움이 있기 때문에 1~2회의 검사를 통해 발달에 대한 자료를 수집하는 것은 적절하지 않다. 지속적으로 영유아를 관찰하면서 정보를 수집하는 것이 더 효율적인 평가방법이라 할 수 있다.

그러나 관찰이 제대로 진행되기 위해서는 관찰자가 관찰하고자 하는 것이 무엇인지에 대한 분명한 목적과 계획이 있어야 하고, 기록절차가 체계적이어야 하는 등 관찰자의 전문적인 관찰기술이 요구된다. 동시에 관찰자는 자신의 편견이나 선입견이 개입되지 않고 객관적이고 사실적인 기록을 해야 한다. 〈표 11-3〉에 영유아 관찰일지의 예를 제시하였다.

영유아 관찰법은 일화기록법, 시간표집법, 사건표집법, 체크리스트(행동목록법) 등이 있다. 다음은 체크리스트의 예이다(〈표 11-4〉 참조).

〈표 11-3〉 영유아 관찰일지

영아명:　　　　　　　작성자:

날짜	배변		수유 및 이유		수면		영아의 심리적 상태	영아의 놀이활동
/								
/								
/								
/								

자료설명: 영아반 관찰일지

유아명:　　　　　　　생년월일:

날짜	관찰자	미술 영역	소꿉 영역	쌓기 영역	언어 영역	수·과학 영역	음률 영역	대소 집단 활동	실외 놀이	기본 생활 습관
/										
/										
관찰평가										

자료설명: 유아반 관찰일지

〈표 11-4〉 인지발달 체크리스트(3, 4세용)

관찰유아:　　　　　　　생년월일:　　　　　　　성별:
관 찰 자:　　　　　　　관찰일자:　　　　　　　관찰일 현재 유아 연령:
관찰할 유아를 선택한 후 체크리스트에 있는 행동이 나타난다면 ✓로 표시하시오.

1. 교사의 말을 주의 깊게 듣는다.
2. 사물을 주의 깊게 관찰하고 본다.
3. 상식이 풍부하다.
4. 자연현상에 대하여 관심이 많다.
5. 계절의 변화를 이해한다.
6. 낮과 밤이 다름을 이해한다.
7. 날씨의 변화에 따라 옷을 다르게 입어야 함을 안다.
8. 기본도형 동그라미, 네모, 세모의 이름을 안다.
9. 다섯 가지 이상의 색깔의 이름을 안다.
10. 어제, 오늘, 내일을 알고 사건을 순서에 따라 배열할 수 있다.
11. 문제 상황이 생겼을 때 다양한 방법으로 문제를 해결하려고 시도한다.
12. 사물을 한 가지 속성에 따라 분류할 수 있다(색, 모양, 크기에 따른 분류).
13. 1~10까지 합리적으로 수를 셀 수 있다.

14. 하루 일과를 순서대로 말하고 이해할 수 있다.
15. 사물의 수량이 많고 적음을 변별할 수 있다.
16. 일대일대응을 하고 같은 것끼리 짝짓기를 할 수 있다.
17. 위, 아래, 앞뒤를 구별할 수 있다.
18. 오른쪽, 왼쪽을 구별할 수 있다.
19. 새로운 사건에 흥미와 호기심이 많다.
20. 교사나 친구의 말을 주의 깊게 듣는다.

출처: 경기도육아종합지원센터(2013). www.gyeonggi.childcare.go.kr

(2) 포트폴리오 평가

사진 설명 5세아의 미술작품집은 아동발달에 대한 자료가 될 수 있다.

특정 검사 도구에 의해 평가된 결과들은 해당 검사와 관련된 영유아발달의 일부 영역만을 반영하기 쉽다. 하지만 이러한 단편적인 평가보다는 영유아의 수행 과정과 능력에 대해 다양한 방법으로 평가하는 것이 바람직하다. 포트폴리오 평가는 영유아의 수행 과정과 능력을 평가하는 방법으로, 영유아가 일상생활이나 수업 중에 직접 활동한 자료를 모아놓은 것을 활용하여 평가할 수 있다(사진 참조).

포트폴리오 평가가 객관적인 자료로 활용되기 위해서는 먼저 포트폴리오가 체계적으로 수집되어야 하고, 자료수집 과정 동안 관찰기록, 면접, 검사 등 다양한 평가 도구가 사용되어야 한다. 이와 함께 영유아의 발달을 나타낼 수 있는 내용이 수집되어야 하고 수집된 내용을 평가하기 위한 객관적인 평가 준거가 마련되어야 된다. 적절하고 체계적인 포트폴리오는 영유아, 학부모, 교사 모두에게 영유아의 발달 변화를 알아볼 수 있는 자료를 제공해주어 보육현장에서 많이 사용되고 있는 평가방법이다.

(3) 표준화된 검사법

표준화된 검사는 대집단을 대상으로 표준화를 거친 평가방법이다. 이는 검사의 목적, 내용, 대상, 실시절차, 채점 및 결과 해석이 표준화되어 있어 개별 영유아의 행동이나 성취도를 같은 연령대의 영유아와 비교하는 것이 가능하므로, 객관적인 자료를 얻는 데 도움이 된다(사진 참조). 그러나 검사법은 영유아의 발달 전반에 대한 정보를 제공해주기보다는 발달영역 중 일부에 대한 정보만을 제공한다는 한계가 있다. 또한 일회적인 검사의 특성상 검사 실시 시 영유아의 건강상태나 분위기 등이 검사 결과에 영향을 미칠 수 있어 그 결과를 해석하는 데 주의를 기울여야 한다.

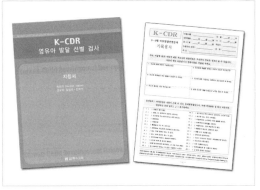

사진 설명 K-CDR 발달선별도구는 Harold Ireton이 개발한 어린이집 0~5세 영유아를 위한 간편 발달선별검사 도구로 사회성, 자조행동, 대근육운동, 소근육운동, 언어발달 등을 알 수 있다.

영유아를 대상으로 하는 표준화된 검사는 지능검사, 적성검사, 성격검사, 운동기능검사, 사회성숙도검사 등이 있으나 한국 웩슬러 유아지능검사(박혜원, 곽금주, 박광배, 1996), 고대-비네 지능검사(전용신, 1970), 한국판 K-ABC(문수백, 변창진, 1997) 등의 지능검사를 제외하고 영유아를 대상으로 한 표준화된 검사 도구의 사용은 보편적이지 못하다.

사진 설명 웩슬러 아동지능검사 4판(WISC-IV, 2012)은 곽금주, 오상우, 김청택(2012)이 번역, 표준화한 검사이다. 검사 대상은 6세 0개월~16세 11개월 사이의 아동이다.

(4) 면접법

면접법은 영유아와 부모를 직접 만나 영유아에 대한 정보를 수집하는 것이다. 어린이집에서는 일반적으로 연 2~3회 정도 부모와 면담을 한다. 일반적으로 초기에 실시하는 면담에서는 교사가 영유아에 대한 정보를 부모로부터 듣는 것이 중심이 된다. 교사는 부모로부터 가정에서 영유아의 행동과 영유아의 과거 병력, 발달 상황 등 영유아에 대한 기본적인 정보와 부모의 교육철학, 어린이집에 대한 요구 등을 듣고 이를 프로그램 운영에 참고할 수 있다(〈표 11-5〉 참조). 학기 중반이나 후반에 진행되는 부모와의 정기 면담은 어린이집과 가정에

사진 설명 부모와의 정기적인 면담을 통해 영유아발달에 대한 정보를 공유한다.

서 변화된 영유아의 모습에 대해 의견을 나눌 수 있는 좋은 시간이다(사진 참조). 따라서 정기 면담을 통해 부모와 어린이집 모두 영유아에 대한 정보를 공유하고 아울러 프로그램의 효과를 검증하는 것도 바람직하다.

교사는 부모와 정기적인 면담을 진행하기 전에 먼저 영유아에 대한 관찰기록 정리, 면담자료 준비, 면담장소 등을 정해야 한다. 그리고 모든 부모가 정기적인 면담에 참여할 수 있도록 사전에 시간계획을 세운다. 영유아를 대상으로 한 면접은 영유아를 직접 만나서 심층적인 질문을 통해 개별 영유아의 발달을 평가하는 것이다. 따라서 대상 유아가 스스로 언어표현이 가능해야 하고 성인의 언어를 이해할 수 있어야 한다. 또한 교사와 연구자 사이에 신뢰감이 형성되어 편안한 분위기에서 반응할 수 있을 때 효율적인 방법이 될 수 있다. 그러나 영유아와의 신뢰감 형성에 오랜 시간이 소요될 수도 있고, 영유아의 주의집중력에도 한계가 있다는 단점이 있다.

〈표 11-5〉 부모상담일지

영유아명		생년월일	
보호자명		상담자	
상담방법	방문 · 전화 · 연락장 · 기타 (홈페이지 게시판 등)		
성격			
생활습관			
놀이			
또래관계			
건강상태 (병력)			
건의사항	교사		
	부모		
기타			

3. 어린이집 평가제

2005년부터 시범적으로 실시되어 1차 평가인증지표(2006~2009년), 2차 평가인증지표(2010~2014년), 3차 평가인증지표 시범사업(2014년 12월~2015년 9월), 3차 어린이집 평가인증 시행, 2019년부터 어린이집 평가제가 시행되고 있다. 평가제를 통해 보육프로그램과 시설의 질을 규제하고 관리함으로써 영유아에게 제공되는 보육의 질을 높이기 위한 노력이 이어지고 있다. 이러한 평가인증제도의 도입, 필요성, 과정, 구성요인 등을 자세히 살펴보면 다음과 같다.

1) 평가인증의 도입 및 필요성

어린이집 평가인증제는 영유아에게 전문적인 보호와 수준 높은 보육서비스를 제공하기 위해 평가인증 지표를 기준으로 어린이집의 현재 수준을 점검하여 미비한 영역을 자체적으로 개선하게 한 후, 국가가 시설을 평가하고 인증을 부여하는 제도이다. 평가인증제를 도입한 배경을 살펴보면, 2002년 3월 보건복지부가 어린이집에 대한 평가인증제도 도입을 발표하였고, 2002년 '어린이집 평가인증제도 실시모형 개발'에 대한 연구가 실시되었다. 평가인증제 도입에 대한 법적 근거를 마련하기 위해 2004년 개정된 영유아보육법에 관련 문항을 삽입하였고, 2004년 한국여성개발원 내에 '어린이집 평가인증 사무국'을 위탁하였다. 2005년에 전국 627개의 어린이집을 대상으로 시범 운영을 실시하였고 2006년 본격적으로 확대 시행되었다. 2006~2009년 1차 평가인증 시행시기를 마치고, 2010년부터 실시된 제2차 어린이집 평가인증에서는 지표의 개선·보완 외에도 어린이집의 법적 관련 사항을 확인하는 '기본사항 확인' 절차를 추가하여 이를 지자체에서 확인하게 함으로써 어린이집의 기본적인 법적 사항 준수 내용을 강화하였다. 또한 2013년에는 평가인증운영체계를 개선하여 평가인증 소요기간을 6개월에서 4개월로 단축하고, 상시 자체점검시스템을 도입하여 상시 질 관리 체계를 마련하였다. 특히 재인증 어린이집의 경우 재참여과정을 폐지함으로써 인증유지 어린이집의 질 유지에 대한 노력을 강화하도록 하였다. 이처럼 어린이집 평가인증제도는 지난 10년 동안 우리나라 어린이집의 질적 수준을 향상시키는 데 기여하였고, 효과적인 보육서비스 질 관리 체계로 안착하였다. 2010~2014년 2차 평가지표 실시 이후 2014년 11월부터 3차 평가지표를 시범하였고 2017년에는 제3차 어린이집 평가지표를 시행하다가, 2019년 6월 어린이집 평가제가 시행되었다.

어린이집 평가인증 3차 지표부터 변화하는 보육환경과 어린이집의 질적 수준을 보다 면밀하게 변별해낼 수 있는 평가지표의 필요성을 반영하여, 첫째, 어린이집의 규모와 유형에 관계없이 최선의 보육서비스를 제공하는 데 필요한 '공통지표'를 개발하고, 지표 수는 감소하였다. 둘째, 보육현장에서 평가내용에 대해 정확하게 이해하고 준비할 수 있도록 평가기준을 명확하게 제시하고, 변별력 강화를 위해 구성요소를 수준별로 구성(지표 평정내용은 체크리스트로 제공하였다. 또한 구성요소는 법적 기준 및 난이도에 따라 필수, 기초 등 수준별로 구성함으로써 어린이집 보육서비스 질적 차이를 변별할 수 있도록 함)하였다. 셋째, 평가방법을 실행과정 중심으로 개선하여 보육서비스의 실제적인 질을 평가하고, 현장의 문서 준비 부담을 완화(현장의 문서 준비 부담 완화를 위하여 보육일지 확인 기간을 3개월에서 1개월로 변경하였으며, 어린이집 정보공시포털 및 보육통합정보시스템을 통한 정보를 평가에 공동 활용하도록 함)하고자 하였다. 넷째, 아동학대 및 안전사고 예방 강화, 보육 교직원의 처우개선 강화 등 보육환경의 변화에 따른 요구사항(영유아에게 제공되는 보육의 질에 가장 밀접한 영향력을 미치는 보육교직원의 복지수준 및 전문성 강화를 위한 지표를 마련하여 보육서비스의 질적 수준을 향상시키고자 함)을 반영하고자 하였다(한국보육진흥원, 2015).

영유아보육법이 개정됨에 따라 어린이집의 자발적 신청에 의해 진행하던 평가인증제가 전국의 모든 어린이집을 대상으로 하는 평가제로 전환되었다(2019년 6월 시행, 2019년 9월 현장평가 어린이집부터 적용). 그동안 평가인증을 받지 않았던 어린이집도 평가를 받게 됨으로써, 보육서비스 품질 관리의 사각지대를 해소하고, 국가가 모든 어린이집을 주기적으로 평가하여 전반적인 보육서비스의 질적 수준을 책임지고 관리하게 된 것이다.

평가제가 도입되면서, 첫째, 명칭을 어린이집 평가인증제에서 어린이집 평가제로 변경하였고 둘째, 대상이 신청 어린이집에서 모든 어린이집으로 변경되었으며, 셋째, 지표는 4영역, 21지표, 79항목(급간식 위생 필수요소 지정)에서 4영역, 18지표, 59항목(영유아 권리 존중, 급간식 위생, 안전 분야 필수지표 확대)으로 변경되었다. 넷째, 평가과정은 신청 → 기본사항확인 및 자체점검 → 현장평가 → 종합평가까지 총 4개월이 소요되는 과정에서 3단계(기본사항 확인 및 자체점검, 현장평가, 종합평가) 총 3개월이 소요되는 과정으로 1개월이 줄어들었다. 다섯째, 평가과정에 자유롭게 참여할 수 있었고 미참여 시 제재 조치가 없었으나 평가과정에 의무참여해야 하고 평가거부 시 행정조치를 받는 것으로 변경되었다. 여섯째, 참여수수료는 어린이집 부담에서 전액 국가부담으로 변경되었고, 일곱째, 평가결과는 인증(A, B, C) / 불인증(D)에서 평가등급(A, B, C, D)으로 변경되었다. 여덟째, 사후관리 및 결과활용은 미인증기관에 대한 사후관리 부재, 법 위반 및 행정처분 발생 시 인증취소, 불인증에 대한 사후조치 없음에서 하위등급 컨설팅 의무화, 법 위반 및 행정처분 발생 시 최하위등급 조정, 평가결과에 따라 행정, 재정적 지원 및 별도 관리방안 강구로 변경되었다.

영유아는 미래 국가경쟁력의 주역이고, 영유아기는 전생애 발달 중 가장 중요한 시기이기 때문에 영유아에게 질적 수준이 높은 보육서비스를 제공해야 한다. 평가인증은 영유아에게 질적 수준이 높은 보육서비스를 제공하기 위한 기본적 요건이고, 아동에게 적절한 보호 및 교육받을 권리를 보장해야 한다는 UN 어린이권리조약의 조항과도 일치하므로 반드시 필요하고 의미 있는 일이라고 할 수 있다(한국보육진흥원, 2020).

2) 어린이집 평가제 절차

어린이집 평가과정은 평가대상 어린이집의 선정 및 통보로 시작되며, 기본사항 확인 및 자체점검 보고서 제출, 현장평가, 종합평가 순으로 진행된다.

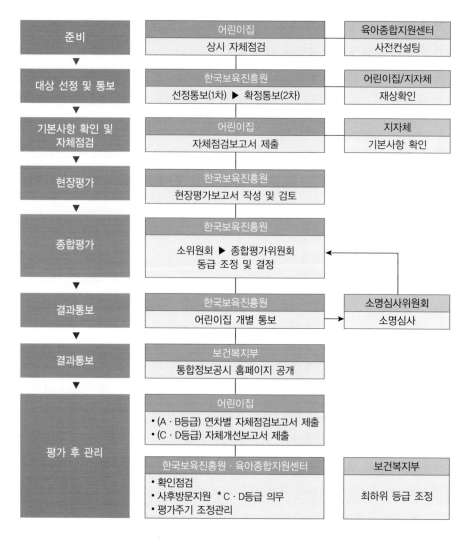

<그림 11-1> 어린이집 평가제 절차

출처: 한국보육진흥원(2020). 어린이집 평가 매뉴얼(어린이집용).

(1) 평가대상 선정 및 통보

한국보육진흥원은 평가주기에 따라 평가대상을 선정하여 통보하며 6개월 경과 시 현장평가를 진행한다. 인증유지 어린이집은 기존 인증유효기간과 연계하여 만료 전 평가를 진행하고 미인증 어린이집은 대상선정 통보 후 6개월 경과 시 현장평가를 진행한다.

평가대상 선정통보(1차)는 현장평가월 기준 6개월 전, 확정통보(2차)는 현장평가월 기준 2개월 전에 이루어지는데, 평가추진 일정에 따라 평가대상 통보 시기는 변동될 수 있고 통보된 일정에 평가를 받기 어려운 상황(환경개선 공사, 보육교직원 출산, 장기입원 등)으로 보건복지부(한국보육 진흥원)에서 판단하는 경우 평가시기 조정이 가능하다.

한국보육진흥원은 어린이집지원시스템을 통해 평가대상으로 선정된 어린이집에 대해 대상선정 사실 및 평가일정을 통보(1차)한다. 대상 선정통보를 받은 어린이집은 10일 이내 '평가대상 선정통보서'를 확인한 후 '평가실시에 대한 동의서' 및 '어린이집 정보 확인 및 제공 동의서'를 제출해야 한다. 어린이집의 특정 사유로 인해 통보된 일정에 평가받기 어려운 경우, 3개월 전·후로 평가시기를 조정할 수 있는데, 평가 참여시기 조정신청한 어린이집의 평가주기는 원기수의 주기(유효 기간)를 기준으로 적용된다.

(2) 기본사항 확인 및 자체점검
① 기본사항 확인

기본사항 확인은 지자체(시·군·구)에서 어린이집의 인가사항 등 법적사항 준수 여부 및 법 위반 및 행정처분 이력을 확인하는 단계이다. 확인 내용은 사전점검사항(5항목)과 위반이력사항이 있다. 사전점검사항 미준수 시에도 현장평가는 진행하되, 종합평가 전까지 개선 완료 여부를 확인하여 최종 미개선 시 최하위 등급을 부여한다. 선정통보 직전월 말일로부터 최근 3년 이내 위반 이력사항이 발생한 경우, 종합평가 시 차하위 등급으로 조정한다.

⟨기본사항 사전점검사항⟩

항목	평정	평정기준
영유아 및 보육교직원 관련 보험 가입	준수	• 모든 영유아에 대한 상해보험과 어린이집에 대한 화재 및 배상 보험에 가입되어 있는 경우 • 임용된 모든 보육교직원에 대한 4대 보험에 가입되어 있는 경우
	미준수	• 영유아 상해보험에 가입되지 않은 경우 • 화재보험 또는 배상보험에 가입되지 않은 경우 • 임용된 모든 보육교직원에 대한 4대 보험에 가입되지 않은 경우

어린이집의 설치기준	준수	• 어린이집 내 영유아용 화장실, 목욕실, 조리실이 설치되어 있고, 폐쇄회로 텔레비전이 보육실, 공동놀이실 등에 설치되어 있는 경우 * 폐쇄회로 텔레비전의 경우 보호자 전원이 서면으로 동의하여 시·군·구청장에게 설치하지 않을 것으로 신고하거나, 네트워크 카메라를 설치한 경우 설치 면제 • 정원 50인 이상 어린이집에 놀이터가 설치되어 있는 경우
	미준수	• 어린이집 내 영유아용 화장실, 목욕실, 조리실이 설치되어 있지 않거나, 폐쇄회로 텔레비전이 보육실, 공동놀이실 등에 설치되어 있지 않은 경우 • 인가공간을 무단 전용하는 경우 • 정원 50인 이상 어린이집에 놀이터가 설치되어 있지 않은 경우
보육실의 설치기준	준수	• 인가정원 대비 보육실의 면적이 설치기준을 충족한 경우 * 기존 어린이집('05. 1. 29. 이전 설치 신고된 어린이집)은 구(舊)법 적용
	미준수	• 인가정원 대비 보육실의 면적이 설치기준 미만인 경우 • 인가공간을 무단 전용하는 경우
보육교직원 배치기준	준수	• 보육교직원 배치기준 중 일반기준을 모두 충족한 경우
	미준수	• 보육교직원 배치기준 중 일반기준을 충족하지 못한 경우
비상재해 대비시설 설치	준수	• 비상재해대비시설 설치기준을 충족한 경우(보육사업안내 Ⅰ-11 참조)
	미준수	• 비상재해대비시설 설치기준을 충족하지 못한 경우(보육사업안내 Ⅰ-11 참조) ※「영유아보육법 시행규칙」제9조 [별표1] 참조

※ 사전점검사항 미준수 항목이 종합평가 때까지 개선되지 않은 경우 종합평가에서 최하위 등급(D등급)을 부여함
※「영유아보육법 시행규칙」제9조[별표1] 참조

② 자체점검보고서 제출

평가대상으로 확정통보된 어린이집은 자체점검을 실시하고, 통보된 기한 내에 자체점검보고서를 작성하여 제출한다. 자체점검 시 원장, 보육교사, 원아 부모 각 1인 이상을 포함하여 자체점검위원회(3~7인 이내, 어린이집 운영위원회에서 수행 가능)를 구성하여 평가지표를 기준으로 어린이집의 운영 전반을 점검한다. 자체점검보고서 제출 시 선정통보 직전월 말일로부터 최근 3년 이내에 법

위반 및 행정처분 이력을 확인하여 제출한다.

(3) 현장평가

현장평가 단계에서는 기본사항 확인 및 자체점검보고서 제출을 완료한 어린이집을 대상으로 평가지표에 따라 어린이집의 질적 수준에 대한 현장평가 및 보고가 이루어진다. 현장평가 이전 6개월 이상 지속적으로 운영(영유아 재원)하고 있는 경우에 한 해 현장평가 진행이 가능하며, 평가과정 중 '현원 0명'으로 확인된 경우 과정이 중단된다. 어린이집은 현장평가 시 필요한 사항을 준비하고, 원활한 현장평가가 이루어지도록 해야 한다. 정당한 이유 없이 현장평가 거부, 방해 또는 기피할 경우, 시정 또는 변경명령(「영유아보육법」 제44조 제4의6호)한다.

한국보육진흥원은 사전에 어린이집별로 1주간의 현장평가주간을 지정하여 어린이집에 통보하며, 해당 평가주간 중 현장평가일을 정하여 사전 고지 없이 현장평가자를 어린이집에 파견한다. 어린이집에서는 현장평가 1주일 전에 어린이집지원시스템에서 현장평가 주간 확인이 가능하다. 고지된 현장평가 주간은 원칙적으로 변경 불가능하나, 어린이집의 정상적인 운영 또는 보육 교직원의 정상적인 근무가 어려운 경우(예: 보수교육, 상(喪) 등)에 한하여 한국보육진흥원에서 정하는 기준에 따라 어린이집별로 조정될 수 있다.

현장평가는 어린이집 1개소 당 2인(정원 99인 이하 어린이집) 또는 3인(정원 100인 이상 어린이집)의 현장평가자가 방문하여 1일간 실시한다. 현장평가자의 어린이집 도착 예정시간은 9:00~9:30이며, 현장평가 종료 예정시간은 16:30~17:30이며, 필요시 연장하여 진행이 가능하다. 현장평가자는 평가대상 어린이집의 보육교직원 근무 및 영유아 재원상황, 어린이집에서 제시한 하루일과표와 실내외배치도를 확인한 후 현장평가를 시작한다. 등원 거부 등 거짓이나 그 밖의 부정한 방법으로 평가 또는 점검을 받은 경우, 최하위 등급(D등급) 부여, 시정 또는 변경명령이 가능하다. 현장평가자는 무작위로 선정된 보육실 2개 반을 중심으로 어린이집의 실내외 전체를 관찰하고, 하루 일과 전반에 걸쳐 관찰, 문서검토, 면담 등의 방법을 통해 진행한다. 보육일지는 현장평가월 이전 1개월부터의 자료를 보고 그 외의 기록(문서)은 현장평가월 이전 3개월부터의 문서를 본다.

(4) 종합평가

① 종합평가 진행단계

종합평가 단계에서는 평가등급 결정(조정)이 필요한 어린이집을 대상으로 기본사항확인서, 자체 점검보고서, 현장평가보고서 등을 토대로 종합평가가 진행된다. 종합평가는 소위원회와 종합평가위원회에서 진행하는데 소위원회에서는 기본사항확인서, 자체점검보고서, 현장평가보고서 등을 검토한 후 등급 및 평가 결과에 영향을 미치는 사항에 대해 심의하여 종합평가위원회에 안건을 상정한다.

② 등급결정 및 평가주기

어린이집 평가등급은 4등급(A, B, C, D)으로 구분하며, A, B등급은 3년, C, D등급은 2년의 평가 주기를 부여하고 등급부여기준과 평가주기는 다음 표와 같다.

등급 구분 (정의)		등급부여기준	주기
A	국가 평가에서 제시하고 있는 기준을 모든 영역에서 충족함	4개 영역 모두 '우수'인 경우 (필수 지표 및 요소 충족)	3년
B	국가 평가에서 제시하고 있는 기준을 대부분 충족함	'우수' 영역이 3개 이하이며 '개선필요' 영역이 없는 경우	
C	국가 평가에서 제시하고 있는 기준 대비 부분적으로 개선이 필요함	'개선필요' 영역이 1개 있는 경우	2년
D	국가 평가에서 제시하고 있는 기준 대비 상당한 개선이 필요함	'개선필요' 영역이 2개 이상인 경우	

(5) 평가결과공표

① 결과통보 및 소명

어린이집 평가결과는 매월 15일 전후에 어린이집지원시스템 등을 통해 통보하고, 평가받은 어린이집은 평가결과에 대한 소명신청이 가능하다. 평가결과 통보월의 말일까지 어린이집지원시스템을 통해 소명신청이 가능하다. 소명결과는 어린이집지원시스템으로 개별 통보하며, 최종 결과를 공표한다.

② 결과공표

평가결과(A~D등급) 등 전체 어린이집에 대한 평가 이력정보를 통합정보공시 홈페이지(www. childinfo.go.kr)를 통해 공개한다.

3) 어린이집 평가지표

어린이집 평가지표는 보육과정 및 상호작용, 보육환경 및 운영관리, 건강 · 안전, 교직원 4개 영역, 18개 지표, 59개 항목으로 구성되어 있다.

평가영역(항목수)	평가지표	평가항목수
보육과정 및 상호작용(18)	1-1. 영유아 권리 존중 필수	2
	1-2. 보육계획 수립 및 실행	6
	1-3. 놀이 및 활동 지원	3
	1-4. 영유아 간 상호작용 지원	4
	1-5. 보육과정 평가	3
보육환경 및 운영관리(14)	2-1. 실내 공간 구성 및 운영	4
	2-2. 실외 공간 구성 및 운영	3
	2-3. 기관 운영	4
	2-4. 가정 및 지역사회와의 연계	3
건강 · 안전(15)	3-1. 실내외 공간의 청결 및 안전	3
	3-2. 급 · 간식	3
	3-3. 건강증진을 위한 교육 및 관리	3
	3-4. 등 · 하원의 안전	3
	3-5. 안전교육과 사고예방	3
교직원(12)	4-1. 원장의 리더십	3
	4-2. 보육교직원의 근무환경	3
	4-3. 보육교직원의 처우와 복지	3
	4-4. 보육교직원의 전문성 제고	3

제12장 보육과정의 협력체계

한부모가족, 재결합가족 등 다양한 가족 형태의 등장과 급속한 저출산·고령화사회로의 진입으로 자녀양육에 대한 패러다임에 변화가 생겼다. 가족이 양육의 일차적 책임자이고 자녀들에게 전통과 문화유산을 전달해주는 기본적인 역할을 담당한다는 것에는 변화가 없지만, "어린이 한 명을 기르기 위해서는 온 마을이 필요하다(It takes a village to raise a child)"라는 아프리카 속담처럼 아동을 길러내는 것은 사회 공동의 과제라는 공감대가 형성되었다. 보육에 대한 사회적 책임은 어린이집에 대한 지원, 육아휴직, 양육수당 지원 등 다양한 일·가족 양립 정책을 통해 나타나고 있다.

보육서비스에 대한 사회적 책임은 영유아보육법에 명시되어 있고, 어린이집 평가인증지표에서도 어린이집과 부모 및 지역사회와의 연계를 강조하고 있다. 어린이집과 부모 및 지역사회와의 연계가 강조되고 있는 이유는 크게 두 가지로 해석될 수 있다. 첫째, 사회가 다변화되고 있어 어려움을 겪고 있는 영유아가 증가하면서 보육교사와 부모만으로는 이러한 문제에 대처하는 데 한계가 있기 때문이다. 둘째, 영유아가 생활하고 있는 어린이집과 지역사회가 서로 끊임없이 상호작용하고 유기적으로 연계하여 영유아들에게 바람직한 보육환경을 제공함으로써 궁극적으로는 영유아의 질적인 발달을 도모해야 하기 때문이다. 어린이집과 부모 및 지역사회와의 연계가 강조되면서 어린이집은 자신의 시설에 다니는 아동만을 대상으로 보육을 제공하는 소극적 기능에서 벗어나, 가정·지역사회 모두의 복지에 공헌하는 적극적인 기능을 하는 곳으로 전환되고 있다.

이 장에서는 어린이집과 부모 및 지역사회 협력에 대해 먼저 지역사회 협력의 필요성, 내용, 활성화 방안에 대해 살펴보고, 부모 협력의 필요성, 내용, 평가인증지표에서의 부모 협력에 관해 자세히 알아보고자 한다.

1. 지역사회 협력

어린이집에서의 지역사회 협력이란 어린이집이 보육의 기능뿐 아니라 지역사회 자원의 참여를 기반으로 공공보육센터로서의 역할을 적극적으로 수행하는 것을 의미한다. 이는 어린이집이 지역사회를 향해 문을 열어 지역주민이 어린이집을 활용하고 참여하도록 유도하는 것과 어린이집이 지역사회의 다양한 행사에 참여하고 지역의 자원을 활용하는 것을 의미한다. 지역사회 협력의 필요성, 내용 등을 중심으로 살펴보면 다음과 같다.

1) 지역사회 협력의 필요성

Urie Bronfenbrenner

어린이집과 지역사회 협력은 영유아에게 영향을 미치는 지역사회의 자원을 효과적으로 활용하여 수준 높은 보육을 제공해주기 위해 필요하다. 영유아의 건전한 발달을 이해하기 위해서 영유아뿐 아니라 영유아에게 영향을 미치는 지역사회도 서비스의 대상으로 보아야 한다는 개념은 생태체계이론에 근거하고 있다. Bronfenbrenner(1979)의 생태체계이론에 의하면, 영유아에게는 성장하면서 경험하는 다양한 사건과 주변 사람과의 상호조절 과정, 즉 맥락 내에서의 발달(development-in-context)이 중요하다. 다시 말하면, 영유아의 발달은 영유아의 가정이 직면하고 있는 문제, 부모의 요구, 어린이집과 지역사회 연계 등과 밀접한 관련이 있다.

우리나라에서는 포괄적 보육서비스라는 개념을 도입하여 영유아를 둘러싸고 있는 어린이집과 가정 및 지역사회와의 연계를 보육프로그램에 포함하기 시

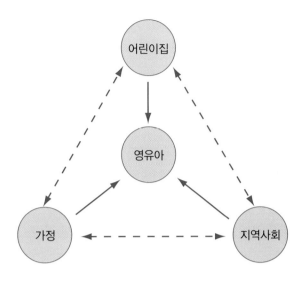

〈그림 12-1〉 포괄적 보육서비스 개념도

출처: 대전육아종합지원센터(2004). 지역사회 교류프로그램. 대전: 대전육아종합지원센터.

작하였다. 〈그림 12-1〉에 제시된 바와 같이 영유아를 둘러싸고 있는 환경인 어린이집, 가정, 지역사회가 영유아에게 영향을 주고, 어린이집, 가정, 지역사회가 서로에게 영향을 주고받으므로 영유아의 건강한 성장과 발달을 위하여 포괄적 보육의 기능을 확대해야 할 것이다.

지역사회 협력의 효과를 자세히 살펴보면 다음과 같다. 먼저 지역사회 협력으로 지역사회의 특성을 고려하여 어린이집을 운영할 수 있다. 즉, 일률적인 보육시간이나 보육활동에서 벗어나 지역사회의 특성과 요구를 명확히 분석하여 이를 어린이집의 운영에 활용하면 보다 더 효율적으로 어린이집을 운영할 수 있다. 예를 들어, 공단 지역에 위치한 어린이집은 야간보육이나 휴일보육을 활성화하여 지역주민이 어린이집을 이용하는 데 어려움이 없도록 운영할 수 있다. 또한 표준화된 보육과정에서 제공하지 못하는 활동을 영유아를 둘러싸고 있는 생태학적 환경인 지역사회 자원을 활용하여 영유아에게 제공할 수 있다. 지역사회의 인적·물적 자원은 영유아를 교육하는 데 있어 활동의 효과를 극대화할 수 있도록 도와준다. 예를 들면, 지역사회에 있는 각종 기관이나 단체를 활용하고, 공공건물이나 시설을 현장학습에 이용하거나 지역사회의 주민을 자원봉사자로 활용할 수 있다. 나아가 지역사회 협력을 통해 지역사회의 발전과 복지에 기여할 수 있다. 어린이집의 프로그램을 개방하고 지역주민을 대상으로 양육과

관련된 교육을 제공하거나 상담을 해주고, 지역 내의 다른 아동들에게 여러 가
지 프로그램을 제공할 수 있다.

2) 지역사회 협력의 내용

어린이집과 지역사회 협력의 내용은 크게 어린이집이 지역사회를 위하여 할
수 있는 일과 지역사회가 어린이집을 위하여 할 수 있는 일로 나눌 수 있다. 전
자에는 지역사회 봉사와 지역사회 참여가 있고, 후자에는 지역사회 자원 동원이
있다. 지역사회 협력의 내용을 자세히 살펴보면 다음과 같다.

(1) 지역사회 봉사

어린이집은 지역사회 속에서 존재한다. 어린이집에서 지역사회의 하위 집단
또는 전체 지역사회를 위하여 서비스를 제공하는 것이 바로 지역사회 봉사이
다. 지역사회 봉사는 어린이집이 가지고 있는 인적 자원과 물적 자원을 지역사
회의 복지를 위해 제공하는 것으로 봉사의 주체는 아동, 보육교사, 원장, 시설
등이다.

먼저 아동이 지역사회를 위해 봉사하는 예는 지역사회 양로원의 재롱잔치나
불우한 이웃을 위한 모금활동에 참여하는 것, 환경오염 방지를 위한 캠페인에
참여하는 것 등이 있다(사진 참조). 아동은 지역사회 봉사를 통해 지역사회에 대
해 알게 되고, 지역사회 복지에 기여하는 경험을 하게 된다. 보육교사와 원장은

사진 설명 어린이집의 원아들이 지역사회 노인을 위해 작은
공연을 하고 있다.
출처: 예담어린이집.

사진 설명 어린이집의 원아들이 지역사회 노인을 위해 재롱
잔치를 하고 있다.
출처: 인천시육아종합지원센터.

지역사회를 위해 육아상담 제공, 저소득 여성 가장 대상 취업 정보 제공, 영유아 물품 구입 정보 제공, 가족문제 상담기관 연결, 지역사회 내 사회복지사업 관련 정보 제공, 지역사회 내 문화사업 안내, 관련 공공시설 안내 등을 할 수 있다. 원장 및 보육교사는 전문지식을 바탕으로 지역사회에 정보를 제공함으로써 지속적으로 새로운 지식을 획득하고, 지역사회와 지식을 나눌 수 있다.

사진 설명 어린이집의 놀이터를 개방하여 지역의 아동들이 즐거워하고 있다.
출처: 예담어린이집.

　나아가 어린이집이 지역사회를 위해 봉사하는 것으로 특별보육 제공과 시설 개방을 들 수 있다. 어린이집은 지역사회의 특성에 따라 야간보육, 24시간 보육, 방과후 보육 등을 제공할 수 있고, 어린이집에 다니지 않는 아동을 대상으로 시간제 보육을 제공할 수도 있다. 이와 함께 보육에 방해가 되지 않는 범위에서 어린이집을 개방할 수 있다. 시설 개방은 놀이터 개방(사진 참조), 도서 및 놀잇감 대여, 지역 모임 지원 등이 있다. 어린이집의 지역사회 개방은 지역사회에 대한 봉사 기능과 함께 지역주민이 어린이집에 대해 관심을 갖게 하여 자연스럽게 어린이집을 홍보하는 기능도 한다.

(2) 지역사회 행사 · 운동 참여

　지역사회 참여는 어린이집이 지역사회의 보육 관련 기관과 공동의 활동을 하거나 지역사회 행사 및 활동에 참여하는 것을 말한다. 먼저 어린이집이 지역사회기관과 연계하는 활동에는 주민센터나 사회복지관의 프로그램에 참여하거나 육아종합지원센터의 정보를 활용하는 것 등이 포함된다. 구청이나 주민센터에서 주최하는 한가위전통행사, 백일장, 바자회, 발표회, 체육대회 등에 함께 참여하거나 보육 관련 회의에 자문으로 참석하는 것도 지역사회 참여의 좋은 예가 될 수 있다.

　어린이집이 지역사회 행사에 적극적으로 참여하기 위해서는 지역사회에서 진행되고 있는 일에 대해 관심을 가지고 있어야 하고, 여러 기관과 유기적으로 연계되어 있어야 한다. 지역의 문화행사에 참여하는 것은 어린이집에 다니는

사진 설명 어린이집 원아들이 구청에서 주최하는 장기대회와 주민센터에서 주최한 훌라후프 대회에 참여하였다.
출처: 예담어린이집.

영유아가 자신이 지역사회의 구성원으로서의 역할을 하고 있다는 자부심을 갖게 한다(사진 참조).

(3) 지역사회 자원 동원

지역사회 자원 동원은 시설 운영이나 보육프로그램에 도움이 되는 지역의 인적자원이나 물적 자원을 활용하는 것을 말한다. 먼저 인적자원을 활용한 프로그램은 의사, 소방관, 우체부 등 지역사회 인사를 초대하여 각각의 직업에 대해 듣고 건강진단 또는 소방교육 등을 받는 활동을 의미한다(사진 참조). 지역의 이웃이나 할아버지 할머니를 초대하여 이야기를 듣는 것도 지역사회 자원을 이용한 활동의 예가 된다.

지역사회의 공공시설인 방송국이나 우체국 방문 등 사회문화시설을 활용하거나 자연환경을 이용하여 가까운 공원을 산책하는 것은 지역사회의 물적 자원을 동원한 활동이라고 할 수 있다. 대학에서 주최하는 연극이나 인형극을 관람하고 미술관 등을 방문하여 지역사회에 있는 공공기관의 역할을 배우고, 지역사회에 대한 이해를 높이는 활동 등은 영유아의 인지발달에 유익한 자료를 제공해 줄 수 있다. 지역의 자연환경을 이용하여 활동을 하는 것도 지역사회 자원 활용이라고 볼 수 있는데, 계절별로 지역의 가까운 공원을 산책하는 것도 영유아가 사계절의 변화를 느끼게 하는 좋은 활동이 될 수 있다. 지역사회의 자원 동원은 시설에서 제공하기 힘든 자원을 보완하여 보육프로그램을 풍성하게 해주기 때

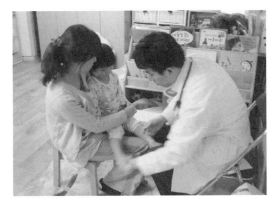

사진 설명 | 의사를 초대하여 직업에 대해 듣고, 건강검진을 받고 있다.
출처: 고려대학교 구로병원 어린이집.

사진 설명 | 어린이집 근처의 공원에서 산책을 하고 있다.
출처: 예담어린이집.

사진 설명 | 소방서를 방문하여 소방교육을 받고 있다.
출처: 경기도육아종합지원센터, 고려대학교 구로병원 어린이집.

사진 설명 | 방송국과 박물관을 방문하여 견학하고 있다.
출처: 고려대학교 구로병원 어린이집.

문에 보육과정 수립 시 적절히 포함되어야 한다.

3) 지역사회 협력의 활성화

어린이집에서는 지역의 자원을 활용하고, 어린이집을 개방하여 영유아와 부모, 지역사회의 보육욕구를 충족시키며 지역사회를 연계하는 역할을 해야 한다. 어린이집과 지역사회 협력은 평가인증지표에도 포함되어 있으므로 관련 문항을 살펴볼 필요가 있다. 지역사회 협력과 관련된 항목으로 어린이집 운영위원회의 구성과 활동, 지역사회 기관과의 협조체제, 영유아와 가족을 돕기 위한 전문가와의 협조가 있다.

어린이집 운영위원회의 구성과 활동의 경우, 어린이집에 원장, 교사, 부모, 지역사회 인사를 포함해 4명 이상으로 구성된 어린이집 운영위원회가 있고, 시설 운영 및 프로그램 전반에 대한 회의가 적어도 연 1회 이상 정기적으로 개최되고 있어야 우수한 수준이라고 평가된다. 어린이집 운영위원회에서는 어린이집 운영과 관련된 주요 사항과 방침의 변경 등에 대한 논의가 이루어지고, 구성원들의 다양한 의견이나 요구를 수렴하여 어린이집 운영에 반영할 수 있어야 한다. 그러나 우리나라의 어린이집은 민간자본에 의해 설립되고 운영되는 경우가 많아서 이들 영리를 목적으로 운영하는 민간 시설에 대해 학부모가 개입하는 것이 쉽지 않다. 따라서 어린이집의 유형에 따라 운영위원회의 기능이 세분화되어야 현실적으로 적용 가능한 지표가 될 수 있을 것이다.

지역사회 기관과의 협조체계는 지역사회 봉사, 지역사회 자원 동원, 지역사회 참여를 모두 포함한 항목이다. 이는 대부분의 어린이집에서 실천을 하고 있는 항목이다. 어린이집에서 지역사회 자원을 이용한 활동을 월 1회 이상 실시하고, 3곳 이상의 지역사회 기관(예: 병원, 소방서, 경찰서, 도서관, 초등학교, 대학 등)과 협조관계를 유지하면 우수한 수준이라고 평가받을 수 있다.

영유아와 가족을 돕기 위한 전문가와의 협조는 어린이집에 특수한 보호를 필요로 하는 영유아가 있는 경우를 대비한 문항이다. 어린이집을 이용하는 영유아가 문제행동을 하거나 영유아의 가족에게 어려움이 생기는 경우 어린이집에서는 적절한 지원을 하여 영유아가 안정된 생활을 영위할 수 있도록 해야 한다. 이를 위해 우선 영유아와 가족의 문제를 파악해야 하고, 어린이집이 전문가(예:

의사, 상담전문가, 특수교육전문가, 사회복지사 등)와 협조관계를 유지하고 있어야한다. 어린이집이 전문기관과 협력을 맺거나 전문가를 자문위원으로 위촉하여 문제 상황이 있을 때 협조를 구할 수 있어야 한다.

어린이집이 지역사회와 효율적으로 협력하기 위해서는 평가인증지표의 항목을 준수하는 것 이외에도 보완해야 할 과제가 있다. 먼저 학부모, 교사, 원장, 지역사회 기관 모두를 대상으로 지역사회 연계의 필요성에 대한 교육을 실시해야한다. 그리고 지역사회 연계프로그램을 위해서는 지역사회에 어떤 자원이 있는지에 대해 알아야 한다. 그러나 하루 12시간의 보육을 제공하는 어린이집의 특성상 보육교사와 원장이 지역사회에 대한 사전조사를 하는 데 어려움이 있다. 따라서 지역에 있는 육아종합지원센터에서는 해당 지역사회의 자원을 조사하고 정보를 공개하여 어린이집이 좀 더 쉽게 지역사회와의 연계를 실천할 수 있도록 지원해야 한다. 마지막으로 어린이집이 지역사회와 연계하기 위한 구체적 프로그램이 개발되고 보급되어야 한다. 다양한 프로그램이 개발되고 보편화되면 보육현장에서는 쉽게 지역사회 연계활동을 적용하여 영유아에게 수준 높은 프로그램을 제공할 수 있을 것이다.

2. 부모 협력

부모는 영유아의 보육에 가장 중요한 영향을 미친다. 영유아는 어린이집에서 오랜 시간을 보내지만, 부모가 이에 적절하게 개입하지 않는다면 영유아가 성공적인 발달과업을 수행하는 데 어려움이 있을 것이다. 부모와의 협력은 어린이집이 양육의 일차적인 책임자인 부모가 그 역할을 적절히 수행할 수 있도록 지원하고, 어린이집 내 활동에 대해서 부모와 연계하는 것을 말한다. 이를 부모 협력의 필요성, 내용, 평가인증지표에서의 부모 협력으로 나누어 자세히 살펴보면 다음과 같다.

1) 부모 협력의 필요성

어린이집이 아무리 훌륭한 프로그램을 제공한다고 하더라도 가정에서 부모와의 경험이 영유아의 발달에 미치는 영향을 간과하기는 어렵다. 어린이집은 부모와의 협력을 통해 영유아발달에 대한 지식을 부모와 공유하여 부모가 영유 아를 이해할 수 있도록 도와준다. 부모와의 정기적인 협력으로 부모의 재능을 발견하기도 하며, 부모의 생각이나 느낌, 아이디어를 프로그램에 반영할 수도 있다.

부모들이 어린이집과 연계하면, 가정과 어린이집이 일관성 있는 보육을 하여 그 효과를 극대화할 수 있고, 영유아의 발달에 보다 더 긍정적인 영향을 미칠 수 있다. 동시에 부모가 어린이집의 운영철학과 프로그램에 대해 잘 알고 의견을 교류할수록 어린이집에서는 부모의 생각이 반영된 프로그램과 환경을 제공할 가능성이 많기 때문에 영유아가 어린이집을 더 친근하게 느낄 수 있다. 부모와 어린이집 간의 협력시기가 빠르면 빠를수록 영유아의 발달에 미치는 영향력이 크기 때문에 부모와 어린이집의 협력은 영유아가 입학하면서부터 시작하는 것 이 좋다.

이상을 종합해 보면, 어린이집과 부모와의 협력은 가정과 어린이집과의 연계 성과 보육의 효율성을 높일 수 있다는 면에서 매우 중요하다. 즉, 어린이집과 부 모의 협력은 부모의 의견이 반영된 과정을 영유아에게 제공하여 영유아가 보다 더 적절하게 보육받을 수 있게 한다. 동시에 이는 부모가 영유아에 대한 바른 정 보와 양육기술 등을 알게 함으로써 자녀의 발달에 긍정적으로 기여할 수 있게 도와준다.

2) 부모 협력의 내용

부모와 어린이집의 협력 유형은 학자마다 다르게 분류하고 있다. 과거에는 '협력'이라는 단어보다는 '지원'이라는 단어를 사용하였고, 가족지원은 가족의 기능을 향상시켜 가족이 영유아를 건강하게 양육하는 데 필요한 자원을 제공하 는 것을 의미하였다(양옥승 외, 2004). 부모와 어린이집의 협력은 운영방법에 따 라 부모회, 부모참여, 개별면담, 가정통신문 등으로 구분할 수 있다(이은화, 김영 옥, 1999). 2002년 미국 파트너십 네트워크(National Network of Partnership School at Johns Hopkins University)에 의하면 부모 협력은 부모됨의 지식과 기술, 가족 과 어린이집 간의 의사소통, 지역사회에서 자원봉사하기, 가정에서 영유아가 활동할 수 있도록 돕기, 의사결정에 참여하기, 지역사회와 협응하기로 구성된다. 부모됨의 지식과 기술은 워크숍에 참석하기, 부모교육 강좌에 참여하기, 훈련 프로그램에 참여하기, 어린이집의 활동에 참여하기, 부모됨과 관련된 자료 읽기 등을 통해 획득된다. 가족과 어린이집 간의 의사소통은 전화연락망, 뉴스레터 등을 통해 가능하다. 지역사회에서 자원봉사하기는 다른 가족이 프로그램에 참여할 수 있도록 아이를 돌봐주거나 다른 가족에게 프로그램 참여를 추천하기 등이 있다. 가정에서 영유아가 활동할 수 있도록 돕기에는 영유아에게 교재·교구를 사주고 읽어주기, 가정에서 자녀의 활동을 도울 수 있는 방법을 제공하기, 부모를 위한 웹 사이트를 개설하기 등이 있다. 의사결정에 참여하기는 가족이 모금 운동에 참여하기, 가족이 정책을 만드는 결정자가 되기 등이 있고, 지역사회와 협응하기는 '부모의 밤' 행사에 참여하거나 부모 모임 조직 등이 있다(Morrison, 2004).

최근에 가장 보편적으로 사용되는 분류는 어린이집과 부모의 협력을 부모의 참여 정도에 따라 소극적 부모참여, 부분적 부모참여, 적극적 부모참여로 나누는 것이다(〈표 12-1〉참조). 소극적 부모참여는 부모회, 수업참관, 가정통신, 상담, 방문 등의 전통적인 활동으로 부모참여의 가장 기초적인 단계이다. 이 중 부모회는 강연회, 토론회, 심포지엄, 영화 관람 등을 포함한다. 또한 수업참관과 가정통신, 면담은 어린이집에서 보편적으로 많이 사용하는 방법이다. 부분적 부모참여는 부모가 학급에 참여하여 보조교사나 자원봉사자로 봉사하는 단계이다. 부모들 중 재능이 있는 부모가 자원봉사자로 참여하여 독서회모임을 운영하거나 인형극 공연을 하는 것도 부분적 부모참여의 예가 된다. 적극적 부모참여는 가장 진보된 참여의 형태로 학부모 운영위원회 참여 등을 통해 부모가 의사결정자로서의 역할을 수행하는 것이다. 평가인증지표에 의하면 학부모가 어린이집운영위원의 자격으로 어린이집 운영에 참여하기도 하고, 보다 더 적극적인 부모들은 스스로 조합을 결성하여 어린이집을 설치하고 운영하기도 한다(이기숙, 1999).

이상에서 살펴본 부모와 어린이집의 협력 중 가장 보편적인 형태를 좀 더 자세히 살펴보고자 한다.

〈표 12-1〉 부모와 어린이집 협력의 형태

형태	종류		특징
소극적 부모참여	부 모 회	강연회	전문가를 초빙하여 정해진 주제에 대한 견해를 듣는 것으로 어린이집의 부모교육방법으로 가장 손쉽게 활용되는 방법. 부모들의 설문조사를 통해 나온 주제들을 내용으로 잡는 것이 좋음
		토론회 · 좌담회	부모들이 의견과 경험을 서로 토론하고 문제를 해결함 -좌담회는 토론회보다 덜 형식적임
		심포지엄	어떤 문제 · 주제 · 사건에 대한 전반적인 이해를 얻기 위해 몇몇 전문가로부터 다른 의견을 들어보는 모임
		부모회 보고	부모회의 임원들이 선정한 주제를 연구하여 결과를 모임에서 발표함
		독서 공개	원하는 부모들이 관심 있는 책을 읽고 그 내용을 요약해서 부모회 때 자유로이 각자 보고함
		역할놀이 · 단막극	유아의 문제행동을 해결하기 위한 일종의 심리극으로 부모와 교사가 공동으로 꾸미는 역할극임
		영화 상영	부모들이 영화(혹은 VTR)를 함께 관람한 후, 소집단 토론이나 질의응답을 함
	수업참관		부모들이 수업이 이루어지고 있는 교실에 직접 들어가서 교사의 수업을 관찰함
	가정통신		교사와 부모가 쪽지메모, 안내문, 기록과 보고, 전화, 소식지 등과 같은 통신 형태를 이용해서 의사소통함
	상담		교사와 부모가 직접 대면하거나 또는 통신수단을 활용하여 유아의 생활과 문제행동에 대해 의견을 교환함
	방문		교사가 유아의 가정을 방문하여 부모와 상담하고 유아의 가정생활환경을 파악함
부분적 부모참여	보조교사		부모가 교사의 보조자의 형태로 일과활동시간에 부분적으로 참여하고 지도함
	자원봉사		견학, 소풍, 운동회, 바자회, 교육과정 운영 등의 다양한 행사 및 활동에서 부모가 자원봉사자로 참여함
	워크숍		부모들이 교구 · 자료 등을 만들 뿐 아니라 교육활동에 실제로 참여하여 배우고 연구하며 주로 실습해봄
	도서실 운영 · 독서회 모임		시설에 부모를 위한 도서실과 도서를 마련해서 독서회를 조직하고 정기적으로 모임을 가짐
	놀잇감 도서관		부모가 교구나 놀잇감을 이용한 학습활동 및 활용방법에 대한 강의를 듣고 대여받음
	인형극 공연		부모들이 당면하는 문제를 인형극으로 공연함
적극적 부모참여	운영위원회		부모가 어린이집 운영위원회 위원의 자격으로 시설운영 전반에 대한 감사, 심의, 결정 과정에 참여함
	부모협동시설		부모들이 조합을 결성하여 어린이집을 설치, 운영함
기타	대중매체		책, 신문, 잡지, 라디오, 텔레비전, 컴퓨터 통신 및 인터넷 사이버 강좌 등에서 부모교육에 관련된 지식, 정보, 프로그램을 활용함

출처: 경기도육아종합지원센터(2013). http://www.gyeonggi.childcare.go.kr

(1) 부모교육

서울대학교 교육연구소(2004)에 따르면, 부모교육은 "유치원 교육의 효과를 높이기 위해 부모들에게 아동발달 교육과정 등을 알려 주고, 가정에서의 협력을 도모하고자 하는 목적으로 시작된 교육"이다. 학자마다 부모교육에 대한 정의는 다양하나, 부모교육은 부모가 '배우는 학습자'라는 것을 의미하므로 강연회, 토론회, 워크숍, 교육상담 등을 이용해 부모교육을 할 수 있다. 부모교육에는 많은 학부모가 참여해야 하므로 부모교육 주제가 영유아를 양육하는 데 도움이 되는 현실적인 주제여야

사진 설명 전문가를 초빙하여 부모역할에 대해 부모교육을 하고 있다.
출처: 예담어린이집.

한다. 부모교육의 보편적인 주제는 영유아의 성장과 요구, 부모-자녀 관계, 가정환경의 중요성, 좋은 도서 및 놀잇감 선택, 바람직한 부모역할, 자녀양육과 부모역할 등이다.

(2) 수업참관

수업참관은 부모가 수업이 이루어지고 있는 프로그램에 직접 들어가서 교사가 수업하고 있는 것을 관찰하는 것이다. 소극적 부모참여의 하나로 관찰자의 입장에서 자녀의 참여도 및 교사와 영유아의 상호작용을 볼 수 있다. 프로그램에 참여하는 영유아의 반응을 관찰함으로써 부모가 어린이집에서 자녀의 활동을 이해할 수 있고, 교사와의 상호작용 방식을 관찰할 수도 있다.

사진 설명 부모가 수업을 참관하고 있다.
출처: 고려대학교 구로병원 어린이집.

(3) 개인면담

부모와 교사의 의사소통방법에는 전화면담, 질문지 조사, 건의함 활용 등의 쌍방적 의사소통과 영유아발달 프로파일 제공, 뉴스레터 등의 일방적 의사소통

이 있다. 어린이집에서 보편적으로 사용하고 있는 방법은 개인면담으로, 어린이집에서는 최소 연 2회 이상 부모와 면담을 해야 한다. 면담을 성공적으로 진행하기 위해서는 사전에 여러 가지 준비를 해야 한다. 먼저 영유아에 대한 관찰기록, 면담자료, 면담장소 등을 점검해야 한다. 면담과정에서 보육교사는 부모가 문제를 다양한 각도에서 볼 수 있도록 도와주고, 공감기법을 활용하여 편안한 분위기를 제공하도록 해야 한다. 면담을 마친 뒤에는 반드시 면담에 대한 평가가 이루어져야 한다. 면담 분위기, 면담내용, 준비한 자료의 활용 등을 평가하여 다음 면담에 반영해야 한다.

(4) 자원봉사

사진 설명 학부모가 보조교사로 참여하고 있다.
출처: 예담어린이집.

부모는 관심 있는 영역의 전문교사나 보조교사, 자원봉사자로 보육프로그램에 참여할 수 있다(사진 참조). 자원봉사자로 참여하여 영유아의 일과를 촬영하거나 보조교사로 참여하여 견학이나 소풍 등의 체험학습을 도와줄 수 있다. 자원봉사자로 보육활동에 참여하는 과정 동안 부모의 자질이 발견되기도 하고, 보육교사가 프로그램 중 경험할 수 있는 어려운 점을 이해할 수도 있어 교사와 부모가 공감대를 이룰 수도 있다. 그러나 부모가 자원봉사자로 참여할 경우, 자녀가 흥분하여 보육활동에 방해가 될 수 있으므로 면밀한 준비를 거친 뒤 진행해야 한다.

3) 평가제에서의 부모 협력 · 지역사회 협력

2020년 현재 어린이집 평가지표는 4개 영역, 18개 지표, 59개 항목으로 구성되어 있는데, 이 중 부모 협력 · 지역사회 협력과 관련된 항목은 2영역(보육환경 및 운영관리) 2-4 지표(가정 및 지역사회와의 연계) 3개 항목이다. 어린이집을 개방하여 다양한 부모참여와 교육이 이루어진다, 평소 가정과 다양한 방법으로 소통하고 정기적인 개별면담을 통해 가족을 지원한다, 지역사회와 연계한 다양한 활동을 실시하고 있다 등이 그 예이다(한국보육진흥원, 2020).

(1) 부모 협력

2-4-1	어린이집을 개방하여 다양한 부모참여와 교육이 이루어진다.
평가내용	① 부모가 보육실 활동을 참관할 수 있는 구체적인 절차와 방법을 안내하고 있음 ② 부모가 자원봉사, 현장학습 동반, 급식 지원 등의 방법으로 어린이집 운영지원에 참여하고 있음 ③ 부모교육을 두 가지 이상의 방법으로 실시하고 있음
평정기준	3개 모두 충족해야 Y로 평정

① 부모가 보육실 활동을 참관할 수 있는 구체적인 절차와 방법을 안내하고 있음

🖊 **기록**

● 부모에게 보육실 참관에 관한 구체적인 절차와 방법을 안내한 자료(운영계획 등)가 있음.

💬 **면담**

● **(원장)** 보육실 참관을 원하는 부모를 위해 어떠한 절차와 방법을 마련하고 있는가?

● **(원장)** 마련된 절차와 방법을 부모에게 어떻게 안내하는가?

● **(교사)** 부모의 보육실 참관은 어떤 방법으로 이루어지고 있는가?

② 부모가 자원봉사, 현장학습 동반, 급식 지원 등의 방법으로 어린이집 운영지원에 참여하고 있음

💬 **면담**

● **(원장)** 최근 1년 이내에 부모가 어린이집 운영지원에 참여한 적이 있는가? 언제, 어떤 방법으로 참여하였는가?

③ 부모교육을 두 가지 이상의 방법으로 실시하고 있음

• 부모교육은 대면교육(집단모임)과 비대면교육(지면, 온라인매체 등)을 모두 실시하는 것이 바람직함.

🖊 **기록**

● 부모교육을 다음 중 두 가지 이상의 방법으로 실시하고 있음.
  - 지면(가정통신문, 양육정보지, 양육안내 편지, 리플릿, 소책자 등)
  - 온라인 매체(홈페이지, 카페, 블로그 등)
  - 집단모임(소모임, 부모 강연회, 워크숍 등)
    ※ 현장평가월 기준 1년 이내 실시기록 확인

2-4-2	평소 가정과 다양한 방법으로 소통하고 정기적인 개별면담을 통해 가족을 지원한다.
평가내용	① 평소 두 가지 이상의 방법으로 가정과 소통하고 있음 ② 모든 영유아의 부모와 연 2회 이상 개별면담하고 주요 면담내용을 기록, 관리함 ③ 영유아나 가족의 문제를 파악하고 이해하고자 노력하고 있음
평정기준	3개 모두 충족해야 Y로 평정

① 평소 두 가지 이상의 방법으로 가정과 소통하고 있음

🖉 **기록**

● 어린이집에서 사용하는 가정과의 의사소통 방법이 두 가지 이상임.

  – 지면(가정통신문, 알림장, 소책자, 게시판 등)

  – 전화 및 온라인 매체(문자메시지, SNS, 스마트알림장, 홈페이지, 카페, 블로그 등)

  – 수시면담(영유아의 특성이나 가정의 배경을 고려한 비정기적인 의사소통 등)

  – 집단모임(소모임, 행사 등)

  – 부모만족도조사(어린이집의 서비스 전반 및 운영에 대한 만족도조사)

   ※ 현장평가월 기준 1년 이내 실시기록 확인

② 모든 영유아의 부모와 연 2회 이상 개별면담하고 주요 면담내용을 기록, 관리함

🖉 **기록**

● 모든 영유아의 부모와 연 2회 이상(학기 당 1회 이상) 개별면담을 실시하고, 주요 내용을 기록하고 있음.

  – 개별면담 실시 일시, 대상 및 면담자, 면담 내용에 대한 기록이 있음.

   ※ 신규개원 6개월 이내의 어린이집의 경우, 부모와의 개별면담을 1회 이상 실시한 기록이 있음.

   ※ 현장평가월 기준 1년 이내 실시기록 확인

③ 영유아나 가족의 문제를 파악하고 이해하고자 노력하고 있음

• 영유아의 적응 문제나 가족이 당면한 문제를 영유아 관찰, 개별면담, 가정통신문 등을 통해 파악하고 있음.
• 보호자가 요청할 경우, 지역사회 내 전문기관에 대한 정보를 제공함.

💬 **면담**

● **(공통)** 현재 재원하고 있는 영유아나 가족의 문제에 대해 알고 있는 사례가 있는가?

● **(공통)** 영유아나 가족에 대한 문제를 어떤 방법으로 파악하고 있는가?

● **(공통)** 영유아나 가족 문제가 있을 때 활용할 수 있는 지역사회의 전문기관이나 전문가 정보를 알고 있는가?

출처: 한국보육진흥원(2020). 2020 어린이집 평가 매뉴얼(어린이집용).

　어린이집에 다니는 영유아는 이른 시기부터 기관에서 생활하는 시간이 많기 때문에 부모와 보육교사와의 소통과 협력이 원활히 이루어지면 영유아의 생활이 안정되고 어린이집에서는 영유아의 건강한 성장을 순조롭게 지원할 수 있게 된다. 어린이집에서는 부모와의 협력을 통해 영유아에게 의미 있는 경험을 계획하고 발전시켜 나갈 수 있도록 가정과의 긴밀한 의사소통 방법을 모색하고 양방향 소통이 이루어지도록 한다.

　본 지표는 신입원아 부모 오리엔테이션 실시, 가정과의 의사소통 방법의 다양성, 양방향 의사소통 실시 여부, 보육계획안, 급간식 식단, 어린이집 행사 등에 대한 부모 안내, 부모와의 개별면담 실시, 개별 영유아에 대한 관찰, 평가기록에 대한 부모와의 공유 등에 대해 평가한다. 개별 영유아의 어린이집에서의 생활 및 활동에 대한 관찰 결과와 기록을 부모에게 전달하고, 어린이집에서 진행되는 다양한 교육 행사와 정보를 부모에게 안내하고 적극적으로 소통함으로써 영유아의 전인적인 발달과 건강한 성장을 효율적으로 지원할 수 있게 된다.

　어린이집은 가족을 지원하고 참여 기회를 다양하게 제공한다. 영유아가 어린이집에서 보내는 시간이 많다 하더라도 부모를 포함한 가족이 자녀에게 미치는 영향은 여전히 매우 크기 때문에 부모가 어린이집에 관심을 가지고 참여하는 것이 중요하다. 어린이집에서는 가족이 어린이집 운영과 행사 등에 참여할 수 있는 다양한 기회를 마련함으로써 양육에 대한 부모 효능감을 갖도록 지원하고, 어린이집과 가족이 공동의 노력을 통해 영유아의 사회화 과정과 발달, 학습 등에서 일관성 있는 경험을 제공하도록 한다.

　어린이집 개방, 부모교육 실시, 부모를 위한 교육자료 제공, 가족참여 프로그램 실시, 영유아나 가족의 문제해결 지원을 위한 전문기관 정보보유, 영유아나 가족의 문제 파악 노력에 대하여 평가한다. 어린이집에서 가족이 참여할 수 있는 다양한 프로그램과 자료를 제공하고 지원할 때 어린이집과 가족이 서로 협력하게 되고, 동반자적인 관계를 유지할 수 있게 된다. 이러한 관계는 영유아의 성취와 적응을 도와주며 보육에서 최선의 효과를 거둘 수 있다.

(2) 지역사회 협력

2-4-3	지역사회와 연계한 다양한 활동을 실시하고 있다.
평가내용	① 지역사회 자원을 이용한 다양한 활동을 월 1회 이상(영아의 경우 2개월에 1회 이상) 실시한 기록이 있음
평정기준	1개 충족해야 Y로 평정

① **지역사회 자원을 이용한 다양한 활동을 월 1회 이상(영아의 경우 2개월에 1회 이상) 실시한 기록이 있음**

🖉 **기록**

● 지역사회의 자원을 이용하거나 지역주민 등과 연계한 활동이 월 1회 이상(영아의 경우 2개월에 1회 이상) 기록되어 있음.
  - 지역사회에 있는 공원, 산책로 등을 활용한 일상생활 관련 활동
  - 지역의 자원(도서관, 우체국, 초등학교, 노인센터, 마트, 해변, 생태습지, 박물관, 유적지 등)을 방문하는 등의 활동
  - 지역사회의 경찰관, 소방관, 보건소 직원 등이 어린이집을 방문하여 안전·건강에 대해 교육하는 활동 등
  - 지역사회 어르신들이 어린이집을 방문하여 예절 교육, 동화책 읽어주기 등을 지원
  - 인근 노인정·마을회관에 방문하여 어르신들을 즐겁게 해드릴 수 있는 미니 공연
  - 유아들이 만든 활동 결과물을 이용하여 거리에서 아동안전에 대한 미니 캠페인 실시 등

영유아는 태어나면서 가정과 다양한 지역사회에 속하게 되며, 이러한 환경 속에서 자아를 형성해 가고 사회화되어 간다. 즉, 지역사회는 영유아의 사회화 과정에 직·간접적으로 영향을 주는 중요한 사회·문화적 환경이다. 따라서 어린이집에서 영유아의 학습과 안녕을 지원하는 다양한 지역사회 기관과 협력관계를 체결하고, 지역사회 기관에 대한 다양한 정보를 가족에게 제공함으로써 어린이집과 가족이 지역사회와 상호호혜적인 관계를 형성할 수 있도록 도와야 한다. 또한 지역사회에서 어린이집의 역할이 중요해진 만큼 책임과 나눔에 대한 인식도 함께 발전해야 한다.

본 지표는 총 6개의 구성요소로 평정한다. 지역사회에 있는 공원, 산책로 등을 활용한 일상생활 관련 활동, 지역의 자원(도서관, 우체국, 초등학교, 노인센터 …)을 방문하는 활동, 지역사회의 경찰관, 소방관, 보건서 직원 등이 어린이집을 방문하여 활동, 지역사회 어르신이 어린이집을 방문하여 예절교육, 동화책 읽기 등 지원, 인근노인정을 방문하여 어르신을 즐겁게 해드리는 활동, 유아들이 만

든 활동 결과물을 이용하여 거리에서 안전에 대한 미니 캠페인을 실시하는 것 등이 있다.

어린이집에서 지역사회와의 협력 관계를 구축하고 다양한 정보를 가족에게 제공함으로써 영유아는 성장하는 데 필요한 다양한 자원을 지역사회와 공유하며, 지역사회의 일원으로서 소속감을 느낄 수 있다. 또한 어린이집은 예비 보육교사에게 보육교사로서의 소양과 전문적 지식을 습득할 수 있도록 훈련기관의 역할을 함으로써 우수한 보육교직원 양성에 기여하고 장기적으로 보육의 질을 높일 수 있다.

◁ 참고문헌 ▷

강지영(1994). 朝鮮時代 兒童敎材의 內容 分析: 童蒙先習과 擊蒙要訣을 중심으로. 영남대학교 대학원 석사
　　학위논문.

고려대학교 안암병원 어린이집(2013). 2013년 고려대학교 안암병원 어린이집 교육계획안.

교육과학기술부, 보건복지부(2012). 3-5세 연령별 누리과정 지원을 위한 시도(교육)청 강사요원 중앙연수
　　자료집. 서울: 육아정책연구소.

교육부(1994). 유치원 교육과정 해설. 서울: 대한교과서 주식회사.

교육부(1995). 더불어 사는 사람. 서울: 대한교과서 주식회사.

교육부, 보건복지부(2019a). 2019 개정 누리과정 놀이이해자료.

교육부, 보건복지부(2019b). 2019 개정 누리과정 해설서.

교육부, 보건복지부(2020). 「2019 개정 누리과정」 놀이운영사례집. 만들어가는 놀이 중심 유아교육.

국립교육평가원(1995). 유치원 교육 평가 연구. 서울: 국립교육평가원.

권재익(2002). 어린이 안전사고실태와 안전제도개선방안. 어린이 안전환경 조성을 위한 토론회-어린이 생
　　활안전 중심으로. 서울: 소비자보호원.

김규수(2000). 유치원과 초등학교 저학년 아동의 기본생활습관 형성과 그에 대한 어머니와 교사의 평가. 미
　　래유아교육학회지, 7(1), 229-252.

김명자(2003). 단일연령집단과 혼합연령 집단간의 읽기, 쓰기의 차이. 가야대학교 교육대학원 석사학위논문.

김명희(2000). 유아의 음악적성과 음악환경 조사연구. 숙명여자대학교 대학원 석사학위논문.

김민정(2000). 한여울 유치원의 유아음악교육에 대한 문화 기술적 연구. 이화여자대학교 대학원 석사학위논문.

김숙령(2004). 제6차 유치원 교육과정에 기초한 유아수학교육. 서울: 학지사.

김은정(1996). 유아의 성도식발달과 놀이친구 및 놀이방식 선택. 서울대학교 대학원 석사학위논문.

김일성, 이관원, 이재철, 정동옥(2005). 영양과 건강. 서울: 신광문화사.

김정주(2008). 동화를 통한 통합적 교수, 학습방법이 유아의 어휘력 및 언어표현력에 미치는 영향. 한국영유
　　아보육학, 53, 127-146.

김종두(1991). 기본생활습관 지도를 위한 제주어린이 생활본 안내. 교육제주, 74, 67-75.

김지은, 김경희, 김현주, 김혜금, 김혜영, 문혁준, 신혜원, 안선희, 안효진, 임연진, 조혜정, 황옥경(2006). 보육과정. 서울: 창지사.

김향자(1993). 학급크기와 교사 수 변화에 다른 유아와 교사의 행동연구. 이화여자대학교 대학원 박사학위논문.

김혜금(1999). 입체표현중심의 영·유아 창작공예. 서울: 교육아카데미.

노명완(1990). 읽기의 지도와 읽기지도의 문제점. 교육한글, 3, 5-44.

대전보육정보센터(2004). 지역사회 교류프로그램. 대전: 대전보육정보센터.

류점숙(1991). 조선후기 동봉교재의 내용분석. 경북대학교 대학원 박사학위논문.

류진희, 황환옥, 최명희, 정희정, 김유림(2005). 유아의 발달에 적합한 신체활동. 경기: 양서원.

문수백, 변창진(1997). 한국판 K-ABC. 서울: 학지사심리검사연구소.

박찬옥(1994). 도덕성 확립을 위한 유아교육 기관의 역할. 1994년도 한국유아교육학회 연차학술대회, 한국유아교육학회, 59-79.

박찬옥, 노영희, 김정미(2004). 유아교육 프로그램의 연구동향. 유아교육연구, 24(7), 55-81.

박혜상(2003). 사소절(士小節)에 나타난 기본생활습관 교육 분석. 서울여자대학교 대학원 석사학위논문.

박혜원, 곽금주, 박광배(1996). 한국 웩슬러 유아 지능검사 지침서. 서울: 도서출판 특수교육.

방인옥(1998). 조선시대 유아의 기본생활 교육에 대한 고찰. 유아교육학논집, 2(1), 29-46.

보건복지부(1997). 기본생활습관지도. 서울: 보건복지부.

보건복지부(2012). 표준보육과정. 자료발간번호 2012-표준-001.

보건복지부(2019). 3~5세 누리과정 고시. 보건복지부 고시 제2019-152호.

보건복지부(2020). 제4차 어린이집 표준보육과정 고시. 보건복지부 고시 제2020-75호.

보건복지부, 대한소아과학회(2017). 우리나라 아동의 신체발달정도.

부은영(2000). 단일연령과 혼합연령집단에 따른 유아의 사회·인지적 놀이 비교. 전남대학교 대학원 석사학위논문.

서울대학교 교육연구소(2004). 교육학용어사전. 서울: 하우.

서울특별시(2005). 보육시설 운영매뉴얼 및 영·유아 보육 프로그램 개발.

서정연(2020). 보육교사 직무동기 증진 프로그램 개발 및 효과 연구: 직무특성이론을 중심으로. 고려대학교 대학원 박사학위논문.

성영실, 김경철(2017). 유아를 위한 반편견 교육 관련 국내연구 동향분석. 미래유아교육학회지, 24(1), 257-276.

송명자(1995). 발달심리학. 서울: 학지사.

안영진, 이성숙(1998). 유아생활지도. 서울: 삼광출판사.

안철수(1983). 기본생활습관 교육. 교육경남, 80, 112-122.

양옥승, 김영옥, 김현희, 신화식, 위영희, 이옥, 이정란, 이차숙, 정미라, 지성애, 홍혜경(2004). 영유아보육개론. 서울: 학지사.

엄향용(2004). 학교와 가정 연계교육을 통한 기본예절생활 습관 형성에 관한 연구. 청주교육대학교 교육대학원 석사학위논문.

연영아(1993). 유아의 기본생활교육에 관한 교사의 태도 조사. 한국교원대학교 대학원 석사학위논문.

오경숙(1995). 전통 사회의 아동교육에 관한 연구: 격몽요결과 사소절을 중심으로. 국민대학교 교육대학원 석사학위논문.

유아교육자료사전편찬위원회(1997). 유아교육 자료사전: 용어편. 서울: 한국사전연구사.

유혜경(2000). 예술적 가치에 관련된 제 요인에 관한 연구. 교육학연구, 38(2), 한국교육학회.

유희정(2007). 보육정책: 미래지향적 추진 방향과 과제. 2008 보육정책 토론회 자료집.

육아정책연구소(2012). 2012 전국보육실태조사 어린이집 조사보고. 서울: 보건복지부 보육정책과.

이귀애(2004). 민간보육교사의 근무환경과 후생복지에 따른 직무만족에 관한 연구. 한국사회복지논총, 9, 119-146.

이기숙(1999). 유아교육과정. 서울: 교문사.

이미정(1998). 3세 여아의 행동억제와 관련변인: 영아기 정서성, 부모의 내향성, 부모의 양육행동과의 관계. 이화여자대학교 대학원 박사학위논문.

이석순(1996). 단일연령집단과 혼합연령집단에서의 사회적 가장놀이연구. 중앙유교육학회, 1(1), 31-54.

이소현(2005). 장애아동 통합을 위한 보육프로그램 개발. 삼성복지재단 미간행 연구보고서.

이소희(1998). 아동의 리듬과 피치발달 및 가정의 음악적 환경과의 관계. 연세대학교 교육대학원 석사학위 논문.

이숙희, 강병재(2002). 유아의 기본생활습관과 유아의 발달 수준과의 관계. 열린유아교육학회, 7(2), 243-258.

이순형, 임송미, 성미영(2006). 세계전래동화 및 수상작 동화에 나타난 성역할 전형성 비교. 한국생활과학회지, 15(2), 197-208.

이순형, 최일섭, 신영화, 이옥경(1998). 보육시설의 환경운영관리 및 프로그램 평가. 보육시설확충 3개년 계획 평가에 관한 연구, 403-546. 서울: 보건사회연구원.

이용주, 윤지영(2004). 유아의 의사소통능력이 사회적 능력에 미치는 영향. 열린유아교육연구, 9(3), 146-160.

이원영, 방인옥, 박찬옥(1992). 유치원의 기본생활교육에 관한 연구. 한국유아교육연구회 유아교육연구, 12(1), 71-90.

이은해(2002). 보육시설프로그램 평가도구의 개발과 타당화. 이화여자대학교 BK21 핵심사업팀.

이은화, 김영옥(1999). 유아를 위한 부모교육. 서울: 동문사.

이은화, 김희진, 이승연(1996). 기본생활습관 평가척도의 개발을 위한 연구. 유아교육연구, 16(2), 161-177.

이인원(2008). 자연체험활동이 유아의 과학탐구능력과 창의성에 미치는 영향. 미래유아교육학회지, 15(2), 257-287.

이자희(1995). 유아의 음악적성과 음악환경과의 관계. 숙명여자대학교 교육대학원 석사학위논문.

이현숙(2000). 미술교육의 새로운 관점 수용에 관한 연구. 전주교육대학교 교육대학원 석사학위논문.

임재택(2002). 아이들의 삶과 생태유아교육. 한국생태유아교육학회 추계학술대회 자료집, 5-32.

임재택(2005). 생태유아교육개론. 경기: 양서원.

전용신(1970). 고대-비네검사 요강. 서울: 고려대학교 행동과학연구소.

전정재(1993). 사랑의 혁명. 서울: 시공사.

정금자(2001). 유아의 사회생활을 위한 기본 생활습관 교수 방법. 인문예술논총, 22, 157-172.

정미경(1999). 미적요소에 기초한 활동중심 통합 미술프로그램이 유아의 미술 표현 능력 및 미술 감상 능력에 미치는 영향. 중앙대학교 대학원 석사학위논문.

정연희(2006). 요리활동에서의 과학적 탐구를 통한 유아의 이해구축과정. 유아교육학논집, 10(4), 181-200.

정옥분(2016). 영아발달(제2판). 서울: 학지사.

정옥분(2017). 전생애 인간발달의 이론(제3판). 서울: 학지사.

정옥분(2018a). 아동발달의 이해(제3판). 서울: 학지사.

정옥분(2018b). 영유아발달의 이해(제3판). 서울: 학지사.

정옥분, 권민균, 김경은, 김미진, 노성향, 박연정, 손화희, 엄세진, 윤정진, 이경희, 임정하, 정순화, 최형성, 황현주(2019). 보육학개론(4판). 서울: 학지사.

정은주(2012). 유치원 혼합 연령 학급에서의 효과적인 수업 방안에 관한 실행연구. 이화여자대학교 교육대학원 석사학위논문.

조경자, 이현숙(2010). 유아건강교육(3판). 서울: 학지사.

조정란(2000). 유아용 그림동화에 나타난 성역할 고정관념 분석. 연세대학교 교육대학원 석사학위논문.

조형숙, 이기범, 홍은주, 김현주(2007). 자연과 친해지고 교감하며 탐구하기: 유아를 위한 자연친화교육 프로그램. 서울: 다음세대.

질병관리본부(2007). 한국 소아 신체발육표준치. 서울: 보건복지부.

채허석(1992). 기본생활습관의 내면화를 통한 바른 태도의 행동화 방안. 전라북도 교육연구원 연구월보, 236, 50-55.

최경숙(1998). 어린이집영아보육공간의 계획기준에 관한 연구. 국민대학교 대학원 박사학위논문.

최충지(2000). 기본생활 습관과 조화로운 삶. 교육연구정보, 37, 67-76.

최혜진, 황해익(2005). 유치원교사와 보육교사의 자기평가에 대한 비교연구. 열린유아교육연구, 10(1), 187-208.

한국보건산업진흥원(2004). 영유아를 위한 식생활 실천지침. 서울: 보건복지부.

한국보육진흥원(2015). 어린이집 평가인증 안내(3차 지표 시범사업용).

한국보육진흥원(2020). 2020 어린이집 평가 매뉴얼(어린이집용).

한국영양학회(2000). 한국인의 영양권장량(제7차 개정). 서울: 한국영양학회.

한금희(1997). 단일연령집단 놀이와 혼합연령집단 놀이에서 나타나는 유아의 문장 특성 비교. 한국교원대학교 대학원 석사학위논문.

한영자(1997). 부모의 양육태도에 따른 자녀의 기본생활습관 지도방법에 관한 연구. 충청전문대학 논문집, 13, 85-113.

한정미(2002). 유아의 음악적 환경이 유아의 음감과 리듬감에 미치는 영향. 전북대학교 대학원 석사학위논문.

황순각(2005). 유아신체활동: 이론과 실제. 경기: 양서원.

황준하(1983). 생활지도. 충남교육, 41, 84-90.

황해익(2004). 유아교육평가. 경기: 양서원.

황해익(2008). 유아의 수학학습능력에 대한 역동적 평가도구 개발. 교육평가연구, 21(1), 201-226.

ACECQA (2012). The Australian Children's Education and Care Quality Authority. http://www. acecqa. gov.au.

Ainsworth, M. D. S., Belhr, M. C., Waters, E., & Wall, S. (1978). *Patterns of attachment*. Hillsdale, NJ: Lawrence Erlbaum.

Alessandri, S. M., & Lewis, M. (1993). Parental evaluation and its relation to shame and pride in young children. *Sex Roles*, *29*, 335–343.

Allen, J., & Marotz, L. (1994). *Developmental profiles: Birth to six*. Albany, NY: Delmar Publishers.

Almon, J. (1992). Educating for creative thinking: The Waldorf approach. *ReVision*, *15*, 71–78.

Anglin, J. M. (1993). Vocabulary development: A morphological analysis. *Monographs of the Society for Research in Child Development*, *58* (10, Serial No. 238), 1–165.

Aslin, R. N., & Lathrop, A. L. (2008). Visual perception. In M. M. Haith & J. B. Benson. (Eds.), *Encyclopedia of infant and early childhood development, Volume 3* (pp. 395–403). Oxford, UK: Elsevier.

Bardapurkar, A. S. (2006). Experience, reason, and science education. *Current Science*, *90*(6), 25.

Bem, S. L. (1974). The measurement of psychological androgyny. *Journal of Consulting and Clinical Psychology*, *42*, 155–162.

Bennett, T., DeLuca, D., & Bruns, D. (1997). Putting inclusion into practice: Perspectives of teachers and parents. *Exceptional Children*, *64*(1), 115–131.

Blakemore, J. E. O., LaRue, A. A., & Olejnik, A. B. (1979). Sex-stereotyped toy preference and the ability to conceptualize toys as sex-role related. *Developmental Psychology*, *15*, 339–340.

Blasco, P. M., Bailey, D. B., & Burchinal, M. A. (1993). Dimensions of mastery in same-age and mixed-age integrated classrooms. *Early childhood research Quarterly*, *8*, 193–206.

Bloome, D. (1983). Reading as a social process. In. B. A. Hutson (Ed.), *Advances in reading/language research* (Vol. 2, pp. 165–195). London: JAI Press.

Bodrova, E., & Leong, D. (2003). Chopsticks and counting chips: Do play and foundational skills need to compete for the teacher's attention in an early childhood classroom? *Young Children*, *58*, 10–17.

Bolton, G. (1989). Drama. In D. J. Hargreaves (Ed.), *Children and the arts* (pp. 119–137). Philadelphia: Open University Press.

Bowlby, J. (1969/1982). *Attachment and loss: Vol. 1. Attachment*. New York: Basic Books.

Bredekamp, S., & Copple, C. (Eds.). (1997). *Developmentally appropriate practice for early childhood programs* (revised ed.). Washington, DC: National Association for the Education of Young Children.

Brolin, D. E. (1989). *Life centered career education: A competency based approach* (3rd ed.). Reston, VA: The Council For Exceptional Children.

Bromley, K. D. (1998). *Language arts: Exploring connections* (3rd ed.). Boston: Allyn & Bacon.

Bronfenbrenner, U. (1979). The ecology of human development. Cambrige, MA: Havard University Press.

Brownell, C. A. (1990). Peer social skills in toddlers; Competencies and constraints illustrated by same-age and mixed-age interactions. *Child Development*, *61*, 838–848.

Brownlee, S. (1999). Baby talk. In K. L. Freiberg (Ed.), *Annual editions: Human development* (27th ed., pp. 58–64). New York: McGraw-Hill.

Bruner, J. (1986). *Actual minds: Possible worlds.* Cambridge, MA: Harvard University Press.

Bussey, K., & Bandura, A. (1992). Self-regulatory mechanisms governing gender development. *Child Development, 63,* 1236–1250.

Cassidy, J., Parke, R. D., Butkovsky, L., & Braungart, J. M. (1992). Family-peer connections: The role of emotional expressiveness within the family and children's understanding of emotions. *Child Development, 63,* 603–618.

Catron, C. E., & Allen, J. (2008). *Early childhood curriculum: A creative play model* (4th ed.). New York: Pearson Prentice Hall.

Clements, D. H. (2001). Mathematics in the preschool Teaching Children. *Mathematics, 7,* 270–275.

Click, P. M. (1996). *Administration of School for Young Children* (4th ed.). Albany, NY: Delmar Publishers.

Cohen, N. J. (2005). The impact of language development on the psychosocial and emotional development of young children. In Tremblay R. E., Barr R. G., Peters, RDeV. (Eds.), Encyclopedia on Early Childhood Development [online]. Montreal, Quebec: Centre of Excellence for Early Childhood Development; 2005:1–7. Available at: http:// www.child-encyclopedia.com/documents/ CohenANGxp. pdf.Accessed Sep. 19.

Conezio, K., & French, L. (2002). Science in the preschool classroom: Capitalizing on children's fascination with the everyday world to foster language and literacy development. National Association for the Education of Young Children.

Cratty, B. J. (1970). *Perceptual and motor development in infants and children.* NY: Macmillan.

De Stefano, P., Dole, J. A., & Marzano, R. J. (1989). *Elementary language arts.* New York: Wiley.

DeCasper, A. J., & Spence, M. J. (1991). Auditorially mediated behavior during the perinatal period: A cognitive view. In M. J. S. Weiss & P. R. Zelazo (Eds.), *Newborn attention: Biological constraints and the influence of experience.* Norwood, NJ: Ablex.

Decker, C. A., & Decker, J. R. (1997). *Planning and administrating early childhood programs* (6th ed.). NJ: Prentice Hall.

Derman-Sparks, L., & The ABC Task Force (1989). *The anti-bias curriculum: Tools for empowering young children.* Washington, DC: National Association for the Education of Young Children.

Dewey, J. (1916). *Democracy and education.* New York: Free Press.

Doake, D. (1986). Learning to read: It starts in the home. In D. R. Tovey & J. E. Kerber (Eds.), *Roles in literacy learning.* Newark, DE: International Reading Association.

Early Childhood and Literacy Development Committee (1985). *Literacy development and pre-first grade.* Newark, DE: International Reading Association.

Egan-Robertson, A., & Bloom, D. (1998). *Students as researchers of culture in their own communities.* Cresskill, NJ: Hampton Press.

Eisenberg, N., Murray, E., & Hite, T. (1982). Children's reasoning regarding sex-typed toy choices. *Child Development, 53*, 81-86.

Eiserman, W., Shisler, L., & Healey, S. (1995). A community assessment of preschool providers' attitudes toward inclusion. *Journal of Early Intervention, 19*, 149-167.

Erikson, E. (1954). The dream specimen of psychoanalysis. *Journal of the American Psychoanalytic Association, 2*, 5-56.

Essa, E. L. (1996). *Introduction to early childhood education.* Albany, NY: Delmar Publishers.

Essa, E. L., & Rogers, P. R. (1992). *An early childhood curriculum: From developmental model to application.* Clifton Park, NY: Delmar Learning.

Estes, L. S. (2004). *Essential of child care and early education.* Boston, MA: Pearson Education.

Faber, A., & Mazlish, E. (1995). *How to talk so kids can learn at home and at school.* New York: Rawson Associates.

Fantz, R. L. (1961). The origin of form perception. *Scientific American, 204*(5), 66-73.

Fantz, R. L. (1963). Pattern vision in newborn infants. *Science, 140*, 296-297.

Fields, M., & Lee, D. (1995). *Let's begin reading right* (3rd ed.). Columbus, OH: Merrill.

Fraser, S., & Gestwicki, C. (1999). *Authentic childhood: Exploring Reggio Emilia in the classroom.* Clifton Park, NY: Delmar Learning.

Gallahue, D. L. (1993). Motor development and movement skill acquisition in early childhood education. In B. Spodek (Ed.), *Handbook of research on the education of young children* (pp. 24-41). NY: Macmillan.

Gallas, K. (1997). Story time as a magical act open only to the initiated: What some children don't know about power and may not find out. *Language Arts, 74*(4), 248-254.

Gardner, H., & Davis, J. (1993). The arts and early childhood education: A cognitive developmental portrait of the young child as artist. In B. Spodek (2nd ed.). *Handbook of research in early childhood education* (pp. 1-52). NY: Macmillan.

Gelman, R. (2000). The epigenesis of mathematical thinking. *Journal of Applied Development Psychology, 21*(1), 27-37.

Genishi, C. (1988). Young children's oral language development. Urbana, IL: ERIC Clearinghouse on Elementary and Early Childhood Education.

Ginsburg, H. P. (2006). Mathematics play and playful mathematics: A guide for early education. In R. M. Golinkoff, K. A. Hirsh-Pasek, & D. G. Singer (Eds.), Play Learning: A challenge for parents and educators. Oxford.

Ginsburg, H. P., & Seo, K. H. (1999). Mathematics in children's thinking. *Mathematical Thinking and Learning, 1*(2), 113-129.

Girolametto, L., Weitzman, E., & Greenberg, J. (2004). The effects of verbal support strategies on small group peer interactions. *Language, Speech, and Hearing Services in the Schools, 35*, 256-270.

Glasgow, N. A., Cheyne, M., & Yerrick, R. K. (2010). What successful science teachers do: 75 research-based strategies. CA: A SAGE Publications Company.

Goffin, S. (1989). Developing a research agenda for early childhood education: What can be learned from the research on teaching? *Early Childhood Research Quarterly, 4*(2), 187-204.

Groen, G., & Resnick, L. B. (1977). Can preschool children invent addition algorithms? *Journal of Educational Psychology, 69*, 645-652.

Guralnick, M. J. (1994). Mothers' perceptions of the benefits and drawbacks of early childhood main streaming. *Journal of Early Intervention, 18*, 168-183.

Guralnick, M. J., Connor, R. T., Hammond, M. A., Gottman, J. M., & Kinnish, K. (1996). Immediate effects of mainstreamed settings on the social interactions and social integration of preschool children. *American Journal on Mental Retardation, 100*, 359-377.

Guttentag, M., & Bray, H. (1976). *Undoing sex stereotypes.* New York: McGraw-Hill.

Hadley, P., & Schuele, M. (1995). "Come buddy, help, help me!" Verbal interactions with peers in a preschool language intervention classroom. In M. Rice & K. Wilcox (Eds.), *Building a language-focused curriculum for the preschool classroom* (Vol. 1): A foundation for lifelong communication (pp. 105-126). Baltimore: Brookes.

Hall, N., & Rhomberg, V. (1995). *The affective curriculum: Teaching the Anti-bias approach to young children.* Toronto, Canada: Nelson.

Hargreaves, D. J. (Ed.). (1989). *Children and arts* (pp. 3-21). Philadelphia: Open University Press.

Harms, T., & Clifford, R. M. (1992). *Family Day Care Rating Scale.* New York: Teachers College Press.

Harms, T., & Clifford, R. M. (1997). *Early Childhood Environment Rating Scale.* New York: Teachers College Press.

Harms, T., Cryer, D., & Clifford, R. M. (2004). *Infant/Toddler Environment Rating Scale.* (revised ed.). New York: Teachers College Press.

Hazen, N. L., & Black, G. (1989). Preschool peer communication skills: The role of social status and interaction context. *Child Development, 60*, 867-876.

Herberholz, B., & Hanson, L.(1995). *Early childhood art.* Dubuque, IL: Wm C, Brown.

Hinitz, B. F. (1987). Social studies in early childhood education. In C. Seefeldt (Ed.), *The early childhood curriculum.* New York: Teachers College Press.

Hohmann, M., Banet, B., & Weikart, D. P. (1995). *Young children in action: A manual for preschool educators* (2nd ed.). Ypsilanti, MI: The High/Scope Press.

Howes, C., & Hamilton, C. E. (1993). The changing experience of child care: Changes in teachers and in teacher-child relationships and children's social competence with peers. *Early Childhood Research Quarterly, 8*(1), 15-32.

Hugher, F. P., & Noppe, L. D. (1985). *Human development across the life span.* New York: West Publishing.

Humphryes, J. (1998). The developmental appropriateness of high-quality Montessori programs. *Young Children, 53*(43), 4-16.

Hundert, J., Mahoney, B., Mundy, F., & Vernon, M. L. (1998). A descriptive analysis of developmental and social gains of children with severe disabilities in segregated and integrated preschools in southern Ontario. *Early Childhood Research Quarterly, 13*(1), 49-65.

Hurlock, E. B. (1982). *Child growth and development.* New York: Webster Division, McGraw-Hill.

Illinois Dept. of Children & Family Services (1998). Licensing standards for day care centers.

International Reading Association and the National Association for the Education of Young Children (1998). Learning to read and write: Developmentally appropriate practices for young children. *The Reading Teacher, 52*(2), 196-213.

Jacobs, L. B. (1990). Reading, writing, and reminiscing: Listening to literature. *Teaching K-8, 29,* 34-37.

Jalongo, M. R. (2006). *Early childhood language arts* (4th ed.). Boston: Allyn & Bacon.

Jalongo, M. R., & Isenberg, J. P. (2000). *Exploring your role: A practitioner's introduction to early childhood education.* Upper Saddle River, NJ: Merrill/Prentice-Hall.

Jegatheesan, B., & Meadan, H. (2006). Pets in the classroom: Promoting and enhancing socialemotional wellness of young children. In *Supporting social emotional development in young children*, eds. E.M. Horn & E. Jones, 77-88. Missoula, MT: Division for Eariy Childhood.

Johnson, D. W. (1972). Reaching out: Interpersonal effectiveness and self-actualization. Englewood Cliffs, NJ: Prentice-Hall.

Johnson, M. H., Dziurawiec , S., Bartrip, J., & Morton , J. (1991). Newborns' preferential tracking of face-like stimuli and its subsequent decline. *Cognition, 40,* 1-19.

Johnson, S. P., & Hannon, E. E. (2015). Perceptual development. In L. S. Liben, U. Müller, & R. M. Lerner (Eds.), *Handbook of child psychology and developmental science: Cognitive processes* (p. 63-112). John Wiley & Sons Inc.

Jones, E., & Nimmo, J. (1994). *Emergent curriculum.* Washington, DC: National Association for the Education of Young Children.

Jones, W. H., Chernovetz, M. E., & Hansson, R. O. (1978). The enigma of androgyny: Differential implications for males and females? *Journal of Consulting and Clinical Psychology, 46*(2), 298-313.

Kagan, S. L., Scott-Little, C., & Clifford, R. M. (2003). Assessing young children: What policymakers need to know and do. In C. Scott-Little, & R. M. Clifford (Eds.), *Assessing the state of state assessments: Perspectives on assessing young children* (pp. 5-11). Greensboro, NC: SERVE.

Kail, R. V. (2007). *Children and their development* (4th ed.). Upper Saddle River, NJ: Pearson Prentice Hall.

Katz, L. G., & Chard, S. C. (1989). *Engaging children's minds: The project approach.* Greenwich, CT: Ablex.

Katz, P. A., & Walsh, P. V. (1991). Modification of children's gender stereotyped behavior. *Child Development, 62,* 338-351.

Kaufman, M. J., Gottlieb, J., Agard, J. A., & Kukic, M. B. (1975). Mainstreaming: Toward an explication of the construct. *Focus on Exceptional Children*, 7, 1-12.

Keogh, J., & Sugden, D. (1985). *Movement skill development*. NY: Macmillan Publishing Co.

Kilpatrick, W. H. (1918). The Project Method. *Teachers College Record*, *19*(4), 319-335.

Laban, R. (1963). *Modern educational dance* (2nd ed.). London: MacDonald & Evans.

Landa, R. J. (2005). Assessment of social communication skills in preschoolers. *Mental Retardation and Developmental Disabilities Research Review*, *11*(3), 247-252.

Lee, K., Quinn, P. C., Pascalis, O., & Slater, A. (2013). Development of face processing ability in childhood. In P. D. Zelazo (Ed.), *Oxford handbook of developmental psychology*. New York: Oxford University Press.

Leland, C. H., & Harste, J. C. (1994). Multiple ways of knowing: Curriculum in a new key. *Language Arts*, *71*(5), 337-345.

Lerner, J. W., Lowenthal, B., & Egan, R. (1998). *Preschool children with special needs: Children at-risk, children with disabilities*. Boston: Allyn & Bacon.

Lloyd, E., Edmonds, C., Downs, C., Crutchey, R., & Paffard, F. (2017). Talking everyday science to very young children: A study involving parents and practitioners within an early childhood centre. *Early Child Development and Care*, *187*(2), 244-260.

MacFarlane, A. (1975). Olfaction in the development of social preferences in the human neonate. *parent-infant interaction* (CIBA Foudation Symposium No. 33), Amsterdam: Elsevier.

Main, M., & Solomon, J. (1990). Procedures for identifying infants as disorganized/disoriented during the Ainsworth Strange Situation. In M. T. Greenberg, D. Cicchetti, & E. M. Cummings (Ed.), *Attachment during the preschool years: Theory, research, and intervention*. Chicago: University of Chicago Press.

Marburger, J. (2004). *Science education summit*. Washington, DC.

Marian, H., & Jackson, C. (2017). Inquiry-based learning: A framework for assessing science in the early years. *Early Child Development and Care*, *187*(2), 221-232.

Marlow, E. (1998). Character education and the elementary curriculum. *Opinion Papers*, *120*, 2-11.

Martin, C. L., & Halverson, C. F., Jr. (1987). The role of cognition in sex roles and sex typing. In D. B. Carter (Ed.), *Current conceptions of sex roles and sex typing: Theory and research*. New York: Praeger.

McLaughlin, A. E., Campbell, F. A., Pungello, E. P., & Skinner, M. (2007). Depressive symptoms in young adults: The influences of the early home environment and early educational child care. *Child Development*, *78*, 746-756.

Meadan, H., & Jegatheesan, B. (2010). Classroom pets and young children: Supporting early development. *Young Children*, *65*(3), 70-77.

Meisels, S. J., & Atkins-Burnett, S. (2000). The elements of early childhood assessment. In J. P. Shonkoff & S. J. Meisels (Eds.), *Handbook of early childhood intervention* (2nd ed.). NY: Cambridge University Press.

Menyuk, P. (1988). *Language development: Knowledge and use*. Glenview, IL: Scott Foresman.

Michaelis, J. U. (1980). *Social studies for children: A guide to basic instruction*. New Jersey, Englewood Cliffs: Prentice Hall.

Miller, P. H. (2002). *Theories of developmental psychology* (4th ed.). New York: W. H. Freeman.

Milson, A. J. (2001). Teacher efficacy and character education. *The Annual Meeting of the American Educational Research Association*, April 10-14, 2-34.

Mitchell, A., & David, J. (Eds.). (1992). *Explorations with young children: A curriculum guide from the Bank Street College of Education*. Mt. Rainier, MD: Gryphon House.

Montessori, M. (1949). *The absorbent mind*. New York: Dell.

Montessori, M. (1967). *The discovery of the child*. New York: Ballantine Books.

Morrison, G. S. (2004). *Early childhood education today* (9th ed.). Upper Saddle River, NJ: Prentice Hall.

Mueller, B. J., & 윤혜미(1995). 사회적 행동과 인간환경. 서울: 한울아카데미.

NAEYC (National Association for the Education of Young children). (1997). *Developmentally appropriate practice in early childhood programs serving children from birth through age 8*. Washington, DC: NAEYC.

NAEYC (National Association for the Education of Young children)., & NAECS/SDE (National Association of Early Childhood Specialists in State Departments on Education). (2003). *Early childhood curriculum, assesment, and program evaluation-building an effective, accountable system in programs for children birth through age 8*. Joint Position Statement. Washington, DC: NAEYC.

National Child Care Association (2007). *Six principles in early childhood education-A new public policy debate*. Washington, DC: National Child Care Association.

National Council for the Social Studies (1994). *Expectations of excellence: Curriculum standards fir social studies*. Washington, DC: National Council for the Social Studies. www.ncss.org.

National Council of Teachers of English (1996). *Guidelines for the Preparation of Teachers of English Language Arts*: 1996 Edition. Urbana, IL: Author.

National Research Council (2001). Eager to learn: Educating our preschoolers. Committee on Early Childhood Pedagogy, In B. Bowman, M. Donovan, & M. Burns (Eds.), *Commission on behavioral and social sciences and education*. Washington, DC: National Academy Press.

Neperud, R. W. (1995). *Context, content, and community in art education beyond postmordernism*. N.Y.: Teachers College Press.

Nutbrown, C. (2006). *Key concepts in early childhood education and care*. London: Sage.

Odom, S. L. (2000). Preschool inclusion: What we know and where we go from here. *Topics in Early Childhood Special Education*, *20*, 20-27.

Olds, A. R. (2001). *Child care design guide*. New York: McGraw-Hill.

Olson, D. R. (1977). From utterance to text: The bias of language in speech and writing. *Harvard Educational Review*, *47*(3), 257-281.

Oppenheim, D., Nir, A., Warren, S., & Emde, R. N. (1997). Emotion regulation in mother-child narrative co-construction: Associations with children's narratives and adaptation. *Developmental Psychology*, *33*, 284-294.

Ornstein, J., & Gage, W. W. (1964). *ABC's of language and linguistics*. Philadelphia: Chilton.

Petrash, J. (2002). *Understanding Waldorf education: Teaching from the inside out*. Beltsville, MD: Gryphon House.

Piaget, J. (1954). *The construction of reality in the child*. New York: Basic Books.

Piaget, J. (1959). *The language and thought of the child* (3rd ed.). London: Routledge & Kegan Paul.

Piaget, J. (1962). *Play, dream, and imitation in childhood*. New York: Norton.

Pipes, P. L., & Trahms, C. M. (1993). *Nutrition in infancy and childhood* (5th ed.). St. Louis: Mosby College Publishing.

Raver, C., & Knitzer, J. (2002). Ready to enter: What research tells policymakers about strategies to promote social and emotional school readiness among three-and four-year-old children. *Promoting the emotional well-being of children and families* (Policy Paper No. 3). New York: National Center for Children in Poverty.

Roopnarine, J. L., & Johnson, J. E. (2000). *Approaches to early childhood education* (3rd ed.). Upper Saddle River, NJ: Merrill/Prentice Hall.

Rubin, K. H., Fein, G. G., & Vandenberg, B. (1983). Play. In E. M. Hetherington (Ed.), P. H. Mussen (Series Ed.), *Handbook of child psychology: Vol. 4. Socialization, personality, and social development* (pp. 693-774). New York: John Wiley &Sons.

Rusch, F., & Phelps, L. A. (1987). Secondary special education and transition from school to work: A national priority. *Exceptional Children*, *53*, 487-492.

Saarni, C., Mumme, D., & Campos, J. (1998). Emotional development: Action, communication, and understanding. In N. Eisenberg (Ed.), Social, emotional, and personality development (Vol. 3, pp. 237-309). W. Damon (Series Ed.), *Handbook of child psychology* (5th ed.). New York: Wiley.

Samuels, C. (1986). Bases for the infant's development of self-awareness. *Human Development*, *29*, 36-48.

Sapir, E., & Hoijer, H. (1967). The phonology and morphology of the Navaho language. Berkeley: University of California Press.

Saracho, O. N. (1991). Teacher expectations of students' performance: A review of the research. *Early Child Development and Care*, *76*, 27-41.

Schickedanz, J. A., Chay, S., Gopin, P., Sheng, L. L., Song, S., & Wild, N. (1990). Preschoolers and academics: Some thoughts. *Young Children*, *46*(1), 4 13.

Schirrmacher, R. (1996). Talking with young children about their art. *Young Children*, 3-7.

Schwartz, S. L., & Robinson, H. F. (1982). *Designing curriculum for early childhood*. Boston: Allyn & Bacon.

Schweinhart, L. J., & Weikart, D. P. (1997). The High/Scope preschool curriculum comparison study through age 23. *Early Childhood Research Quarterly, 12*(2), 117-143.

Segal, M., Bardige, B., Woika, M. J., & Leinfelder, J. (2006). *All about child care and early education: A comprehensive resource for child care professionals*. Boston, MA: Pearson Education.

Shaffer, D. R. (2000). *Social and personality development*. Belmont, CA: Wadsworth.

Shonkoff, J., & Phillips, D. (2000). *Neurons and neighborhoods: The science of early childhood education*. Washington, DC: National Academy Press.

Slater, A., Field, T., & Hernandez-Reif, M. (2007). The development of the senses. In A. Slater & M. Lewis, (Eds.), *Introduction to infant development* (2nd ed.). New York: Oxford University Press.

Smilansky, S. (1968). *The effects of socio-dramatic play on disadvantaged preschool children*. New York: Wiley.

Spence, J. T., & Hall, S. K. (1994). Children's gender-related self-perceptions, activity preferences, and occupational stereotypes: A test of three models of gender constructs. *Sex Roles, 35*, 659-691.

Stinson, S, W. (1990). Dance and the developing child. In Stinson, W. J. (Ed.), *Moving and learning for the young child*. Virginia: Anaperd publications.

Stipek, D., Recchia, S., & McClintic, S. (1992). Self-evaluation in young children. *Monographs of the Society for Research in Child Development, 57*, 1, serial No. 226.

Texas Education Agency (2000). *Building good citizens for Texas: Character education resource guide, Elementary school*. Texas Education Agency, Austin.

Thomas, A., & Chess, S. (1977). *Temperament and development*. New York: Brunner/Mazel.

Turner, P. J., & Gervai, J. (1995). A multidimensional study of gender typing in preschool children and their parents: Personality, attitude, preferences, behavior, and cultural differences. *Developmental Psychology, 31*(5), 759-772.

Tylcr, R. W. (1949). Basic principles of curriculum and instruction. Chicago: The University of Chicago Press.

Vandell, D. L. (2004). Early child care: The known and the unknown. *Merrill-Palmer Quarterly, 50*, 387-415.

Vandell, D. L., Henderson, V. K., & Wilson, K. S. (1988). A longitudinal study of children with verying quality day care experience. *Child Development, 59*.

Watson, L. D., Watson, M. A., & Wilson, L. C. (2003). *Infants and toddlers: Curriculum and teaching* (5th ed.). Clifton Park, NY: Thompson Learning.

Weber, E. (1984). Ideas influencing early childhood education: A theoretical analysis. New York and London: Teachers College, Columbia University.

Weikart, D. P. (1989). Quality preschool programs: A long-term social investment. *Occasional Paper Number 3*. New York: Ford Foundation.

Weimann, J. J., & Backlund, P. (1980). Current theory and research in communicative competence. *Review of Educational Research, 50*, 185-199.

Welch, G. F. (1997). *Early childhood musical development*. London: David Fulton.

Wiese, L. V. (1933). *System der Allgemeinen Soziologie als Lehre von den sozialen.* Prozessen und den sozialen Gebilden der Menschen. Beziehungslehre.

Wilson, R. A. (1996). Environmental education programs for preschool children. *Journal of Environmental Education, 27*(4), 28-33.

Wraga, W. G. (2001). Democratic leadership in the classroom: Lessons from progressives. *Democracy & Education, 14*(2), 29-32.

Yager, G. G., & Baker, S. (1979). *Thoughts on androgyny for the counseling psychologist.* Paper presented at the Annual convention of the American Psychological Association (Eric Document Reproduction service Nl. ED 186825).

강릉시육아종합지원센터(2013). http://www.kneducare. or.kr

경기도육아종합지원센터(2013). http://gyeonggi.childcare. go.kr

서울특별시육아종합지원센터(2013). http://seoul.childcare. go.kr

어린이집평가인증사무국(2009). www.kcac21.or.kr

자치안성신문(2008). http://www.anseongnews.com

중앙육아종합지원센터(2013). http://central.childcare.go.kr

질병관리본부(2020). http://www.cdc.go.kr

코시안의 집(2009). http://kosian.or.kr

한국보육진흥원(2020). http://www.kcpi.or.kr

ACECQA. (2013). http://www.acecqa.gov.au

EBS. (2001). 특집다큐멘터리-아기성장보고서.

Montessoriami. (2013). http://www.montessoriami.org

NAEYC. (2008/2013). http://www.naeyc.org/academy

NCAC(2008). http://www.fgp.unc.edu

NCAC(2008). http://www.ncac.gov.au/about_ncac

◁ 찾아보기 ▷

내용

저자 소개

❆ 정옥분(Chung, Ock Boon)
　서울대학교 대학원 석사과정 졸업(아동학 석사)
　미국 University of Maryland 박사과정 졸업(인간발달 전공 Ph. D.)
　고려대학교 사범대학 교수
　고려대학교 사회정서발달연구소 소장
　현 고려대학교 사범대학 명예교수
　　고려대학교 안암병원 · 구로병원 · 안산병원 어린이집 고문

❆ 권민균(Kwon, Myn Gyun)
　고려대학교 대학원 석사과정 졸업(아동학 석사)
　미국 U. C. Berkeley 박사과정 졸업(인간발달 전공 Ph. D.)
　현 계명대학교 유아교육과 교수

❆ 김경은(Kim, Kyoung Eun)
　고려대학교 대학원 박사과정 졸업(아동학 박사)
　현 남서울대학교 아동복지학과 교수
　　남서울대학교 아동연구원 원장

❆ 김미진(Klm, Mee Jean)
　고려대학교 대학원 박사과정 졸업(아동학 박사)
　전 고려대학교 안암병원 어린이집 원장

❆ 노성향(Rho, Sung Hyang)
　고려대학교 대학원 박사과정 졸업(아동학 박사)
　현 대구대학교 가정복지학과 교수

❆ 박연정(Park, Youn Jung)
　고려대학교 대학원 박사과정 졸업(아동학 박사)
　현 경인여자대학교 유아교육과 교수

《 엄세진(Eom, Se Jin)
고려대학교 대학원 박사과정 졸업(아동학 박사)
현 부산디지털대학교 아동보육교육학부 아동보육학전공 교수

《 윤정진(Youn, Jeong Jin)
고려대학교 대학원 박사과정 졸업(아동학 박사)
현 동명대학교 유아교육과 교수

《 임정하(Lim, Jung Ha)
고려대학교 대학원 박사과정 졸업(아동학 박사)
미국 New York 주립대학교 연구 조교수
현 고려대학교 가정교육과 교수

《 정순화(Chung, Soon Hwa)
고려대학교 대학원 박사과정 졸업(아동학 박사)
전 고려대학교 가정교육과 전문교수

《 황현주(Hwang, Hyun Joo)
고려대학교 대학원 박사과정 졸업(아동학 박사)
현 대전과학기술대학교 아동보육과 교수

제4차 표준보육과정을 반영한

보육과정
Childcare Curriculum

2020년 9월 25일 1판 1쇄 인쇄
2020년 9월 30일 1판 1쇄 발행

지은이 • 정옥분 · 권민균 · 김경은 · 김미진 · 노성향 · 박연정
　　　　엄세진 · 윤정진 · 임정하 · 정순화 · 황현주
펴낸이 • 김진환
펴낸곳 • (주) **학지사**
　　　　04031 서울특별시 마포구 양화로 15길 20 마인드월드빌딩
대표전화 • 02)330-5114　　　　팩스 02)324-2345
등록번호 • 제313-2006-000265호

홈페이지 • http://www.hakjisa.co.kr
페이스북 • https://www.facebook.com/hakjisa

ISBN 978-89-997-2213-4　93370

정가 23,000원

파본은 구입처에서 교환해 드립니다.

이 책을 무단으로 전재하거나 복제할 경우 저작권법에 따라 처벌을 받게 됩니다.

이 도서의 국립중앙도서관 출판시도서목록(CIP)은 서지정보유통지
원시스템 홈페이지(http://seoji.nl.go.kr)와 국가자료공동목록시스템
(http://www.nl.go.kr/kolisnet)에서 이용하실 수 있습니다.
(CIP 제어번호: CIP2020039210)

출판 · 교육 · 미디어기업 **학지사**

간호보건의학출판 **학지사메디컬** www.hakjisamd.co.kr
심리검사연구소 **인싸이트** www.inpsyt.co.kr
학술논문서비스 **뉴논문** www.newnonmun.com
원격교육연수원 **카운피아** www.counpia.com